Kunst-Reiseführer in der Reihe DuMont Dokumente

Zur schnellen Orientierung – die wichtigsten Orte Hessens auf einen Blick:

(Auszug aus dem ausführlichen Ortsregister S. 393)

Alsfeld	160	Hirschhorn	362
Arolsen	74	Höchst/Odenwald	355
Bad Hersfeld	111	Hofgeismar	51
Bad Homburg	270	Kassel	55
Bad Karlshafen	28	Korbach	77
Bad Nauheim	264	Lauterbach	232
Bad Orb	252	Limburg	218
Bad Wildungen	67	Lorsch	342
Bensheim	348	Marburg	166
Büdingen	256	Melsungen	73
Butzbach	261	Michelstadt	356
Darmstadt	334	Münzenberg	201
Dillenburg	212	Neckarsteinach	363
Erbach	359	Offenbach	322
Eschwege	106	Rüdesheim	290
Frankenberg	98	Schlitz	226
Frankfurt	294	Schlüchtern	250
Friedberg	265	Seligenstadt	328
Fritzlar	69	Spangenberg	73
Fulda	227	Treysa	158
Gelnhausen	252	Volkmarsen	62
Gießen	175	Weilburg	215
Hanau	325	Wetzlar	208
Heppenheim	349	Wiesbaden	276
Herborn	211	Zwingenberg	347

In der vorderen Umschlagklappe: Hessen, nördlicher Teil

In der hinteren Umschlagklappe

Friedhelm Häring Hans-Joachim Klein

Hessen

Vom Edersee zur Bergstraße

Die Vielfalt von Kunst und Landschaft
zwischen Kassel und Darmstadt

DuMont Buchverlag Köln

Auf der Umschlagvorderseite: Büdingen. Das Steinerne Haus, um 1500

Auf der vorderen Umschlagklappe: Oben: Friedrich Christian Reinermann (1764–1835): Gießen, von Busches Garten her gesehen; kolorierter Steindruck, um 1820/30. Unten: Rudolf Sieck (*1877): Frankfurt a. M., vom Willemer-Häuschen aus gesehen; Lithographie, um 1910

Auf der Umschlagrückseite: Gelnhausen, Marienkirche: Kapitell vom Lettner, um 1240/50

Frontispiz: Münzenberg, Kupferstich von Matthäus Merian aus der Topographia Hassiae, 1655

© 1979 DuMont Buchverlag, Köln
8. Auflage 1988
Alle Rechte vorbehalten
Satz, Druck und buchbinderische Verarbeitung: Boss-Druck, Kleve

Printed in Germany   ISBN 3-7701-1033-1

Inhalt

LAND, STADT, FLUSS − HESSEN VON NORD NACH SÜD 9

IN HESSEN LEBTEN DIE CHATTEN − HISTORISCHER ABRISS BIS HEUTE 14

HESSENS KLUGE KÖPFE 20

NÖRDLICHES HESSEN 28
  Im Reinhardswald: Die Sababurg, Dornröschens Schloß 28
  Karlshafen − Lippoldsberg − Sababurg − Helmarshausen − Wülmersen − Trendelburg − Hofgeismar

  Kassel: Vom Herkules zur documenta. Hoher Meißner 55
  Kassel − Nordhausen − Oberkaufungen − Helsa − Hessisch Lichtenau − Reichenbach − Germerode

  Zwischen Twiste und Habichtswald − und weiter zu Konrad von Soest . . . 62
  Volkmarsen − Niederelsungen − Elmarshausen − Wolfhagen − Ippinghausen − Naumburg − Netze − Bad Wildungen

  Fritzlar, Melsungen, Spangenberg 69
  Fritzlar − Altenburg − Felsberg − Breitenau − Wagenfurth − Körle − Melsungen − Spangenberg

  Waldeck: Arolsen, hessisches Versailles 74
  Arolsen − Willingen − Korbach

  Von Westfalen bis zur Edertalsperre 79
  Hatzfeld − Frankenberg − Haina − Waldeck

  Werraland − Grenzland 103
  Berlepsch-Ellerode − Witzenhausen − Bad Sooden-Allendorf − Eschwege − Wanfried − Willershausen − Herleshausen − Wommen − Nesselröden − Sontra − Wildeck − Friedewald − Bad Hersfeld − Rotenburg

  Schwalm und Knüll 154
  Homberg a. d. Efze − Spieskappel − Ziegenhain − Treysa − Willingshausen − Neustadt − Alsfeld − Eiterfeld − Hohenroda-Mansbach − Philippsthal

Das Lahntal   163
Vom Rothaargebirge zur Heiligen Elisabeth   163
Laasphe – Münchhausen – Wetter – Biedenkopf – Breidenbach – Caldern – Michelbach – Großfelden – Wehrda

Von Marburg ins Gießener Becken   166
Marburg – Rauschenberg – Langenstein – Kirchhain – Amöneburg – Schweinsberg – Homberg/Ohm – Ruppertenrod – Klein-Eichen – Grünberg

Gießen und sein Umland   175
Gießen – Gleiberg – Vetzberg – Staufenberg – Schiffenberg – Großen-Linden – Arnsburg – Lich – Laubach – Hungen – Münzenberg – Lollar

'Hessische Eisenhütte' Wetzlar   208
Wetzlar – Karlsmunt – Hermannstein – Greifenstein – Herborn – Dillenburg

'Armer' Westerwald – 'Über deinen Höhen pfeift der Wind so kalt …'   213
Altenberg – Braunfels – Weilburg – Merenberg – Hadamar – Dietkirchen – Limburg – Runkel

Vogelsberg und Kinzigtal   221
Der Vogelsberg, Europas größter Vulkan   221
Schotten – Ilbeshausen – Hirzenhain – Stumpertenrod – Romrod – Rasdorf – Schlitz

Im Umkreis von Fulda   227
Fulda – Eichenzell – Petersberg – Neuenberg – Gersfeld – Obernhausen – Lauterbach – Eisenbach

Zwischen Vogelsberg und Spessart: das Kinzigtal   249
Bad Salzhausen – Schlüchtern – Vollmerz-Ramholz – Steinau – Bad Soden-Salmünster – Wächtersbach – Bad Orb – Gelnhausen – Ronneburg – Büdingen

Römisch – Staufisch – Hessisch: die Wetterau   259
Von Butzbach bis Friedberg   259
Steinfurth – Butzbach – Nieder-Weisel – Ziegenberg – Bad Nauheim – Friedberg – Assenheim – Ilbenstadt – Bad Vilbel

Ausflug in den Taunus   268
Usingen – Saalburg – Bad Homburg – Oberursel – Kronberg – Falkenstein – Königstein – Bad Soden – Idstein – Schloßborn – Gnadenthal

Wiesbaden und der hessische Rhein   276
Weltkurort und Landeshauptstadt   276
Wiesbaden – Schlangenbach – Bad Schwalbach

Weinbau am Rhein 284
Eltville – Erbach – Kiedrich – Eberbach – Hattenheim – Oestrich – Hallgarten – Mittelheim – Winkel – Vollrads – Geisenheim – Rüdesheim – Assmannshausen – Lorch

FRANKFURT 294

DER MAIN 322
Offenbach. Von Hanau bis Höchst 322
Offenbach – Heusenstamm – Hanau – Seligenstadt – Babenhausen – Flörsheim – Höchst

DARMSTADT UND SÜDHESSEN 334
Darmstadt 334

Ried und Bergstraße 339
Dreieichenhain – Groß Gerau – Trebur – Viernheim – Lorsch – Lindenfels – Pfungstadt – Frankenstein – Seeheim – Jugenheim – Bickenbach – Alsbach – Zwingenberg – Auerbach – Bensheim – Reichenbach – Heppenheim

Im Odenwald 352
Dieburg – Groß Umstadt – Kleestadt – Breuberg – Höchst – Bad König – Kirch-Brombach – Steinbach – Michelstadt – Erbach – Eulbach – Güttersbach – Beerfelden – Hirschhorn – Neckarsteinach

Glossar 364
Bildnachweis 368

PRAKTISCHE HINWEISE 369
  Auskünfte 369
  Mit dem Auto durch Hessen 369
  Reisen mit der Bahn 370
  Neun Naturparks 371
  »Rippche, Grie Soß und Appelwoi« 371
  Vom Wein 372
  Vom Baden am Taunus und anderswo 373
  Die wichtigsten hessischen Museen 376
  Häuser und Tore 383
  Die Schwälmer und ihre Tracht 386

Ausgewählte Literatur 390
Register 393

Beschreibung des Hessenlandts/
so zu vnsern zeiten die Landtgraffschafft von Hessen genennet wirdt.
Cap. ccclviij.

Als vnder dem Mayn ligt/ wirdt von den Alten gerechnet zu dem Vndern Teutschlandt/ vnd halter jnn zum ersten das Hessenlandt/ Thüringen vnd Meyssen. Das Hessenlandt gehet in Occident biß an den Rhein/ vnnd gegen Auffgang stoßt es an Thüringen vnnd Sachsen/ vnd gegen Mittnacht stoßt es an Braunschweig/ vnd nahe zu an Westphalen. Woher es den Namen hab vberkommen/ hab ich nicht gefunden/ dann daß ich an einem ort gefunden hab/ es werde von einem Berg Hasso also genant. Ich wolt lieber sagen daß der Nam käme von den Völckern Catten/ so etwan in diser Gegenheit gewohnt haben. Diß Landt/ wie auch das gantz Nider Teutschlandt/ hat keinen Weinwachs/ außgenomen was auff dem Rhein vnd an der Lon ligt/ die durch das Hessenlandt lauffet: aber Frucht vnd Vieh hat es genug. Insonderheit hat es ein gute gelegenheit mit der Wollen/ welche von Außländischen Kauffleuthen in grosser menge gesamlet vnd an ferte Ort/ ja wol in Engellandt selbsten verführt wirdt.

Cosmographia von Sebastian Münster (1489–1552)

Land, Stadt, Fluß – Hessen von Nord nach Süd

»Was under dem Mayn ligt/ wirdt von den Alten gerechnet zu dem Undern Teutschlandt/ und haltet inn zum ersten das Hessenlandt, Thüringen und Meyssen. Das Hessenlandt gehet in Occident biß an den Rhein/ unnd gegen Auffgang stoßt es an Thüringen unnd Sachsen/ und gegen Mittnacht stoßt es an Braunschweig/ und nahe zu an Westphalen. Woher es den Namen hab überkommen/ hab ich nicht gefunden/ dann daß ich an einem ort gefunden hab, es werde von einem Berg Hasso also genandt. Ich wolt lieber sagen, daß der Nam käme von den Völckern Catten, so etwan in diser Gegenheit gewohnt haben. Diß Landt/ wie auch daß gantz Nider Teutschlandt/ hat keinen Weinwachs/ außgenommen was auff dem Rhein und an der Lon ligt/ die durch das Hessenlandt laufft: aber Frucht und Vieh hat es genug. Insonderheit hat es eine gute gelegenheit mit der Wollen/ welche von Außländischen Kauffleuthen in großer menge gesamlet und an ferne Ort, ja wol in Engellandt selbsten verführt wirdt.«

In der Cosmographia von Sebastian Münster (1489–1552) stehen diese aufschlußreichen Sätze über Hessen: ein Bild, wie es 1550 in Hessen aussah, in der Zeit, als es nach langer Entwicklung unter Philipp dem Großmütigen seine größte Ausdehnung hatte. Heute wie damals ist es ein Land der Mitte.

Hessen ist die Mitte der Bundesrepublik. Niedersachsen, Nordrhein-Westfalen, Rheinland-Pfalz, Baden-Württemberg, Bayern und die Thüringer Gebiete der DDR rahmen es.

Das Bundesland ist in dieser politischen und geographischen Geschlossenheit erst nach 1945 entstanden. Wie seit Jahrhunderten kreuzen sich hier die kulturellen und kommerziellen Strömungen Europas. Hessens Hauptstadt ist Wiesbaden, seine Metropole ist Frankfurt am Main, ein Beleg seines historischen Zusammenwachsens sind die Regierungsbezirke: Kassel, Gießen, Darmstadt, Wiesbaden.

Wer mit offenen Augen durch Hessens Städte und Dörfer reist, findet interessante Gegenwart und reizvolle Vergangenheit. Er kann aus dem Brunnen trinken, aus dem Siegfried schöpfte, als Hagen ihm den Todesstoß versetzte. Er kann auf den weniger sagenhaften Straßen der Römer durch das Land gehen. *Via est vita* – die Straße ist das Leben. Für die römischen Kohorten war es kein süßes Leben auf den Wegen aus Sandstein oder Basalt. Sie hatten die nördliche Grenze des Weltreichs, den Limes, gegen germanische Überfälle zu schützen. Römisch war das Land nur zum geringeren Teil. Nach dem Tod Philipps des Großmütigen (1567) zerfiel es in viele Kleinstaaten. Auch die Zuwanderung aus anderen Ländern, beispielsweise der Hugenotten aus Frankreich, trug nicht zu einem einheitlichen Gefüge bei. Dennoch ist das Land der Mitte nicht zerrissen.

Hessen ist Verkehrskreuz der westdeutschen und darüber hinaus europäischen Hauptverkehrslinien, Bindeglied zwischen Nord- und Süddeutschland, Brücke zwischen West- und Osteuropa. Das Zentrum dieser sammelnden Kraft liegt in der Rhein-Main-Ebene, Symbol ist die imposante Autobahn-Verkehrsanlage des Frankfurter Kreuzes, daneben der Flughafen Frankfurt, bedeutendster und größter deutscher Schnittpunkt inner- und außereuropäischen Luftverkehrs.

Auch früher war die verkehrsgünstige Lage Hessens sein Kapital. Frankfurt wuchs daraus bereits im 14. Jahrhundert zu einer bekannten Messestadt. Aus allen Teilen des Reiches zogen Kaufleute mit ihren Wagen zur Frankfurter und weiter zur Leipziger Messe. Mit Recht erhielt die Straße, die von Frankfurt über Hanau – Gelnhausen – Schlüchtern – Fulda – Vacha – Eisenach – Erfurt – Weißenfels nach Leipzig führte, den Namen ›Des Reiches Straße‹.

Nach Leipzig führten aber auch die Wege von Frankfurt durch die sogenannten 'Langen Hessen' über Butzbach – Amöneburg – Ziegenhain – Homberg – Spangenberg – Creuzburg und die 'Kurzen Hessen' über Grünberg – Alsfeld – Hersfeld. Weitere Pilgerstraßen des Kommerz waren die ›Steinerne Straße‹ oder ›Elisabethenstraße‹ von Mainz nach Marburg, die ›Bremerstraße‹ von Marburg nach Bremen, die ›Hühner-‹ oder ›Hünengräberstraße‹ von Mainz nach Limburg, die ›Nürnberger Landstraße‹ von Kassel nach Nürnberg; daneben die Bergstraße, die Nibelungenstraße und die Weinstraße.

Nicht weniger bedeutend sind die Wasserstraßen, die Hessen eingrenzen und durchziehen. 107 km besitzt Hessen vom »wunderschönen deutschen Rhein«. Er bildet die Grenze nach Rheinland-Pfalz, die im übrigen 274 km beträgt. Beiden Ländern schenkt er an seinem Lauf ein besonders ausdrucksstarkes Antlitz. Der Main fließt nur 72 km durch Hessen. Streckenweise bildet er die Grenze zu Bayern. Die Hessen behandeln ihn wenig pfleglich. Hessen reicht von Weser und Diemel im Norden und Nordwesten bis zum Neckar im Süden, von der Werra im Nordosten bis zum Rhein im Südwesten. Eder, Schwalm, Fulda, Lahn, Nidda und Kinzig gliedern vielgestaltig die hessischen Landschaften.

Der Anteil Hessens an der mitteldeutschen Gebirgsschwelle und der Oberrheinischen Tiefebene, die im Süden zum Frankfurter Becken, der Rhein-Main-Ebene und der Wetterau ausläuft, ist groß. Kerngebiet ist das reich bewaldete hessische Bergland, durch eine westliche und östliche Senke in zahlreiche Einzelgebirgslandschaften aufgelöst. Habichts-, Keller- und Reinhardswald, der Hohe Meißner (Farbt. 2), das Knüllgebirge, das flache Massiv des Vogelsbergs in beherrschender

Mittellage, mit Taufstein und Hoherodskopf, und die Rhön (Farbt. 25), mit der Wasserkuppe als höchster Erhebung des Landes, gehören dazu. Die Rhön allerdings nur teilweise, Rothaargebirge und Hoher Westerwald mit ihren Ausläufern, der Taunus mit Großem und Kleinem Feldberg fast ganz. Im Süden des Landes sind Odenwald und Spessart Gebirgszüge von großem landschaftlichen Reiz, mit starkem Waldreichtum gesegnet. Der Odenwald liegt zum überwiegenden Teil, der Spessart nur mit seinen nördlichen Ausläufern in Hessen.

Geballte Industrie, reiches Bauernland, armes Bergland, dazwischen, über das ganze Land verstreut, Heilbäder, Luftkurorte, geschichtsträchtige Burgen und Schlösser, landschaftliche Verschiedenartigkeiten, zu denen die Sitten und Mundarten seiner Bewohner hinzutreten.

Mit dem Auto ist man sehr schnell durch das 21 110 km² kleine Land gefahren. Vom Rhein zur Werra mißt die Breite Hessens nur 150 km, in seiner Länge von Karlshafen an der Weser (Farbt. 1) bis Hirschhorn am Neckar (Farbt. 47) mißt es 250 km. In drei Autobahnstunden hat man das Land durchfahren. Auch dann schon ahnt man etwas von der reizvollen Schönheit Hessens. Wenn man über die Werra nach Süden fährt, beginnt das hügelige bewaldete Land. Der Reinhardswald zur Rechten und der Kaufunger Wald zur Linken bilden das Tor nach Hessen. Knüllgebirge und Schwalm, Vogelsberg und Taunus begleiten den Weg bis Frankfurt, der weiter führt am Odenwald entlang bis zum Neckar. Eh man sichs versieht, ist man im Badischen. Hessen leidet darunter, daß man so schnell 'durch' ist. Dieses Buch will das Verweilen schmackhaft machen, das Suchen und Finden erleichtern. Dabei werden die landschaftlich, geschichtlich und wirtschaftlich zusammenhängenden Gebiete von Norden nach Süden vorgestellt.

Die Metropole Frankfurt, die Bischofsstadt Fulda, die Badestadt Bad Nauheim, die kurhessische Residenzstadt Kassel, die Universitätsstadt Gießen, die Mathildenhöhe in Darmstadt, die Farbwerke Höchst, Opel in Rüsselsheim, Leitz in Wetzlar und Schmuck in Hanau sind ebenso erwähnenswert wie die Burgen und Schlösser, die Dichter und die Märchenerzähler.

Nach flüchtigem Kennenlernen scheint Hessen das Land romanischer, vor allem stauferzeitlicher Architektur. In dieses Blühen romanischer Architektur führt seit karolingischer Zeit eine nicht abbrechende Bautradition: karolingisch (768–918), ottonisch (919–1024), salisch (1024–1125), staufisch (1125–1254). Diese Zeitspanne bedeutet eine architektonische Entwicklung von der Lorscher Torhalle bis zum Limburger Dom. Mit der Marburger Elisabethkirche beginnt dann ein ganz anders gearteter Stil, nicht mehr an Herrscherhäuser und Kaiseridee gebunden, die Gotik (Abb. 26 ff).

In der Lorscher Torhalle besitzt Hessen eines der schönsten und ältesten deutschen Baudenkmäler überhaupt (Farbt. 43; Abb. 127). Die Halle gehört zu dem 774 in Gegenwart Karls des Großen geweihten berühmten Reichskloster Lorsch (s. S. 342f.). In ihrer Kombination aus Eingangstor zum Klosterbezirk und Königshalle, reichgeziert mit Halbsäulen, Steinplatten, Pilastern und Ornament, ist sie in ihrer eigentlichen Bedeutung noch nicht ganz bestimmt. Zeitlich verwandt sind der Torhalle der Kern der Justinuskirche in Höchst/Frankfurt/M., vor allem aber die beiden Basiliken des Einhart in Steinbach im Odenwald und in Seligenstadt am Main (Farbt. 31). Tor und Basilika werden durch eine dritte, ›antike‹ Form ergänzt, durch das Rund der Grabkirche, wie es uns in Fuldas St. Michael überliefert ist. Etwas später als die Hersfelder Stiftsruine (Abb. 25) stammen beide Anlagen aus karolingischer Zeit. Hersfeld wurde aber im 11. und 12. Jahrhundert sehr viel stärker verändert und im Siebenjährigen Krieg ein Raub der Flammen.

Es folgten die bedeutenden Zisterzienseranlagen von Eberbach (1150-1186; Farbt. 35; Abb. 114) und Arnsburg (1174-1195-1245; Abb. 58, 59). Davor wurde die Basilika in Ilbenstadt in der Wetterau begonnen (Farbt. 24). Gegen 1170 ist die Kaiserpfalz in Gelnhausen errichtet (Farbt. 29), etwas früher schon die Burg zu Münzenberg begonnen (Abb. 64, 65). 1220-1240 sind die Jahre des Limburger Dombaues, der Stiftskirche St. Georg (Farbt. 18; Abb. 46). Herzöge, Kaiser und Könige sahen diese Dome, Burgen, Klöster und Kirchen. Es entstehen die Ritterburgen. In manchen Teilen des Landes liegen sie wie Perlen einer Kette in einer Reihe nebeneinander, etwa an der Lahn. Sie waren Fliehburgen, aber auch Trutz- und Zwingburgen, und nicht wenige waren üble Räubernester. Ohne Zentralheizung und fließend Wasser waren diese Anlagen wenig romantisch. Wind, Regen und Kälte konnten fast ungehindert eindringen. Nicht zuletzt die Burgen aber signalisieren einen neuen Baustil, eine Umwandlung des geistigen und wirtschaftlichen Lebens.

Das Ende der Stauferzeit bedeutet auch ein Ersterben der ritterlichen Kultur. Eine breitere Schicht drängt nach oben. Das Bürgertum, zusammengeschlossen in der städtischen Gemeinschaft, organisiert in Zünften, erkämpft sich die für den Handel und das Handwerk notwendigen Freiheiten und Rechte. In der Folge unzähliger Fehden zwischen dem Adel und den Städten entwickeln sich im 13. und 14. Jahrhundert die Burg und der Festungscharakter jeder Ortschaft. Das Wirtschaftsleben steht im Zeichen der großen Märkte und der sich ausbreitenden Geldwirtschaft. Predigt und Armenpflege sind die tätige Hinwendung der Kirche zum Volk. Diesem neuen Inhalt wird die Heilige Elisabeth in besonderer Weise gerecht. Die baulichen Neuerungen ihrer Grabeskirche in Marburg werden gerne angenommen. In Haina, Friedberg und Schotten entstehen gleichzeitig und später Hallenkirchen, die dem neuen geistlichen und städtischen Bewußtsein gerecht werden. Hessen besitzt aus der Gotik nicht mehr die Fülle bedeutsamer Bauten wie aus der vorangegangenen Epoche, ob man aber den Frankfurter Domturm, von Madern Gerthener gegen 1420 begonnen, das Kiliansportal in Korbach, gegen 1400 (Abb. 14), oder das Sterngewölbe der Kiedricher Pfarrkirche, um 1490, anführt: in ganz Hessen gibt es Zeugnisse hervorragender Leistungen der gotischen Epoche, auf die man sich freuen darf.

Es würde zu weit führen, hier schon alle bedeutenden Leistungen der nachfolgenden Jahrhunderte in einer chronologischen Übersicht aufzuzählen. Es ist eine kaum auszuschöpfende Fülle, von der Weilburger Renaissance (Abb. 43) bis zum Kasseler Barock (Farbt. 2), von der klassizistischen Ludwigskirche in Darmstadt bis zur Darmstädter Jugendstilanlage auf der Mathildenhöhe (Abb. 124).

Der schönste Schmuck hessischer Marktplätze sind die Rathäuser. Sie sind in interessanten und vorzüglichen Beispielen der verschiedensten Epochen erhalten. In Hessen fallen die meisten durch ihr bedeutendes Fachwerk auf. In Südhessen sind Heppenheim (Farbt. 45), Lorsch und, im Mümlingtal, Michelstadt (Farbt. 46) von großem Reiz. In Oberhessen gelten Butzbach und Alsfeld (Abb. 78) als wichtige Vertreter dieser Gattung. Nordhessen gereichen die Rathäuser von Korbach, Frankenberg (Abb. 19), Spangenberg und Melsungen, der Stadt der ›Bartenwetzer‹, zur Zier.

Die Rathäuser sind Zeichen eines erstarkten Bürgertums und Ausdruck selbständiger Städte. Schon im 12. Jahrhundert werden die Ratshäuser als »domus consulum« (Soest 1120) oder »domus civium« (Köln 1149) erwähnt. Diese Versammlungshäuser wachsen im Schatten und im Schutz von Burgen (Friedberg, Gleiberg, Münzenberg und andere).

Es waren ›multifunktionale‹ Bauten für Verwaltung, Festlichkeiten und Handel, oben Bürgersaal, unten Kaufhalle wie in Michelstadt. Erst später trennen sich die einzelnen Funktionen dieser frühen Rathäuser, und es entstehen eigenständige Hochzeitshäuser oder Weinhäuser. Diese spätere dreihäusige Dominante eines Marktplatzes erkennt man, um nur ein Beispiel anzuführen, noch heute am Marktplatz von Alsfeld.

Nicht nur die Rathäuser, auch frühe Industrieanlagen oder Bürgerhäuser sind in unseren kleineren hessischen Städten zu bewundern. Sie sind Zeichen der bedeutsamen Geschichte Hessens. Nicht alle Städte wuchsen über die Jahrhunderte zur Großstadt wie Frankfurt. Darin liegt aber der Zauber der kleineren hessischen Siedlungen, etwa des viel kleineren Wetzlar oder Gelnhausen oder Friedberg. Diese Städte bewahrten lange ihr Idyll und retteten den Zauber ihrer Vergangenheit in unsere Zeit.

In Hessen lebten die Chatten – Historischer Abriß bis heute

Reiche Funde der Vor- und Frühgeschichte, von denen die kleineren und großen Museen Hessens reichlich gefüllt sind, belegen, daß Hessen schon seit der Altsteinzeit Lebensraum war. Dabei reichen manche Sammlungen – wie die des Oberhessischen Museums in Gießen – mit ersten Steingeräten zurück bis in die Zeit um 350 000 v. Chr.

Im 5. Jahrhundert v. Chr. besiedelten die Kelten den mittelhessischen Raum. Am Westerwald über den Taunus und Vogelsberg bis zur Rhön errichteten sie ihre hochgelegenen Fliehburgen. Der Sperriegel hielt dem Druck der Germanen nicht mehr stand. Im 2. Jahrhundert v. Chr. drängten einmarschierende Chatten die Kelten über den Rhein.

Diese Bewegung stoppte Cäsar. Die Römer drangen, um ihre Grenze zu sichern, bis zum Rhein vor. Kaiser Domitian (81–96) griff sogar darüber hinaus und begann die Anlage des Limes über Lahn und Taunus zur Wetterau und zum Main. Alemannen und Chatten überrannten im 3. Jahrhundert diese Anlage aus Wällen und Gräben, die durch Wachtürme und Kastelle gesichert war.

Im 4. Jahrhundert drangen die Franken vom Niederrhein ins Hessische ein, drängten die Alemannen nach Süden und integrierten die Chatten. Von Lahn und Main stießen die Franken langsam nach Norden bis zu den Sachsen vor. Der politischen Organisation folgte unter Bonifatius im 8. Jahrhundert die kirchliche Gliederung. Bonifatius gründete das Bistum Büraberg, die Klöster Amöneburg, Fritzlar und Fulda. 724 fällte er die Donar-Eiche bei Geismar. 754 wurde er von heidnischen Friesen erschlagen. Der 'Apostel der Deutschen' war damals 80jährig. Seine christliche Lehre setzte sich durch. Noch im 8. Jahrhundert wurden die Klöster Lorsch und Hersfeld gestiftet.

Im Siedlungsgebiet um Eder, Diemel und Fulda, um Schwalm und Ohm, um Kinzig und Lahn lebten die Vorfahren der Hessen, die Chatten. Sie gehörten zur Gruppe der Westgermanen und waren seßhaft und 'stur', was man auch heute noch den echten Hessen nachsagt. Von Sachsen und Thüringern bedroht, schlossen sich die Chatten um 500 n. Chr. dem fränkischen Reich an. Im 8. Jahrhundert übernahmen sie das Christentum und führten von nun an den Namen ›Hessen‹. Sie zeigten

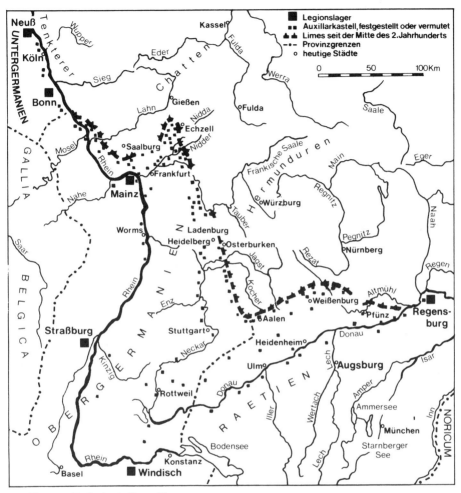

*Der Limes am Ende des 2. Jh. n. Chr.
Die Kastelle der älteren Limeslinien (seit der Mitte des 1. Jh.) wurden ebenfalls wiedergegeben, obgleich sie nach der Vorverlegung des Limes nicht mehr besetzt waren*

sich aber, nach der Geschichte ihrer Gaugrafschaften zu schließen, wenig beeindruckt von der neuen Liebeslehre, denn seit der Zeit Karls des Großen folgt ein ständiges Hin und Her von Kämpfen, Ehebündnissen, Zerwürfnissen, Erbverträgen und Erbstreitigkeiten. Das Gebiet nördlich von Marburg, die spätere Herrschaft Hessen, wurde 1130 unter Ludwig I., dem Landgrafen von Thüringen, durch Heirat mit der Landgrafschaft Thüringen vereinigt. Ludwig heiratete die Tochter und Erbin des letzten hessischen Grafen Giso. Nachdem die Thüringer Landgrafen ausgestorben waren, erreichte Sophie von Brabant, Tochter des vorletzten Thüringer Landgrafen Ludwigs des Heiligen und der Heiligen Elisabeth, daß ihr unmündiger Sohn Heinrich als Landgraf von Hessen anerkannt wurde. Das 'Kind von Brabant' († 1308) wurde 1264 als Heinrich I. Stammvater des Hauses Hessen. Daß das heutige Hessen aus den vielen Grafschaften und Fürstentümern ein einziges Land wurde, ist aber nicht dem Hause Hessen zu verdanken, es ist vielmehr auf zwei verlorene Kriege, auf zwei fremde Siegermächte, Napoleon und die Amerikaner, zurückzuführen.

Die Landgrafschaft Hessen, seit 1292 Reichsfürstentum, kann als die Vorgängerin des heutigen Hessen angesehen werden. Sie wies keine gebietsmäßige Geschlossenheit auf. Unter Philipp dem Großmütigen (1504–1567; Abb. 128) gewann Hessen seine größte Ausdehnung. Philipp, seit 1518 an der Regierung, spielte in der Reichsgeschichte eine wichtige Rolle. Unter dem 'Hochgemuten' war Hessen politische und kulturelle Großmacht. Er war bedeutendster politischer Verfechter des evangelischen Glaubens, zu dem er 1524 übergetreten war. Hun-

Philipp der Großmütige (1504–1567). Landgraf von Hessen

dertsiebzig Geschütze aus hessischen Eisenhütten bildeten eine Artillerie, wie sie Kaiser Karl V. nicht verfügbar hatte. Durch Philipp wurde 1526 auf der Homberger Synode die Reformation eingeführt. 1527 gründete er die älteste hessische Universität Marburg.

1530 schloß Philipp mit dem sächsischen Kurfürsten Johann, Bruder und Nachfolger von Friedrich dem Weisen von Sachsen, den Schmalkaldischen Bund. In diesem Bund waren die evangelischen Fürsten gegen das katholische Kaisertum Karls V. geeint. Sein großmütiges Herz, mehr noch sein weites, brachten Philipp Schwierigkeiten. Neben dem ihm angetrauten Weib, der Landgräfin Christine, liebte er die Dame Margarethe von der Saale. Zähneknirschend billigte Luther die Doppelehe 1540. Um der Strafe der Reichsgewalt zu entgehen, lehnte Philipp eine Verbindung des Schmalkaldischen Bundes mit England und Frankreich ab, wofür ihm nun auch der Kaiser, 1541, in einem Geheimvertrag die ungesetzliche Ehe zugestand.

Es kam zum Schmalkaldischen Krieg, Philipp unterwarf sich 1547 dem Kaiser und wurde für fünf Jahre als Gefangener in die Niederlande geschickt. Fast fünfzehn Jahre konnte er nach seiner Rückkehr noch regieren. Nach seinem Tode verlor Hessen durch Erbteilung viel von dem, was Philipp in fünf Jahrzehnten zusammengebracht hatte. Das Land wurde an seine vier Söhne in Hessen-Kassel, Hessen-Darmstadt, Hessen-Rheinfels und Hessen-Marburg aufgeteilt.

Bald gab es Streit, 1646 sogar einen Hessenkrieg; es wanderten Gebietsteile herüber und hinüber.

Auch schon unter Philipp waren die hessischen Gebiete in zahlreiche Herrschaftsbereiche gegliedert, so in die geistlichen Fürstentümer Mainz und Fulda, in die Reichsstädte Frankfurt, Friedberg, Wetzlar und Gelnhausen und in verschiedene Grafschaften und Reichsritterschaften. Der jeweilige Landesherr entschied über die Konfession der Bewohner seines Herrschaftsgebietes. So entstanden in Hessen nach der Reformation Landschaften verschiedenen Bekenntnisses.

Als Landgraf Moritz von Hessen-Kassel an der gemeinschaftlichen Universität Marburg und in den zu Kassel gehörenden Teilen Oberhessens Theologieprofessoren und Pfarrer calvinistischen Glaubens einsetzte, gründete Landgraf Ludwig V. von Hessen-Darmstadt 1607 die lutherische Universität in Gießen.

Die Hessen hatten nicht nur eigene und unterschiedliche Universitäten, sie residierten auch an verschiedenen Orten. Die Kasseler Linie erhob Kassel zur Residenz, die Darmstädter dagegen wohnten bis ins 18. Jahrhundert meist in der starken Festung Lichtenberg im Odenwald.

Durch den Dreißigjährigen Krieg war das Land verarmt. Ein Beispiel mag belegen, mit welch landesväterlicher Fürsorge die Landgrafen dieser Situation zu begegnen suchten.

Landgraf Karl von Hessen-Kassel half, indem er die Naturerzeugnisse seines Landes (Wolle und Flachs) für das Land selbst ausnützte, die Verarbeitung sollte hier stattfinden. Er öffnete das Land den Hugenotten, die nach Aufhebung des Edikts von

Nantes (1598) durch Ludwig XIV. (1685) um ihres evangelischen Glaubens willen verfolgt wurden. Durch eine Freiheitskonzession vom 18. 4. 1685 verstand Landgraf Karl Glaubensflüchtlinge der verschiedenen handwerklichen Fachrichtungen nach Hessen-Kassel zu holen. Die Franzosen waren damals in der Flachs- und Wollverarbeitung führend. Großherzog Ernst Ludwig von Hessen-Darmstadt prägte viel später den Satz: »Mein Hessenland blühe und in ihm die Kunst!«

Zu Beginn des 19. Jahrhunderts änderte sich das Bild der hessischen Landkarte wesentlich. Mit dem Reichsdeputationshauptschluß von 1803, der geistliche Gebiete und kirchliches Gut säkularisierte, wurden zahlreiche kleine geistliche und weltliche Herrschaften und kleinere Reichsstädte Bestandteil der großen fürstlichen Territorien. Weil Napoleon gegen Rußland Krieg führen wollte, schloß er mit sechzehn Fürsten einen Bund, den Rheinbund, beschenkte seine Freunde mit Land und gab ihnen wohlklingende Titel. So durfte sich der Graf von Nassau 'Herzog', der Landgraf von Hessen-Darmstadt 'Großherzog' nennen. Unter sie verteilte Napoleon die Ländereien der Bischöfe von Mainz, Trier und Fulda. Der Landgraf von Hessen-Kassel war schon seit 1803, und das ohne Napoleons Gnaden, Kurfürst.

Das Großherzogtum Frankfurt, aus Frankfurt, Wetzlar, Aschaffenburg, Fulda und Hanau gebildet, entstand 1810. Der Mainzer Fürstprimas Dalberg hatte es bereits 1806 besetzt, nachdem die Rheinbundakte es ihm zugesprochen hatte. Jedoch nicht alle mit Land und Titeln Beschenkten verhielten sich im Sinne des ehrgeizigen französischen Kaisers. Kurhessen trat dem Rheinbund nicht bei. Mit Ausnahme der Grafschaft Hanau und der Niedergrafschaft Katzenelnbogen kam es daher zum neugebildeten Königreich Westfalen, dessen Hauptstadt Kassel wurde. Auf Schloß Wilhelmshöhe (Farbt. 2) residierte aus der großen Sippe Napoleons dessen jüngster Bruder Jérôme als König von Westfalen. Nach der Niederlage Napoleons zerfiel das Königreich Westfalen, Kurhessen wurde wiederhergestellt und erhielt 1816 den größten Teil des Fürstbistums Fulda.

In Frankfurt, Krönungsstadt der deutschen Kaiser, tagte nach dem Wiener Kongreß unter Vorsitz Österreichs der Bundestag. Dieser Bundestag war im Unterschied zum heutigen keine Vertretung des deutschen Volkes, sondern es war ein Gesandtenkongreß von neununddreißig souverän gebliebenen Staaten.

Als die französische Februarrevolution die deutsche Märzrevolution von 1848 auslöste, schien das alte politische System endgültig zu zerbrechen. Man führte viel Einheit und Freiheit im Munde. In der Frankfurter Paulskirche (Abb. 101) trat am 18. Mai 1848 die Deutsche Nationalversammlung zusammen, um einem demokratisch-parlamentarischen System auf die Beine zu helfen. Der Staatsminister im Großherzogtum Hessen-Darmstadt, Heinrich von Gagern, wurde ihr erster Präsident. Reichlich naiv wählte die Nationalversammlung König Friedrich Wilhelm IV. von Preußen zum Erbkaiser. Der Anhänger des Gottesgnadentums lehnte die Krone aus solchen Händen ab, da an ihr der »Ludergeruch der Revolution« klebe. Die Revolutionäre gingen nach Hause, der 18. Mai 1848 blieb geschichtliche Episode, trotz der am

27. März 1849 erstmalig proklamierten Grundrechte. Frankfurt ist dennoch stolz auf die Paulskirche und hat sich ja etwas von revolutionärem Geist und Glanz bewahrt. Damals allerdings trübte sich das Frankfurter Hoch schnell, denn die Preußen kamen. Da Kurhessen, Nassau und die Freie Reichsstadt Frankfurt am Main im preußisch-österreichischen Krieg des Jahres 1866 gegen Preußen kämpften, wurden sie vom Sieger durch Gesetz annektiert und als preußische Provinz Hessen-Nassau vereinigt. Zu dieser Provinz kam noch das Fürstentum Waldeck nach seiner Vereinigung mit Preußen.

In Darmstadt verlief das Leben gleichzeitig etwas ruhiger, und das bis ins 20. Jahrhundert. Der kunstliebende letzte Großherzog (Abb. 142) war politisch liberal und weitsichtig, darum im Volk beliebt. Am 12. Dezember 1919 trat die demokratische Verfassung des Volksstaates Hessen in kraft.

Der 'Volksstaat Hessen' nahm 1933 die Bezeichnung 'Land Hessen' an, sein Landtag wurde 1934 auf Grund des »Gesetzes über den Neuaufbau des Reiches« aufgelöst. Die Regierungsfunktion übernahm als sogenannter Reichsstatthalter der Gauleiter der nationalsozialistischen Partei in Hessen-Nassau mit Sitz in Frankfurt am Main.

Im Jahre 1944 wurden zwei Provinzen gebildet: Nassau und die Provinz Kurhessen; es waren dies die Regierungsbezirke Kassel, Nassau und Wiesbaden. Der Landkreis Schmalkalden, der zum Regierungsbezirk Kassel gehörte, fiel an den Regierungsbezirk Erfurt. Die Provinz Nassau bildete sich aus den bis dahin zu Kurhessen gehörenden Kreisen Schlüchtern, Gelnhausen, Hanau Stadt und Land.

Nach dem Zusammenbruch der Hitler-Diktatur wurde wieder einmal ein Land Hessen gebildet. Aus der amerikanischen Zone der ehemals preußischen Provinz Hessen-Nassau (Kurhessen und Nassau) und den Provinzen Starkenburg und Oberhessen sowie den rechtsrheinischen Teilen der Provinz Rheinhessen entstand ein neuer Staat. Dabei kamen der Ober- und Unterwesterwaldkreis, der Unterlahnkreis, der Kreis St. Goarshausen und das linksrheinische Rheinhessen an das Land Rheinland-Pfalz. Seit dieser Zeit ist Stefan George kein hessischer Dichter mehr, ein herber Verlust, obwohl die Zahl bedeutender Hessen nicht klein ist. Aber auch Carl Zuckmayer und der Freiherr von und zum Stein sind den Hessen genommen!

Hessens kluge Köpfe

Hessen hat viele bedeutende Männer hervorgebracht: Maler, Politiker, Schriftsteller, Wissenschaftler.

An der Fuldaer Klosterschule wirkte von 822 bis 843 der Theologe und Gelehrte HRABANUS MAURUS, 'Kultusminister' Karls des Großen, »*primus praeceptor Germaniae*«.

Den Fuldaer Mönchen und ihrem Abschreibeeifer verdankt die deutsche Literaturgeschichte das sonst verlorene ›Hildebrandslied‹ und die ›Merseburger Zaubersprüche«.

Auf der Burg Steckelburg nahe Fulda, im Kreis Schlüchtern, wurde im Zeitalter der Reformation 1488 der Reichsritter ULRICH VON HUTTEN geboren. Hutten war Parteigänger Martin Luthers und streitbarer Literat. 1517 wurde er von Kaiser Maximilian zum Dichter gekrönt, *poeta laureatus*. Landflüchtig, von den Humanisten verlassen, von der 'Franzosenkrankheit' zerfressen, stirbt er 1523 auf der Insel Ufenau im Zürichsee. Das *Alea iacta est* übersetzte er mit »Ich hab's gewagt«. Durch Herder wiederentdeckt, wurde er zum Leitbild der studentischen Jugend des Vormärz.

Seligenstadt im Landkreis Offenbach ist der Geburtsort des um 1433 geborenen Malers HANS MEMLING und Wirkungsstätte des von 1501 bis 1525 dort ansässigen MATHIAS GRÜNEWALD, der während dieser Zeit im Dienste des Mainzer erzbischöflichen Stuhles stand.

WILHELM VON ORANIEN, der Schweiger, wurde 1533 in Dillenburg als Graf von Nassau-Dillenburg geboren. Unter Philipp II. von Spanien regierte er als Statthalter der Nördlichen Niederlande; später, nach der Hinrichtung der Grafen Egmont und Hoorn, wurde er Führer im Freiheitskampf der Niederländer gegen Spanien. Offensichtlich galt das Wort des Schweigers.

In Frankfurt am Main kam 1578 der Maler und Radierer ADAM ELSHEIMER (Abb. 129) zur Welt, ein Genie des kleinen Formats, der viel zu früh, 1610, in Rom verstarb.

Sechs Jahre vor Elsheimer wurde WILHELM DILICH (1572–1655) in Istha bei Wolfenhagen geboren. In seiner Zeit war er bedeutendster Kenner Hessens. Mit der Erwähnung seiner ›Hessischen Chronica‹ (1605) wollen wir all diejenigen ehren, die

*Johann Jakob Chr. von Grimmelshausen
(um 1625–1676).
Nach dem Titelkupfer zum ›Simplicissimus‹, 1670*

über Hessen geschrieben haben. Der ›Historiographus und Geographus‹ hinterließ in seinem Buch wichtige Quellen und eigenhändig gestochene Ansichten, auf die man gerne zurückgreift.

Ein Meister des Wortes, bedeutendster Schriftsteller im 17. Jahrhundert, war JOHANN JAKOB CHRISTOPH VON GRIMMELSHAUSEN. Ursprünglich bürgerlicher Herkunft, um 1622 in Gelnhausen geboren, wurde er später geadelt. In Gelnhausen besuchte er bis 1634 die Schule, als Kind von Kroaten entführt, geriet er in das Elend des Dreißigjährigen Krieges. Als Troßbub, Musketier und Regimentsschreiber bestand er unter wechselnden Fahnen zahlreiche Feldzüge in Deutschland, bevor er sich als braver Amtmann des Bischofs von Straßburg in Renchen in Baden niederließ. 1676 starb er. Sein ›Simplicius Simplicissimus‹, keineswegs simpel, sondern voller Lebensweisheit, ist ein bedeutendes Zeitgemälde voller Abenteuer, Freuden und Leiden eines Soldaten dieses großen Krieges.

Hundert Jahre nach Grimmelshausen wurde in Haina im Kellerwald JOHANN HEINRICH TISCHBEIN D. Ä. (Abb. 130) geboren, Mitglied eines hessischen Malergeschlechts von Weltruhm. Er war Hofmaler des Landgrafen Wilhelms VII. in Kassel, Meister der zärtlichen Malerei. Dieser Künstlerdynastie von ungewöhnlicher Begabung entstammt auch JOHANN HEINRICH WILHELM TISCHBEIN, der Goethe-Tischbein (Abb. 134), dessen populäres Goethebildnis das Frankfurter Städel bewahrt.

1742 kommt in Oberramstadt bei Darmstadt GEORG CHRISTOPH LICHTENBERG (Abb. 132) zur Welt, der zum geradlinigsten Stilisten deutscher Sprache und zum Großmeister des Aphorismus wurde; hauptberuflich war er Mathematiker und Physiker.

Ein ungewöhnliches Genie wurde 1749 im Großen Hirschgraben zu Frankfurt am Main geboren: JOHANN WOLFGANG GOETHE (Abb. 133). 1771 schenkte er der Welt seinen ›Götz‹. Seinen Weltruhm aber begründete der 1774 anonym in Leipzig erschienene Bestseller ›Die Leiden des jungen Werthers‹, eine 'Love Story' mit traurigem Ausgang. Bei seiner Übersiedlung nach Weimar nahm Goethe im Gepäck, teils im Entwurf, teils vollendet, ›Egmont‹, ›Stella‹ und Teile des ›Faust‹ mit.

HESSENS KLUGE KÖPFE

Jacob Grimm (1785–1863), nach einer Zeichnung von Ludwig Emil Grimm

*Wilhelm Grimm (1786–1859),
nach einer Zeichnung
von Ludwig Emil Grimm*

In diesem Faust wurde der Darmstädter JOHANN HEINRICH MERCK (Abb. 131) zum Modell für den Mephisto. Im Verlag des Darmstädter Freundes wurde 1773 der ›Götz‹ privat gedruckt. Goethe hatte im Herbst 1775 sein Elternhaus für immer verlassen. Goethes Mutter mußte sich mit anderen Gästen trösten. Ein gern gesehener Gast vom nahen Offenbach war BETTINA BRENTANO (Abb. 137); 1785 in Frankfurt geboren, nach dem frühen Tod der Mutter im Kloster Fritzlar erzogen, wohnte sie bei ihrer Großmutter Sophie La Roche, der Freundin des Dichters Christoph Martin Wieland. In aller Ehre wurde sie die Muse der Dichter und Denker. 1811 heiratete sie in Berlin den Freund ihres Bruders CLEMENS BRENTANO (Abb. 135), den Dichter Achim von Arnim, der mit Brentano ›Des Knaben Wunderhorn‹ herausgab. Freundschaft verband sie mit Wilhelm von Humboldt, dem Theologen Schleiermacher und den Brüdern Grimm, für deren Berufung an die Berliner Akademie der Wissenschaften sie sich einsetzte.

Zur Arbeit der BRÜDER GRIMM schrieb Carl Zuckmayer: »An der Schwelle von Leben und Werk aber, schon in den gemeinsamen Studienjahren begonnen, steht die

Sammlung und Herausgabe der ›Kinder- und Hausmärchen‹, womit die Brüder Grimm nicht nur der deutschen, sondern der gesamten lesenden Welt einen unvergleichlichen Besitz, den lebendigsten Quell ursprünglicher Volksphantasie erschlossen haben. Mir scheint es besonders zaubervoll, daß ein so streng gefügtes Lebenswerk gleichsam mit dem Verspieltesten, Verträumtesten, Mutwilligsten und Sprunghaftesten beginnt.« – Die Grimms sind am Zusammenfluß von Kinzig und Main geboren, in Hanau: Jacob 1785 (gestorben 1863), Wilhelm 1786 (gestorben 1859). Die vier anderen Geschwister blieben weitgehend unbekannt, so auch Ludwig Emil (1790–1863), Maler und Kupferstecher, der wie seine Brüder in Hanau zur Welt kam.

In Hanau wurde 1895 auch einer der wenigen weltweit bekannten hessischen Komponisten geboren: PAUL HINDEMITH (Abb. 144). Er studierte in Frankfurt am Main und bei Arnold Mendelssohn in Darmstadt. Danach trat er eine Stelle als Konzertmeister am Frankfurter Opernhaus an, begann mit experimenteller Kammermusik und wurde einer der bedeutendsten Vertreter moderner Komposition.

»Dumme Geschichte ist ein Pleonasmus – Die Geschichte der Menschheit ist nichts als eine Geschichte der Dummheit.« Das schrieb LUDWIG BÖRNE (Abb. 138), Publizist des ›Vormärz‹ und der literarischen Bewegung des ›Jungen Deutschland‹. Ludwig Börne wurde 1786 in Frankfurt geboren, 1808 in Gießen promoviert.

Preußischer Staatsmann und Jurist war der 1779 in Frankfurt geborene, 1861 in Berlin gestorbene FRIEDRICH CARL VON SAVIGNY (Abb. 136). Seine glänzende Karriere begann der Schwager von Clemens und Bettina Brentano und von Achim von Arnim in Marburg (1800–1804).

Politiker und Dichter bekommen unter den hessischen Großen das Übergewicht. Hessen hat wenige Musiker von Rang, wenige Architekten von Bedeutung, einige Bildhauer. Eine steile Karriere führte immerhin den 1777 in Arolsen geborenen CHRISTIAN DANIEL RAUCH vom Kammerlakai zur Bildhauerei. Er meißelte dem deutschen Volk die Bildnisse Friedrichs des Großen, der Königin Luise, Yorks, Scharnhorsts, Blüchers und Gneisenaus. Auch der in Marburg geborene ADOLF VON HILDEBRAND muß für diesen Bereich der Betätigung zu den großen Hessen gezählt werden.

Unter den Wissenschaftlern ist JUSTUS VON LIEBIG (Abb. 140) der bekannteste. 1803 in Darmstadt geboren, lehrte und lebte er achtundzwanzig Jahre in Gießen. Liebig ist Gründer des ersten chemischen Laboratoriums, das man noch heute in Gießen am ursprünglichen Ort bewundern kann. Seine Leistung für die Menschheit ist kaum hoch genug einzuschätzen. – In Frankfurt wurde vor hundert Jahren OTTO HAHN geboren, Atomphysiker, Vater der Kernspaltung.

Drei Jahre älter als Liebig und wie Hahn in Frankfurt geboren (Eschersheim) gilt der Chemiker FRIEDRICH WÖHLER als Begründer der organischen Synthese.

Als politisch-poetisch-wissenschaftliche Synthese folgt GEORG BÜCHNER (Abb. 141). Was schon beim bekanntesten der großen Hessen eigentümlich aufbricht: Wissen-

Der Hessische Landbote.

Erste Botschaft.

Darmstadt, im Juli 1834.

Vorbericht.

Dieses Blatt soll dem hessischen Lande die Wahrheit melden, aber wer die Wahrheit sagt, wird gehenkt, ja sogar der, welcher die Wahrheit liest, wird durch meineidige Richter vielleicht ge[s]traft. Darum haben die, welchen dies Blatt zukommt, folgendes zu beobachten:

1) Sie müssen das Blatt sorgfältig außerhalb ihres Hauses vor der Polizei verwahren;
2) sie dürfen es nur an treue Freunde mittheilen;
3) denen, welchen sie nicht trauen, wie sich selbst, dürfen sie es nur heimlich hinlegen;
4) würde das Blatt dennoch bei Einem gefunden, der es gelesen hat, so muß er gestehen, daß er es eben dem Kreisrath habe bringen wollen;
5) wer das Blatt nicht gelesen hat, wenn man es bei ihm fin det, der ist natürlich ohne Schuld.

Friede den Hütten! Krieg den Pallästen!

Im Jahr 1834 sieht es aus, als würde die Bibel Lügen gestraft. Es sieht aus, als hätte Gott die Bauern und Handwerker am 5ten Tage, und die Fürsten und Vornehmen am 6ten gemacht, und als hätte der Herr zu diesen gesagt: Herrschet über alles Gethier, das auf Erden kriecht, und hätte die Bauern und Bürger zum Gewürm gezählt. Das Leben der Vornehmen ist ein langer Sonntag, sie wohnen in schönen Häusern, sie tragen zierliche Kleider, sie haben feiste Gesichter und reden eine eigne Sprache; das Volk aber liegt vor ihnen wie Dünger auf dem Acker. Der Bauer geht hinter dem Pflug, der Vornehme aber geht hinter ihm und dem Pflug und treibt ihn mit den Ochsen am Pflug, er nimmt das Korn und läßt ihm die Stoppeln. Das Leben des Bauern ist ein langer Werktag; Fremde verzehren seine Aecker vor seinen Augen, sein Leib ist eine Schwiele, sein Schweiß ist das Salz auf dem Tische des Vornehmen.

Im Großherzogthum Hessen sind 718,373 Einwohner, die geben an den Staat jährlich an 6,363,364 Gulden, als

1) Direkte Steuern	2,128,131	fl.
2) Indirecte Steuern	2,478,264	,,
3) Domänen	1,547,394	,,
4) Regalien	46,938	,,
5) Geldstrafen	98,511	,,
6) Verschiedene Quellen	64,198	,,
	6,363,363	fl.

Dies Geld ist der Blutzehnte, der von dem Leib des Volkes genommen wird. An 700,000 Menschen schwitzen, stöhnen und hungern dafür. Im Namen des Staates wird es erpreßt, die Presser berufen sich auf die Regierung und die Regierung sagt, das sey nöthig die Ordnung im Staat zu erhalten. Was ist denn nun das für gewaltiges Ding: der Staat? Wohnt eine Anzahl Menschen in einem Land und es sind Verordnungen oder Gesetze vorhanden, nach denen jeder sich richten muß, so sagt man, sie bilden einen Staat. Der Staat also sind Alle; die Ordner im Staate sind die Gesetze, durch welche das Wohl Aller gesichert wird, und die aus dem Wohl Aller hervorgehen sollen. — Seht nun, was man in dem Großherzogthum aus dem Staat gemacht hat; seht was es heißt: die Ordnung im Staate erhalten!

HESSENS KLUGE KÖPFE

*Karl Wolfskehl (1869–1948),
Scherenschnitt von Ernst Moritz Engert*

schaft, Politik und Literatur, ist Eigenart auch des verhältnismäßig unbekannten Büchner. 1813 in Goddelau bei Darmstadt geboren, ging er 1831 nach Darmstadt, um Medizin zu studieren, 1833 nach Gießen, um dort sein Studium zu vollenden. 1834 gründete er die ›Gesellschaft der Menschenrechte‹, eine Art Geheimbund zur Schaffung der radikalen Republik. Im gleichen Jahr gab er den ›Hessischen Landboten‹ – die erste sozialistische Flugschrift in deutscher Sprache – heraus (vgl. S. 204 u. Fig. S. 25). Büchner ist jugendlicher Feuerkopf und Rebell gegen Landesfürst und Polizeistaat.

Zwei Jahre nach Büchner wird in Darmstadt ERNST ELIAS NIEBERGALL geboren. Der 1843 verstorbene Lehrer schuf in seinem ›Datterich‹ (1841) ein einzigartiges mundartliches Drama.

Über hundert Jahre nach dessen Tod 1843, 1944, vollendet wieder ein Darmstädter Dichter, KARL WOLFSKEHL, im fernen Auckland in Neuseeland sein ›Lied an die Deutschen‹. Wolfskehl trägt nicht die Büchnersche Fackel ›Friede den Hütten, Krieg den Palästen‹, und ›Lokalposse‹ ist ihm fremd, sein Bekenntnis zu einem unzerstörbaren, geheimen geistigen Deutschland war verbunden mit einer hohen Auffassung vom Amt des Dichters und der Sorge über die Verwilderung der Sprache.

Nach den Darmstädtern zwei Friedberger. 1882 wurde hier ALBERT H. RAUSCH geboren, der 1931 den Dichternamen HENRY BENRATH annahm (Abb. 143). Die siebenundsechzig Jahre währende Lebensfahrt dieses bedeutenden hessischen Lyrikers, Gesellschaftskritikers (›Ball auf Schloß Kobolnow‹, ›Die Mutter der Weisheit‹, ›Paris‹, ›Die Geschenke der Liebe‹) und Porträtisten der Kaiserinnen Konstanze, Galla Placidia und Theophano sowie des Kaisers Otto III., war die eines großen Kosmopoliten, der, »überall in Europa zu Hause«, 1938 Deutschland für immer verließ. Hessen blieb ihm: »Land meiner Liebe, Ruhstatt meiner Träume«. 1949 starb er in Magreglio am Comer See.

1895–1982 sind die Lebensdaten des Friedbergers FRITZ USINGER (Abb. 145). Er ist einer der großen deutschen Lyriker, ein Welteträtseler, der wissenschaftliche Fragen und Erkenntnisse in seine Dichtung einbezieht, der erste nach Mombert, dessen Dichten ins Weltall vorstößt, der in Gedicht und Essay dem Gestaltsinn in Kunst und Natur nachsinnt, ein Übersetzer französischer und englischer Lyrik.

Beide Friedberger Dichter sind Büchnerpreisträger und beschließen die flüchtige Aufzählung seit Grimmelshausen. Mit dem, was der historische Abriß bereits ausbreitete, bleibt der Eindruck von Sachlichkeit, verstärkt durch die wissenschaftlich und politisch orientierten Poeten.

Eins sei noch angefügt: Usinger nannte Darmstadt einmal »die Residenz kritischer Geister«. Der häufig zitierte Satz mag markieren: Darmstadt ist das Weimar Südhessens. So wie Nordhessen 'Märchenwald' ist, so ist hier 'Dichterland'. Hier werden

Kasimir Edschmid (1890–1966), Kaltnadelradierung von Max Beckmann

1890 KASIMIR EDSCHMID, Weltenbummler und einer der bedeutenden expressionistischen Erzähler, und 1895 HANS SCHIEBELHUTH, der Lyriker, geboren; hier wurde der Darmstädter FRIEDRICH GUNDOLF von Wolfskehl 1899 Stefan George zugeführt; hier starb der Maler und Schriftsteller LUDWIG MEIDNER; hier wirkten die Politiker CARLO MIERENDORFF und THEODOR HAUBACH, der ›Dachstuben‹-Verleger JOSEPH WÜRTH und manch anderer. Hessen hat viele Männer und Frauen, deren es sich rühmen darf, nur die wenigsten konnten aufgezählt werden. Von diesem und jenem wird noch am Ort seines Wirkens die Rede sein.

Nördliches Hessen

Wir gelangen in einen der gewaltigsten Wälder, die Hessen besitzt. Zwischen Diemel und Weser dehnt sich der Reinhardswald, der einst den fränkischen Königen als Reichsforst diente. Nur das leise Rauschen der Bäume begleitet uns auf der Wanderung. In tiefer Einsamkeit liegt der Wald, in dem das Rotkäppchen unserer Kindheit herumirrte. Fast acht Stunden benötigt der Wanderer, um den Reinhardswald in der Länge zu durchmessen. Dieser Weg offenbart viele Entdeckungen und Schönheiten. An manchen Stellen überlagert eine Basaltdecke den Buntsandstein des Gebirgszuges. Es entstehen reizvolle Ausblicke.

Man kann verstehen, daß dieser unübersichtliche und rätselhafte Wald die Menschen anregte, ihn mit geheimnisvollen Gestalten zu füllen. In der von Einsamkeit überreizten Phantasie erwächst aus der Waldhütte ein Hexenhaus, an dem vom Wind zerzausten Baum zerrt ein Kobold.

Wir wenden uns den drei Höhenzügen zu, die sich an der Südgrenze Niedersachsens entlangziehen: dem Reinhardswald, dem Kaufunger Wald und dem Hohen Meißner.

Die Fahrt beginnt in Karlshafen, das der Landgraf als 'Landesportal' für das gesamte Fürstentum bauen ließ.

Im Reinhardswald: Die Sababurg, Dornröschens Schloß

Karlshafen – Lippoldsberg – Gieselwerder – Carlsdorf – Gottstreu – Gewissenruh – Gottsbüren – Sababurg – Beberbeck – Helmarshausen – Kruckenburg – Deisel – Wülmersen – Trendelburg – Hofgeismar – Kelze – Schöneberg – Liebenau – Grebenstein – Immenhausen – Bursfelde – Veckerhagen – Vaake

Am 18. 9. 1699 gründete der hessische Landgraf Karl (1654–1730) die kleine Hafenstadt KARLSHAFEN (Farbt. 1) als Stadt Sieburg, um den Weserzoll bei Hannoversch Münden einzusparen. 1717 wurde die Stadt auf Bitten der Hugenotten nach ihrem Gönner benannt. Die Hugenotten waren wegen ihres Glaubens aus dem Heimatland geflohene Franzosen. Dem Barockstädtchen ist eine heitere, liebenswürdige Note eigen. Karlshafen ist die nördlichste Stadt Hessens. Als Tor und Portalanlage ließ Landgraf Karl die Stadt 1699 in sumpfigem Gelände nach den Plänen Paul du Rys und Friedrich Conradis anlegen. Von seinem Plan, Weser, Eder, Lahn, Rhein und Main zu verbinden, blieb lediglich die Barockstadt, als besterhaltenes Beispiel planmäßiger Stadtgründung in Hessen.

Bis zur Mitte des 18. Jahrhunderts wurden unter Leitung Conradis nach einheitlichem Plan alle öffentlichen Bauten sowie dreiundsechzig Wohnbauten errichtet. Auf beiden Seiten des Hafenbeckens entstand das große 'Karree' aus schlichten zweigeschossigen Wohnhäusern mit Zwerchgiebeln, die Eckbauten durch Eckquaderung und Giebelaufbauten hervorgehoben. Das *Packhaus* an der Südseite des Hafens (1715–1718) enthielt im Untergeschoß die Packräume, im Obergeschoß die Ratsstube. Es sollte gelegentlich als Ratsschloß dienen und ist heute *Rathaus*. Die Stukkaturen von Andrea Gallasini wurden 1960 renoviert. Das auf der nördlichen Seite gelegene korrespondierende, jedoch viel schlichtere *Gebäude von 1768* (1961 renoviert) enthielt einstmals die Thurn- und Taxische Post. Die Pläne Conradis wurden nur zum Teil ausgeführt.

Bei einer Besichtigung der Stadt sollte man das *Haus Suchier* (Weserstraße 47) mit seiner zweiläufigen Freitreppe um 1770 besuchen, ebenso das *Haus Hafenplatz 13* mit seinem Altanvorbau aus gleicher Zeit oder das *zweite Packhaus* an der Ecke Hafenplatz und Invalidenstraße von 1766 mit seinem schönen Mansardendach.

1730 entdeckte der Hugenottenarzt Galland in Karlshafen eine Salzquelle, die seit 1838 Grundlage eines stetig steigenden Kurbadebetriebes wurde. Die neuzeitlichen *Kuranlagen* schließen sich nördlich der Kurstadt an, der der Titel 'Bad' seit 1977 zuerkannt ist. Das Weserstädtchen im Dreiländereck beherbergt seit 1980 im Haus des ersten Karlshafener Hugenottenpfarrers, in der 'Auberge des Cevennes', Deutschlands bedeutendstes Hugenotten-Museum. Von Karlshafen empfiehlt sich ein Ausflug auf der B 80 nach Lippoldsberg, das schnell und günstig zu erreichen ist.

Wo Reinhardswald und der Naturpark Solling einen Talkessel einschließen, liegt der Luftkurort LIPPOLDSBERG. Nicht weit von der *romanischen Kirche* ist das ›*Museum und Werkstatt im Schäferhaus*‹. Neben reizvollen Fachwerkhäusern im Diemelfachwerk ist vor allem das *Benediktinerinnen-Kloster* von Interesse. Es wurde von Erzbischof Ruthard von Mainz (1089–1109) zu Ende des 11. Jahrhunderts gegründet. Die heutige *Pfarrkirche* (1142–1153 unter Erzbischof Heinrich von Mainz erbaut) ist in ihrer ursprünglichen Größe und Eindringlichkeit erhalten (1958–59 restauriert; Abb. 4) und zeigt Verwandtschaft zum Kloster Breitenau.

Die Pfarrkirche ist eine dreischiffige Basilika, gewölbt, mit Querschiff, Nebenchören, halbrunden Absiden. Die oberen Teile der Westtürme wurden im Dreißigjährigen Krieg zerstört. Der verschieferte Helmaufbau des erhaltenen Südturmes ist von 1722. Der gewölbte Innenraum zeigt in klarer räumlicher Gliederung das gebundene System. Im Westteil der Kirche befindet sich die Nonnenempore, die heute als

NÖRDLICHES HESSEN: LIPPOLDSBERG BIS SABABURG

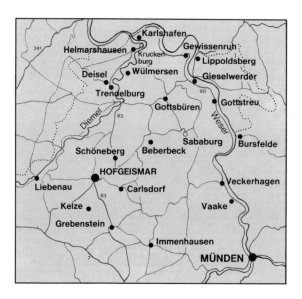

Orgelempore genutzt wird (Abb. 3). Der Raum darunter gleicht in seiner Dreischiffigkeit einer Krypta. Mit den Säulen und Kreuzgratgewölben, den teilweise mit Lilien und Palmetten geschmückten Kapitellen, wirkt diese 'Nonnenkrypta' selbst wie ein Kirchenraum.

Da die ehemalige Benediktinerinnenkirche einer der ersten Kreuzgewölbebauten ist, ging von ihr starke künstlerische Wirkung aus. Zu den zahlreichen Nachfolgebauten gehört die Klosterkirche Germerode. Von der Ausstattung sind noch ein alter Taufstein um 1230 mit reichen figürlichen Darstellungen sowie das Sakramentshäuschen aus dem 16. Jahrhundert im nördlichen Seitenchor erwähnenswert. Die Baulichkeiten des 1569 aufgelösten Klosters sind größtenteils abgebrochen. Am Westflügel und am restlichen Nordflügel begegnen wir Landgraf Karl wieder, der ein kleines Jagdschloß einbauen ließ. Hier erkennt man noch verschiedene Arkaden des romanischen Kreuzganges.

Südlich führt der Weg weiter, die Landstraße entlang, nach GIESELWERDER, wo einst eine Wasserburg der Grafen von Northeim, später der Erzbischöfe von Mainz, den Flußübergang und Weg nach Lippoldsberg sicherte. Man stößt auf die Deutsche Märchenstraße, die entlang der Weser nach Süden führt, vorbei an der deutsch-deutschen Wirklichkeit, zum andern aber ihren Bogen über die Sababurg, Trendelburg nach Helmarshausen nimmt.

Man könnte auch sagen, die Sababurg liege zwischen der B 80 und B 83 oder, was romantischer klingt, zwischen Esse und Weser, südlich von Gottsbüren, der einzig alten Dorfsiedlung des Reinhardswaldes, der im Staufenberg (472 m) und Gahrenberg (464 m) seine größten Höhen hat.

Der Reinhardswald ist gottvoll, denn neben Gottsbüren gibt es auch ein Gottstreu und ein Gewissenruh.

Landgraf Karl gründete östlich und nordöstlich von Hofgeismar 1686 CARLSDORF mit der *Fachwerkkirche* von Paul du Ry (1704). Die ansehnliche Kirche wendet sich mit Giebel und Portal zur Straße wie ein Fachwerkhaus.

An unserer östlichen Route liegt das 1722 gegründete GOTTSTREU mit der *Kirche* von 1730; es folgt, vor Lippoldsberg an der B 80 gelegen, GEWISSENRUH mit der *Kirche* von 1749. Friedrichsfeld, östlich von Trendelburg, Friedrichsdorf, westlich von Hofgeismar und Friedrichstal, westlich von Grebenstein, gehen auf Landgraf Friedrich zurück.

1334 fand man bei dem abgelegenen Dorf GOTTSBÜREN eine wundersame Hostie, wie an so vielen Orten, wo wirtschaftlicher Aufschwung nottat. In der Tat setzt eine Wallfahrt ein, und schon 1331 begann man mit dem Bau einer Kirche. Im 14. und 15. Jahrhundert bestand bei dieser Kirche ein Tochterkloster von Lippoldsberg. Die dreischiffige *Hallenkirche* besitzt einen ausgewogenen Raum. Achteckpfeiler tragen die Rippengewölbe. Eine bemerkenswerte Architekturplastik am Turmgewölbe zeigt Maria und Christus. Vor zwanzig Jahren etwa stellte man auf Grund alter Farbreste die ursprüngliche Farbkomposition aus Rot, Hellgrau und Weiß wieder her. Während dieser Restaurierung legte man auch Reste spätgotischer figürlicher Malereien (um 1500) frei.

Im Dorf sehen wir reiche Beispiele der niederdeutschen *Fachwerkgehöfte* des 17. und 18. Jahrhunderts.

Besonders eindrucksvoll ist der Sababurger Urwald. Unberührt von menschlicher Hand bietet sich ein Wald dar, in dem alte Eichen und Buchen ein majestätisches Bild der Naturkraft geben. Über die Wipfel der Bäume schwingen sich die Türme der Sababurg auf. Das frühere Jagdschloß der hessischen Landgrafen wurde auf den Trümmern einer alten Burg errichtet. In diesem 'verwunschenen' Schloß lebten einst dem Märchen zufolge Dornröschen, gute und böse Feen, weise und habgierige Könige. Neben den Märchenfiguren werden zahlreiche Sagen in diesem Gebiet angesiedelt. Den kriegerischen Hintergrund dafür lieferten die zahlreichen Burgen und Schlösser ringsum, die teilweise erhalten sind und wieder aufgebaut wurden.

Da ist einmal die Trendelburg, die man von Helmarshausen über Deisel erreichen kann, sodann die Ruinen der Kruckenburg bei Helmarshausen, der Bramburg und Desenburg.

Beim Anblick solcher Ruinen wandern die Gedanken zurück: Auch hier ..., Es war einmal ... oder: Vor langer Zeit lebte ein Graf Reinhard, dem alles Land zwischen Diemel und Weser gehörte. Er war ein Spieler. Einmal riß ihn seine Leidenschaft so weit hin, daß er seine gesamte Grafschaft aufs Spiel setzte und verlor. Arm war er nun zwar, aber immer noch gewitzt. Darum bat er den Gewinner, ihn noch eine Aussaat ernten zu lassen. Dies wurde ihm gestattet. Nun ließ er alle Siedlungen niederbrennen und Waldsamen säen. Da ein Wald sehr langsam wächst, hatte er lange Zeit, die Ernte zu erwarten. Und wir haben eine hübsche Erklärung zur Entstehung des Reinhardswaldes.

Zurück zu Dornröschen. Am besten gelangt man zu ihm auf der *Deutschen Märchenstraße*, einer der touristisch-populär-romantischen Seitenstraßen für Karosserieprinzen. Die Märchenstraße führt verzweigt von Helmarshausen nach Hanau. In Hanau endet sie, der Gebrüder Grimm wegen. In Helmarshausen beginnt sie, weil Jacob Grimm, Bibliothekar in Kassel, hier die alten Märchen und Sagen des Hessenlandes aufgeschrieben hat.

Die SABABURG ist immer noch märchenhaft schön. Um 1300 war sie ein Stützpunkt des Erzbistums Mainz zum Schutz der Mainzer Besitzungen zwischen Weser und Diemel gegen den Landgrafen von Hessen. Gleichzeitig wurde zum Schutz des neuen Wallfahrtsortes Gottsbüren eine neue Burg gebaut, wegen ihrer hochragenden Türme auch 'Zapfenburg' genannt. 1586 erhielt sie ihren heutigen Namen. Die Ruine zeigt noch zwei der mächtigen bastionsartigen Rundtürme mit den barocken Hauben von 1658. Der längsrechteckige, zweigeschossige Steinbau mit den beiden Giebeln ist verfallen. Im anstoßenden Torbau des 16. Jhs. (heute Gaststätte) schrieben die Brüder Grimm. Das Jagdschloß von 1492 erlebte unter Philipp dem Großmütigen seine Blüte. Ein Gestüt war ihm angegliedert.

Wem bei seiner Rundreise noch etwas Zeit bleibt und wem trotz 'demokratischer Distinktion' das planerische Wirken des Landgrafen Karl, das sich ja so eindrucksvoll in dieser Gegend spiegelt, behagt, der möge von der Sababurg aus noch einen Blick in die Staatsdomäne BEBERBECK werfen, die von Landgraf Karl 1724 gegründet und von Kurfürst Wilhelm II. 1826–1829 in großzügiger Weise ausgebaut wurde. Vorausgegangen war dem einstigen Pferdegestüt eine seit 1490 überlieferte Wildpferdezucht ('Zapfenberger') auf Jagdschloß Sababurg. Die klassizistischen Gebäude von Beberbeck gruppieren sich symmetrisch um eine Mittelachse, die sich nach Westen und Osten jenseits des Gestüts als Allee fortsetzt. Flügelbauten und Pavillons bilden aufgelockerte Gebäudegruppen um mehrere Höfe.

Von Karlshafen lohnt die kurze Fahrt nach HELMARSHAUSEN. Reizvoll liegt das alte Städtchen an der Diemel. Die *Benediktiner-Abtei St. Petrus* (1011 erste Weihe) mit ihrer bedeutenden künstlerischen Tätigkeit ist ein Juwel. Das Kloster unterstand seit 1017 dem Bistum Paderborn, von daher kommen noch ein Paderborner Domschatz

1 OBERKAUFUNGEN bei Kassel Ehem. Benediktinerinnenstift: sog. Renterei, 1606 erbaut ▷

2 OBERKAUFUNGEN Ehem. Benediktinerinnenstift, Gründung 1017, Veränderungen im 13. u. 15. Jh.

3 Benediktinerinnenkloster LIPPOLDSBERG an der Weser (gegen 1140)

4 Benediktinerinnenkloster LIPPOLDSBERG an der Weser bei Karlshafen (gegen 1140)

5 ESCHWEGE Neustädter Kirche (1374–1520)

6 WILLERSHAUSEN bei Eschwege Die Pfarrkirche aus frühgotischer Zeit

7 BAD SOODEN-ALLENDORF (Stadtteil Allendorf), Hessens geschlossenste Fachwerkstadt (s. a. Farbt. 11)

8 SCHLOSS NESSELRÖDEN bei Herleshausen, bedeutende Renaissancearchitektur Hessens (1592–94)

9 GERMERODE Ehem. Prämonstratenser-Doppelkloster am Meißner, um 1144 gegründet

10 BURG SPANGENBERG bei Melsungen, gotische und barocke Bauteile

11 AROLSEN Das Schloß, 1728 im Rohbau vollendet

12 NETZE Zisterzienserinnenkloster Marienthal: der Altar von Netze (um 1370), ›Anbetung der Könige‹, Detail

13　Der Altar von Netze (um 1370), ›Kreuzigung‹, Detail

14 KORBACH   St. Kilian: Südportal (gegen 1420)

15 Die Edertalsperre

17 BAD WILDUNGEN Ev. Stadtkirche: linker Flügel des Altars von Konrad von Soest (1403)

18 HOMBERG an der Efze   Ev. Stadtkirche St. Maria, Baubeginn 1340

19 FRANKENBERG an der Eder   Das Rathaus, 1509 zweigeschossig erneuert ▷

21 HAINA Klosterkirche: Inneres gegen Osten (um 1245)

22 TREYSA (Schwalmstadt) Sog. Totenkirche, gegen 1250, Chor gegen 1300

23 MANSBACH Pfarrkirche, osthessische protestantische Barockkirche (um 1682), Chorraum um 1500

24 SCHLOSS FRIEDEWALD bei Bad Hersfeld, erbaut 1476–87 durch Hans Jakob von Ettlingen

◁ 20 FRANKENBERG/Eder Die Liebfrauenkirche, Baubeginn 1286

und in der Franziskanerkirche die beiden Tragaltäre, die der Mönch Roger von Helmarshausen in der Blütezeit der Abtei (im 11. und 12. Jahrhundert) fertigte. Roger soll auch der Verfasser der ›Schedula diversarum artium‹ sein, des bedeutendsten kunsttechnischen Lehrbuches. Auch das Evangeliar Heinrichs des Löwen, 1175 entstanden, stammt von einem Handschriftenmaler des Klosters.

Heute ist nur noch wenig von der im 12. Jahrhundert neu gestalteten Anlage zu sehen. 1536 hob Landgraf Philipp das Kloster auf.

Der ehemalige *Klosterhof* ist teilweise erhalten. Die im Kern romanischen Klostergebäude bestehen aus einem Südflügel mit Fachwerkobergeschoß von 1670. Die Dächer sind mit Wesersandsteinplatten gedeckt.

Im Südflügel ist eine bemerkenswerte *Kapelle* von zwei Jochen mit Kreuzgratgewölbe. Sie geht auf die ehemals romanische Kapelle zurück. Außen springt eine halbrunde Apsis hervor. An der Hofseite des Ostflügels befindet sich ein vermauerter romanischer Rundbogen mit Scheitelstein, rückseits davon erkennt man eine doppelbogige Arkadenreihe mit figürlichen Kapitellen. Es sind Reste des alten Kreuzganges. An den Klosterhof stößt die *Pfarrkirche*. Bemerkenswert der romanische Chorturm mit gotischen Staffelgiebeln. Der Chorraum ist kreuzgratgewölbt. Das Langhaus stammt aus dem Jahre 1464 und wurde 1799 erneuert. Die Kanzel wurde um 1700 geschaffen, die Orgel 1732.

Die Stadt wuchs im Schutze des Klosters, das sich 1223 dem Schutz des Kölner Erzbischofs unterstellte. Konrad von Köln bestätigte 1295 die Stadtrechte für Helmarshausen. Der auffallend regelmäßige Grundriß der Stadt, mit zwei parallelen Hauptstraßen und dem Marktplatz in der Mitte, geht auf eine Gründung des frühen 13. Jahrhunderts zurück. Breite *Fachwerkhäuser* diemelsächsischer Bauweise mit schweren Giebeln schmücken die Straßen. Die meisten stammen aus dem 17. und 18. Jahrhundert. Von der *Stadtbefestigung* sind talseits ein Turm und Teile der Mauern erhalten.

Zwischen Karlshafen und Helmarshausen liegt die KRUKENBURG, die den Kölner Einfluß auf Helmarshausen etwas erhellt. Sie geht auf Zwistigkeiten zurück, die zwischen Paderborn und Köln bestanden. Erzbischof Engelbert I. von Köln (1216–25) ließ die Burg ausbauen. Die kreisförmige Anlage mit zwei *Flankentürmen* und rundem, isoliert stehendem *Bergfried* zeigt Formen Kölner Burgbauten (z. B. Godesberg, 1210 begonnen). Unter Bischof Wilhelm von Paderborn (1401–15) entstand ein neuer 'Palast' am Nordrand des Burgbezirks, dessen Ruine mehrgeschossig aufragt. Seit 1985 informiert das *Museum an der Kruckenburg* über die Geschichte der Burg und des Klosters und über die Benediktinerabtei Helmarshausen.

Mitten in der Burg stehen die Ruinen der *Johanniskapelle*. Sie ist älter als die Burg, die um diese Anlage herumgebaut wurde (vermutlich in der zweiten Hälfte des 11. Jahrhunderts). Für 1126 ist eine Weihe durch Bischof Heinrich II. von Pader-

◁ 25 BAD HERSFELD Ruine der Abteikirche: Blick zum Chor, Wiederherstellungsweihe 1040

NÖRDLICHES HESSEN: TRENDELBURG BIS HOFGEISMAR

born überliefert. Die frühromanischen Bauformen des Bauwerks weisen aber auf ein früheres Entstehungsdatum. Um einen einstmals kuppelgewölbten Mittelbau (13 m Durchmesser) legen sich vier niedrigere tonnengewölbte Kreuzarme, der östliche mit Chorraum und halbrunder Apsis, der westliche mit Vorhalle, über der sich ehemals ein Glockenturm erhob. In der Mitte des Zentralbaues haben Ausgrabungen eine tonnengewölbte viereckige Krypta freigegeben. Sie besaß zwei Treppenzugänge, die einen Prozessionsrundgang ermöglichten. Die Gesamtanlage gleicht auffallend der Busdorf-Kirche von Paderborn (1036). Daß sie eine freie Nachschöpfung der Jerusalemer Grabeskirche sei, mag dadurch gestützt sein, daß Abt Wino von Helmarshausen 1032 für Bischof Meinward von Paderborn Architekturstudien in Jerusalem unternommen hat. Die an den Klostergebäuden in Helmarshausen erwähnte Dachdeckung mit Wesersandsteinplatten hat sich in der Umgebung verschiedentlich erhalten. Die *Kirche* (von 1516) und das *Rathaus* von DEISEL zeigen solche Dachplatten, auch Sollingplatten genannt. Die bäuerliche Ausmalung der Kirche, der Apostelchor, Empore und Kanzel aus dem 18. Jahrhundert, aber auch die *Fachwerkgehöfte* des Ortes vermitteln einen liebenswürdigen Eindruck.

Von Deisel zur Trendelburg, Zwergen, Liebenau weiter nach Hofgeismar, Grebenstein, Immenhausen nach Burguffeln und 'ab nach Kassel'.

Zuvor sollte man das HOFGUT WÜLMERSEN anschauen, einst ein Schloß mit Meierei der Paderborner Bischöfe und des Klosters Helmarshausen. Malerisch gruppierte alte Gebäude, dicht an der Diemel gelegen, etwas verfallen. Die Gebäude im Vorhof stammen aus dem 19. und 20. Jahrhundert mit einem klassizistischen *Herrenhaus*. Ein *Torbau* mit bossiertem Portal und Wappen von 1610 führt zum *Haupthof* mit Gebäuden aus dem 16., 17. und 18. Jahrhundert.

TRENDELBURG liegt südlich von Helmarshausen an der Diemel. Die *Fachwerkhäuser* vertreten den niedersächsischen Typus. Den Ort überragt die mächtige *Burg*. Sie zeigt sich so, wie sie nach zwei Bränden im 15. Jahrhundert wiederaufgebaut wurde. Der runde Bergfried erhebt sich 38 m hoch.

Das Gebirge westlich vor Kassel und dem Bergpark Wilhelmshöhe ist der Habichtswald. Nördlich davon liegt das Dorf Dörnberg am Fuß einer Basaltkuppe. Hier lief bis ins 11. Jahrhundert die Grenze zwischen den christianisierten Hessen und den noch Heiden gebliebenen Sachsen.

Burgen, Steinkisten, Edelleute, Fachwerkbauten, Kirchen und Klöster – vielleicht ist darum diese Gegend so reich von Sagen umwoben und in Märchen eingesponnen. Die Eigenart der Landschaft verleitet dazu, ebenso die verwirrende Formung des hessischen Berglandes.

Hier oben baut man anders, hier oben spricht man anders. Es ist der sächsische Hessengau, der eine Brücke zu Norddeutschland bildet.

Nu troret (trauert) de Blume, nu troret dat Blatt.
Nu is de Sune den Summer satt.
De Swale (Schwalbe) tet weg, de Leirek (Lerche) ist still.
Me weet ni, wat rut wären will.
De Himmel, de süht so düster ut,
de Stormwind, de söket sik sin Brut.
De Mulworp (Maulwurf) graute Hopen mit.
Im Hope röpet dat Kalwitt (Käuzchen).
Un wer dat heiert, de schuddert sik –
wen mag et meenen: dik oder mik!

(Heinrich Bertelmann)

Im Kreis Hofgeismar und runter nach dem Kreis Wolfhagen auf der Höhe Kassels im Westen, stehen die vielen *Niedersachsenhäuser*: Hallenhäuser mit den großen Dielen mitten im Haus. Links und rechts von dieser Tenne liegen die Ställe und Wohnungen. Sämtliche Räume für Menschen, Vieh und Vorräte sind unter einem Dach.

Bis vor fünfzig Jahren wurde in mehr als einem Dutzend Orten dort noch französisch gesprochen. Um 1600 und noch einmal hundert Jahre später mußten Hugenotten wegen ihres Glaubens aus Frankreich fliehen. Sie wurden unter anderem auch in den Städten und Dörfern des Kreises Hofgeismar angesiedelt. Zehn neue Orte, darunter das heutige Solbad Karlshafen, entstanden.

Wer von Karlshafen über die B 83 nach Kassel fährt, sollte in HOFGEISMAR haltmachen. Der Reinhardswald im Osten mit der Sababurg sind bereits beschriebene Attraktionen. In Hofgeismar wurde sehr viel für die Altstadtsanierung getan. Vor allem der Wiederausbau des auf Gewölben des 14. Jahrhunderts stehenden *Rathauses*, die Modernisierung der *Fachwerkhäuser* und die Rettung der Bausubstanz etwa der *Franziskanerkirche* aus dem 13. Jahrhundert oder des gotischen *Steinernen Hauses* aus der Zeit von 1300 gereichen Hofgeismar zur Ehre. Zudem besitzt Hofgeismar in der *Altstädter Pfarrkirche* eine bedeutende gotische Hallenkirche, die eine spätromanische Vorstufe erkennen läßt. Sie birgt den ›Hofgeismarer Altar‹, um 1310, ein bedeutendes Werk der frühen deutschen Tafelmalerei von herausragender Qualität. Ursprünglich war es wohl ein Flügelaltar, dessen Mitteltafel (wahrscheinlich Kreuzigungsdarstellung) verlorenging. Die beiden Seitenflügel zeigen vier Szenen aus dem Leben Christi. Sie sind unter spitzbogigen Arkaden zu einer Tafel vereinigt. Vermutlich stammt das Werk aus der ehemaligen Franziskanerkirche. Das Franziskanerkloster wurde 1229 gegründet, die Kirche 1238 geweiht. 1536 wurde das Kloster in ein Hospital umgewandelt. Im heutigen *Hospitalbau* sieht man noch mittelalterliche Mauerreste.

NÖRDLICHES HESSEN: HOFGEISMAR BIS GREBENSTEIN

Der Altar in der *Pfarrkirche*, der ehemaligen Stiftskirche Liebfrauen, wurde vermutlich von einem in Soest ansässigen Westfälischen Meister geschaffen. Es lassen sich Bezüge zur Wandmalerei der Soester Petrikirche herstellen.
Die erste Anlage der Pfarrkirche wurde vermutlich 1082 begonnen. Im letzten Viertel des 12. Jahrhunderts bis gegen 1220 wurde eine neue Anlage als dreischiffige gewölbte Pfeilerbasilika gebaut. 1330 begann mit dem südlichen Seitenschiff der Umbau zur dreischiffigen gotischen Hallenkirche, die in der ersten Hälfte des 15. Jahrhunderts mit dem nördlichen Seitenschiff beendet wurde. Der romanische Chor wurde in der Mitte des 19. Jahrhunderts durch einen gotisierenden Fünfachtelschluß ersetzt.

Vom spätromanischen Bau sind der mächtige Westturm, Teile des westlichen rundbogigen Säulenportals und die Mittelschiffshauptpfeiler erhalten. Die romanischen Formen sind denen der Kirchen von Lippoldsberg und Germerode verwandt, zeigen aber auch oberrheinische Beziehungen (Fritzlar und Worms). Die Teile der gotischen Zeit des 14. und 15. Jahrhunderts sind vor allem in den Seitenschiffswänden mit den drei- und vierteiligen Maßwerkfenstern zu erkennen, im Kreuzgewölbe, den figürlichen Schlußsteingruppen und im zierlichen Südportal um 1330.

Vor allem in den Stadtteilen von Hofgeismar, in den Dörfern findet man die Fachwerke des hessisch-niedersächsischen Grenzgebietes. Die Jagdschlösser Beberbeck und Sababurg sind nicht weit, und die französisch-hugenottischen *Fachwerkkirchen* von KELZE, CARLSDORF und SCHÖNEBERG bestätigen Hofgeismar als besonderen Kern dieser Gegend, wohl auch, weil untrennbar mit der Stadt und der Sababurg Dorothea Viehmann verbunden ist, Tochter des Hofgeismarer-Schöneberger Hugenotten Pierson, als Märchentante der Gebrüder Grimm weltberühmt. Die Bilderwelt ihrer Erzählungen wird vor der Kulisse dieser Landschaften mit ihren Wäldern und Burgen lebendig. Geschichten und Geschichte: in HOFGEISMAR scheinen sie zu leben. Vermutlich war Hofgeismar ein fränkischer Königshof. Bereits früh war es mainzischer Besitz. Unter Erzbischof Siegfried II. von Eppenstein (1200–1230) erhielt es Stadtrecht. Eine Neustadt wuchs seit 1234 hinzu. Die Peterstadt im Nordosten wird 1307 erstmals genannt.

Die *Neustädter Kirche* besitzt von dem spätromanischen Gründungsbau nur die Triumphbogenpfeiler, 1341 erfolgte ein Neubau. Das dreischiffige Hallenlanghaus wurde am Ende des 14. Jahrhunderts begonnen. Der Chor wurde 1414 neu gebaut. Die Sakristei an der Nordseite 1421. Zu fast allen Veränderungen findet man am Bau Inschriften. Die 1449 in der Peterstadt neugebaute *Peterskirche* wurde im 18. Jahrhundert abgebrochen.

1639 wurden alte mineralische Quellen wiedergefunden. Im 18. Jahrhundert war Hofgeismars große Zeit als weltberühmter Badeort. Ab 1701 wurde der Gesundbrunnen ausgebaut. Der Badebetrieb wurde 1866 aufgehoben.
Heute ist über der Quelle ein runder *Brunnentempel* mit acht ionischen Säulen zu sehen, den Simon Louis du Ry 1792 an der Stelle eines älteren Holzbaues errichtete.

Westlich davon steht das *Wilhelmsbad* von 1745 und als zweites Badehaus, östlich, das *Friedrichsbad*, 1770 von Johann Ludwig Splittdorf errichtet. Auf der anderen Straßenseite steht das älteste Badehaus, das *Karlsbad* von 1728-32, ein rückwärtiger Anbau ist von 1770. Dieses Ensemble liegt in einem schönen englischen Park, der unter Landgraf Wilhelm IX. angelegt wurde. *Schloß Schönburg* liegt nachbarschaftlich. Es wurde, für Landgraf Wilhelm IX., 1787-89 von Simon Louis du Ry erbaut. Seine neun Achsen mit der Säulenhalle vor den drei mittleren Achsen und dem Dachgiebel spiegeln ihre angenehme Proportion im See. Auch die Innenräume zeigen gute Einzelformen.

Möglicherweise hat Hofgeismar eine so angenehme Ausstrahlung, weil sein Kern mit den Kirchen – darunter das Haus der Margarethe von Falkenberg, eine 1329 gestiftete Martinskapelle, später Wohnhaus, im wesentlichen 14. Jahrhundert, das Rathaus, das Gilde- und Hochzeitshaus (1620 erbaut, 1854 restauriert), die Wohnbauten im Fachwerk aus dem 16. bis 19. Jahrhundert – immer noch zusammengehalten wird von der *Stadtbefestigung*, wie im oberhessischen Büdingen. Die vielen Grünanlagen, Westberg, der Schöneberg oder die Eberschützer Klippen mit ihren karolingischen Festungsanlagen, der *Aussichtsturm* auf dem stadtnahen Heuberg, das alles macht Hofgeismar liebenswert. Von hier ist man schnell in Grebenstein, dem hessischen Rothenburg.

Von Hofgeismar lohnt der Abstecher nach LIEBENAU. In der einschiffigen *Chorturmkirche* aus dem 13. Jahrhundert mit der Spiegeldecke von 1750 haben sich bedeutende Wandmalereien von monumentaler Gesinnung erhalten. Ihre feingestimmte Form verraten den Einfluß des Weichen Stils, wenn auch insgesamt die Arbeiten in die Mitte des 15. Jahrhunderts weisen. Etwas früher, gegen 1400 entstand der lockige ›Johannes‹.

Östlich von Hofgeismar liegt Carlsdorf mit der bereits erwähnten Fachwerkkirche von Paul du Ry, 1704 errichtet. Östlich folgt, an der hessischen Grenze Veckerhagen, südlich von Carlsdorf liegt Grebenstein.

Der 1272 zuerst erwähnte Ort GREBENSTEIN besitzt noch die fast vollständig erhaltene *Stadtmauer* des 14. Jahrhunderts mit fünf von einst dreizehn Türmen. Am Südrand der Neustadt die *Burgruine* eines Neubaus um 1400 mit viergeschossigem Palas. In der Stadt die gotische *Hallenkirche St. Bartholomäus*. Im Westen steht ein massiger mehrgeschossiger Turm. Der Bau mit seinen gedrungenen und breiten Proportionen stammt aus der Mitte des 14. Jahrhunderts. Die Kirche bewahrt einen größeren Teil der Innenausstattung aus der Zeit nach dem Brand von 1637. Das *Rathaus* stammt im Kern aus dem 14. Jahrhundert, wurde um 1573 im spätgotischen Stil verändert und nach der Zerstörung durch Kroaten 1637 erneuert. Mehrere Portale führen ins Innere, darunter zwei gotische Portale, das südliche aus dem 14. Jahrhundert. Gotische *Steinhäuser, Fachwerkhäuser* des 15. bis 18. Jahrhunderts, zumeist Vertreter des 'Diemeltyps' ergänzen ein romantisch altehrwürdiges Bild. Im spätgotischen Ackerbürgerhaus Leck, Schachtener Str. 11, einem großzügigen Bau von 1470/80, wurde das *Museum ›Diemelhaus‹* eingerichtet. Das Haus selbst ist, mit seiner Zweiteilung in Wohnseite links und Stallseite rechts, bestes 'Ausstellungsstück' für die volkskundlichen Eigenheiten dieser Gegend.

Auch in IMMENHAUSEN ist die *Stadtbefestigung* besonders an der westlichen Seite durch eine mehrere Meter hohe Wehrmauer erhalten. Sie wird hier verstärkt durch zwei Türme. Immenhausen war eine Ackerbürgerstadt. Erst mit der Ansiedlung des Schlesiers Richard Süßmuth 1946 wuchs als Industriezweig die Glasindustrie.

Die *Pfarrkirche* mit dem dreischiffigen Hallenlanghaus stammt zu wesentlichen Teilen aus dem 15. Jahrhundert. Die Wandmalereien aus der zweiten Hälfte des 15. Jahrhunderts, die 1964–65 freigelegt wurden, machen die Kirche jetzt »zu einem der bemerkenswertesten Beispiele für die farbige und szenische Raumgestaltung des späten Mittelalters in Hessen«. Vor allem das Schiff zeigt reiche Malereien bis zur Höhe des Gewölbeansatzes und oft darüber hinaus. Die Darstellungen schildern ›Kreuzigung‹, die ›Marter der Zehntausend‹, ›Abendmahl‹, ›Kreuzabnahme‹ und ›Christus am Ölberg‹, zahlreiche Heilige, biblische Szenen und Martyrien.

Im Heimatkundeunterricht lernten wir aufsagen:
»Wo Fulda und Werra sich küssen   da entsteht ein neuer Fluß,
und ihre Namen büßen müssen,   den man Weser nennen muß.«

Drei Flußnamen finden zusammen. Ähnlich steht es auf dem Weserstein in der Stadt Hannoversch Münden. Hier kann man einen Personendampfer besteigen und wieder zurückfahren in die Gegend, aus der wir gerade gekommen sind. Die Schiffe der 'Oberweser-Dampfschiffahrt Hameln' verkehren von Mai bis September zwischen Hannoversch Münden und der Rattenfängerstadt Hameln. Zwischen den Waldbergen des Reinhardswaldes und des Bramwaldes liegen Dörfer, Fabriken, Holz- und Steinwerke, so in Veckerhagen und Vaake. Rechts taucht das KLOSTER BURSFELDE auf. Lippoldsberg und Gieselwerder sind uns schon bekannt.

VECKERHAGEN, mit niederdeutschen *Fachwerkhäusern* und einer *Kirche* von 1778, zeigt nah an der Weser ein *Schloß* mit Mittelrisalit und Freitreppe, das einmal mehr Landgraf Karl, wohl durch Paul du Ry, errichten ließ. Eine bedeutende *Eisenhütte*, von 1666–1903, fertigte Ofenplatten und selbstverständlich Kanonen, allerdings auch 1699 den Dampfkessel des Denis Papin (1647–1710) für das von ihm konstruierte Dampfschiff. Über VAAKE mit seiner unberührten Weserfront und dem schlichten Saalbau seiner frühgotischen *Kirche,* worin sich eine schöne Ausmalung des Chors aus der ersten Hälfte des 15. Jahrhunderts wiederfand, zurück nach Hannoversch Münden. Von hier ist man schnell in Kassel.

Kassel: Vom Herkules zur documenta. Hoher Meißner

Kassel − Kirchditmold − Dörnberg − Harleshausen − Rothenditmold − Wolfsanger − Bettenhausen − Heiligenrode − Waldau − Niederzwehren − Oberzwehren − Nordhausen − Oberkaufungen − Helsa − Hessisch Lichtenau − Reichenbach − Küchen − Germerode

Um 900 errichteten die Franken ein befestigtes Lager (Kastell = Kassel). Sie wollten sich vor den Sachsen schützen. Um diesen Kern entstanden die Altstadt und später die beiden 'Neustädte' diesseits und jenseits der Fulda: Ober- und Unterneustadt. Landgraf Heinrich I., das 'Kind von Brabant', wählte KASSEL zur Residenz. Seit 1277 war Kassel Residenz der Landgrafen von Hessen. Sie bauten es allmählich zu einer starken Festung aus. Landgraf Karl nahm um 1700 Hugenotten auf und ließ die Oberneustadt erweitern. Heute ist die Stadt, die in einem breiten Becken lagert, die Stadt der Nordhessischen Industrie und der ›documenta‹. Seit 1955 ist Kassel Olympiastadt der Weltkunst. Zum 8. Mal fand 1987 dieses Forum zeitgenössischer Kunst statt. Die documenta 9 ist 1992. Die Entwicklung aller künstlerischen Aussageformen wird präsentiert und diskutiert, wie es zu Beginn schon von einem Kreis Kasseler Bürger um Arnold Bode angestrebt wurde. Das documenta-Archiv (Ständeplatz 16) informiert über Gewesenes und Geplantes.

Am 23. Oktober 1943 zerstörten Bomben innerhalb einer Stunde die Häuser, historischen Bauten und Schlösser. Wer heute die Stadt besucht, der ahnt kaum noch etwas von ihrem Reiz. Völlig neu, in Wohn-, Geschäfts- und Industrieviertel gegliedert, mit Siedlungen am Stadtrand, leidet sie, wie die meisten deutschen Städte, am Verlust ihres Gesichtes. Aber am *Friedrichsplatz* (Farbt. 5) steht das neue *Staatstheater* und das *Naturkundemuseum*; das *Landesmuseum* in der Königsstraße zeigt wieder seine Schätze, Funde und Trachten vergangener Zeiten, die 'Modernität' ist nicht mehr nur aufgesetzt. Noch immer führt zum Herkules die 5 km lange schnurgerade Wilhelmshöher Allee hinauf, zum schönsten Gebirgspark Europas, dem *Schloßpark Wilhelmshöhe*. Hier hat man auf hohem Gebäudesockel die hohe Pyramide errichtet, auf der die fast 10 m hohe ›Herkules‹ steht. In seiner Keule haben neun Personen Platz. Eine Keule zur schönen Aussicht. Leider kommt man gewöhnlich nicht hinein. In Hessen kann nur das Niederwald-Denkmal mit dem Herkules konkurrieren. Von hier hat man einen einmaligen Rundblick über Nordhessen. Die Besteigung ist täglich außer montags von 10−17 Uhr möglich. Im Winter (16. 11.−16. 3.) bleibt die Anlage geschlossen.

Als Landgraf Karl von Hessen von einer Italienreise zurückkehrte, beschloß er, seiner Fürstenwürde angemessen, einen Park im Geiste italienischer Gartenkunst anzulegen. Als krönenden Abschluß bestimmte er das Achteckschloß (Oktogon) am Osthang des Habichtswaldes, gegenüber der heutigen Wilhelmshöhe am westlichen Stadtrand von Kassel. Giovanni Guerniero war der kühne Baumeister. Die Kaskade,

NÖRDLICHES HESSEN: KASSEL

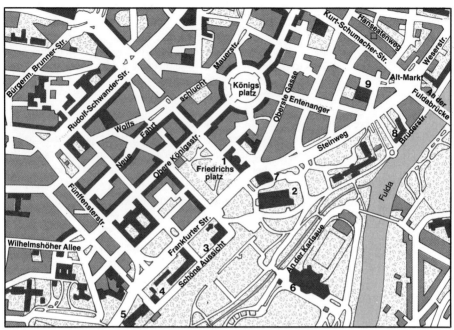

Kassel 1 Fridericianum 2 Staatstheater 3 Schöne Aussicht 4 Schloß Bellevue 5 Neue Galerie 6 Orangerie 7 Naturkundemuseum/Ottoneum 8 Brüderkirche 9 Martinskirche

eine 250 m lange Wassertreppe, Wasserfälle, Seen und Tempel zeigen sich in einem Schauspiel, einem Kunstwerk, das Geist und Natur in absoluter Größe verbindet. Wenn die Wasser schließlich in einer 50 m hohen Fontäne versprühen, stehen Tausende von Besuchern gebannt vor diesem Wunder, das seine Premiere traditionsgemäß zu Himmelfahrt hat und sich jeweils mittwochs sowie an Sonn- und Feiertagen wiederholt. Um 14.30 Uhr beginnt der Lauf des Wassers am Herkules; man kann mit dem Wasser wandern, bis es sich um 15.30 Uhr im Schloßteich zur Fontäne erhebt.

1701 begannen die Arbeiten am Park. Nach neun Jahren waren Oktogon und Kaskaden fertiggestellt. Oktogon und Pyramide haben eine Höhe von 63 m, die Herkules-Statue ist 9,20 m hoch. Der Augsburger Kupferschmied Anthoni arbeitete vier Jahre an der dem Farnesischen Herkules nachempfundenen Statue. Am 30. November 1717 wurde der Halbgott auf die Pyramide gestellt. Unterhalb des mächtigen Oktogons liegt als dreiflügelige Anlage *Schloß Wilhelmshöhe* (Farbt. 2), das unter Wilhelm IX. 1786 von Simon Louis du Ry begonnen wurde. Es enthält das *Schloßmuseum* mit der Gemäldegalerie und der Sammlung alter Plastik. Vor allem die Gemäldegalerie zeigt Kunstwerke höchsten Ranges: Bilder von Frans Hals, Rembrandt, Rubens, Van Dyck.

Schloß Wilhelmshöhe ist Symbol der Macht von Hessen-Kassel und dem glanzvollen Leben der Landgrafen im Verbund der europäischen Fürstenfamilien. Um diesen Luxus zu bezahlen, soll der Landgraf Friedrich II. (1760–1785) von Hessen-Kassel hessische Leihsoldaten rekrutiert haben. Von dem Geld soll er seinen Hofstaat bezahlt haben. 'Ab nach Kassel' soll seine Order gewesen sein. Aber das Geld war nicht verbaut oder verpraßt worden. Es war im vorigen Jahrhundert noch zum großen Teil vorhanden. 'Ab nach Kassel' haben vielmehr die Aachner Napoleon III. hinterhergerufen, als er 1871 als Gefangener des deutschen Kaisers beziehungsweise nach Schloß Wilhelmshöhe transportiert wurde.

Schloß Wilhelmshöhe ist eine der großartigsten Anlagen Deutschlands in der Verbindung von Architektur und Landschaft. Vom Schloß aus sollte man an den Kaskaden vorbei zum ›Herkules‹ gehen (Höhenunterschied 263 m) und weiter zur *Löwenburg* (Farbt. 4). Landgraf Wilhelm IX. ließ sie von 1793–1802 als eine gotische Burg mit absichtsvoll ruinenhaftem Charakter gestalten. Sie ist eine der frühesten Anlagen im 'romantischen Ruinenzauber'. Die Burg beherbergt eine wertvolle Sammlung mittelalterlicher Rüstungen, Waffen, Bildteppiche und Möbel (geöffnet: März bis Okt. 10–17 Uhr, Nov. bis Febr. 10–16 Uhr). Während des Spaziergangs durch den Bergpark mit seinen 330 km Wanderwegen fällt die Unvergleichlichkeit der Kasseler Anlage ins Auge.

Wer sich stark genug fühlt, der kann von Schloß Wilhelmshöhe eine 9 km lange Rasenallee am Nordrand des Habichtswaldes bis zu einem der bezauberndsten 'Landhäuser' des deutschen Rokoko durchwandern, zum Schloß Wilhelmsthal.

Schloß Wilhelmsthal bietet in seiner ländlichen Abgeschiedenheit einen reizvollen Gegensatz zum glanzvollen Schloß Wilhelmshöhe.

Der Münchner Hofarchitekt François R. de Cuvilliés d. Ä. (1695–1768) entwarf 1743–44 die Pläne für den zweigeschossigen Hauptbau mit seitlichen Altanbauten. Es wurde eines der schönsten Lustschlösser, deren frühestes deutsches Beispiel Schloß Windhof bei Weilburg ist. Die aufgelöste dreiteilige Schloßanlage mit den vorgelagerten Wachtpavillons (1756–58 von S. L. du Ry) besitzt eine reiche Rokokoausstattung. Die Stukkaturen der Decken und Schnitzereien der Wandvertäfelung fertigten die Hofbildhauer Johann August Nahl und Johann Michael Brühl aus Kassel, die Malereien an Supraporten und die Schönheitsgalerie der Hofmaler Johann Heinrich Tischbein d. Ä. (Abb. 130). Englische Tapeten und Möbel von D. Roentgen ergänzen das Bild. Das Schloß wurde mit großem Aufwand wiederhergestellt. Es ist eines der vielen Sorgenkinder der Hessischen Denkmalpflege.

Zurück zur Stadt. Den vierundzwanzig regierenden Fürsten verdankt Kassel viel. Moritz dem Gelehrten das Ottoneum, Karl die Karlsaue, Herkules und Kaskaden, Friedrich I. das Fridericianum, Wilhelm IX. Schloß Wilhelmshöhe.

1803 wurde Kassel kurfürstliche Residenz, 1807 Hauptstadt des Königreiches Westfalen. Jérôme, der jüngste Bruder Napoleons, lebte in dieser Zeit auf Schloß

NÖRDLICHES HESSEN: KASSEL – KIRCHDITMOLD BIS NORDHAUSEN

Wilhelmshöhe nach der Devise »Morgen wieder lustig«. Von daher nannte man ihn spöttisch 'König Lustig'. Der Spaß verging. 1813 wurde Kassel wieder kurhessisch, 1866 preußisch, bis 1945 war es dann Hauptstadt der Provinz Hessen-Nassau.

Vom Königsplatz, in zentraler Lage, 1766 nach Pariser Vorbild mit sechs Straßenstrahlen angelegt, erreicht man über die untere Königsstraße die *St. Martinskirche,* 1360 begonnen, nach der Zerstörung 1943 nun wiederhergestellt, Altes und Neues verbindend. Im nördlichen Seitenschiff steht das 12 m hohe Grabmal Philipps des Großmütigen (gestorben 1567) in Form eines römischen Triumphbogens.

Die ältere Kasseler Kirche ist die *Brüderkirche* (1292–1376) am Steinweg. Vom Altmarkt, an der Brüderkirche vorbei, den Steinweg entlang, gelangt man zum *Fridericianum* (1769–1776, von S. L. du Ry), dem ersten reinen Museumsbau auf dem Festland (vgl. Farbt. 5). Hier haben die Brüder Jacob und Wilhelm Grün als Bibliothekare gewirkt. Als das Fridericianum 1808 Ständehaus wurde, gelangten die Kunstsammlungen und die Bibliothek des Landgrafen Friedrich I. in andere Gebäude. Dem klassizistischen Außeneindruck des Baues – musentempelgleich – steht eine grobkörnige Betonarchitektur im Innern gegenüber — Messehallen: Heimat der ›documenta‹. Sie ist eines der weltweit bedeutendsten Foren moderner Kunst.

Am *Ottoneum* (1603–1606, von Wilhelm Vernukken), dem ersten festen Theaterbau Deutschlands vorbei, vorüber am *Staatstheater* gelangt man über Treppenanlagen zur *Karlsaue,* einem 150 Hektar großen Park, und zur *Orangerie,* um die man sich denkmalpflegerisch im Moment sehr bemüht. Das langgestreckte landgräfliche Lustschloß (1702–1710) mit dem Küchenpavillon im Osten (1765–70, von S. L. du Ry) und dem Marmorbad (1722–28, von Pierre Etienne Monnot) verbindet italienische und französische Kunst. Das Marmorbad war entgegen seinem Namen ein Prunkbau zur Aufstellung von Skulpturen. Von der *Schönen Aussicht* am Westrand der Karlsaue hat man einen herrlichen Blick auf die Gebäude und den Park. Hier stehen das *Schloß Bellevue* (Brüder-Grimm-Museum), 1714 von Paul du Ry für Landgraf Karl erbaut, von S. L. du Ry 1790 verändert, und die *Neue Galerie,* seit 1976 als Museum für die Städtischen Kunstsammlungen wiedereröffnet. Der weitgestreckte Bau von Heinrich von Dehn-Rotfelser (1872–77) beherbergt Gemälde und Graphik von der Romantik bis zum Expressionismus.

Am Ende der Schönen Aussicht steht ein kleiner *Frühstückspavillon,* für Kurfürst Wilhelm I. von Daniel Engelhard 1805 in Form eines Rundtempels erbaut. Von hier hat man einen weiten Ausblick über die Stadt in die Landschaft hinaus.

Wie ein Sternenkranz, oftmals nicht weiter vom Zentrum entfernt als Wilhelmshöhe, liegen kleinere Gemeinden um Kassel. Im Uhrzeigersinn, mit Kirchditmold nördlich von Wilhelmshöhe beginnend, sind sie schnell erfaßt.

In KIRCHDITMOLD steht eine *Kirche* von 1790–92, die nach Plänen von S. L. du Ry erbaut wurde. Von hier empfiehlt sich die Weiterfahrt nach DÖRNBERG. Die *Pfarrkirche* stammt noch aus romanischer Zeit, wurde aber nach 1500 wesentlich verändert.

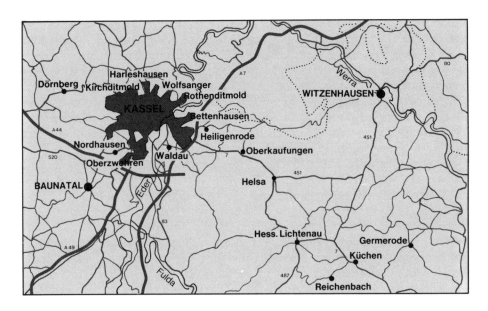

Das Langhaus wurde 1588 erneuert. Die Wandmalereien stammen aus dem frühen 16. Jahrhundert. In HARLESHAUSEN steht in der Ahnatalstraße 59 das einzige erhaltene *Fachwerkhaus* Kassels. Es stammt aus der Mitte des 17. Jahrhunderts und wurde bereits 1901 nach Harleshausen versetzt. Über ROTHENDITMOLD, das eine der interessantesten Siedlungen moderner Architektur in Stahlskelettbauweise, 1929–31 von Otto Haesler erbaut, besitzt, erreicht man Wolfsanger. In WOLFSANGER ist es wieder eine barocke Kirche. Die *Pfarrkirche St. Johannes d. T.* ist das erste bezeugte Bauwerk des Baumeisters Giovanni Ghezzy (1725/26 erbaut). BETTENHAUSEN besitzt eine der frühesten staatlichen Industrieanlagen: den *Messinghof*, 1679 entstanden. Im nahen HEILIGENRODE steht das *Schloß Windhausen*, Martin Ernst Graf von Schlieffen ließ es 1769 errichten. Da fast alle Kasseler Bauten vernichtet wurden, ist es ein wichtiges Zeugnis des von Simon Louis du Ry entwickelten Wohnbaustils der Zopfzeit. 1781 ließ Schlieffen den originellen Park in englisch-romantischem Stil anlegen.

In WALDAU sind Reste der ehemaligen *Burg* erhalten. Sie stammte aus dem 15. Jahrhundert. Der südliche Teil der Ringmauer mit zwei Turmstümpfen blieb erhalten. NIEDERZWEHREN besitzt in der *Ehemaligen Matthäuskirche* alte Bauteile. Der Chorturm der Kirche, die 1790 neu gebaut wurde, stammt ursprünglich von 1472. Der charakteristische Helm mit den vier Ecktürmchen wurde nach einem Brand 1552 wieder aufgesetzt. Die *Kirche* in OBERZWEHREN ist ein schlichter Saalbau von 1823/24. Die *Pfarrkirche* in NORDHAUSEN geht auf ein Zisterzienserinnenkloster zurück, das Adalbert von Wallenstein vor 1257 gründete. An den querrechteckigen West-Turm schließt sich in gleicher Breite das fünfjochige Schiff an.

NÖRDLICHES HESSEN: KAUFUNGEN ZUM HOHEN MEISSNER

Östlich von Kassel erstreckt sich der ›Naturpark Kaufunger Wald – Meißner‹. An seinem Westrand liegt der Ort KAUFUNGEN, 12 km von Kassel entfernt, führt er weit in die deutsche Geschichte zurück. Heinrich II. ließ zu Anfang des 11. Jahrhunderts die von Hunnen verwüstete Kaiserpfalz wiederaufbauen. Er schenkte sie seiner Gemahlin Kunigunde, die in OBERKAUFUNGEN 1017 ein *Benediktinerinnenkloster* errichten ließ. Die mächtige *Ehemalige Stiftskirche Hl. Kreuz* (Abb. 2) läßt trotz vieler Umbauten den Gründungsbau als dreischiffige romanische Basilika in Kreuzform erkennen. Nach dem Tode Heinrichs trat Kunigunde als Nonne in das Kloster ein. 1039 starb sie und wurde 161 Jahre nach ihrem Tode heiliggesprochen.

Die Weihe des Baues war 1025. Durch einen Brand von 1422 mußten Fenster und Türen ersetzt werden. Man ersetzte das Querhaus. 1469 wurde die romanische Apsis durch einen Chor mit Sterngewölbe abgelöst. Nach einem weiteren Brand 1564 erfolgte erst 1969–73 eine gründliche Restaurierung. Hersfeld, Aachen und Corvey vermittelten ihren Einfluß. Oberkaufungen selbst hat die Bauten von Fritzlar, Neuenheerse und Breitenau beeinflußt. Vor allem der breitrechteckige West-Bau mit den flankierenden Rundtürmen wurde vorbildlich. Die Kaiserempore, hinter deren Arkaden Sitz und Andachtsraum der Kaiserin lagen, blieb erhalten. Trotz unterschiedlicher hart aufeinanderstoßender Bauphasen vermittelt der Bau den geschlossenen Eindruck historischer Kraft. An den romanischen Wandvorlagen mit Kantensäulen, Konsolen und Gittermuster kann man die Nachfolge von Lippoldsberg ablesen. Spätgotische Wandgemälde und Grabsteine des 16. Jahrhunderts bilden die Ausstattung. Nur Reste der Gebäude sind erhalten, die späteren Fachwerkbauten des Stiftshofes aus dem 17. und 18. Jahrhundert bilden eine malerische Gruppe. Südöstlich ist in der Georgskapelle, einem wiederhergestellten Apsissaal, das *Heimatmuseum* untergebracht. Der Bau wird neuerdings als die um 1015 entstandene Pfarrkirche des Ortes gedeutet. Den Westflügel der Anlage schließt die Ritterschaftliche Renterei von 1606 (Abb. 1), gegenüber das Herrenhaus von 1714. Es war Sitz der hessischen Ritterschaften.

Zwischen Oberkaufungen und Hessisch Lichtenau gelangen wir nach Helsa. HELSA wurde als erstes Dorf Hessens am 30.1.1975 insgesamt unter Denkmalschutz gestellt. Reichgeschmückte Fachwerkhäuser des 17. und 18. Jahrhunderts wurden so vor der Zerstörung durch den überwuchernden Verkehr gerettet. Die *Pfarrkirche* inmitten des alten Wehrkirchhofes stammt aus dem 16. Jahrhundert. Der Turmunterbau ist wesentlich älter.

In HESSISCH LICHTENAU haben sich von der mittelalterlichen *Stadtbefestigung* zwei Türme und lange Strecken des Mauerovals erhalten. Unter den *Fachwerkhäusern* an der Landgrafenstraße, ragt mit seinem dreigeschossigen Erker das *Rathaus* von 1651 heraus. Neben dem Erkervorbau gewährt ein reiches rundbogiges Portal in Rechteckrahmen Einlaß. Aus der Stadtgründungszeit, von 1289, stammt das Untergeschoß des Westturmes der *Stadtpfarrkirche*. Sie wurde bis 1350 als Hallenkirche begonnen.

Die Deutsche Ferienstraße führt im Zuge der B 7 und der B 452 im Süden um den Meißner herum nach Eschwege. Man kann aber auch östlich des Dorfes Walburg einen weiter im Norden verlaufenden Straßenzug benutzen, der auf der Strecke Velmeden – Vockerode den Meißner überquert.

Südöstlich von Hessisch Lichtenau liegt REICHENBACH. Burg Reichenbach war der Stammsitz der Grafen von Ziegenhain und Reichenbach. Reste der *Burg* und die *Klosterkirche* bezeugen die Bedeutung Reichenbachs im Hochmittelalter. Nach den Landgrafen waren die Grafen von Ziegenhain und Reichenbach das mächtigste hessische Adelsgeschlecht. 1272 starb das Grafengeschlecht aus. Ihre Burg ließen sie bereits im 11. Jahrhundert anlegen. Seit dem 16. Jahrhundert verfiel sie und ist heute nur in wenigen Resten erhalten. Von der Pfarrkirche, dem ehemaligen Nonnenkloster St. Maria, ist dagegen das Langhaus, eine flachgedeckte Basilika, erhalten. Die erhaltenen romanischen Teile werden der Zeit um 1140 zugeordnet. Im Langhaus sieht man noch die alten Arkaden mit rotem Sandstein. Die Mehrzahl der Säulen tragen gute Würfelkapitelle.

Von Reichenbach in Richtung Meißner führt der Weg nach Küchen.

In KÜCHEN steht eine klassizistische *Saalkirche*. Sie wurde 1827/28 von Johann Friedrich Matthei als Quersaal erbaut. Über dem Eingang befindet sich ein Fachwerkturm. Das Innere wirkt wie ein Amphitheater. Die Kanzel befindet sich hinter dem Altar in der Mitte der Nordwand. Das Gestühl und die auf vier toskanischen Säulen ruhende Empore sind im Halbkreis um den Altar gelegt und steigen zur Südwand hin an. Diese typisch protestantische Anlage einer 'Predigerkirche' ist zweimal wiederholt worden. Einmal von Matthei selbst 1829/30 in Sontra-Stadthosbach und ein Jahr früher von Arend in Wollmar, Kreis Marburg-Biedenkopf.

Der Meißner, für den sich seit 1913, als er Schauplatz des Treffens der deutschen Jugendbünde war, die Bezeichnung 'Hoher Meißner' eingeführt hat, ist ein mächtiger Basaltblock, der nach allen Seiten steil abfällt. Seine höchsten Erhebungen sind die *Kasselkuppe* mit 750 m und der *Rebbes* mit 727 m. Die Kuppe mit der schönsten Aussicht ist die 720 m hohe *Kalbe*. Der Meißner ist schneereich.

Wer ist da nicht an Frau Holle, eine der schönsten Sagen- und Märchengestalten, erinnert? Unter der Kalbe, in 615 m Höhe liegt der *Frau-Holle-Teich*. Mit welch eindringlicher Schlichtheit erzählt das Grimmsche Märchen von der Belohnung des guten Mädchens und der gerechten Strafe für das faule Mädchen: von Goldmarie und Pechmarie!

Wie viele Berghöhen war auch der Meißner Kultstätte der Germanen. Mit der Germanenzeit verbindet sich das Märchen von Frau Holle, die ja am Meißner ihr Reich gehabt haben soll. Die Frau des Göttervaters Wotan nämlich, Freia, ist Frau Holle. Wie viele der Göttergattinnen war sie zugleich Göttin der Fruchtbarkeit und Göttin des Gerichtes, was den Gatten in hochpeinliche Situationen brachte, wenn eine seiner zahlreichen Amouren ans Tageslicht kam. Die Linde war der Göttin Freia geweiht; unter den Dorflinden wurde Gericht gehalten. Auch der Holunder war ihr heilig. Längst waren die heiligen Bäume gefällt, als immer noch Freia, Frau Holle, auf dem *Wissener* saß. Der Wissener, 'der Weiße', trägt am längsten Schnee und ist ihr Reich geblieben. Noch heute rufen die Kinder beim ersten Schnee: »Frau Holle schüttelt die Betten aus.« Weil sie so tüchtig und ehrbar, gerecht in ihrem Zorn und märchenhaft reich war, ranken sich um den Berg viele Märchen und Sagen von tüchtigen und faulen Mägden und Spinnerinnen.

Am Südostrand des Hohen Meißner gründete Graf Rugger II. von Bilstein 1144–45 das *Prämonstratenserinnenkloster* GERMERODE. Beherrschend liegt die Klosteranlage an höchster Stelle des Ortes. Die dreischiffige romanische Kirche, die zwischen 1150 und 1175 erbaut wurde, steht in künstlerischer Nachfolge der Klosterkirche von Lippoldsberg. Vom Hof der Wirtschaftsbauten des ehemaligen Klosters hat man einen guten Blick auf die Choranlage mit dem hohen Unterbau. Die Chorpartie zeigt drei Chorapsiden (Abb. 9). Die Kirche besitzt kein Querschiff, die Seitenschiffe sind ganz oder zum Teil abgebrochen. Im Innern erkennt man ein System, das wie die verkleinerte Wiederholung von Lippoldsberg wirkt. Auch die 'Nonnenkrypta' ist wieder vorhanden. Zusätzlich gibt es aber, im Unterschied zu Lippoldsberg, eine Ostkrypta, die einzige in Nordhessen.

Zwischen Twiste und Habichtswald – und weiter zu Konrad von Soest

Volkmarsen – Niederelsungen – Breuna – Zierenberg – Elmarshausen – Malsburg – Schartenberg – Wolfhagen – Ippinghausen – Naumburg – Weidelsburg – Netze – Bad Wildungen

Von Hofgeismar über Liebenau gelangt man nach VOLKMARSEN. Wo die Erpe in die Twiste einmündet, liegt die Stadt, beherrscht von der Ruinensilhouette der *Kugelsburg*. Die Burg wurde um 1200 von den Grafen von Everstein gegründet. Der quadratische Wohnturm an ihrer Südseite stammt noch aus dieser Zeit. Der runde Bergfried an der Angriffsseite über dem Halsgraben gehört dem 14. Jahrhundert an.

Volkmarsen wurde zu Beginn des 13. Jahrhunderts gegründet. Das rechtwinklige Straßensystem um den Marktplatz mit der *Marienkirche* läßt die planmäßige staufische Anlage erkennen; die Pfarrkirche entstand als einheitlicher dreischiffiger Hallenbau mit Rechteckchor und Westturm zwischen 1260 und 1317 in drei Bauphasen. Besonders reich ist das Südportal (um 1280) geschmückt. Eine Mittelsäule trägt zwei Dreipaßbogen. Ein gestuftes Gewände leitet ins Innere. Der Figurenschmuck stammt von 1404. Das Westportal wurde gegen 1300 geschaffen. Das Nordportal mit den flankierenden Fialen ist ihm ähnlich. An der Nordseite des Turmes, mit seiner gedrungenen Bekrönung von 1564, steht ein Beinhaus mit der Marienkapelle

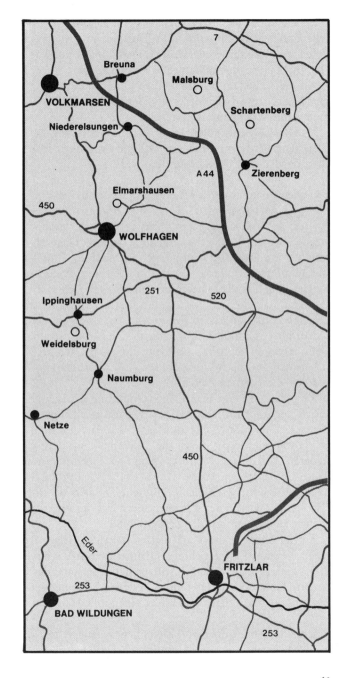

NÖRDLICHES HESSEN: NIEDERELSUNGEN BIS NAUMBURG

von 1504, die heute als Taufkapelle genutzt wird. Bündelpfeiler mit ziervollen Kapitellen stützen das Gewölbe. Ein Taufstein von Andreas Herber (Ende 16. Jh.), ein Relief im Hochaltar von Heinrich Pape (1671) und die Wangen des Chorgestühls (17. Jh.) bilden eine sehenswerte Ausstattung.

An der südlichen Schiffswand ist ein Baukran eingeritzt. Deutlich erkennt man die 'Klaue' zum Greifen der Quader. Selten wird man so über den Transport der Steine zum Kirchbau informiert.

Das *Rathaus* von Volkmarsen ist ein zweigeschossiger Steinbau des 14. Jahrhunderts. Die Bebauung des Ortes erfolgte zumeist in Fachwerk, das deutlich die Zeichen des 17. und 18. Jahrhunderts trägt.

Zwischen Volkmarsen und Zierenberg führt uns der Weg nach NIEDERELSUNGEN. Das dortige *Herrenhaus* von 1767–68 ist ebenso Familienbesitz wie das *Schloßgut Escheberg* in der Nähe. Das Herrenhaus geht im Kern auf das 16. Jahrhundert zurück, wurde aber um 1800 entscheidend verändert. Hier versammelten sich im 19. Jahrhundert um Ernst Otto und Karl von Malsburg führende Künstler der Romantik, darunter Emanuel Geibel, Moritz von Schwind, Friedrich von Bodenstedt und Franz Kugler. Möglich, daß sie sich bei feinsinnigen Gesprächen in dem weitläufigen Park ergangen haben. Niederelsungen mit seiner frühgotischen *Kirche* und BREUNA mit einer gleichfalls gotischen *Kirche* sind Stationen auf dem Weg nach Zierenberg.

Nördlich und südlich führen durch den Habichtswald die B 251 und die B 520; sie vereinigen sich bei Istha, von hier führt die B 450 nach Wolfhagen mit seinem stattlichen Rathaus, nach Elmarshausen (2 km nördlich) und zu dem 14 km nordöstlich gelegenen Städtchen Zierenberg.

ZIERENBERG ist eine planmäßige Gründung des Landgrafen Heinrich I. von Hessen gegen Ende des 13. Jahrhunderts. Ein rechtwinkeliges Straßengitter spart zwei quadratische Plätze für Kirche und Markt aus. Aus den alten *Fachwerkbauten* des 16. bis 18. Jahrhunderts erhebt sich die *Stadtkirche* mit dem frühgotischen Westturm mit neueren Aufbauten (Achteckaufbau von 1586, Balustrade und Haube von 1738). Turm und Chor entstanden 1292–1343, das Landhaus wurde 1430 neu errichtet. 1934 wurden hier großflächige gotische *Fresken* von erheblicher Qualität freigelegt. Die Fresken des Chores stammen meist aus der ersten Hälfte des 14. Jahrhunderts, die des Langhauses aus der Zeit um 1480.

An der Südseite des Marktplatzes steht das langgestreckte *Rathaus,* das Meister Heinrich Brant 1450 errichtete. Den Fachwerkbau schließt ein hohes Krüppelwalmdach, stark gebogte Knaggen stützen den Überstand des Obergeschosses. Das älteste datierte Fachwerkhaus Hessens ist in seinen Brüstungsgefachen durch Andreaskreuze geschmückt, das Erdgeschoß bildet eine große Halle auf achteckigen Stützen.

Einen Kilometer südlich von Zierenberg gelangen wir, an den Höhen des Habichtswaldes gelegen, zum schon erwähnten Dorf Dörnberg. Bevor man Wolfhagen erreicht, liegt, eingebettet im Erpetal, die malerische *Wasserburg* ELMARSHAUSEN. 1534 erwarb Feldmarschall Hermann von der Malsburg die Burg und baute sie schloßartig aus. Stammsitz des Geschlechts von der MALSBURG ist die gleichnamige Anlage zwischen Breuna und Hohenborn. Von der im 12. Jahrhundert errichteten *Burg* sind heute nur geringe Reste erhalten. Auch die nahegelegene *Burg* SCHARTENBERG gehörte 1565 Hermann von der Malsburg, dem Bauherrn von Elmarshausen. Noch heute ist die gut erhaltene malerische Anlage im Besitz dieser Familie. Wassergräben, zwei Brücken, mehrgeschossige Erker, zwei Ecktürme, ein vierflügeliger Gebäudekomplex, im Binnenhof ein Treppenturm mit Wappensteinen – alles wie aus einem Märchenfilm.

WOLFHAGEN grüßt von seinem Höhenrücken weit ins Land. Inmitten des Kirchplatzes beherrschend die *Stadtkirche*, umgeben von bemerkenswerten *Fachwerkbauten*. Unter ihnen das *Rathaus*, dessen Untergeschoß 1611, dessen zweigeschossiger Fachwerkoberbau 1657–59 errichtet wurden. Auch die *Alte Wache*, heute Museum, ist ein zweigeschossiger Fachwerkbau des 17. Jahrhunderts (1667). Ursprünglich hatte die Wache eine offene Halle im Erdgeschoß. Wie in so vielen Orten im Waldeckschen bestimmen die hohen Giebelfronten des diemelsächsischen Haustyps Reichtum und Geschlossenheit des Stadtgesichtes.

Die *Stadtkirche St. Anna* ist ein dreischiffiger Hallenbau, begonnen in der zweiten Hälfte des 13. Jahrhunderts, in der ersten Hälfte des 14. Jahrhunderts vollendet. Ein Chorneubau war 1420 abgeschlossen. Die *Marienkirche* nördlich neben dem Chor wurde 1389 fertiggestellt. Fünf Portale gliedern den einfachen Bau, der im Innern seine ursprüngliche, 1957 erneuerte, Farbgestaltung zeigt. Die runden Säulen, das Mittelschiff-Rippengewölbe, die gratig gewölbten Seitenschiffe, klingen zu einer ausgewogenen Halle zusammen, die durch kein Querschiff gestört wird. Der Chorraum ist etwas höher als das Mittelschiff.

In IPPINGHAUSEN, südlich von Wolfhagen, interessiert die schlichte *Kirche* von 1772 und die alte *Brücke* von 1782.

Noch weiter südlich liegt das hübsche Fachwerkstädtchen NAUMBURG mit Gassen, die seit dem Wiederaufbau nach dem großen Brand von 1684, der nur ein einziges Haus verschonte, unverändert geblieben sind. Naumburg schmiegt sich an den Ostabhang eines Basaltkegels. Bis 1802 gehörte der Ort zu Mainz. Auch in Naumburg setzt die *Pfarrkirche* den entscheidenden Akzent im Ortsbild. Der Westturm wurde 1512 zur heutigen Höhe aufgeführt. Im Kern stammt er aus dem 13. Jahrhundert. Seine Haube ist barock. Der Hallenbau wurde im 14. und 15. Jahrhundert errichtet und nach dem Brand, der die Stadt verwüstete, nach 1684 im Innern neu ausgebaut. Die Ausstattung ist neugotisch. Von der *Burg* an der südwestlichen Höhe sind nur geringe Reste erhalten. Die Grafen von Naumburg erbauten sie im 12. Jahrhundert, 1626 wurde sie zerstört.

NÖRDLICHES HESSEN: WEIDELSBURG BIS BAD WILDUNGEN

Von Naumburg lohnt sich ein Ausflug zur bedeutendsten *Burgruine* Niederhessens, zur WEIDELSBURG. Auch sie war in der zweiten Hälfte des 12. Jahrhunderts im Besitz der Naumburger, auf die noch der westliche Wohnturm zurückgeht. 1266 verkaufte das Grafengeschlecht die Burg dem Erzstift Mainz. Nach einer Zerstörung (1273) und dem Ausbau durch den Landgrafen von Hessen und den Waldecker Grafen (1380) erhielt die Burg 1398 ihre endgültige Form, nachdem sie wiederum in Mainzer Besitz war. Durch das kantenreiche dunkle Basaltgestein wirkt die Anlage besonders trutzig. Vom östlichen Wohnturm hat man einen weiten Rundblick.

Südwestlich von Naumburg liegt NETZE. Im Jahre 1228 gründeten die Grafen von Schwalenburg und Waldeck das dortige *Zisterzienserinnenkloster Marienthal*. 1527 löste sich das Kloster wieder auf, und die Klosterkirche wurde *Pfarrkirche*. Der schwere romanische Westturm geht noch auf eine Kirche vor der Klostergründung zurück, aus der Gründungszeit stammen dagegen der Nonnenchor und der Westteil der Kirche, aus der Zeit um 1419–20 der flachgeschlossene Ostteil der zweischiffigen Hallenkirche. Die Instandsetzung von 1950–59 gab dem ruhig proportionierten Raum seine ursprüngliche Farbstimmung wieder. Auf dem Gewölbejoch über dem Altar konnte eine zartlinige spätgotische Rankenmalerei freigelegt werden. Von hoher künstlerischer Qualität ist das *Altartriptychon* eines westfälischen oder Westfalen nahestehenden Meisters aus der Zeit um 1370 (Abb. 12, 13). Ihm ist ein in allen Teilen ähnlich gemalter Flügelaltar aus Osnabrück verwandt, heute im Wallraf-Richartz-Museum in Köln. Auf der Haupttafel und auf den Innenseiten der Flügel sind in zwölf Szenen Kindheit und Passion Christi angeordnet. Die Kreuzigung wird dabei als Mitteltafel herausgestellt (Abb. 13). Links und rechts schließen zwei Seitenbilder das Hauptfeld ab. Die restlichen Szenen erscheinen zu je vier auf den Flügeln.
Die Qualität des plastischen Umfassens durch die Faltenlinien geht auf das neue Sehen des Körperrunds, des Körpers als Masse, zurück. In engen Lagen umgreifen die Falten den Körper. Die Kurzrundigkeit der Faltenbildung, die Isolation der Körper vor Leerflächen, die Nutzung der Leerflächen sind neu und eigen. Die daraus bedingte Linearität hat möglicherweise Auswirkungen auf Konrad von Soest gehabt, dessen Altar im nahen Wildungen steht. Der Altar von Netze ist in Tempera gemalt.

Zwischen Frankenberg und Bad Wildungen erhebt sich der Kellerwald, er liegt abseits der großen Straßen und ist ein herrliches Wandergebiet südlich des Edersees. Angeblich hat er seinen Namen von den Hirten und Hütejungen, die seine Täler als Viehweiden benutzten. Weil es ihnen dort auch im Sommer kühl war, nannten sie ihn 'Keller'. Heute noch nennen die Einwohner dieser Landschaft ihr Gebirge nicht 'Kellerwald', sondern nur den 'Keller'. Tradelkopf mit 625 m und Keller oder 'Wüster Garten' mit 675 m bestimmen seine Achse. Auf der Fahrt nach Wildungen oder während eines Spazierganges im Kellerwald könnte dem Wanderer ein Bär über den Weg laufen. Es soll niemandem ein Bär aufgebunden werden, aber es gibt hier Bären, neben Himbeeren und Walderdbeeren, und zwar Waschbären. 1935 wurden in Vöhl am Edersee zwei Pärchen ausgesetzt. Jetzt muß man die Räuber bereits gewaltig dezimieren. Sie fressen alles, ob Hase oder Fisch, manchmal auch vegetarisch: alles wird gründlich gewaschen und dann gefressen.

Wir sind in BAD WILDUNGEN angekommen (Abb. 16). Das Stadtbild mit *Fachwerkhäusern* des 16. bis 18. Jahrhunderts, der *Stadtbefestigung,* die 1319 begonnen wurde und von der noch Wehrmauerwerk und ein Rundturm, der 'Rote Hahn', erhalten sind, ist freundlich. Das städtische *Heimatmuseum* (Lindenstr. 9), die *Asiensammlung Exner* (in der Laustr. 26), der *Hainaer Hof,* ein Fachwerkhaus von 1564, und das *Rathaus* von 1849–50 können, die *Stadtkirche* muß besichtigt werden.

Die Stadt setzt sich aus den 1940 zusammengeschlossenen Ortsteilen Alt- und Niederwildungen zusammen. Altwildungen entstand im 14. Jahrhundert im Anschluß an eine im 12. Jahrhundert errichtete Burg, die bis 1247 den Landgrafen von Thüringen und seit 1263 den Grafen von Waldeck gehörte. Der Ort brannte 1763 bis auf das Schloß und die Kirche nieder. Niederwildungen wurde wahrscheinlich 1242 durch den thüringischen Landgrafen Heinrich Raspe gegründet. 1259 wird es zuerst als Stadt genannt. Auch Niederwildungen fiel 1263 an den Grafen von Waldeck. Ein Sauerbrunnen, der seit dem 14. Jahrhundert nachweisbar ist, förderte seit dem 16. Jahrhundert einen Badebetrieb.

Die *Stadtkirche,* die den Altar des Konrad von Soest birgt, wurde als gotische Hallenkirche um 1300 begonnen, das Langhaus war nach 1350, die Turmobergeschosse erst 1489 vollendet. Die jetzige Turmhaube ist von 1809–11. Das dreischiffige Langhaus mit vier Jochen, dem Chor aus zwei Jochen und Fünfachtelschluß wird überdacht, indem Mittelschiff und Chor ein gemeinsames Dach besitzen; über den Seitenschiffen sind quergestellte Satteldächer mit Steingiebeln.

Außen befindet sich eine Nische mit Schmerzensmann aus dem 15. Jahrhundert. An der Nordseite des Chores liegt die alte Sakristei aus dem Anfang des 15. Jahrhunderts, und an der Turmnordseite die Geismar'sche Grabkapelle (1483–1505). Der figürliche Schmuck des Südportals datiert 1380.

Im Innern des auf schlanken Rundpfeilern ruhenden Raumes steht im Chor auf einer Altarmensa (um 1306) der ›Flügelaltar des Konrad von Soest‹ (Abb. 17). Über dem Altar ein Holzkruzifix von 1518. Weder das Sakramentshaus aus der zweiten Hälfte des 14. Jahrhunderts noch der zwölfeckige Taufstein aus gleicher Zeit, weder der Messingleuchter des 15. Jahrhunderts noch eines der drei beachtlichen Grabdenkmäler von Waldecker Grafen und Fürsten erreichen den Glanz der Malerei des Altars. Im Herausgehen sollte man immerhin im Chor das Wandgrab des Grafen Josias, der als venezianischer General im Kampf gegen die Türken 1669 auf Kreta fiel, betrachten. Heinrich Papen schuf es 1674. Das Wandgrab besitzt einen prachtvollen architektonischen Aufbau unter reicher Verwendung von weißem und gelbem Alabaster. Im Chor ist auch das Epitaph des Fürsten Karl († 1765) von Marcus Christoph

Krau aufgestellt; es ist ein Scheinsarkophag mit Obelisken und vier Tugendallegorien. Wenn man sich in Altwildungen die 1729 von Julius Ludwig Rothweil erbaute Evangelische Pfarrkirche, mit der Kanzel von Josias Wolrad Brützel (Ende 17. Jh.), ansieht oder zum Schloß Friedrichstein geht, sollte man sich für die Weiterfahrt vornehmen, den ›Altar von Rauschenberg‹ anzuschauen (s. S. 173); er steht in direkter Nachfolge des Konrad von Soest. Aber auch die verbindenden zeitlichen Glieder zwischen Netzer und Wildunger Altar sollte man sich auf späteren Reisen ansehen. Es sind dies der ›Große Friedberger Altar‹ von 1390, innerhalb der kostbaren Sammlung gotischer Altäre des hessischen Landesmuseums in Darmstadt eines der überragenden Beispiele, und in Schotten der ›Schottener Altar‹, der um 1385 geschaffen wurde (Abb. 76). Dazu noch der ›Ortenberger Altar‹, der sich ebenfalls im Landesmuseum Darmstadt befindet. Mit ihnen haben Freunde der gotischen Malerei dann einige der wichtigsten Altäre hessischer Malerei um 1400 gesehen.

Konrad von Soest wird häufig im Zusammenhang mit der westfälischen Malerei erwähnt. Sein Flügelaltar in der Stadtkirche zu Bad Wildungen stammt aus dem Jahre 1403. Der Erhaltungszustand der Temperamalereien auf Eichenholz ist vorzüglich. Erstmals in diesem Werk, vermutet man, ist der Meister direkt von der eleganten französischen Hofmalerei beeinflußt worden. Der Altar ist ein Christusaltar, der die Heilsgeschichte von der Verkündigung bis zur Wiederkehr Christi als Weltenrichter erzählt. Man darf annehmen, daß Konrad den nur 15 km von Wildungen entfernten, ausschließlich der westfälischen Malerei zugehörigen Flügelaltar in Netze gekannt hat. An Konrads Darstellungen überraschen die Figuren. Sie sind groß gesehen und für den Raumeindruck bestimmend. Die Figurengruppen vermögen durch ihr Volumen, ihre Kompositionen und ihre räumlichen Verhältnisse, dem Bild einen einheitlichen 'Raumeindruck' zu geben. Entzöge man sie der Komposition, würde der durch ihr Gewicht geschaffene Raumzusammenhalt auseinanderbrechen.

Von dem großartigen Altarwerk nun zu Schloß Friedrichstein hinauf.

Schloß Friedrichstein wurde an der Stelle der mittelalterlichen, ursprünglich thüringischen, dann waldeckschen Burg als barocker Neubau für Graf Josias II. von Waldeck 1663 begonnen. Geplant war es nach französischem Vorbild als großer dreieckiger Gebäudekomplex mit zwei langen, spitz aufeinander zulaufenden Flügeln und einem kleineren verbindenden Flügel. Im Schnittpunkt der beiden Längsflügel war ein monumentaler Kuppelbau geplant. Durch den Tod des Grafen (1669) wurde zunächst nur der westliche Längsflügel, der heutige Hauptbau, bis 1678 von Emanuel Brand aus Mengeringhausen fertiggestellt. 1707–14 wurden unter Fürst Anton Ulrich die beiden kleineren Seitenflügel errichtet. An der nordwestlichen Außenecke steht ein mächtiger, im Kern mittelalterlicher Rundturm mit Haube und Laterne; hofseits ein rustiziertes Portal mit gebrochenem Giebel und Wappen um 1665 von Rudolf Kippenhahn. Von ihm ist auch das schöne Treppenhaus. Andrea Gallasini stuckierte um 1715–19 einige Zimmer des Obergeschosses, Carlo Ludovico

Castelli schuf die Deckengemälde. Die Rokokodekoration (1751 und 1757) schuf Markus Christoph Krau. Einige Supraporten vom Ende des 18. Jahrhunderts stammen von Johann Valentin Tischbein. Bemerkenswert ist auch der große Festsaal im Südflügel mit Stukkaturen von Gallasini und dem großen Deckenbild von Castelli. Es zeigt die Apotheose des Hauses Waldeck.

Fritzlar, Melsungen, Spangenberg

Fritzlar – Züschen – Ungedanken – Wabern – Harle – Altenburg – Felsberg – Breitenau – Wagenfurth – Körle – Melsungen – Spangenberg – Dagobertshausen

Mit vielen Türmen baut sich FRITZLAR auf (Farbt. 8), das man von Wildungen aus schnell erreicht. Im Mittelalter zählte man vierzig Türme. Außer den Türmen der Kirche haben sich noch *zwölf Wehrtürme* der Stadtbefestigung erhalten. Sie entstammen dem 13. und 14. Jahrhundert. Eindrucksvoll ist der mächtige graue Turm. Spätgotische Steinhäuser und Fachwerkhäuser (15. bis 19. Jh.) schmücken die Stadt und stehen um den *Marktplatz* und den *Rolandsbrunnen* von 1564 (Farbt. 6), als könnten sie die Vergangenheit zu gültiger Gegenwart wandeln. Das spätgotische *Rathaus* und das *Renaissance-Hochzeitshaus* (Farbt. 7), in dem das Museum eingerichtet ist, sind für die stolze Vergangenheit Fritzlars ebenso Zeugen wie der zuhöchst gelegene *Dom* (11.–14. Jh.).

Bonifatius gründete 732 ein Kloster im fränkischen Kastell Fritzlar. Bis zum 11. Jahrhundert war Fritzlar Reichsbesitz mit einem Königshof. Hier wurde 919 Hein-

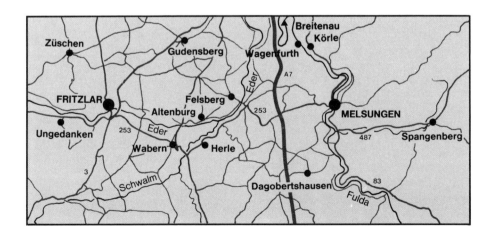

NÖRDLICHES HESSEN: FRITZLAR BIS UNGEDANKEN

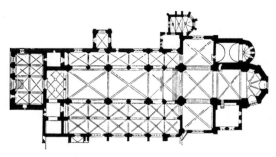

Fritzlar: Grundriß des Domes

rich I. zum deutschen König gewählt. Erzbischof Siegfried brachte Fritzlar 1066 unter mainzische Herrschaft. Mainz gründete eine Stadt. Um 1280 entstand am Steilhang der Südseite die bis 1464 selbständige Neustadt. Die Stadtmauer wurde 1232/37 im Osten und 1320/27 im Westen erweitert. Nach der Reformation blieb Fritzlar eine katholische Enklave in der Landgrafschaft.

Aus früher Zeit hat sich neben dem Dom noch die *Ederbrücke* erhalten. Ihre Reste stammen aus dem 13. Jahrhundert. Hochbedeutend ist der *Dom*. So wie er sich heute aufrichtet, stammt er aus der Hauptbauzeit zwischen 1180 und 1215. Nach 1232 erhielt er seine Vorhalle. Die Marienkapelle vor dem Nordquerhaus wurde 1354 gebaut. Das 13., 14. und 15. Jahrhundert brachen Maßwerkfenster in den dunklen Raum. Die Barockzeit schenkte ihm eine reiche Ausstattung. 1974 wurde im Kreuzgang ein Dommuseum neu eingerichtet. Der Dom ist im Kern eine dreischiffige Gewölbebasilika mit Ost-Querhaus und Doppelturmfassade. Von dem 1120 fertiggestellten Bau sind noch Teile der mehrfach umgebauten Südkrypta erhalten. Der Umbau nach 1171 brachte die Wölbung. Die sechsgeschossigen Türme beherrschen den Bau. In der Vorhalle, dem Paradies, begegnen sich Formen der Romanik und der Gotik. Ein Säulenportal führt in eine offene Halle. Um die Kirche zieht ein Rundbogenfries, außer am südlichen Seitenschiff. Die Zwerchgalerie zeigt typische Formen oberrheinischer Art, Vorbild könnte der Wormser Dom sein.

Im Innern bestimmen weitgespannte Doppelarkaden unter Überfangbögen den Charakter des Langhauses. Die schweren Wulstkapitelle weisen wieder nach Worms. In der dreigeschossigen Westwand stehen nach Vorbild von Oberkaufungen zwei Drillingsarkaden auf Säulen übereinander. Die Hauptapsis ist innen dreigeschossig gegliedert. Der gesamte Ostbau ist von Krypten unterfangen, die man durch die ungewölbte südliche Querhauskrypta erreichen kann (1120, spätromanisch erneuert). Die Hauptkrypta (1085) wird durch zwei Reihen von je fünf Säulen in drei Schiffe geteilt.

Reich ist die Ausstattung. Die Ostwand des Süd-Querhauses nimmt eine ›Verherrlichung Mariä‹ von 1320 ein. Über dem Eingang zur ehemaligen Schatzkammer befindet sich ein ›Hl. Martin‹ des späten Weichen Stils, gegen 1440/50. In der Apsis steht ein barocker Hochaltar von 1685/86. An der Nordseite des Chores schließt ein schlankes Sakramentshäuschen des 14. Jahrhunderts an. Die Nebenaltäre stammen aus dem Ende des 17. Jahrhunderts. Vor der Vierung ein gotisches Gitter mit reicher Barockbekrönung. Neben dem Pfarraltar steht ein spätromanischer Pultträger in Gestalt eines Diakons. Weiter seien von der großartigen Ausstattung ein Gnadenstuhl (um 1300) in der nördlichen Nebenkrypta erwähnt und daneben eine überlebensgroße ›Sitzfigur des Hl. Petrus‹ aus dem 12. Jahrhundert sowie ein Vesperbild um 1350. Zahlreiche Sarkophage und Grabsteine des 12., 14., 15. und 16. Jahrhunderts sollten nicht unbeachtet bleiben. Das *Dommuseum* enthält weitere ungeahnte Schätze.

Die *Stiftsgebäude* gruppieren sich um den großen Kreuzgang an der Südseite der Kirche. Sie zeigen Ornamentformen der Mitte des 14. Jahrhunderts. Im Obergeschoß des Ostflügels befindet sich das sogenannte 'Musikzimmer', ganz mit Rankenmalerei (zwischen 1466 und 1478) überzogen.

In Fritzlar sollte man sich auch das *Ehem. Minoritenkloster* ansehen. Das Kloster wurde 1244 geweiht, die *Kirche* entstand erst im frühen 14. Jahrhundert. Sie ist eine zweischiffige Hallenkirche, die anstelle des zweiten Seitenschiffs den Klosterkreuzgang schließt. Die schlichte Kirche zeigt im Wimperg des Südportals eine hochgotische ›Kreuzigungsgruppe‹. Die Wandgemälde an der Nordseite des Chores datieren in die Mitte des 14. Jahrhunderts. Auch das *Ursulinenkloster,* mit den Klostergebäuden aus dem frühen 18. Jahrhundert, lohnt den Besuch. Die *Kirche* entstammt dem 14. Jahrhundert.

Karolingisches Mauerwerk hat sich in den Mauern der *Fraumünsterkirche* erhalten. In romanischer, gotischer Zeit und im 17. Jahrhundert wurde der Bau verändert. Auch in der Fraumünsterkirche sind beachtliche Wandmalereien der Zeit um 1300 zu sehen, vor allem am gerade geschlossenen Chor des 13. Jahrhunderts.

Vier entscheidende Geschehnisse bestimmten den Werdegang der Stadt. Einmal, daß Bonifatius 721–22 von Amöneburg nach Fritzlar kam. Dann, daß er Donar-Eichen im Raume Fritzlar fällte, das heißt: missionierte. Weiter, daß er das Bistum Büraberg errichtete und schließlich, daß er das Benediktinerkloster in Fritzlar gründete.

Heidnisches sieht man in ZÜSCHEN, dem südlichen Eingangstor zum Habichtswald. Östlich des Ortes wurde 1894 eine um 2000 v. Chr. angelegte Grabkammer entdeckt, mit figürlichen und geometrischen Ritzzeichnungen und einem 'Seelenloch', die 20 m lange '*Steinkiste*'. Die *Kirche* von Züschen ist ein bemerkenswerter Bau aus der Zeit um 1600. Am östlichen Dorfrand erbaute Wilhelm von Garven 1897–1908 inmitten eines Parks die romantisch-historisierende *Garvensburg*.

Bei UNGEDANKEN, südwestlich von Fritzlar, liegt der Büraberg. Steil fällt die Bergkuppe zur Eder ab. Über der alt-chattischen Burg entstand im 6. Jahrhundert ein fränkisches Grenzkastell, in dessen Schutz Bonifatius 741 das Bistum Büraberg gründete. Der Ort zerfiel. Eine Wallfahrtskapelle, *St. Brigida,* im Dreißigjährigen Krieg zerstört, wurde 1692 wiederhergestellt.

In WABERN, an der südlichen Ederseite, steht ein *Lustschloß,* das Landgraf Karl von Hessen 1704 für seine Gattin Maria Amalie erbauen ließ. Die heutige Gestalt mit den isolierten Seitenbauten gab ihm Simon Louis du Ry in der Zeit Landgraf Friedrichs II. Der schlichte Saalbau der *Pfarrkirche* von Wabern wurde 1722 errichtet.

1492 wurde die *Pfarrkirche* von HARLE mit schönem Rippengewölbe erbaut. Der Westturm, weithin sichtbar mit dem Spitzhelm und den Wichhäuschen, stammt aus dem frühen 13. Jahrhundert.

Auf den Basaltkuppen um Schwalm, Eder, Efze und Ems wurden viele Burgen gebaut. Auf steilem Fels erhebt sich die ALTENBURG über der Mündung der Schwalm in die Eder. Vermutlich wurde sie durch die Grafen von Felsberg erbaut (12. Jh.). Deren Sitz auf der Nachbarburg FELSBERG entstand bereits im 11. Jahrhundert. Das Grafengeschlecht blühte von 1090–1286. Anschließend wurde die Burg hessisch und war Stützpunkt gegen das mainzische Fritzlar. Im 14. Jahrhundert wurde sie stark ausgebaut, Flankentürme verstärkten die Ringmauern.

Der Weg zielt nach Osten, nach Melsungen und Spangenberg. Zuvor, westlich von Melsungen, erhebt sich der sagenumwobene Heiligenberg mit dem 'Kronreif' aus Resten einer Burg. Nördlich gelangt man nach Guxhagen, Wagenfurth und Körle.

Vom *ehemaligen Benediktinerkloster* und der *Benediktinerkirche* BREITENAU bei Guxhagen bleiben nur noch Reste. Im frühen 12. Jahrhundert wurden Kloster und Kirche gegründet, erfuhren aber dann starke Zerstörungen. An der S-Schleife der Fulda liegen die *Fachwerkgehöfte* WAGENFURTHS. Mitten im Dorf, nur durch einen Dachreiter kenntlich, steht die spätmittelalterliche *Dorfkapelle* des 16. Jahrhunderts. Der zweigeschossige Raum, den man durch ein hölzernes Spitzbogenportal betritt, ist unten Kapelle, oben Zehntscheune. Man erreichte den Fruchtspeicher des Fachwerkbaues von außen über eine Leiter. Gegenüber Wagenfurth liegt KÖRLE mit seiner klassizistischen *Pfarrkirche* von 1829 und dem spätromanischen *Wehrturm.*

Auch MELSUNGEN im breiten Tal der Fulda besitzt die Stadtbild-Vierheit aus *Rathaus, Fachwerkbauten, Pfarrkirche* und *Burg.* Nur wenig von der Autobahn entfernt, an dem Fluß, der am beständigsten durch Hessen fließt, ist es fast geschlossen nach einem Brand von 1554 wieder aufgebaut worden. Melsungen war schon einmal, um 1200, planerisch neu angelegt worden, nach einem Brand im Jahre 1193. Kurz nach 800 wird die Stadt erstmals genannt, 1190 war sie von Thüringen vorübergehend an Mainz verkauft worden. Seit 1263 ist Melsungen hessisch.

Die ehemals romanische *Stadtkirche* wurde 1387 zerstört. Erhalten blieb der Westturm mit romanischem Innenportal. 1415–25 wurde ein dreischiffiger Neubau errichtet. Die alte *Burg* am Kasseler Tor wurde 1550–57 durch den noch bestehenden Neubau in nachgotischen Formen ersetzt. Teilweise ist die mächtige fünfbogige *Steinbrücke* über die Fulda erhalten, die seit 1595 die von Bad Sooden kommende

Im Siegel der Stadt Spangenberg von 1339 sind die 'Spangensteinchen' zu erkennen

Sälzer Straße über den Fluß führte. Den Marktplatz beherrscht das *Rathaus*. Der 1556 errichtete dreigeschossige Bau mit den vorkragenden Geschossen, dem Krüppelwalmdach und dem Dachreiter besitzt ausgewogene Proportionen. Durch die vier polygonalen Ecktürme am Dachansatz wirken alle Seiten des freistehenden Baues wie selbständige Fassaden. Unter den Renaissance-Fachwerkhäusern Kurhessens ist das Melsunger Rathaus der bedeutendste Bau. In dem mit schönen *Fachwerkhäusern* gesegneten Landstädtchen Melsungen zeigt man noch die sonst verschwundene nordhessische Spitzbetzeltracht.

SPANGENBERGS *Fachwerkhäuser* führen zum Bromberg. Auf dem benachbarten Schloßberg steht eine *Burg* (Abb. 10). Die Herren von Trefurt erbauten wohl die Burg (nach 1214) und gründeten auch die seit 1261 bezeugte Stadt. Von dieser frühen Anlage ist noch der etwa 130 m tiefe Brunnen mit gewölbtem Keller darüber erhalten. 1350 erfolgte ein Neubau der Burggebäude, unter Wilhelm IV. (1567–1592) der Umbau zum Wohnschloß und im Frühbarock der Ausbau zu einer starken Festung. Ein schmaler Torweg führt in die äußeren Bastionen. Der Blick streift weit in das Pfiffetal. Über eine Brücke gelangt man in den westlichen Vorhof mit dem klassizistischen Wachhäuschen.

Der tiefe Brunnen im Spangenberger Schloß, der vor dem Otzberger, dem Ronneburger und Schloß Waldecker Brunnen (120 m) rangiert, erinnert an ein 'Wassermärchen', das uns der Liebenbachbrunnen auf dem schönen *Marktplatz* von Spangenberg erzählt. Ein Handwerker namens Kuno wollte des Bügermeisters Töchterlein Elsa heiraten. Zur Bedingung wurde gemacht, daß sie das Wasser einer nahen Quelle in die Stadt leiteten. Als nach jahrelanger Arbeit das Quellwasser in den Marktbrunnen sprudelte, brauchte der würdige Bürgermeister den Liebenden seinen Segen nicht mehr zu geben: vor Freude und Erschöpfung brachen Elsa und Kuno tot zusammen.

NÖRDLICHES HESSEN: SPANGENBERG BIS AROLSEN

Ihren Namen soll die 'Liebenbachstadt' zwischen Fulda und Werra den Spangensteinchen zu verdanken haben: versteinerten Stengelgliedern der Seelillie, die vor Millionen Jahren als muntere Tierchen in einem Meere lebten. Spangenberg, eines der schönsten hessischen Städtchen, hat aber noch mehr zu bieten als Märchen.

Da ist einmal die *Stadtkirche,* die vom 13. bis ins 16. Jahrhundert gebaut wurde. Drei Turmgeschosse und das Mittelschiff zeigen noch älteste Mauerung. Um 1400 wurde die Kirche zur Pseudobasilika umgebaut. Der zweischiffige Chor ist spätgotisch. Zur alten Ausstattung gehört ein Vesperbild um 1480/1500. In der Nord-Vorhalle steht die Tumba der Landgräfin Anna († 1462). Hier befindet sich auch der Grabstein der Margarethe von der Saale, der Nebenfrau Philipps des Großmütigen († 1566) (vgl. S. 17).

Neben der Stadtkirche besitzt Spangenberg noch den 1338 gegründeten Bau der *Hospitalkirche* mit spätgotischen Wandmalereien. Der Hospitalbau ist ein zweigeschossiger Fachwerkbau aus der zweiten Hälfte des 16. Jahrhunderts. An ihn schließt ein parkähnlicher Friedhof mit alten Grabsteinen an. Das *Rathaus* war ursprünglich ein gotischer Fachwerkbau, der im 19. Jahrhundert stark verändert wurde. Gotische und Renaissance-*Fachwerkhäuser* prägen das Stadtbild. Am Marktplatz 3, in der Burgstraße 2, in der Klosterstraße 4 und in der Bädergasse 2 haben sich die bedeutendsten Häuser der Stadt erhalten.

Südlich von Melsungen in DAGOBERTSHAUSEN bei Malsfeld ist eine *Pfarrkirche* geschlossen aus der Zeit um 1400 erhalten geblieben. Ein langgestreckter Chor schließt an das fast quadratische Langhaus an. Den Westturm schließt ein Zeltdach des 19. Jahrhunderts ab. Ein offener Zinnenkranz hat sich als Mauerkrone erhalten. Dahinter liegt ein Wehrgang.

Die nächsten Ziele sind das Waldecker Land, die Eder, Arolsen und Frankenberg.

Waldeck: Arolsen, hessisches Versailles

Arolsen – Helsen – Mengeringhausen – Rhoden – Willingen – Usseln – Adorf – Flechtdorf – Twiste – Mühlhausen – Berndorf – Korbach

Das Waldecker Bergland ist ein geschlossenes Waldgebiet. Es reicht von der Diemel bis zur Eder und zum Kellerwald, vom Rothaargebirge im Westen bis zur Linie Fritzlar. Im wesentlichen wollen wir das so abgegrenzte Gebiet bereisen. Es hat seinen Namen von der Burg Waldeck am Edersee.

Das 'Upland' längs der Bahnlinie Korbach-Brilon ist besonders gebirgig und hat tiefe enge Täler. Rauhes Klima und kurze, kühle Sommer erschweren die Arbeit der Bauern. Arme Felder erstrecken sich zwischen den Weideflächen.

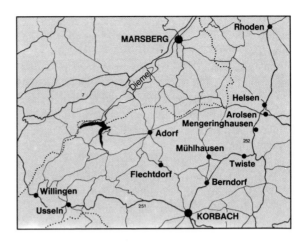

Im 'Niederland', an der Twiste und nahe der Eder, ist der Boden dagegen fruchtbar und das Klima mild. Im Winter ist es hier oben schneereich. Die Kreisstadt des Gebietes ist Korbach.

In der Nähe von Korbach liegt die Siedlung Goldhausen. Dem Namen nach und tatsächlich wurde früher hier nach Gold gegraben. Es gab Goldwäschereien an der Eder.

Die Residenzstadt des Fürstentums Waldeck war AROLSEN. Schloß und Park werden von vielen Urlaubern besucht. *Schloß Arolsen* (Abb. 11) ist eine großzügige Anlage aus dem 18. Jahrhundert mit kostbarer Ausgestaltung der Innenräume. 1711, nach Erhebung der Grafen von Waldeck in den Reichsfürstenstand, wurde Julius Ludwig Rothweil beauftragt, nach dem Vorbild von Versailles die Anlage zu errichten. Er plante Schloß und Stadt großartig. Sein Plan wurde zum Teil erst 1811 verwirklicht. In der großzügigen Planung erinnert Arolsen an Karlshafen, im übrigen folgt es dem französischen Typ des Lustschlosses, wie es für Deutschland zuerst in Weilburg, in Schloß Windhof, verwirklicht wurde. Arolsen darf für sich in Anspruch nehmen, eine der ersten und großzügigsten Anlagen dieser Art in Deutschland zu sein.

Auch die *Kirche* (1735–1787) geht auf einen Entwurf Rothweils zurück. Die drei Marmorfiguren im Inneren stellten Glaube, Liebe und Hoffnung dar. Diese Trias schuf der Arolser Christian Daniel Rauch. Weitere Werke Rauchs befinden sich im *Städtischen Museum*. – Die um den Ehrenhof ausgreifende Schloßanlage sollte durch einen Paradeplatz ergänzt werden. Nur die Hälfte, *Marstall* und *Regierungshaus,* wurde ausgeführt. Der Mittelrisalit enthält die drei Repräsentationsräume: Treppenhaus, Steinernen Saal und den doppelt hohen Weißen Saal. Von dem Stukkateur Andrea Gallasini sind der großartige Gartensaal und einige Decken im Obergeschoß ausgestaltet. Das Treppenhaus wurde 1722 mit seinem schönen Deckengemälde von Carlo L. Castelli vollendet. Vom Park führt eine prachtvolle Lindenallee zum Tiergarten. Im Schloß ist neben der Barockausstattung das *Heimatmuseum* und das *Kaulbachmuseum* zu besichtigen. 1805 wurde Wilhelm von Kaulbach in Arolsen geboren. 1874 starb der Meister der kraftvollen Überfülle in München.

Den vielen Besuchern der einstigen Residenzstadt des Fürstentums und nachmaligen Freistaates Waldeck bietet der heutige Luftkurort prächtige Alleen, waldreiches Umland und neueste Kurmittel. Als nahe Ausflugsziele empfehlen sich Helsen und Mengeringhausen.

In HELSEN nordwestlich von Arolsen steht eine *Pfarrkirche*, die 1653 begonnen und fünfundzwanzig Jahre später vollendet wurde. Trotz der späten Zeit gotisiert der dreischiffige Bau. Säulen, Bögen und Rippen sind aus Holz. Portale und einige Ausstattungsstücke atmen barocken Geist.

'Stilrein' zeigt sich die *Stadtkirche* in MENGERINGHAUSEN südwestlich von Arolsen. Die dreischiffige Hallenkirche wurde 1423 fertiggestellt, der Chor 1552 erneuert. Bedeutende Ausmalungen, die Friedrich Thorwart 1572 schuf, schmücken ihn. Zur Ausstattung gehören ein barocker Altaraufsatz (um 1680), eine steinerne Kanzel von 1600, Grabmäler des späten 16. Jhs. und die Emporengemälde (gegen 1630).

Etwas weiter von Arolsen entfernt liegen die Ausflugsziele Diemelstadt-Rhoden, Diemelsee-Adorf, Flechtdorf, Twistetal-Twiste und Korbach.

RHODEN besitzt neben den Resten einer Kirche (zweite Hälfte 11. Jh.) in Alt-Rhoden, einen Kilometer nördlich der heutigen Stadt, einen barocken *Kirchenbau*, der auf einem Vorgängerbau des 16. Jahrhunderts gründet. Sein Chor wurde nach einem zweiten Brand (1735) auf die Breite des Schiffes gebracht. Das *Schloß* ist heute Altersheim. 1645–1655 wurde es für Graf Georg Friedrich von Waldeck erbaut. Die Pläne entwarf der französische Architekt Belle-Roche. Das Schloß blieb unvollendet und wurde erst 1787–95 durch Baudirektor Johann Matthias Kitz für den Prinzen Georg von Waldeck vollendet und neu eingerichtet. Die fünf Achsen breite Schloßfront wendet sich nach Norden. Im Park westlich des Schlosses steht das *Mausoleum* (1794), Grabstätte für das Waldecksche Fürstenhaus.

Zum Diemelsee nach Diemelsee-Adorf führt ein Weg durch herrliche Natur. Ganz im Norden des Naturparks liegt der durch die Sperrung der Täler von Itter und Diemel entstandene Diemelsee. Er hat ein Fassungsvermögen von 22 Millionen m^3. In den Orten um den beliebten Badesee gibt es zahlreiche Unterkünfte und Campingplätze. WILLINGEN ist nicht weit, der Kneipp- und heilklimatische Kurort USSELN liegt nahe, Orte, die man auf der B 251 durch den Südteil des 21 000 Hektar großen ›Naturparks Diemelsee‹ leicht erreicht.

Einige Kilometer östlich des Diemelsees in ADORF, das im Mittelalter zur Erzdiözese Paderborn gehörte, steht die größte *romanische Dorfkirche* der Gegend. Sie ist wesentlich reicher als die romanische Basilika in Heringhausen. Die Anlage in Adorf stammt aus dem späten 12. Jahrhundert. Die gute Bauornamentik steht unter dem Einfluß von St. Godehard in Hildesheim. Der Altar der Kirche wurde gegen 1660 geschaffen, die Kanzel 1610. Der Emporeneinbau von 1613 mit reichem Schnitzwerk und gemalten Bibelszenen beeinträchtigt die Raumwirkung.

Von weitem schon ist die zweitürmige Westfront der einstigen *Klosterkirche* in FLECHTDORF zu sehen. Graf Erpho von Padberg gründete das ehem. Benediktinerkloster 1101. Chor, Querschiff und Vierung der im 12. und 13. Jahrhundert erbauten und ausgebauten Kirche brannten 1639 nieder. Das Westquerhaus mit der anschließenden Doppelturmfassade wurde gegen 1180 errichtet. Es besteht Verwandtschaft mit Lippoldsberg (s. S. 29f.).

Auch in TWISTE findet sich wieder ein romanisches Bauwerk. Die *Pfarrkirche* ist eine typische Vertreterin der westfälisch-hessischen Kleinbasiliken. Begonnen wurde der Bau um die Mitte des 12. Jahrhunderts. Die Basilika ist nur zwei Joche tief und hat schmale Seitenschiffe. Ein Querhaus mit Hauptapsis schließt an. Der Bau ist durchgehend gewölbt. Malereien (1960 freigelegt) betonen die Architektur. Die reich geschnitzte Kanzel arbeitete Jost Schilling 1602.

Auf dem Weg nach Korbach über Arolsen, Mengeringhausen, Twiste findet man auch in MÜHLHAUSEN und BERNDORF *romanische Kirchen* des 12. Jahrhunderts.

KORBACHS Stadtgründung war 1188 vollzogen. Aus dem karolingischen Reichsdorf Curbecki wurde gegen 1254 eine unabhängige Stadt. Im 11. Jahrhundert entwickelte sich nordwestlich der Altstadt eine Neustadt. Sie schlossen sich 1377 zusammen. In diesem Jahr wurde an den Grenzen beider Städte das *Rathaus* gebaut. Es besitzt an der Südseite noch den Treppengiebel von 1377. An der Nordwestecke wurde die *Rolandsfigur* von 1470 wieder aufgestellt. Drei weitere gotische Häuser haben ihre Staffelgiebel bewahrt, darunter das *Heimatmuseum* am Kirchplatz 2. Daneben finden sich wieder reiche *Fachwerkbauten* des 16., 17. und 18. Jahrhunderts. Von den Stadtmauern sind noch verschiedene Reste erhalten. Die Altstadtmauer des 12. Jahrhunderts und die Neustadtmauer des 13. Jahrhunderts wurden nach der Stadtvereinigung von einer zweiten Mauer umgeben. Das äußere *Enser Tor* bezeichnet mit der Jahreszahl 1414 wohl das Ende der Ummauerungsarbeiten. Der *Thülenturm*, der *Herrschaftliche Turm* und weitere Halbtürme haben sich erhalten. Der zwischen den Mauerzügen der alten und neuen Stadtmauer liegende 'Hagen' wurde in Grünanlagen umgewandelt. Die vorteilhafte Verkehrslage der Stadt führte im Mittelalter zu einer lebhaften Entwicklung des Handels. Korbach war Mitglied der Hanse. Die neuen Wege, die sich heute hier kreuzen, sind die B 252 und der Straßenzug 485/251 (Fritzlar – Upland).

Zwei gotische Kirchen erzählen von den beiden Korbach und ihrer Blüte im Mittelalter: die Pfarrkirche der Altstadt, St. Kilian, und die der Neustadt, St. Nikolai. *St. Kilian* wurde 1335 im Chor begonnen, 1388 folgte das Langhaus, 1450 wurde der

NÖRDLICHES HESSEN: KORBACH BIS HATZFELD

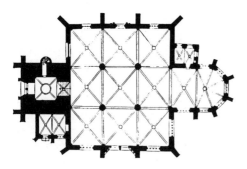

Korbach: Grundriß von St. Kilian

Bau vollendet. Die Hallenkirche hat ein dreischiffiges und dreijochiges Langhaus. Der bedeutendste Schmuck des Baues sind das westliche und südliche Figurenportal. Vor allem das südliche Portal (Abb. 14) zeigt einen Reigen an Aposteln, Heiligen und Engeln, die in den Bodenläufen das ›Jüngste Gericht‹ im Tympanon begleiten. Der Madonna vor dem Mittelpfeiler sind jeweils drei Heilige am Gewände links und rechts zugeordnet. An den dreigeschossigen Westturm schließt südlich die Marienkapelle an. Beide Bauwerke wurden gegen 1350 errichtet.

Weit öffnet sich das Innere von St. Kilian. Eine reiche Ausmalung steigert den Raum, der von einem Kreuzrippengewölbe überfangen wird, das auf schlanken Pfeilern ruht. Nur der Chorraum markiert eine Tiefenrichtung. Hier steht ein Flügelaltar von 1527. Ein Sakramentstürmchen mit seinem filigranen Bau stammt aus fast gleicher Zeit (1524–25). Die Kanzel ist von Heiligenfiguren umstanden, die noch vor dem Weichen Stil geschaffen wurden. Der Schalldeckel ruht auf Evangelistensymbolen. Ihn krönt eine Madonna von 1490.

St. Nikolai in der Neustadt ist ein Neubau nach 1450. Im 13. Jahrhundert stand an gleicher Stelle eine Kapelle, die 1359 ihren Westturm erhielt. An ihn schließt sich die dreischiffige Halle von vier Jochen mit zweijochigem Chor an. Wie in St. Kilian schuf auch hier ein Franziskanermaler 1518 den Hochaltar, der das ›Marienleben‹ zeigt. Aus derselben Zeit stammt ein Kruzifix über dem Altar. Eine gotische Steinkanzel, die reichverzierte Nordempore von 1602, dahinter ein spätgotisches Wandbild des Hl. Christophorus und ein mächtiges Grabmal schmücken den Bau. Georg Friedrich Esau, Goldschmied aus Mengeringhausen, entwarf das zweigeschossige Wandgrab für den Fürsten Georg Friedrich von Waldeck († 1692). Das Grab befindet sich an der Nordwand des Chores. Franziskanermaler wurden erwähnt, sie lebten im *Gymnasium Fridericianum*. Es war das 1487 gegründete, 1566 aufgehobene Franziskanerkloster. 1579 zog das Gymnasium ein. Johann Matthias Kitz errichtete 1770–74 einen Barockbau, der mehrfach erweitert wurde.

Wir verlassen die Hauptstadt des Kreises Waldeck und folgen dem Lauf der Eder bis zur Staumauer.

Von Westfalen bis zur Edertalsperre

Hatzfeld – Battenberg – Laisa – Battenfeld – Bromskirchen – Frankenberg – Haina – Marienhagen – Vöhl – Waldeck

Beginnen wir unsere Fahrt am Ederkopf. Nicht weit voneinander entfernt entspringen hier vier hessische Flüsse. Es sind die Quellen der Lahn, Dill, Sieg und Eder. Das Rothaargebirge speist sie mit Wasser. Nach einer der möglichen Deutungen heißt 'Hardt' Wald, daraus ist das Wort 'Haar' geworden; 'Rothaar' bedeutet also Rotwald (Rotbuchenwald). Hier ist eine wichtige Grenze. Hessen und Westfalen werden durch den Kamm des Rothaargebirges getrennt.

Von der Sackpfeife aus, 674 m hoch, zwischen Biedenkopf und Hatzfeld, hat man einen schönen Blick in das Waldgebirge. Hier ist die Waldscheide zwischen Lahn und Eder. Das Tal der Eder hat sich tief eingegraben. Sie fließt hinab ins reiche Holzgebiet des Wittgensteiner Landes.

HATZFELD ist Stammsitz der 1138 erstmals genannten Herren von Hatzfeld. Die Talsiedlung erhielt 1340 Stadtrechte. Die bereits 1570 verfallene Burg, die Friedhofskapelle und die evangelische Pfarrkirche, gehören zu den Zeugnissen der Vergangenheit. Die *ehemalige St. Johanneskirche* ist ein verschieferter reizvoller Fach-

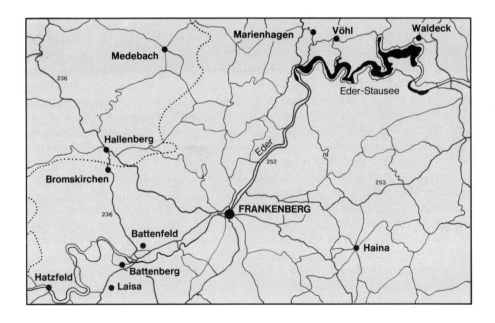

werkbau am Hang des Burgberges oberhalb der Stadt aus der zweiten Hälfte des 17. Jahrhunderts. Der Chorteil ist nur wenig schmaler als der übrige Baukörper. Der westliche Dachturm trägt einen Spitzhelm. Ein hübsches Südportal von 1787, Holzdecke, Würfelkapitelle, die die barocke Kanzel und Holzpfeiler tragen, gehören neben den Brüstungsmalereien (1957 freigelegt), dem spätgotischen Kruzifix (gegen 1490) und einer gemalten Totentafel des Georg Anton von Hatzfeld aus dem 17. Jahrhundert zum bemerkenswertesten Schmuck und Inventar.

Die *St. Emmaus-Friedhofskapelle,* ehemals Kirche St. Cyriakus des seit dem Dreißigjährigen Krieg wüsten Dorfes Niederhatzfeld, zeigt sich als dreischiffige gewölbte spätromanische Pfeilerbasilika zu zwei querrechteckigen Jochen mit quadratischem Chor, dessen mächtiges Mauerwerk vermuten läßt, daß man einen Chorturm aufsetzen wollte. Die Seitenschiffe wurden schon im 17. Jahrhundert abgebrochen. Sie öffneten sich in niedrigen Arkaden zum Mittelschiff. Die erneuerte ursprüngliche Bemalung des 13. Jahrhunderts betont die Architekturgliederung. Im Chor finden sich Reste gotischer figürlicher Wandmalereien. Die *Orgel* von Konrad Schmidt aus Kirdorf (1686) wurde 1706 verändert und hinter der Steinmensa aufgestellt.

Den Namen Hatzfeld trugen verschiedene bekannte Personen. Neben dem Schriftsteller Adolf von Hatzfeld (1892–1957) ein General des Dreißigjährigen Krieges aus dem edelfreien Geschlecht und eine Gräfin Sophie von Hatzfeld (1805–1881), Freundin und Anhängerin Lassalles.

Auf der Weiterfahrt nach Battenberg Gedanken zu den Battenbergern. Dieser seit 1858 geschaffene Prinzentitel fiel an die Nachkommen des Prinzen Alexander von Hessen aus seiner Ehe mit der polnischen Gräfin Julie von Haucke. Der bekannteste 'Neubattenberger' war Prinz Ludwig von Battenberg, der (*1854, † 1921) britischer Admiral war und sich *huius cuius* 1917 den Namen Mountbatten geben ließ.

Das alte Städtchen BATTENBERG thront wie ein Wächter an der Pforte des engen Edertals, aus dem wir kommen. Hier in der Nähe, in Battenfeld, soll vor 1200 Jahren die Schlacht zwischen Franken und Sachsen stattgefunden haben, die in der Siegfriedsage erwähnt wird. In dem durch das Sachsengebiet 778 bekannt gewordenen Ort LAISA steht eine romanische *Hallenkirche* des ausgehenden 13. Jahrhunderts. Battenberg war Sitz der 'alten' Battenberger Grafen von 1194–1314. 1234 wird Battenberg als Stadt genannt. Im 15. Jahrhundert an Hessen verpfändet, 1583 endgültig abgetreten, fiel es 1604 an Hessen-Darmstadt.

Battenberg besitzt reizvolle *Fachwerkhäuser,* darunter eines vor der evangelischen Pfarrkirche aus dem Ende des 17. Jahrhunderts, mit zwei Eckerkern in der gleichen Art wie das *Rathaus,* das an höchster Stelle des abschüssigen Marktes steht. Das Rathaus ist ein stattlicher dreigeschossiger, teilweise verschieferter Fachwerkbau des 17. Jahrhunderts. Neben den zwei polygonalen Eckerkern an der Giebelfront besitzt es als Besonderheit freistehende Holzpfeiler, die das an der Südseite stark vorgekragte erste Obergeschoß abstützen.

26 MARBURG Elisabethkirche: Westportal (um 1270)

27 MARBURG Elisabethkirche: Blick nach Westen

28 MARBURG Elisabethkirche: der Elisabethschrein (1235 und 1249)

29 MARBURG Elisabethkirche: die Landgrafengräber im südlichen Querhaus

30 MARBURG Schloß: Saalbau (14. Jh.)

31 BURG HERZBERG, 1483–97 durch Hans Jakob von Ettlingen um den älteren Kern errichtet

32 KIRCHHAIN bei Marburg Das Rathaus von 1562

33 DILLENBURG Historische Bauten der Wilhelmstraße, 1768 begonnen

34 DILLENBURG Die Burg, 1240 begonnen, zahlreiche Erweiterungen
35 GREIFENSTEIN bei Herborn (1382–88)

37 WETZLAR Dom: Vesperbild (gegen 1370)

◁ 36 WETZLAR mit alter Lahnbrücke und dem Dom St. Maria (s. a. Farbt. 15)

38 ALTENBERG bei Wetzlar Ehem. Prämonstratenserinnenkloster (1260/70) ▷

39 Kloster ALTENBERG bei Wetzlar: Wandmalereien um 1300, rechte Seite, der thronende Apostel aus der ›Marienkrönung‹

40 SCHLOSS BRAUNFELS, 1260 begonnen

41 SCHLOSS HADAMAR, erste Hälfte des 17. Jh.   42 MERENBERG, erste Hälfte des 12. u. 14. Jh.

44 WEILBURG Schloß: das Zimmer der Herzogin
43 WEILBURG mit dem Schloß (s. a. Farbt. 16)

46 LIMBURG Der Dom St. Georg: Inneres, 1211 begonnen, 1235 geweiht (s. a. Farbt. 18)

45 LIMBURG Diözesanmuseum: die ›Dernbacher Beweinung‹ (1410)

Der *ehemalige Burgmannensitz,* 1678 erbaut, jetzt Oberförsterei, ergänzt das Bild der Siedlung ebenso erfreulich wie die sogenannte *Neuburg,* das Schloß, jetzt Amtsgericht und Forstmeisteramt. Der schlichte Barockbau wurde 1732 als hessisch-darmstädtisches Jagdschloß mit Freitreppe und Walmdach gebaut. Von der 1464 aufgegebenen Kellerburg sind um den Bergfried nur noch Graben und Reste des Berings erhalten. Ähnlich wenig sieht man auch von der *Stadtburg.* Es ist eine vermutlich frühmittelalterliche Spornanlage, die Gebäude wurden nach 1779 abgetragen. Unter dem *Pfarrhaus,* einem Fachwerkbau um 1800, blieben noch Mauerwerk und Keller der ehemaligen Vorburg erhalten.

Mehr zu sehen ist in der *Pfarrkirche,* einer ehemaligen Marienkirche. Die dreischiffige, frühgotische Hallenkirche zu drei Jochen mit quadratischem Chor, ein Typ, der uns in dieser Gegend häufiger begegnet, stammt aus der zweiten Hälfte des 13. Jahrhunderts. An den Ostenden der Seitenschiffe befinden sich Halbrundnischen, die außen gerade geschlossen sind. Der verschieferte Giebelturm stammt aus dem 17. Jahrhundert. Fenster und Portale wurden im 19. Jahrhundert verändert. In dem schönen Innenraum sieht man auf schweren Rundpfeilern mit einfachen Kämpfern altertümlich wirkende Kreuzgewölbe ohne Rippen und Gurtbögen. Die Anlage ist eine Weiterentwicklung der südwestfälischen, romanischen Hallenkirchen des Siegener und Wittgensteiner Landes. Vor allem die Art, wie die halben Gewölbe der Seitenschiffe, die mit ihren Scheiteln gegen die Mittelschiffgewölbe stoßen, in diese übergehen, sprechen dafür. In den Seitenschiffskonchen fand man 1958 die ursprüngliche Bemalung des späten 13. Jahrhunderts. Neben dem Taufstein von 1608 und zwei Epitaphen aus dem 17. Jahrhundert ist es der wesentliche Schmuck.

Über BATTENFELD (heute Allendorf-Battenfeld) mit seinen hübschen *Fachwerkhäusern* aus dem 18. Jahrhundert und seiner interessanten evangelischen *Pfarrkirche,* einer ehemaligen Marienkirche wie in Battenberg, führt der Weg nach Frankenberg. Die Kirche von Battenfeld ist eine romanische, kreuzförmig gewölbte ehemalige Pfeilerbasilika mit gebundenem System. Sie stammt aus der zweiten Hälfte des 12. Jahrhunderts. Zwei Hauptjoche mit (wieder einmal) quadratischem Chor und wuchtigem, ehemals wehrhaften Westturm. Die Seitenschiffe wurden im Dreißigjährigen Krieg zerstört. Durch die Emporen wirkt der Innenraum sehr eng. Besonders sehenswert ist ein großes hölzernes Kruzifix um 1420.

Bevor Frankenberg den Reisenden gefangen nimmt, sollte er noch einen Abstecher nach BROMSKIRCHEN unternehmen. Wieder einmal ist eine dreischiffige *Basilika* des 12. Jahrhunderts zu bewundern, die allerdings im 16., 17. und 18. Jahrhundert stark verändert wurde. Die Ausstattung aus diesen Nachfolgeveränderungen gibt der Kirche (ehem. St. Martin) einen malerischen Charakter. Von der romanischen Basilika blieben nur die beiden Doppeljoche des Mittelschiffs erhalten. 1574–85 wurden

◁ 47 LIMBURG Diözesanmuseum: Staurothek (gegen 960/70)

NÖRDLICHES HESSEN: FRANKENBERG

die Obergadenfenster mit Vorhangbögen erneuert. Der Turm wich 1644 einem Dachreiter, der Chor ist 1700 bezeichnet.

FRANKENBERG hat möglicherweise seinen Namen aus der Zeit des erwähnten Kampfes der Franken gegen die Sachsen. Man nimmt an, daß es ein befestigter Platz war. Die Stadt zeigt in ihrer Anlage ein Bild, das noch auf die Landgrafen von Thüringen zurückgeht, die Burg und Stadt 1233–34 als Stützpunkt gegen die Mainzer Erzbischöfe einrichteten. 1249 wird die Siedlung als Stadt bezeichnet. 1335 erweitert sie sich um die Neustadt. Trotz wirtschaftlichem Niedergang im 15. Jahrhundert und einiger verheerender Brände zeigt sich Frankenberg immer noch wirkungsvoll auch in seiner historischen Substanz auf einem Bergrücken über dem Edertal. Die ehemalige Burg, wie selbstverständlich, an höchster Stelle, östlich daneben beeindruckend die Pfarrkirche, anschließend die Altstadt mit rechteckigem Ober- und Untermarkt. Dazwischen das Rathaus. Wie viele Städte, die nach einheitlichem Plan angelegt sind, hat Frankenberg ein rechtwinkliges Straßennetz. Die Neustadt liegt unterhalb der Burg am Nordhang; von da aus westlich das ehemalige Georgskloster.

Von der *Burg* blieb wenig. 1376 wurde sie von den Bürgern der Stadt zerstört, die Ruine 1798 eingeebnet. Die Revolte richtete sich gegen den Pfandinhaber Hermann von Treffurt. Nur die Reste des südlichen Neuberings sind noch im Zuge der ehemaligen Stadtmauer zu erkennen. Im Jahre der Einebnung 1798 stellte man in der Anlage ein Denkmal für den Oberst von Todenwarth auf. An Ritterglanz erinnert nur noch das *Burgmannenhaus* (Steinhaus) von 1372 mit zwei steinernen Untergeschossen, verschiefertem Obergeschoß und einem Kuppelwalmdach des 17. Jahrhunderts (Pferdemarkt 20).

Die *Stadtkirche* ist ein besonderes Juwel (Abb. 20). 1286 begonnen, 1291 dem Kloster Georgenberg einverleibt, von 1392–1527 Besitz der Johanniter zu Wiesenfeld, waren Chor um 1300 und Langhaus um 1337 vollendet. Gegen Mitte des 14. Jahrhunderts entscheidende Änderungen, vermutlich durch Meister Tyle von Frankenberg. 1353 wird der neue Chorbau geweiht. Schon 1359 werden die beiden Westjoche der Seitenschiffe und der Turm vollendet. Meister Tyle ergänzte 1370–80 auch die Marienkapelle am südlichen Querarm; 1476 Brand und 1478 Wiederaufbau. Gegen 1870 und 1962 entscheidende Restaurierungen.

Schon am Äußeren der Kirche erkennt man eine deutliche Anlehnung an die Elisabethkirche in Marburg. Der Typ der Hallenkirche, die Dreikonchenanlage, mit gleichen Armen, die allerdings durch Veränderung des Ostchors gestört wurde. Möglicherweise war eine Doppelturmfassade ebenso vorgesehen wie in Marburg. Wie in Friedberg werden Haupt- und Seitenschiffe nicht durch ein gemeinsames Satteldach bekrönt, sondern dem Satteldach über dem Hauptschiff werden quergestellte Walmdächer über den Seitenschiffsjochen beigegeben. Das Südportal ist als Haupteingang zweiteilig gestaltet, das Westportal überragt von einem durch Maßwerk reich durchsetzten Wimperg und Fialen.

Das Innere zeigt ein schönes Kreuzrippengewölbe. 1962 wurde die Ausmalung von 1478 freigelegt. Alle Architekturglieder zeigen sich nun in warmem Rot mit weißen Fugen. Rankenmalerei mit Blüten, Früchten und Vögeln schmückt Querschiff und Langhausgewölbe. Bemerkenswert die Steinkanzel von Philipp Soldan von 1554. Im Chor Reste gotischer Glasmalereien aus der Mitte des 14. Jahrhunderts: Rundmedaillons mit Bildern der ›Passion Christi‹ und Teppichmuster. Ein hübsches Wandtabernakel um 1350/60, ein kleines Relief ›Christus am Ölberg‹ und verschiedene Bildwerke sind der Rest einer einstmals sicher reichen Ausstattung. Einiges kann man noch im *Kreisheimatmuseum* sehen, darunter die 1529 von Soldan meisterlich geschnitzten Balkenköpfe der 1864 ausgebrochenen Empore.

Das Hauptwerk des Meisters Tyle von Frankenberg ist die *Marienkapelle* am südlichen Querschiffsarm. Sie geht auf eine Stiftung des Johann von Cassel († 1386) zurück. Meister Tyle errichtete die schlanke, turmartig proportionierte Zentralanlage von gleicher Höhe wie das Querschiff. Sie ist unregelmäßig achteckig. Das netzartige Gewölbe wird von Birnstabrippen getragen, die man auch in der Sakristei sehen kann. Die Dienste werden von Figurennischen und reichem Blattschmuck an Konsolen und Baldachinen unterbrochen. An der Nordseite befindet sich eine bemerkenswerte Gewölbekonsole, an den Gewölbeschlußsteinen ist die ›Verkündigung‹ dargestellt. Glanzvolle Maßwerkfenster schmücken den Raum. Von dem reichen Figurenschmuck sind nur Fragmente im Heimatmuseum erhalten. Die steinerne *Altarwand* (6,5 m hoch), deren Mensa von drei beschädigten Figuren gestützt wird, zeigt einen hohen Retabelaufbau in drei Zonen. Ein Werk von besonderer Qualität.

Der Gang durch die Stadt sollte sich viele Ziele setzen. Etwa die *Spitalkirche* von 1513–15, ein kleiner einschiffiger spätgotischer Bau, oder das *Zisterzienserinnenkloster St. Georgenberg,* das als Verwaltungsbau und *Heimatmuseum* genutzt wird. Die dreiflügelige, zweigeschossige Baugruppe stammt aus dem 13.–17. Jahrhundert. Die offene östliche Hofseite wurde leider durch einen Neubau geschlossen, die Innenräume für den heutigen Zweck verändert. Am Ostende des Nordflügels befindet sich die ehemalige Kapelle St. Mauritius. Das Museum besitzt wertvolle Sammlungsstücke aus Frankenberg.

Die *Totenkapelle* von 1730–31 in Fachwerk auf hohem Steinunterbau und dem barocken Altar von 1730 wurde 1970 abgerissen. Volkstümliche *Grabsteine* aus dem 16.–18. Jahrhundert umstanden sie einst. Zahlreiche *Fachwerkhäuser* des 16.–19. Jahrhunderts, besonders im Bereich des Ober- und Untermarktes zeigen häufig Eckerker auf Konsolen und die Ausmauerung der Gefache mit Backsteinmustern in Anlehnung an das Rathaus, das ebenso 'stilbildend' wurde wie das Alsfelder Rathaus (Abb. 78); nach dem großen Stadtbrand 1476 entstand das *Rathaus* von Frankenberg, 1509 zweigeschossig erneuert, mit seiner reichen Silhouette (Abb. 19). Der Unterbau ist, wegen der Hanglage, zum Obermarkt hin ein-, zum Untermarkt hin zweigeschossig. Das vorgekragte Obergeschoß wurde verschiefert. Das Dachgeschoß trägt acht Türmchen mit schlanken Helmen. An der östlichen Längsseite wurde 1535

NÖRDLICHES HESSEN: FRANKENBERG BIS WALDECK

ein achteckiger Fachwerktreppenturm mit Spitzhelm hinzugefügt, ähnlich wie bei den Rathäusern in Kirchhain (Abb. 32) und Rauschenberg. Die Marktseiten sind durch Portale und erkerartige Vorkragungen der Mitteltürmchen betont. Besondere Schmuckstücke des Rathauses sind die geschnitzten Konsolgruppen von Philipp Soldan. Die bezeichneten Arbeiten zeigen an der Südseite einen in die Knie gesunkenen Mann in Zeittracht, auf seinen Schultern ein Narren mit Schellenkappe und Flöte, an der Nordseite eine ähnliche Gruppe (man vergleiche das Motiv von der Gewölbekonsole in der Marienkapelle der Stadtkirche). Am westlichen Mitteltürmchen befindet sich eine dritte Konsole mit einem Hl. Christophorus. Die Uhr des Rathauses trägt das Datum 1572. Die große Halle im Erdgeschoß besitzt eine Balkendecke, die auf drei mächtigen Mittelstützen ruht.

Von Frankenberg führt der Weg nach HAINA im Tal der Wohra. Das *ehemalige Zisterzienserkloster* mit der *Kirche* (1216–1328) zählt zu den bedeutendsten Schöpfungen der Frühgotik in Deutschland (Abb. 21). 1938 wurde die ursprüngliche Ausmalung freigelegt. Die Anlage erhielt sich dadurch so gut, daß Philipp das Kloster 1533 in ein Hospital für Geisteskranke umwandeln ließ. Es ist die älteste Stiftung dieser Art auf deutschem Boden. Haina ist noch heute geschlossene Anstalt, nur Kirche und Kreuzgang sind zugänglich.

Die frühe Annahme des Hallenplanes zeichnet Hainas kunstgeschichtliche Stellung aus. Die Priorität gegenüber Marburg ist umstritten. Die Harmonie der Architektur, das Farblicht der originalen Glasgemälde und der farbig gefaßte Raum ergeben eine in Deutschland unübertroffene Wirkung. Der fensterlose Unterbau trägt ein Hauptgeschoß, dessen hervorragender Schmuck die Maßwerkfenster sind. Reiche Maßwerkblenden schmücken die Giebel. Der breite Westgiebel verdankt sein endgültiges Bild einem Umbau vom Ende des 14. Jahrhunderts.

Ein Rundbogenportal mit dem Kreuzeslamm im Bogenfeld führt aus dem Kreuzgang ins östliche Langhaus. Von großer Wirkung sind die beiden Fenster nach Osten und Norden. Die Teilung in zwei Spitzbogen unter einem Kreis wird im Osten noch dadurch gesteigert, daß der Hauptkreis mit sieben Sechspässen ausgesetzt ist. Die Rundpfeiler des Langhauses sind mit vier Diensten geschmückt, die Vierungspfeiler kreuzförmig mit vorgelegten Halbsäulen und eingestellten Diensten. Mönchs- und Laienbrüderkirche trennt der Lettner. – In schneller Fahrt nun weiter zur Talsperre (Abb. 15).

Aus dem anfangs kleinen, unscheinbaren Bach wird nördlich des Kellerwaldes ein weiter großer künstlicher See. Der Edersee wurde eines der beliebtesten Erholungsgebiete Hessens. Ferienland, Motorboote, Segel, Zelte lassen kaum noch Spuren des Jahres 1913 erkennen. 900 Menschen mußten damals das Wiesental verlassen, als das Wasser gestaut wurde. Die Talsperre war fertiggestellt. 200 Millionen m³ Wasser staut die 50 m hohe, 400 m lange und am Fuß 33 m breite Mauer. Ein 27 km langer See, der bis zu 1 km breit wurde, fängt die Schneeschmelze auf.

Am Nordrand des Waldsees spiegelt sich das Schloß Waldeck. Wenn am Fuße der Sperrmauer das Wasser aus den Maueröffnungen schießt, ist auch dieses Bild aus neuester Zeit großartig. In trockenen Sommern sieht man die Mauerreste der durch den Stau untergegangenen Dörfer Asel, Bringshausen und Berich.

Die heutigen Siedlungen um den See, wie Schmittlotheim, Kirchlotheim und Herzhausen, sind reizvoll gelegen, zeigen aber wenig Kunsthistorisches. Erst in MARIENHAGEN findet man einen schlichten frühgotischen *Kirchenbau* des 13. Jahrhunderts mit Rechteckchor. Der Haubendachreiter ist aus den Jahren 1681/82. An den Seitenwänden des Schiffes befinden sich innen je zwei spitzbogige Blendarkaden auf Wandvorlagen mit spätromanischen Kämpfern. Ein Altaraufsatz mit gedrehten Säulen und Knorpelwerk aus der zweiten Hälfte des 17. Jahrhunderts schmückt das Innere; das Altargemälde ist neu (1906), die Emporen mit Kanzel wurden 1718 eingebaut. Von der Ehrenburg in Marienhagen, dem ehemaligen Besitz der Herren von Itter, sind lediglich Reste der hochmittelalterlichen Anlage zu sehen.

Von Marienhagen gelangt man bald nach VÖHL, nördlich des Edersees. 1144 wird es erwähnt, es war Amtssitz der Herrschaft Itter. Vöhl besitzt neben einem klassizistischen Steinbau als *Rathaus* aus dem zweiten Viertel des 19. Jahrhunderts Reste eines 1663 erbauten *Schlosses*. Nach 1845 ließ man nur die Umfassungsmauern mit einem Rundturm und ein verziertes Brunnenkump von 1670 stehen. Sein schönster Schmuck ist der kräftige barocke Westturm der *Pfarrkirche* mit seiner gedrungenen Haube. Die Kirche selbst ist ein klassizistischer Saalbau von 1843. Um die Kirche ist der größere Teil der Ringmauer des ehemaligen Wehrkirchhofes erhalten.

Von Vöhl aus führt der Weg über Baddorf nach Niederwerbe, von wo aus man das nördlich gelegene kleine Städtchen SACHSENHAUSEN erreicht. Sachsenhausen wurde 1245 durch Graf Adolf von Waldeck gegründet und 1260 als Stadt erwähnt.

Westlich der Straße nach Sachsenhausen befindet sich eine spätgotische Landwarte. Das Städtchen besitzt Fachwerkhäuser aus dem 18. und 19. Jahrhundert und ein *Rathaus* mit Freitreppe von 1818. Am auffälligsten aber ist die evangelische *Pfarrkirche,* auf den Grundmauern einer älteren Anlage erbaut und 1332 erstmalig erwähnt. Im Inneren befinden sich frühgotische Wandmalereien aus der zweiten Hälfte des 13. Jahrhunderts und ferner Reste aus dem 14. Jahrhundert.

Burg WALDECK kam 1180 aus ziegenhainischem Besitz an die Grafen von Schwalenberg, die sich seit 1189 'von Waldeck' nannten. Im frühen 13. Jahrhundert entstand anschließend an die Burg eine Siedlung, bereits 1236 als Stadt genannt. Seit der Mitte des 14. Jahrhunderts bis 1816 war Waldeck Sitz des Waldecker Amtes. Stadt und Burg liegen malerisch über dem See. Die Reste der Stadtmauer sind vereinzelt zu sehen. Die *Fachwerkhäuser* stammen meist aus dem 18. Jahrhundert, da im 17. Jahrhundert vier große Brände die Stadt verwüstet hatten. Ein *Brunnenhaus* an der Hauptstraße gehört zu den Attraktionen; über einem Schachtbrunnen ist ein Fachwerkhaus mit großem Seilrad errichtet.

NÖRDLICHES HESSEN: WALDECK BIS WITZENHAUSEN

Die *Burg*, in der ein Hotel und das Museum des Waldecker Geschichtsvereins untergebracht sind, ist gut erhalten. Es ist eine Gipfelanlage mit einer Vorburg an der Westseite. Sie ist durch einen tiefen Geländeeinschnitt von der Stadt getrennt. Im 16. und 17. Jahrhundert haben wir an der Burg eine zielstrebige Ausbauphase. 1634 und 1762 gefährden Eroberung und Schäden die Burg. Eine Restaurierung setzt schon im 18. Jahrhundert ein. Die Hauptburg bildet eine ungefähr dreieckige Anlage. Noch aus dem 13. Jahrhundert stammt der runde Bergfried, der 1745 als Archivturm eingerichtet wurde. Aus der gleichen Zeit stammen teilweise die Keller des um 1500 erweiterten, 1734 abgebrochenen Südflügels, der die 1279 erwähnte Elisabethkapelle enthielt. Drei Bastionen an der Ostseite, der sogenannte Hexenspund, besitzen Gewölbe und Kasematten des 15. und 16. Jahrhunderts. Der Wildungen-Flügel im Norden wurde um 1500 begonnen und 1577 vollendet. Die Burg ist ein dreigeschossiger Steinbau mit Treppenturm an der Hofseite und barockem Dachstuhl aus der Zeit um 1770/71. Der Torturm wurde 1543/44 errichtet, 1733 zu einem Flügelbau erweitert und 1810 vergrößert. In der Vorburg, die im 16. Jahrhundert angelegt wurde, befindet sich ein Schachtbrunnen (120 m tief) mit Brunnenhaus aus der Mitte des 16. Jahrhunderts. Das mittlere Tor der Vorburg wurde 1544 erbaut und 1755 erneuert. Das äußere Tor mit einem seitlichen Turm wurde 1637 errichtet, die Vorbefestigungen und Schanzen 1621–24 und 1643–44.

Von einem Neubau der evangelischen *Pfarrkirche* um 1300 sind Chor und Westwand im heutigen Bau erhalten. Das Langhaus wurde Anfang des 16. Jahrhunderts neu gebaut. Der Turm ist von 1560. Der Chor mit einem Joch und Fünfachtelabschluß besitzt an der Nordseite den Turm mit zwei verschieferten Fachwerkobergeschossen und Spitzhelm. Das Langhaus ist unsymmetrisch zweischiffig (Haupt- und nördliches Seitenschiff). An der Südseite befindet sich ein spätgotisches Portal von 1565 mit Blattkonsolen an den Wänden. Die Strebepfeiler wurden im 19. Jahrhundert hinzugefügt. In der Kirche steht ein *spätgotischer Flügelaltar* (um 1500). Im Schrein des dreiteiligen Altars ist eine geschnitzte ›Marienkrönung‹ dargestellt. Darüber ein großes ausdrucksvolles Kruzifix. Auf den Flügeln innen sind ›Verkündigung‹ und ›Anbetung der Könige‹ zu sehen, außen die ›Klugen und Törichten Jungfrauen‹ in einer ikonographisch seltenen Form mit Höllendrachen und sieben Stufen zur Verdammnis und Seligkeit; ferner sind noch der Hl. Valentin und die Hl. Ursula angebracht. Im Kircheninnern sollte man die Sakramentsnische aus der zweiten Hälfte des 14. Jahrhunderts, die Kanzel von 1646 und den Taufstein des 15. Jahrhunderts bewundern sowie die Muttergottes aus dem 14. Jahrhundert, in Stein gehauen, einen Apostel Jakobus aus Holz (um 1500) und die Grabmäler des 16. und 17. Jahrhunderts. Der Waldecker Flügelaltar soll für uns Anlaß sein, eine Altar-Reise anzufügen. Wer für einige Zeit am Edersee wohnt, hier seine Ferien verbringt, sollte diese Fahrten unternehmen: von Waldeck nördlich auf der B 485 nach Netze (s. S. 66; Abb. 12, 13) oder südlich über Edertal-Bühlen, Edertal-Mehlen, Edertal-Giflitz nach Bad Wildungen (s. S. 67; Abb. 17).

Werraland – Grenzland

Berlepsch-Ellerode – Eichenberg – Witzenhausen – Werleshausen – Wendershausen – Oberrieden – Bad Sooden-Allendorf – Meinhard-Grebendorf – Eschwege – Schwebda – Aue – Wanfried – Netra – Lüderbach – Willershausen – Herleshausen – Wommen – Nesselröden – Markershausen – Mitterode – Wichmannshausen – Stadthosbach – Sontra – Berneburg – Wildeck – Heringen – Friedewald – Bad Hersfeld – Ronshausen – Weiterode – Bebra-Blankenheim – Rotenburg – Ellingerode – Braach – Ahlheim-Heinebach

Das Werraland erstreckt sich im Süden und Osten des Meißner. Den Oberlauf der Werra begleitet die B 249, den Mittellauf die B 27, den Unterlauf die B 80. In das Werratal führen die Autobahnen Hamburg – Süddeutschland, die Abfahrten Münden-Nord und Münden-Lutterberg. Die Bundesbahn durchzieht das Werratal mit der Strecke Hamburg – Basel.

BERLEPSCH-ELLERODE ist die nördlichste Siedlung des Gebietes. Der spätromantisch-historisierende Bau der *Burg Berlepsch* geht zurück auf eine Anlage des Arnold von Berlepsch aus dem Jahr 1369. Die Kernburg besteht aus drei Flügeln. Ein Renaissance-Portal am Treppenturm trägt das Datum 1595. Das malerische Burgschloß wurde 1885–94 erneuert. Südlich liegt *Schloß Ermschwerd* aus dem 16. Jahrhundert. Historisch bemerkenswerter ist *Schloß Arnstein* in EICHENBERG (bei Neu-Eichenberg). Weit ist die Anlage im Land zu sehen. Ihre Lage auf der Wasserscheide zwischen Leine und Werra erhebt das schlichte Herrenhaus zum markanten Landschaftspunkt. Der Bau aus dem 16. Jahrhundert wurde im 18. Jahrhundert verändert. Im Innern trifft man zum Teil noch den ursprünglichen Zustand an. Den Hof flankieren Torgebäude, das östliche mit dem Wappen der Familie von Bodenhausen von 1615, das westliche aus dem 19. Jahrhundert. Ein schöner Terrassengarten, um 1804, lädt zum Spaziergang ein. Die Fachwerkhäuser des 18. Jahrhunderts in der Vorburg vermitteln Romantik. Der langgestreckte Bergrücken kennt sicher schon vor 1337 eine ältere Burg. Diese Anlage war von 1434 an hessisches Lehen derer von Bodenhausen. Die Burg ist heute Besitz der Familie Emde-Bellin.

Auf der Weiterfahrt nach Süden tauchen die Terrassen der Weinberge von WITZENHAUSEN auf. Den Wein von Witzenhausen nannte man 'Dreimännerwein': wer den Wein trinken wollte oder mußte, den hielt ein Zweiter fest, während ein Dritter ihm den Wein eintrichterte. In windgeschützter Lage dienen die Weingärten heute dem Obstanbau. Im Frühjahr stehen die Kirschbäume in unbeschreiblich schöner Blüte. Im Mai, wenn das Werratal von der Kirschblüte überpudert ist, wird das Blütenfest gefeiert. Die 'Kirschenstadt' mit den Tausenden von Bäumen hat sich Türme und Mauern der *Stadtbefestigung* und *Fachwerkbauten* erhalten. Vor allem zur 'Kesper-

NÖRDLICHES HESSEN: WITZENHAUSEN BIS ALLENDORF

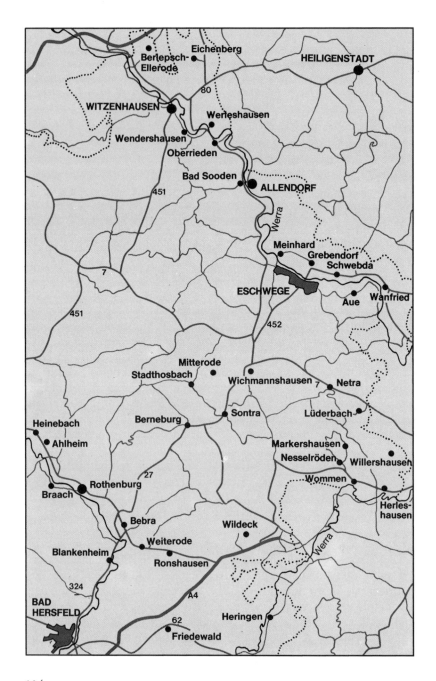

kirmes' (Kesper = Kirsche) bezaubert sie die Gäste. 1225 verlieh Ludwig IV., Landgraf von Thüringen, der Stadt das Marktrecht. Schon in fränkischer Zeit stand im breiten Talgebiet ein Saalhof.

Ein besonderes Bauwerk Witzenhausens ist die *Liebfrauenkirche*, eine dreijochige Pseudobasilika mit eingebautem Westturm und einschiffigem Chor. Der Westturm besitzt noch den spätromanischen Unterbau. Der gotische Neubau der Kirche wurde 1404 abgeschlossen. Durch einen Stadtbrand von 1479 kam es zu mehreren Veränderungen im 16. und 17. Jahrhundert. Der schlanke Chor steht im Gegensatz zum uneinheitlichen niedrigen Langhaus. Malereien des 16. Jahrhunderts schmücken Wände und Gewölbe unter der Süd-Empore in der sogenannten Kapelle. Im Chor steht das 1575 datierte Grabmal der Familie von Bodenhausen.

Das *ehemalige Wilhemitenkloster St. Nikolaus und Hl. Kreuz*, 1291 gegründet, 1358 im nordöstlichen Stadtviertel neu angesiedelt, ist heute Deutsches Institut für tropische und subtropische Landwirtschaft. Von der Kirche und den Klostergebäuden erhielten sich nur wenige mittelalterliche Teile. Im Nordflügel, seit 1358 errichtet, sind noch Refektorium und Kapitelsaal zu sehen. Besser erhalten ist die Kapelle des Hospitals St. Michael von 1392. Einem weiteren Brand von 1809 fiel auch das Rathaus von 1590 zum Opfer, dennoch haben sich hervorragende Bauten erhalten, so das 1480 bezeichnete ›*Deutsche Haus*‹, ein Fachwerkbau in der Marktgasse 2.

Werleshausen, Wendershausen, Oberrieden liegen auf dem Weg nach Bad Sooden-Allendorf. WERLESHAUSEN zeigt einen schönen *Gutshof*, der sich zur Werra öffnet. Die Anlage aus zwei Wirtschaftsgehöften und dem Herrenhaus entstand gegen 1556. Das Herrenhaus ist ein dreigeschossiger Bau mit vorgelagertem Treppenturm, dessen Portal 1565 entstand. In WENDERSHAUSEN steht eine interessante *Kirche* des Giovanni Ghezzi von 1740. In der Nähe liegt *Burg Ludwigstein*, die Landgraf Ludwig der Friedsame 1415 über der Werra errichten ließ. Die Burg hat einen wohnlichen Charakter und ist wohlerhalten. Sie war Ausgangspunkt der Deutschen Jugendbewegung vor dem Ersten Weltkrieg. OBERRIEDEN vor Bad Sooden-Allendorf zeigt eine hübsche *Kirche* von 1786 im Zopfstil.

BAD SOODEN-ALLENDORF ist eine zweigeteilte Stadt, deren beide Stadtteile unterschiedlichen Charakter haben: einmal das mittelalterliche Allendorf, eine der geschlossensten Fachwerkstädte (Abb. 7), dann das Badstädtchen, leichter, verspielter. Den Doppelort trennt die Werra.

Schon Chatten und Hermunduren kämpften um das Salz bei ALLENDORF. Die *Stadtkirche* mit der mehrstufigen Haube gibt dem Stadtbild einen kräftigen Akzent. Teile des Baukörpers entstammen noch dem 13. Jahrhundert. Im 14. Jahrhundert erlangte das Schiff seine heutige Ausdehnung. 1424 wurde der Turm errichtet. Der Chor besitzt ein gotisches Kreuzrippengewölbe, während die einst zweischiffige Halle 1637 ihr Gewölbe verlor. Eine Kanzel von 1684 und der barocke Altartisch sind die geringen Reste der Ausstattung.

NÖRDLICHES HESSEN: ALLENDORF BIS ESCHWEGE

Am Nordende der Stadt liegt das 1363 erwähnte *Hl. Geist-Spital*. Die gotische Kapelle ist bis auf den Chor erhalten. Reiche Malereien des 14. und 15. Jahrhunderts wurden freigelegt. Nach Westen schließt sich der barocke Hospitalbau an. Die gotische Umfassungsmauer bewahrt ein Spitzbogentor. Das *Alte Rathaus* wurde als Kemenate der Herren von Bischofshausen 1381 erbaut, 1430 wurde es zum Rathaus eingerichtet. Heute ist es Staatliches Forstamt. Ein jüngeres Rathaus wurde 1637 zerstört. Die Allendorfer kauften einfach einen neuen Bau aus Sooden. Wie sie überhaupt die Zerstörung ihrer Stadt durch die Kroaten im Jahre 1637 so vorbildlich überwanden, daß noch heute der Gesamteindruck der Stadt einzigartig qualitätvoll ist. Unter den vielen geschlossenen Straßenzügen ragt die *Kirchstraße* heraus und hier das 'Haus Odenwaldt', jetzt 'Haus Bürger' (Farbt. 11). An diesem prächtigsten barocken Fachwerkbau Allendorfs hinterließ der Zimmermann die Jahreszahl 1639.

Ein historisierender Prachtbau liegt im Südosten oberhalb der Stadt über der Werra. Es ist *Schloß Rothestein*, das Adolf von Gilsa 1891 errichten ließ.

SOODEN ist schmuck, aber nicht so reich an alten Bauten wie Allendorf. Die zweischiffige *Pfarrkirche*, teils gotisch, teils barock, verbrannte 1637. 1699 wurde der Westturm angeschlossen. Die Hanglage vor bewaldetem Berg ist anheimelnd. Die Ausstattung ist barock. Fachwerkbauten und Kurbauten, darunter das Salzamt von 1782, sind zu einem 'Fußgängerpark' zusammengefaßt. Besonders heiter und reizvoll ist das *Söder Tor* von 1705, eine rundbogige Durchfahrt, die ein Pförtchen begleitet.

Auf dem Weg nach Eschwege liegt MEINHARD-GREBENDORF mit dem *Renaissance-Schloß* von 1610 und der *Pfarrkirche* von 1820.

ESCHWEGE ist das Marktzentrum des Werralandes. Ein landgräfliches Renaissance-Schloß oberhalb der Werra, zwei gotische Kirchen für Alt- und Neustadt, der Dünzebacher Turm von 1531, das Rathaus von 1660 und Fachwerkhäuser weisen es als geschichtsträchtige Stadt aus.

Otto II. schenkte den Königshof Eskiniwach 974 seiner Gemahlin Theophanu. Otto III. übergab ihn 994 seiner Schwester Sophie, der späteren Äbtissin zu Gandersheim. 1264 gelangte Eschwege in den Besitz Hessens. Dem Tuchgewerbe verdankt Eschwege seine Entwicklung zur größten Landstadt Niederhessens. Der *Schwarze Turm* kündet von der ehemaligen Reichsabtei St. Cyriax. Sein Unterbau mit den Rundbogenfenstern stammt aus dem 12. Jahrhundert.

Das *Schloß* geht auf eine Burg von 1386 zurück. Die Hauptbauzeit der heutigen dreiflügeligen Anlage, die eine fünfteilige Arkade abschließt, ist unter Landgraf Wilhelm IV. (1581). Schmuckgiebel, regelmäßige Fensteranordnungen und Treppentürme an der Hoffront weisen in die Renaissance. Der Südwestflügel (1755) bildet eine Gruppe mit dem Pavillonturm an der Südecke des Schlosses, den Landgraf Moritz (1592–1627) erbauen ließ. Das Haubentürmchen mit der Uhr (1650) ist das Eschweger Wahrzeichen: der 'Dietemann'.

In der Altstadt steht die Pfarrkirche *St. Dionys*. Der Westturm stammt aus dem 13. Jahrhundert, der Chor wurde gegen 1450 begonnen, das Gewölbe 1521 geschlossen. Das Langhaus umfängt den Turm bis zur Haube (1656). Das Innere zeigt eine fast quadratische Halle. Kanzel und Orgel entstammen der Barockzeit (1670/80). Die Pfarrkirche der Neustadt *St. Katharinen* (Abb. 5) weist eine ähnlich lange Bauzeit auf. 1374 wurde der Westturm gebaut, der Chor 1474, das Langhaus wird 1520 geschlossen. Der dreischiffige Bau besitzt ein feines Netz- und Sterngewölbe. Die spätgotische Steinkanzel von 1509 stiftete Heinrich von Eschwege ('Eschewe'). Von der ehem. Godehardikirche blieb lediglich der *Klausturm* von 1455 mit spätem Aufbau von 1733–36. Das *Hochzeitshaus* von 1578, das *Alte Rathaus* von 1660 am westlichen Markt, auch die *Speicherbauten* des 18. und 19. Jahrhunderts an der Werra prägen das Bild der Stadt.

Das *Heimatmuseum* (Vor dem Berge 14a) zeigt Volkskunde und Heimatkunde, aber auch eine bedeutende erdgeschichtliche Sammlung und ein 1880 eröffnetes Fotoatelier des Kunstmalers Ferdinand Tellgmann.

Es ist wieder Zeit, sich des Hl. Bonifatius zu erinnern. »Wann wird Friede schweben über dieser Aue?« soll Bonifatius gefragt haben, als er im nördlichen Werratal die Donar-Eichen fällte und keineswegs christliche Demut in die germanischen Herzen einzog. Angeblich gründen sich auf diese Frage die Ortsbezeichnungen Wanfried, Frieda, Schwebda und Aue.

Vor mehr als dreihundertfünfzig Jahren erhielten die Wanfrieder vom Landgrafen in Kassel das Recht, an der Werra einen Stapelplatz für ihre Schiffe anzulegen. In Allendorf und Eschwege ließ er Schleusen in die Werra bauen. Durch den Stau konnten von Wanfried aus Schiffe auf der Werra fahren. Nach 200 Kilometern wurde sie damit auf den letzten 67 Kilometern schiffbar. Sie führt durch eine wunderschöne waldreiche Landschaft, in der ausgewogene Siedlungen mit vielen Fachwerkhäusern zu bewundern sind. All die Kleingemeinden leiden darunter, daß sie heute Grenzgebiete sind. Sie sollten durch ihren stillen Zauber als Erholungsgebiet aufgewertet werden.

Früher kamen aus Thüringen Getreide, Holz, Eisen und Obst nach Wanfried. Sie wurden von den Fuhrwerken auf die Schiffe umgeladen. Bis nach Bremen ging die Reise und mit 'Bremer Waren' zurück nach Wanfried. Stromaufwärts wurden sie am 'Leinpfad' gezogen. Drei Schiffe, der 'Bock' vorne, dann der 'Bulle' und der 'Hinterhang' bildeten einen 'Mast', wie es die Schiffer nannten; sie wurden von dreißig Männern oder achtzehn Pferden an der Leine gezogen. In Wanfried sieht man noch heute die Lagerhäuser hinter der 'Schlagd', dem Umschlagplatz für die Waren, an dem die 20 m langen und 1,50 m breiten Schiffe anlegten, wie in Eschwege oder in Allendorf. Vor hundert Jahren wurde die Werraschiffahrt eingestellt. Ähnlich war die Entwicklung auf der Fulda zwischen Kassel und Hersfeld. Bis in den Zierat der Fachwerkhäuser hat die Schiffahrt noch immer Anteil am Bild der Siedlungen. Die

NÖRDLICHES HESSEN: SCHWEBDA BIS WICHMANNSHAUSEN

Werraflößerei, vor allem der Holzstad von Allendorf, hielt sich bis vor vierzig Jahren. Heute ist die Werra bis nach Hannoversch Münden versandet.

Wer die hessische Werra von Blickershausen über Witzenhausen, Allendorf, Eschwege, Wanfried nach Süden verfolgt und erst in Philippsthal wieder auf sie stoßen kann, empfindet, wie sehr sie Grenze ist. Über die Werrabrücke zwischen Philippsthal und Vacha spannt sich der Stacheldraht. Die Werra ist eine Thüringerin. Sie ist das, mit wechselnder geschichtlicher Erfahrung, schon einige Jahrhunderte. Sie hat auf eigene Art und Weise getrennt und verbunden. Sie sendet einen gleichbleibenden freundlichen Gruß aus Thüringen, aus Schmalkalden, das bis 1944 noch zu Hessen gehörte, aus Eisenach, wo hessische und deutsche Geschichte beschrieben und betrieben wurde.

In SCHWEBDA interessiert die *Burg*, ein dreigeschossiger Bau am Ostrand der Ortschaft, der gegen 1530 errichtet wurde. Das gegenüberliegende Wohnhaus zeigt ein Portal von 1549. Der ganze Bau wurde in der Mitte des 19. Jahrhunderts gotisierend erneuert. Das Herrenhaus enthält eine klassizistische Treppe. Die *Pfarrkirche* ist ein Saalbau von 1785, der Westturm stammt aus dem 12. Jahrhundert.

In AUE steht ein schönes *Rittergut*, das Herrenhaus mit massivem Untergeschoß und zwei Fachwerkobergeschossen. Viergeschossige Seitenrisalite und das Mittelportal von 1576 (um 1900 erneuert) akzentuieren die Fassade. Die verfallene Wasserburg gegenüber dem Herrenhaus war Stammsitz der Herren von Aue. Die *Kirche* von Aue erbaute Friedrich Matthei (1831–32) als Saalkirche.

In WANFRIED, das zuerst 860 genannt wird, steht ein *Schloß* von 1589 an der Stelle einer mittelalterlichen Burg (jetzt Konservenfabrik, stark verändert). Wanfrieds 'Prunkbauten' liegen an der *Marktstraße*, sieht man einmal von der pseudogotischen *Hallenkirche* von 1884–89 ab, oder von dem *Schlagdhaus* an der Werrabrücke, dessen Fachwerkobergeschoß dem 17. Jahrhundert angehört. Marktstraße 14, 16 und 24 zeigen besonders reiches Fachwerk des 17. und 18. Jahrhunderts. Von Wanfried aus gibt es lohnende Spaziergänge an der Werra entlang oder hinauf zur Plesse und von hier zum Elfengrund, einem verwunschenen Wasserfall.

In NETRA steht aus dem Ende des 16. Jahrhunderts der mächtige Bau des dreigeschossigen *Wasserschlosses*. Die *Pfarrkirche* birgt im Innern des fünfspitzigen Turmchors einen Beweinungsaltar (gegen 1500). 1842 wurde die Pfarrkirche von Meister Spangenberg errichtet. Auch im nahen LÜDERBACH steht in der *Vikariatskirche* ein Beweinungsaltar der Eisenacher Werkstatt um 1500. Das Relief zeigt Heiligenfiguren und Apostel. Der Kirchenbau wurde mehrfach verändert und zeigt neben spätgotischer Mauerung im Chor die Umbauten durch Matthei gegen 1838. Das ehemalige *Schloß* der Herren von Capellan wurde 1560 gebaut. Vor dem Dorf steht die *Grabpyramide* auf dem Capellansberg; 1776 ließ der letzte Namensträger des 1779 ausgestorbenen Geschlechts für seine Gemahlin und sich den Bau errichten.

Die Fahrt folgt dem Bogen der hessischen Landesgrenze. In WILLERSHAUSEN steht eine frühgotische *Saalkirche* mit quadratischem Chor (Abb. 6). Eigentümlich exotisch wirkt die spätgotische Miniaturhalle, die man zu Anfang des 16. Jahrhunderts in den Bau hineinsetzte. Die steinerne Kanzel stammt von 1567. Das *Schloß* in Willershausen gehörte ehemals den Treusch von Buttlar. Es ist im Kern mittelalterlich, wurde aber 1693 umgebaut und durch Anbauten ergänzt.

HERLESHAUSEN wurde 1019 durch Kaiser Heinrich II. dem Kloster Kaufungen zum Geschenk gemacht. Das historisierende *Schloß Augustenau* stammt in seinen ältesten Teilen aus dem 16. Jahrhundert. Ein großer Schloßpark schmückt und vervollständigt die Anlage. Die *Pfarrkirche* mit dem Wehrkirchhof (1520) besitzt noch einen romanischen Chorturm, der im 14. Jahrhundert verändert wurde. Das saalartige Schiff wurde um 1400 begonnen. 1606 erfolgte eine Erweiterung an der Nordseite. Das 'Fürstenhaus' im Süden wurde 1923 angebaut. Der Innenausbau erfolgte gegen 1777. Die Wand- und Gewölbemalereien des Chors stammen aus der ersten Hälfte des 14. Jahrhunderts. An der Nordwand des Chors steht das Grabmal des 'Georg von Reckroth, Ritter zur Brandenburg' (†1558).

Über WOMMEN, mit seiner großzügigen barocken *Kirche* von 1739/40, gelangt man nach Nesselröden. NESSELRÖDEN besitzt eines der bedeutendsten *Renaissance-Schlösser* Hessens (Abb. 8). Nicht daß sich das durch die Treusch von Buttlar 1592–94 erbaute Schloß nur durch reiches Zierwerk auszeichnete: was den Bau so bemerkenswert macht, ist seine Gliederung in großen plastischen Einheiten. Der dreigeschossige Bau mit dem Treppenturm und den Eckrisaliten lebt als gestaltete Architektur und ist keine 'renaissancegezierte gotische Kiste'. Der durch Fachwerk abgeschlossene Treppenturm ordnet und erhöht die Fassade repräsentativ.

In MARKERSHAUSEN, am Südrand des Ringgaus, liegt auf bewaldetem Burgberg die *Burgruine Brandenfels*. Sie wurde schon im 13. Jahrhundert von den Herren von Boyneburg errichtet. Danach ging die Burg an die Treusch von Buttlar und verfiel nach 1600. Teile der nördlichen Gebäudegruppen, Kapelle und Pallas sind noch zu erkennen.

Die Fahrt soll nun von Hessisch Lichtenau nach Bad Hersfeld und zurück in Richtung Spangenberg führen.

MITTERODE überrascht durch seine *Vikariatskirche*. Nicht das Mauerwerk des Schiffes und des Querwestturmes, aus dem 14. Jahrhundert, ist überraschend, auch nicht die Fachwerkaufstockung (vor 1500) oder der Choranbau in Fachwerk (gegen 1580). Verblüffend ist der Wolkenhimmel mit Sonne, Sternen und Engeln, die Landschaftsmalerei und Rankenmalerei im Innern der kleinen Kirche.

Dieselbe Hand hat auch in der *Pfarrkirche* in WICHMANNSHAUSEN ihre Arbeiten hinterlassen. Die Kirche, die noch romanische und gotische Baureste besitzt, wurde 1702 neu erbaut. Der Saalbau wurde mit dreiseitig umlaufenden Emporen gegliedert. Die Malerei ist 1714 geschaffen. Das dürfte auch die Zeit für die Rankenmale-

NÖRDLICHES HESSEN: STADTHOSBACH BIS BAD HERSFELD

rei in Mitterode sein. Die Ausstattung der Kirche ist nach 1700 zu datieren (Kanzel). Östlich von Wichmannshausen liegen auf einer Bergnase die Reste der *Boyneburg* der Grafen von Northeim, die 1144 als Reichsfeste ausgebaut wurde. Barbarossa war häufiger Gast auf der schon im 15. Jahrhundert verfallenen Burg.

Über STADTHOSBACH mit dem amphitheatralischen *Quersaal-Kirchenbau* des Friedrich Matthei von 1828 erreicht man SONTRA. Heinrich II. von Hessen verlieh der Siedlung 1368 Stadtrechte. Der hochliegende Bau der *Stadtkirche* erfolgte 1477–93 über einem Vorgängerbau. Die zweischiffig-asymmetrische Hallenkirche folgt dem Typ der Kirche in Hessisch Lichtenau. Es ist eine Bettelordenskirche. Der Turm wurde nach 1600 erbaut. Nach einem Brand von 1558 erhielt das Innere seine farbige Fassung. In der Turmhalle steht ein Grabstein des Ritters Philipp von Diede, 1568. Das *Rathaus* von Sontra, auf steinernem Unterbau, wurde 1668–70 von Zimmermeister Jakob Schalles zweigeschossig aufgerichtet.

Im nahen BERNEBURG steht ein *gotischer Wohnturm*, die sogenannte Kemenate, die dem Cyriax-Stift in Eschwege gehörte. Der quadratische fünfgeschossige Turm wird 1435 zuerst erwähnt. Das Fachwerkwohnhaus der anschließenden Gebäude wurde 1656 erbaut.

Obersuhl, Raßdorf, Hönebach und Richelsdorf und Bosserode heißen heute WILDECK. Die Gebietsreform faßte die Ortschaften unter diesem Namen zusammen. In die renovierte Kirche von *Bosserode* (erbaut 1699) kehrte 1982 der bedeutende spätgotische Flügelaltar von 1500 zurück. Ein Ausflug zur Schloßruine *Blumenstein* wird empfohlen. Die *Pfarrkirche in Richelsdorf* besitzt Chorturm und Mauerwerk aus dem 14. Jahrhundert, wurde aber 1705 wesentlich verändert und 1716 ausgemalt. Das Epitaph der Familie Cornberg stammt von 1616, die Kanzel von 1706. Die *Pfarrkirche von Obersuhl* wurde 1855 geschaffen. Auch hier haben sich alte Teile erhalten, so der Chorturm von 1518, Netzgewölbe und Sakramentsnischen. In *Raßdorf* stehen die für die neue Gemeinde namengebenden Reste des *Jagdschlosses Wildeck*, es wurde 1770 erbaut. *Hönebach* hat einen interessanten, bald 1000 m langen Tunnel von 1845/48.

HERINGEN besitzt eine *Pfarrkirche* mit mächtigem Chorturm (um 1500) und Schießscharten, FRIEDEWALD eine barocke *Pfarrkirche*, 1746 nach Plänen von Giovanni Ghezzi errichtet, und eine *Wasserburg*, die bereits 1312 erwähnt wird, aber erst 1476–89 nach Plänen des Festungsbaumeisters Hans Jakob von Ettlingen großzügig neu aufgebaut wurde (Abb. 24). Die Franzosen schossen die Burg 1762 in Brand, seitdem ist sie Ruine. Ein Mauerquadrat mit vier Eckbastionen ist von einem gut erhaltenen Wassergraben umgeben. Schießscharten durchbrechen 2 m dicke Mauern. Ein Wirtschaftsgebäude im Osten und ein Wohnbau aus dem 16. Jahrhundert im Norden sind die Reste an Gebäuden. Vor dem Graben auf der Westseite liegt ein ausgedehnter Wirtschaftshof, den zwei Renaissancebauten fassen, in der Mitte des Hofes ein Brunnen des 17. Jahrhunderts.

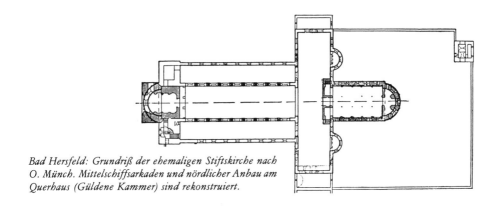

Bad Hersfeld: Grundriß der ehemaligen Stiftskirche nach O. Münch. Mittelschiffsarkaden und nördlicher Anbau am Querhaus (Güldene Kammer) sind rekonstruiert.

BAD HERSFELD ist erreicht: Stadt der Festspiele, Stadt der Stiftsruine, der Heilquellen und des Lullusfestes. Lullus errichtete gegen 770 ein Kloster. Ein Markt ist bereits im 11. Jahrhundert gesichert. Östlich der Abtei wurde ein Saalbau einer Pfalzanlage ergraben, der in das 11. Jahrhundert datiert. Seit 1170 ist Hersfeld als Stadt nachweisbar. Die *ehemalige Benediktinerabtei* beherrscht die Stadt.

Ein erster Bau ist den Heiligen Simeon und Judas Taddäus geweiht. Um 780 werden die Gebeine des Hl. Wigbert von Büraberg nach Hersfeld überführt. Er wird der Hauptpatron eines mächtigen Baues von 831–850. Ein Brand von 1038 erfordert einen Neubau, der dem karolingischen Grundriß folgt, 1040 wird die Krypta geweiht, 1144 erfolgt die Hauptweihe. Ohne wesentliche Veränderung bestand dieser Bau bis zur Einäscherung durch den französischen Marschall Broglie im Siebenjährigen Krieg 1761.

»Eins hat die Ruine (Abb. 25) jedoch voraus: Die Sprache der Architektur ist kraftvoller, packender. Befreit vom Verputz und von hemmender Decke scheinen die Mauern gewaltiger emporzusteigen, die weiten Bögen mächtiger zu schwingen. Die Phantasie wird angeregt, ganz abgesehen von dem romantischen Gemütswert der Ruine, der in der heutigen Verwendung des Hersfelder Bauwerks als Festspielhaus so sehr mitspricht.« (Mayer-Barkhausen)

Wer, von der Altstadt kommend, am Benediktinerkreuz vorbei in den Klosterbezirk eintritt, geht zunächst an einem freistehenden Glockenturm vorbei, am mächtigen Chorbau entlang, sieht die vielgegliederte Apsis, die Querhausflügel und gelangt zum Westportal. Eine ehemalige Zweiturmfront mit Westchor auf Würfelunterbau verbirgt die ungeheure Dimension der Ruine. Beim Durchschreiten der Vorhalle unter dem 'Laienchor' öffnet sich plötzlich der weite Raum. Das Langhaus, 47 m lang und 29 m breit, veranschaulicht nur durch einige Würfelkapitelle (1 m breit) und Basen, die verstreut auf dem Boden des Kirchenschiffes liegen, seine einst reiche und gewaltige Gliederung. Der weitgespannte Triumphbogen zum Querhaus

NÖRDLICHES HESSEN: BAD HERSFELD

hin blieb erhalten. Über den Wellenkämpfern wechseln rote und helle Steine. Das durchgehende Querhaus, vom Kloster Fulda (819 geweiht) übernommen, erstreckt sich auf 54 × 12 m. Dem Nordostportal ist eine spätromanische Vorhalle mit reichem Säulenschmuck vorgebaut. Der Chor über der Krypta schließt sich mit einer Länge von 27 m an. Das Gewölbe der Krypta ist eingestürzt. Die Gliederung der Chorwände wird durch je sechs schlanke Flachblenden erreicht. Die Krypta ist durch eine breite Mitteltreppe zugänglich. Säulenreste, darunter die beiden östlichen Säulen mit Kapitellen, zeigen an, daß sie einst eine dreischiffige fünfjochige Halle war. Seitliche Halbrundnischen mit Sechseckfenstern und Flachnischen mit Rundfenstern gaben der Krypta Licht. Hierher wurden nach der feierlichen Weihe 1040 die Reliquien der Heiligen Wigbert und Lullus überführt. Kaiser Heinrich III. war beim feierlichen Akt anwesend. Nach der Reformation wurde die Kirche 1525 geschlossen. Bis zur Zerstörung war sie protestantisches Gotteshaus.

Von den Bauten außerhalb der Ruine ist nur wenig erhalten. Die alte *Ringmauer*, der 'Katharinenturm' genannte *Glockenturm* aus der Mitte des 12. Jahrhunderts, der *Ostflügel* in südlicher Verlängerung des Querhauses, einst romanisches Klostergeviert, sind die wenigen Reste. Das *ehemalige Dormitorium* ist über eine Treppe vom Südflügel des Querhauses aus zugänglich. In einem tonnengewölbten, als Abtskapelle bezeichneten Raum entdeckte man romanische Malereien. Diese Kapelle ist in die *Museumsräume* einbezogen, die man nicht nur um weiterer wichtiger Fundstücke und Grabungsfunde zum Kloster willen besichtigen sollte, sondern auch wegen der einzigartigen Sammlung hessischer Handwerksbetriebe. Mit 103 m Länge war die Hersfelder Abteikirche der größte romanische Kirchenbau Deutschlands.

Das Stadtbild Hersfelds ist immer noch von *Fachwerkhäusern* des 15. bis 19. Jahrhunderts und alten *Steinhäusern* geprägt. Das älteste erhaltene Steinhaus ist das *Alte Kaufhaus* am Markt 29. Es reicht noch in das 13. Jahrhundert zurück, wurde aber im späten 15. Jahrhundert umgebaut. Die Häuser am Markt 28, das *Gasthaus zum Stern*, Lingplatz 11, und das sogenannte *Burgmannenhaus*, gehen noch auf das späte Mittelalter zurück. Verändert, aber eindrucksvoll kam das im Kern romanische und gotische zweiteilige *Rathaus* auf uns; 1597 wurde es mit Giebelaufsätzen im Stil der Weserrenaissance überzogen und durch einen Flügelanbau erweitert. Die Fassade fügt sich zu einem reizvollen Bild mit der *Stadtkirche*, die auf einem abgeschlossenen Platz von einem Häuserring umgeben ist. Die Hallenkirche hatte zwei Vorgängerbauten. Der Westturm, gegen 1330 begonnen, wurde erst im frühen 16. Jahrhundert abgeschlossen. Der Chor war 1323 vollendet, das Langhaus wurde 1350–78 erbaut. Von der Stadtkirche gelangt man durch eine Tordurchfahrt zu dem weiten Marktplatz und weiter zur Stiftsruine. Am Frauenberg mit der spätromanischen Chorruine, ergrub man Reste einer karolingischen Kapelle.

Auch *Hofgut Meisebach*, westlich von Hersfeld, lohnt den Besuch. Hier steht ein spätes Schlößchen (1675) mit Renaissance-Tradition. Östlich von Hersfeld stand die um 1000 errichtete *Propsteikirche Petersberg*. Heute steht hier ein 'Kirchenneubau'

1   Das Wesertal mit KARLSHAFEN, einer deutschen Hugenottenstadt des 17. und 18. Jh.

2   KASSEL   Schloß Wilhelmshöhe, Mittelbau von 1791–98 von Heinrich Christoph Jussow

4 KASSEL-WILHELMSHÖHE Die Löwenburg, 1793–98
◁ 3 Am Hohen Meißner
5 KASSEL Die Königsstraße am Friedrichsplatz mit Blick auf das Fridericianum, 1769–76

6 FRITZLAR Marktplatz mit alten Fachwerkhäusern und dem Brunnen von 1564

7 FRITZLAR Hochzeitshaus von 1580/90, stattlicher Fachwerkbau mit reicher Renaissancezier

9 ZIEGENHAIN an der Schwalm
◁ 8 Blick auf FRITZLAR an der Eder
10 WILLINGSHAUSEN/Schwalm Schloß der Herren von Schwertzell, Mitte 16. Jh.

11 BAD SOODEN-ALLENDORF   Haus Bürger, prächtiger dreigeschossiger Fachwerkbau von 1639, Ortsteil Allendorf

12 NEUSTADT/Schwalm ›Junker Hansen-Turm‹, 1480, benannt nach dem Bauherrn Junker Hans von Dörnberg (1427–1506)

13 LICH Das Schloß, 1764–68

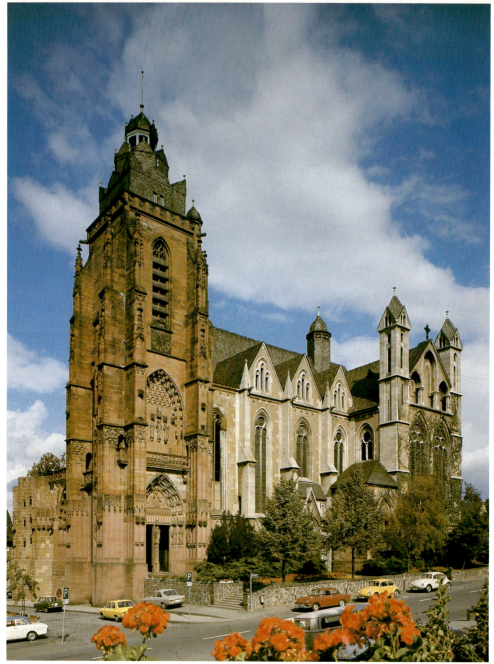

15 WETZLAR Stifts- und Pfarrkirche St. Maria

◁ 14 HERBORN Das Rathaus, 1589–91   16 WEILBURG Renaissancebauten des Schloßhofs ▷

18 LIMBURG Fassade des Doms St. Georg und Nikolaus, 1235 geweiht

◁ 17 HADAMAR Pfarrkirche St. Johann von Nepomuk, Inneres, 1753–55

19 BURG RUNKEL, gegründet Mitte des 12. Jh., und alte Lahnbrücke des 15. Jh.

20 KLOSTER ARNSBURG Barocke Toreinfahrt, 1774–77

21 SCHLOSS EISENBACH bei Lauterbach

22 Rosenfeld bei STEINFURTH in der Wetterau

23 FRIEDBERG Das Schloßportal in der Burg, 1611

24 ILBENSTADT Ehemaliges Prämonstratenserkloster, 1123 gestiftet

25 In der Rhön bei Kleinsassen ▷

27 EICHENZELL bei Fulda   Schloß Fasanerie, gegen 1750 vollendet

◁ 26   STEINAU   Mittelalterliche- und Renaissancebauten des Schlosses

28   BÜDINGEN   Das Schloß, geschlossene staufische Herrenburg mit Ausbau in Spätgotik und Renaissance

29 GELNHAUSEN Die Kaiserpfalz, gegen 1170 begonnen

30 GELNHAUSEN Die Marienkirche, Bauphasen aus dem 12., 13. und 15. Jh. ▷

31 SELIGENSTADT Sogenannte Einhartsbasilika, nach 828 gegründet

32 FRANKFURT/M. Hauptwache, 1729/30, und Katharinenkirche, 1678–81

34 WIESBADEN Die evangelische Marktkirche, 1852–62, der erste Ziegelbau Nassaus von Carl Boos

◁ 33 FRANKFURT/M. Die City mit dem Römer, der vom 15. bis 19. Jh. allmählich zusammengewachsen ist

35 KLOSTER EBERBACH, um 1140 und 1170

37 ASSMANNSHAUSEN am Rhein, 1108 zuerst genannt ▷

36 WINKEL   Graues Haus, Mitte des 12. Jh.

39 MITTELHEIM   Klosterkirche St. Ägidius, begonnen im zweiten Viertel des 12. Jh.
38 RÜDESHEIM   Der Klunkhardshof, Fachwerk der ersten Hälfte des 16. Jh.
40 DARMSTADT   Die Russische Kapelle, 1898/99

42 LINDENFELS im Odenwald, Aufgang zur Burg

◁ 41 Die Bergstraße bei ZWINGENBERG

43 LORSCH Die Torhalle, um 774, Überrest der ehem. Klosteranlage von überragender kunstgeschichtlicher Bedeutung

44 MICHELSTADT Schloß Fürstenau, Bogengalerie von 1588

45 HEPPENHEIM Das Rathaus, 1551, Fachwerkoberbau von 1693

46 MICHELSTADT im Odenwald   Das Rathaus von 1484 mit dem Marktbrunnen von 1575

47 HIRSCHHORN am Neckar mit Burg, Karmeliterkloster und Stadtkirche

von 1755. Am Johannesberg, südlich von Hersfeld stand die *Benediktinerpropstei*, die Abt Arnold gegen 1020 errichten ließ. 1951-53 ergrub man ihre Fundamente. Westlich vom Johannesberg liegt der *Eichhof*, ehemaliges Schloß der Hersfelder Äbte. Der 1328 begonnene Burgbau wurde im 16. Jahrhundert den Wohnbedürfnissen der Renaissance angepaßt. Von Bad Hersfeld schließt sich der Kreis nach Norden zurück nach Spangenberg.

In RONSHAUSEN treffen wir wieder den *Kirchentyp* der zweigeschossigen dreiseitig umlaufenden Empore. Chorturm mit Apsis stammen noch aus romanischer Zeit (erste Hälfte 13. Jh.). Das Kirchenschiff ist noch im Kern gotisch, wurde aber 1715 entscheidend umgestaltet. Die Kanzel stammt von 1658. Die Ausmalung wurde 1719 von Johannes Kaufful aus Kleinalmerode übernommen.

Für die *Pfarrkirche* in WEITERODE ergibt sich ein ähnliches Bild. Ein alter Gründungsbau, mehrfach verändert, erhielt 1719 im Westen ein Altarpolygon und die doppelten dreiseitigen Emporen. Kurz danach wurde die Ausmalung von zwei unbekannten Künstlern ausgeführt. In BEBRA-BLANKENHEIM wurde 1229 eine Nonnenklosterkirche gebaut. Von der einschiffigen *Kreuzbasilika* der Gründerzeit ist der Ostbau erhalten.

ROTENBURG AN DER FULDA, Braach und Heinebach sind die abschließenden Stationen. Die Thüringer Landgrafen gründeten 1150 die *Burg Rotenberc,* fünfzig Jahre später die Stadt. Die steinerne Befestigung von 1290 erhielt sich zu Teilen. Auch von der Burg Rotenberc auf dem Hausberg sind nur geringe Reste erhalten. Die Stadtburg der Landgrafen, schon um 1200 entstanden, verbrannte 1470 ebenfalls.

1570/71 begann Landgraf Wilhelm (der Weise) mit dem Bau des heutigen *Schlosses* (1607 vollendet). Der Renaissancebau war eine Vierflügelanlage mit Binnenhof. Die Landgrafen von Hessen-Rotenburg, die 1627-1834 in Rotenburg lebten, bauten das Schloß mehrfach um. Mit den drei noch vorhandenen Flügeln lagert das Schloß am Fulda-Ufer. Von der Brücke, die das an beiden Ufern gewachsene Städtchen verbindet, bietet die Altstadt um das Schloß ein hübsches Bild. Der Ehrenhof des Schlosses öffnet sich nach Osten zum Schloßpark, der mit alten Bäumen bestanden ist. Die drei Flügel des Schlosses vertreten drei Stilepochen: der Südflügel (1570-1607) die Renaissance, der Westflügel (um 1764) den Barock, der Nordflügel (1790) den Klassizismus. Der Barockflügel weist künstlerischen Einfluß von Simon Louis du Ry auf. Das Schloß wird durch einen Vorhof (18. Jh.) mit Marstall (erste Hälfte 17. Jh.) gegen die Stadt abgegrenzt.

In der Nähe des Schlosses steht die Pfarrkirche der Altstadt, die *Jakobikirche*. Der zweischiffige unsymmetrische Hallenbau wurde über einem Vorgängerbau nach dem Brand von 1478 begonnen. Das Langhaus wurde nicht gewölbt, sondern 1592 flachgedeckt. Die Emporen auf der West- und Nordseite stammen von 1592, die Oberempore von 1731. Zur Ausstattung gehört ein Alabaster-Altar auf korinthischen Säulen, den W. Vernukken um 1581 für die ehemalige Schloßkapelle geschaffen hat. Kanzel und Orgel wurden 1663 und 1682 geschaffen, eine Johannesfigur aus Holz neben dem Triumphbogen 1740. Der Glockenturm nördlich neben dem Chor stammt von 1500–1548.

Stolz beherrscht das *Rathaus* den Marktplatz. Der massive Bau wurde 1597 errichtet und erhielt 1656 seinen Fachwerkgiebel. Der Kroatensturm und die dadurch verursachte Vernichtung aller Holzteile des Baues machten den Innenausbau und die Errichtung des Fachwerkgiebels notwendig.

Von der *Hospitalkirche St. Georg* (13. u. 14. Jh.) sind das gotische West-Portal und der rippengewölbte Chor erhalten. Am Steinweg, der Hauptstraße der Neustadt, findet man historische Bauten und Fachwerkhäuser: Nr. 1 das *'Steinerne Haus'*, ehemals Stiftskanonie (14. Jh.) mit Fachwerkbau um 1700, Nr. 11 *Altheimer Klause'* von 1595, mit Fachwerkgeschossen der Mitte des 17. Jahrhunderts, und andere mehr. Die Pfarrkirche der Neustadt *St. Elisabeth* war ehemals ein Kollegiatsstift. Zwischen 1370 und 1501 wurde der Hallenbau mit den unvollendeten Chor-Flankentürmen errichtet. Das 19. Jahrhundert veränderte den Bau mehrfach.

Das *Gutshaus* in ELLINGERODE, westlich von Rotenburg, ein dreigeschossiger Fachwerkbau von 1686, ist ein ebenso lohnendes Ausflugsziel wie die im Kern romanische *Kirche* in BRAACH. Sie ist ein Saalbau mit West-Turm und quadratischem Chor, mehrmals gotisch verändert. Das Südportal trägt eine Bauinschrift von 1134. Der Taufstein ist 1517 bezeichnet. Die Emporen entstanden 1594, 1704 und 1787.

Über AHLHEIM-HEINEBACH gelangen wir nach Spangenberg zurück. Die *Pfarrkirche* (1730) in Heinebach baute Alessandro Rossini aus Rom. Die Ausstattung aus der Bauzeit wird in der Deckenmitte durch ein Gemälde gesteigert, das eine stahlende Sonne darstellt, die von Wolkenhimmel und Engeln umgeben ist.

Die Fahrt in das Werraland ist abgeschlossen, es folgt der Weg durch die Schwalm.

Schwalm und Knüll

Homberg a. d. Efze – Jesberg – Spieskappel – Großropperhausen – Röllshausen – Ziegenhain – Treysa – Rommershausen – Willingshausen – Neustadt – Holzburg – Wahlen – Kirtorf – Alsfeld – Herzberg – Odensachsen – Oberhaun – Unterhaun – Oberstoppel – Eiterfeld – Buchenau – Hohenroda-Mansbach – Schenklengsfeld – Ausbach – Philippsthal

Südlich der Eder liegt HOMBERG AN DER EFZE (Abb. 18). Die Stadt entstand im Schutz einer *Burg*, die heute Ruine ist. Diese Burg bewachte seit dem 12. Jahrhundert die Straße 'Durch die Langen Hessen', die von Frankfurt nach Leipzig führte. Berühmt wurde die Stadt durch die 'Homberger Synode', die in der weiten Halle der gotischen Stadtkirche 1526 stattfand. Damals wurde die Einführung der Refor-

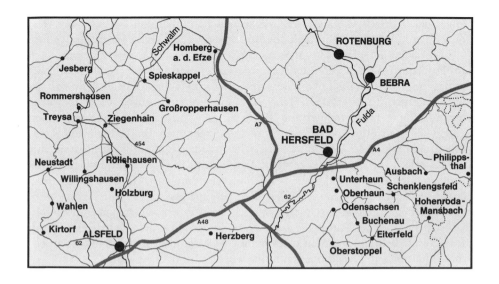

mation in Hessen beschlossen. Einige der schönsten *Fachwerkhäuser* Hessens staffeln sich am Burgberg. Der Marktplatz ist ungestört und geschlossen. Das *Rathaus* (ein Fachwerkhaus, 1767), das *Hochzeitshaus* (1517) und das *Gasthaus zur Krone* (1480), einer der bewundernswertesten hessischen Fachwerkbauten, sind besondere Anziehungspunkte. Über die Dächer der Stadt ragt die *Marienkirche*. Stockwerkhoch erhebt sich der Sockel des 1340 begonnenen Bauwerks. Heinrich von Hesserode erbaute 1374 den Westturm (Inschrift). Die dreischiffige Halle mit einem mächtigen südlichen Seitenschiff von 1400 wird durch hohe Fenster erhellt. Der Raum lebt aus seinen reinen hochgotischen Formen. Der großzügige Orgelprospekt wurde 1732–36 von einem Hanauer Meister geschaffen. Zwei Epitaphien der Familie Clement wurden gegen 1746 in der Werkstatt des Kasseler Bildhauers Balthasar Füßlein gefertigt.

Von Homberg an der Efze über Ziegenhain fährt man auf der B 254 weiter nach Alsfeld, das schon zum Vogelsbergkreis gehört. Alsfeld liegt aber an der oberen Schwalm.

An der Bundesstraße von Kassel nach Marburg liegt die Ruine der einstigen Burg JESBERG. Der *Bergfried* geht auf das Erbauergeschlecht der von Linsingen zurück, die Wohngebäude verfielen seit 1586. Die *Pfarrkirche* des Ortes wurde auf gotischer Grundlage 1714–16 barockisiert. Etwas später wurde das ehemalige *Schloß* des Prinzen Maximilian, Sohn des Landgrafen Karl, erbaut.

Über Frielendorf in Richtung Großropperhausen erreicht man SPIESKAPPEL. Es ist bekannt durch das ehemalige Prämonstratenser Chorherrenstift Kappel und die hessische Landwarte auf dem Spies (352 m), einen Wartturm aus dem 14. Jahrhundert

NÖRDLICHES HESSEN: GROSSROPPERHAUSEN BIS ZIEGENHAIN

südlich des heutigen Ortes an der Grenze zwischen Ober-und Niederhessen. Das *Kloster* wurde im 12. Jahrhundert gegründet und wegen Verfallserscheinungen im 16. Jahrhundert aufgelöst. Die erhaltenen spätstaufischen Teile weisen Beziehungen zum Fritzlarer Dom auf. Von der flachgedeckten Basilika (gegen 1200–1220) blieben das Langhaus und das linke Seitenschiff erhalten. Während die Ostteile und das rechte Seitenschiff um 1500 abgebrochen werden mußten, wurde der quadratische Westturm 1500–1504 erneuert. Im Turm befindet sich eine Vorhalle mit einem reichgegliederten Stufenportal. Im Tympanon sieht man Brustbilder von Maria, Christus und Johannes. Im Innern weisen die Arkaden zum nördlichen Seitenschiff Stützenwechsel auf. Die Säulenkapitelle tragen menschliche Figuren zwischen Blätterranken oder Männer-und Frauenköpfe mit verschlungenen Haaren. Im Osten ist die Kirche flach geschlossen. Die Wand ist von spätgotischen Fenstern durchbrochen. Von der Orgelbühne (Orgel, 1769–71, von Johann Schlottmann) ist die Michaelskapelle über der Turmhalle zugänglich. In der Mitte der ehemaligen romanischen Westgiebelwand steht ein spätromanischer Altar mit Baldachin und zwei seitlichen Altarnischen. Der übrige Raum ist, wie der Turm, spätgotisch.

In GROSSROPPERHAUSEN mit der *Pfarrkirche* von 1726–31 liegt der Stammsitz des Geschlechts von Gilsa. Die Ruine der *Burg* über dem Dorf zeigt Reste eines gotischen Wohnturmes. Gut erhalten ist das *Hofgut* am nördlichen Ortsrand des Dorfes. Die Wirtschaftsflügel des 17. und 19. Jahrhunderts sind hufeisenförmig angelegt. Das klassizistische Herrenhaus wurde 1832 errichtet.

Von Großropperhausen ist man schnell in Ziegenhain und Willingshausen auf der Höhe von Bad Hersfeld. Westlich von Hersfeld erhebt sich das Knüllgebirge. Sein bekanntester Berg ist das Knüllköpfchen. Wer auf der Autobahn von Kassel nach Frankfurt fährt, kommt über den Knüll und hält an der Autobahnraststätte Rimberg; in seiner Nähe liegt die Stadt Schwarzenborn.

Im Zentrum der Schwalm steht auf einer Bergkuppe die *Kapelle Schonberg* bei RÖLLSHAUSEN aus dem 12. Jahrhundert. Sie wird die 'Totenkirche' genannt. In der alten Kirche hängen an den Wänden Totenkränze und Totenkronen. Man gab sie jungen Toten mit, die auf dem Bergfriedhof bestattet wurden. Diesen Brauch kennt man nur hier. Vom Berg sieht man auf die bunten Fachwerkdörfer und die sich weit ausdehnenden Felder des Ziegenhainer Beckens. Breit um ihre Kirche gelagert liegen die großen Haufendörfer.

Die alte Grafenstadt ZIEGENHAIN (Farbt. 9) war früher eine uneinnehmbare Festung, von der man sagte: »So fest wie Ziegenhain!« Der berühmteste Ziegenhainer ist darum auch kein Literat oder Maler, sondern ein Burghauptmann des Landgrafen, Heinz von Lüder. Er sorgte für die Armen, richtete für die Geisteskranken das einstige Kloster Haina ein, freigebig schützte er diese Bedauernswerten vor dem Verhungern.

Der Schwalm-Übergang in Ziegenhain war schon um 900 befestigt. Graf Gottfried von Reichenbach nannte sich seit 1144 nach seiner Burg Cigenhagen. Die Ziegenhainer waren das mächtigste Grafengeschlecht neben den Landgrafen. Die zwischen zwei Schwalmarmen angelegte Siedlung wurde im 13. Jahrhundert zur Stadt erhoben. Teile der Stadtbefestigung stehen im Osten. Die Burg der Grafen von Ziegenhain wurde von den Landgrafen in ein Renaissanceschloß umgebaut, die Stadt begann gegen 1470 Hans Jakob von Ettlingen als Wasserfestung auszubauen. Unter Philipp dem Großmütigen wurden die Arbeiten 1537–42 weitergeführt. 1807 wurde die Festung durch Napoleon geschleift. Der Wassergraben umschließt noch heute die Stadt.

Ziegenhain ist ein Bauernstädtchen. Es ging in dem nur auf dem Papier vorhandenen Gebilde Schwalmstadt auf. Zentrum der Stadt ist der *Paradeplatz*, 1761 an der Stelle eines abgebrannten Häuserkomplexes geschaffen. Ihn umgeben die Sehenswürdigkeiten wie ein Schmuckkranz. Das *Schloß* mit den vorwiegend spätgotischen Bauteilen fügt sich um einen fünfseitigen Hof. Der Ostflügel, 1420 bezeichnet, wurde 1510–13 umgestaltet. Dem Schloß im Osten folgt die *Pfarrkirche* von 1665–67 im Norden. Das *alte Brauhaus*, ursprünglich ein Bau des 14. Jahrhunderts, wurde 1883 umgebaut. Der *Fruchtspeicher* stammt von 1576–79. Das 'Steinerne Haus' ist jetzt *Museum der Schwalm*. Mauerreste des 14. Jahrhunderts haben sich erhalten; das Haus wurde 1659–60 als Haus für den Stadtkommandanten neu erbaut.

Eines der traditionsreichen Feste in Ziegenhain ist die 'Salatkirmes'. Salatkirmes? Ein altes Schwälmer Kirmeslied berichtet, wie es da zuzugehen hat:

Bann deß Groumet offem Bohre,	Ist das Grummet auf dem Boden,
hot e Enn de Bouren Last.	hat ein End der Bauern Last.
Do es o der Schwalm de Mohre,	Da ist's in der Schwalm die Mode,
deß mer en zur Kermes gast.	daß man holt zur Kirmes Gäst.
Wecksop, Vlesch o Hessebrei	Brotsupp, Fleisch und Hirsebrei
eßt mer, o drenkt Bier derbei.	ißt man und trinkt Bier dabei.

Zur Salatkirmes sieht man viele der herrlichen Schwälmer Trachten, mit ihrem reichen Schmuck. Viele Kirmestage sind im Herbst, die Salatkirmes in Ziegenhain aber findet zur Salatzeit, nämlich am zweiten Sonntag nach Pfingsten, statt. Die Schwalmer 'Weeßbun' (Weizenbauern) feiern ihr Volksfest. Aus den fünfundzwanzig Dörfern der Schwalm um Ziegenhain, aber auch aus anderen Teilen Hessens, kommen die Besucher. Im Festzug sieht man Männer und Frauen aller Altersstufen. Nur die wenigsten freilich haben ihre Tracht noch in Schränken und Truhen. Die Volkskunst wird im Moment ausgeräubert, Volksfeste werden touristisch verdorben.

»Mein Hut, der hat drei Ecken« – Sie erinnern sich wohl, daß Sie dieses Lied schon gesungen haben? Den 'Dreimaster' sieht man bei solchen Gelegenheiten noch auf ergrauten Köpfen. Die jungen Männer tragen den runden flachen Hut, der wie ein tiefer Teller aussieht. Die Schnallenschuhe werden ausgepackt, die selbstgestrickten Strümpfe. Manche Männer tragen auch die grüne perlenverzierte Samtmütze; man trägt den langen schwarzen Rock und Kniehosen. Andere tragen einen dunkelblauen, kürzeren Leinenkittel, der am Kragen und an den Schultern bunt bestickt ist. Wenn dann noch zum besonderen Anlaß des nachpfingstlichen Festes eine Bauernhochzeit nachgestellt wird, erinnert man sich bei all der Buntheit der noch reicheren Frauentracht an das Wort 'geschmückt wie ein Pfingstochse'. »Selbst gesponnen, selbst gemacht, ist die beste Bauerntracht.« Wolle, Flachs, Garn wurden selbst verarbeitet, Flachsbrecher, Flachskämme, Schwungbretter, Spinnräder, Webstühle u. a. gab es in fast allen Bauernhäusern. Die Tuche wurden blau bedruckt. Daher auch die Märchen von der spinnenden Müllerstochter in Rumpelstilzchen oder Dornröschen, die Königstochter, selbst die, die sich an einer Spindel stach (s. a. ›Hessische Tracht‹, S. 386ff.).

Friedrich von Wildungen (1186–1229) gründete TREYSA (heute Schwalmstadt). Die turmreiche Stadtsilhouette wird durch Totenkirche, Rathaus, Dominikanerkirche und den Turm der Anstalt Hephata bestimmt. Von der Stadtbefestigung des 13. und 14. Jahrhunderts stehen noch wichtige Teile.

Die *Totenkirche* (Abb. 22) ist ein Bau des 13. Jahrhunderts, der gegen 1300 einen neuen Chor erhielt. Seit 1830 ist der Bau Ruine. An der Nordseite des Chores der dreischiffigen Basilika wurde 1521 das *Beinhaus* mit darüberliegender Sakristei von Meister Balser in zierlichen Detailformen angebaut. Die ehemalige Dominikanerkirche *St. Maria* wurde vor 1287 als Kloster gegründet (1527 aufgehoben). Die Kirche entstand um 1350 als zweischiffiger Hallenbau. Das Chorportal mit eingestellten Säulen stammt angeblich von der Totenkirche. An den Strebepfeilern sind Stationsbilder aus gebranntem Ton (um 1500) zu sehen. Zum Teil noch gotisch sind die Hospitalgebäude des *Hl.-Geist-Hospitals*. Die Kapelle entstand gegen 1400. Aus dieser Zeit datiert auch das *Rathaus*, Wiederaufbau von 1649–52. Der *Roland* auf dem Marktbrunnen von 1683 bewacht das Geschehen.

Lohnend ist ein Ausflug zum *Schlößchen* von ROMMERSHAUSEN, das Reichart Rinck ab 1539 als kleine Renaissance-Schloßanlage errichten ließ. Drei Einzelgebäude bilden die Anlage. Die Bauornamentik trägt Initialen des Philipp Soldan. »Wohl nur in wenigen Gebäuden ist der Reiz des Altdeutschen« noch so unmittelbar lebendig wie im Schloß Rommershausen. Ein gußeiserner Ofen mit Majolika-Aufsatz von 1661–63 gehört zur älteren Ausstattung. Die *Kirche*, mit gotischem Chor und Fachwerkaufstockung des Schiffes, bildet einen guten Akzent im Dorfbild.

Das Schlößchen in Rommershausen ist seit 1745 Besitz der von Schwertzell, die schon im 13. Jahrhundert in WILLINGSHAUSEN erwähnt werden. Das dortige *Schloß* aus der Mitte des 16. Jahrhunderts mit den über zwei Steingeschossen 1697 erneuerten Fachwerkobergeschossen (Farbt. 10) hat als Gast auch den Maler und Stecher

Ludwig Emil Grimm (1790–1863; s. a. S. 23) gesehen und der wiederum die 1511 errichtete *Pfarrkirche*.

Grimm kam wegen Reutern, und das kam so: Der am 6. Juli 1794 auf dem Gute Rösthof bei Walk in Livland geborene Baltendeutsche Gerhart von Reutern, dessen Vorfahren aus Lübeck stammten, darf als der Begründer der hessischen Malerkolonie Willingshausen bei Neustadt und als erster Maler der Schwälmer Landschaft und des Schwälmer Volkstums angesehen werden. Er kam durch verwandtschaftliche Beziehungen zu der dort ansässigen Familie von Schwertzell im Jahre 1814 zum erstenmal in die Schwalm, vermählte sich 1820 mit Charlotte von Schwertzell, lebte einige Jahre mit ihr in Livland auf seinen Gütern und kehrte dann nach Willingshausen zurück, wo er, mit künstlerischen Arbeiten beschäftigt, fast ein Jahrzehnt hindurch, bis zu seiner im Jahre 1835 erfolgten Übersiedlung nach Düsseldorf, gewohnt hat. Da er als junger russischer Husarenoffizier in der Schlacht bei Leipzig den rechten Arm verloren hatte, versuchte er, sich im Gebrauch der linken Hand zu üben, was ihm mit Anspannung aller Kräfte bald gelang. Kein geringerer als Goethe, den er 1814 bei einer Hoftafel im Weimarer Schloß kennenlernte und 1815 in Heidelberg wiedersah, bestärkte ihn in dieser Absicht. In ihm fand er alle Zeit einen wohlwollenden Freund und Berater seiner Kunst. Goethe prägte über ihn den Satz: »Nachdem er aufgehört hatte, mit der Rechten zu kämpfen, begann er mit der Linken zu malen.« Gerhart von Reutern, der keine Kunstschule besucht hatte – erst als Vierzigjähriger ging er zu seiner weiteren Ausbildung nach Düsseldorf –, fand in dem Maler und Radierer Ludwig Emil Grimm, dem jüngsten der Brüder Grimm, seinen ersten Lehrmeister und freundschaftlichen Berater.

Der Grundstein zur Malerkolonie war gelegt. Reutern darf für sich in Anspruch nehmen, als der erste Künstler den Blick auf Land und Leute in der Schwalm, die ihm zur zweiten Heimat wurde, gelenkt und den Boden bereitet zu haben, dem heute der Name Willingshausen in der Kunstgeschichte durch Künstler wie Ludwig Knaus, Hans von Volkmann, Wilhelm Thielmann, Karl Bantzer und andere mehr seinen hellen Klang verdankt. 1977 wurde das 'Malerstübchen' wiedereröffnet.

NEUSTADT AN DER SCHWALM, um 1270 von Ludwig II. von Ziegenhain als Festung gegen den Landgrafen von Hessen gegründet, hat in seiner Schloßanlage, Wahrzeichen des Städtchens, einen sehenswerten Turm. Wieder einmal war es Hans Jakob von Ettlingen, der diesen *Junker-Hansen-Turm* 1480 begann und 1506 vollendete (Farbt. 12). Der Turm hat seinen Namen nach Hans von Dörnberg; er gilt als der größte Fachwerkturm Deutschlands.

Älter ist der Westturm der *Pfarrkirche*. Er stammt noch vom Gründungsbau, gegen 1290. Die Kirche selbst wurde gegen 1460 neu begonnen. Im Innern wurde noch 1515 gearbeitet. Die zweischiffige Hallenkirche besitzt an der Emporenbrüstung zwölf zierliche Apostelstatuen aus der Bauzeit. Die Sakramentsnische im Chor stammt aus dem 15. Jahrhundert. Der Hochaltar wurde um 1700 geschaffen. Die evangelische Kirche in der Nähe des Bahnhofs (1849/50) wurde in klassizistisch-romanischen Formen 1858–61 erbaut. *Fachwerkhäuser*, das *Alte Rathaus* von 1540/50 über Steinsockel und *Burgmannenhäuser* bilden ein einladendes Stadtbild.

Östlich von Willingshausen erreicht man das schon genannte Röllshausen, dann Schrecksbach und HOLZBURG, wo ein *Dorfmuseum* im Zentrum des Schwälmer Trachtengebietes über dörfliche Kultur und Kunst informiert.

WAHLEN mit der *Pfarrkirche* von 1779–81 ist die nächste Station. Der Saalbau ist mit einer dreiseitigen Empore umzogen und zeigt eine eindrucksvolle Holzausstattung. Ganz ähnlich die *Pfarrkirche* in KIRTORF von 1731, erbaut von Helfrich Müller, der auch die Kirche in Wahlen erbaute.

Unser Weg erreicht Alsfeld. ALSFELD ist bekannt geworden als europäische Modellstadt. Um den Turm der Walpurgiskirche scharen sich die bedeutenden Häuser wie Kücken. Die vom Marktplatz ausgehenden Straßen sind Fußgängerzonen. Seit 1962 gab es in Alsfeld eine vorbildliche Planung zur Rettung der Altstadt (Abb. 78).

Seit Jahrhunderten ist der Marktplatz Zentrum der Stadt. Das *Rathaus* (1512–1516), *Weinhaus* (1538) und *Hochzeitshaus* (1564–1571) umgreifen ihn mit den anderen Häusern, alle überragt vom Kirchenturm (1394). Das Rathaus ist seit Bestehen Sitz der Selbstverwaltung der Stadt. Im Weinhaus (Weinausschank war städtisches Monopol) wurden, welch schöne Sitte, früher alle Rechtsgeschäfte mit dem Weintrunk bekräftigt. Das Hochzeitshaus war Festhaus und Tanzsaal für die Bürger. Heute übernehmen Stadthallen und Dorfgemeinschaftshäuser ähnliche Funktionen. Das *Museum* ist aus dem Hochzeitshaus ausgezogen und vorbildlich in den restaurierten Häusern *Neurath* (1688) und in dem benachbarten steinernen *Minnigerodehaus* (1687) untergebracht.

Alsfeld wurde von den Thüringer Landgrafen nach 1180 gegründet. Das 14., das 16. und das 17. Jahrhundert waren die Blütezeiten der Stadt. Die bereits erwähnte *Walpurgiskirche* hatte verschiedene Vorgängerbauten und sollte 1393 großzügig umgebaut werden. Aus dieser Zeit stammt der lichte Chor. Die Seitenschiffe wurden 1472 geschlossen. 1738 wurden die Langhausarkaden umgebaut. Der Innenraum wirkt uneinheitlich. Wandmalereien um 1500, ein romanischer Taufstein, spätgotischer Schnitzaltar und Triumphgruppe und ein Bilderzyklus an der Chorempore von 1638 fügen sich zu einer guten Ausstattung. Neben der Walpurgiskirche besitzt Alsfeld noch einen gotischen Kirchenbau, die *Dreifaltigkeitskirche*. Der Chor entstammt dem 14. Jahrhundert, das Langhaus wurde um 1435 als zweischiffige Halle neu errichtet. *Fachwerkhäuser*, Reste der *Stadtmauer* mit dem Leonhardsturm am Fulder Tor (1386) und der Friedhof auf dem Frauenberg mit der gotischen, mehrfach veränderten *Kapelle* sind weitere Ziele der von Alsfeld begeisterten Besucher.

Östlich von Alsfeld, auf einem Ausläufer des Knüll, liegt BURG HERZBERG bei Breitenbach (Abb. 31). 1298 wird sie urkundlich erwähnt. Seit 1477 haben die von Dörnberg die Burg inne. 1483–97 wurde wieder einmal die verstandvolle Planung des Hans Jakob von Ettlingen bemüht, um die neue Hochburg um den älteren Kern zu legen. Es wuchs eine der bedeutendsten Burgen Hessens. Um 1600 wurde die Bastion errichtet, durch die man zur Vorburg gelangt. Durch einen 1516 bezeichneten Eingang erreicht man die Hochburg mit den vier gedrungenen Ecktürmen (vgl. Friedewald, Abb. 24). Am Eingang, der in der Mitte der 85 m langen südlichen Mantelmauer aufbricht, steht der Gerichtsturm von 1536 und 1563, im Innenhof die Kapelle von 1350–70; sie erhielt 1661 ihren heutigen Saalcharakter. Der Emporeneinbau stammt von 1743.

Die Fahrt geht weiter nach Haunetal-Odensachsen und zielt nach Philippsthal. Durch diesen Bogen verbinden sich Waldeck, Schwalm und Werraland. In ODENSACHSEN steht eine *Kirche* mit spätgotischem Chorturm und Schiff von 1706–08. Den Turm schließt ein spätgotischer Helm ab, den vier Ecktürmchen zieren.

In OBERHAUN, nördlich, steht eine *Fachwerkkirche* von 1711 und in UNTERHAUN eine *Saalkirche* von 1736. Auf dem Friedhof wurde 1936 eine *karolingische Kapelle* ausgegraben. Über dieser Kreuzkapelle stand ein Saalbau des 13. Jahrhunderts, der im Dreißigjährigen Krieg zugrunde ging. Der Westturm erhielt sich.

Südlich von Odensachsen liegt OBERSTOPPEL mit der *Burg Hauneck*, einer Gründung der Herren von Haun. 1469 niedergebrannt, wurde sie 1484 wiederhergestellt. Der Amtsvogt Hans Jakob von Ettlingen nahm hier seine Wohnung. Im 17. Jahrhundert verfiel die Burg.

Östlich von Oberstoppel liegt Eiterfeld, nördlich von Eiterfeld Buchenau. 846 gelangte EITERFELD an Fulda. Die *Pfarrkirche St. Georg* und *Burg Fürsteneck* sind seine Sehenswürdigkeiten. Die Kirche wurde 1728–31 gebaut, 1740 geweiht. Den Saalbau trennt ein Triumphbogen in Schiff und Chor. Das Innere ist schlicht, obwohl der Hochaltar mit seinen vier Säulen die ganze Chorbreite füllt. Der Taufstein mit seinem Ornament stammt von 1551. Burg Fürsteneck wird 1330 bezeugt. Aus dieser Zeit stammt der quadratische Bergfried. Andere Bauteile gehören der Spätgotik an. Heute ist die im 18. Jahrhundert umgebaute Anlage Heimvolkshochschule.

Kirchen haben die hessischen Flecken und Städte fast alle, Burgen und Schlösser manche. BUCHENAU besitzt neben seiner *Pfarrkirche* von 1568–73 aber gleich drei Schlösser und keineswegs schlechte. Zwei miteinander verbundenen spätmittelalterlichen Wohntürmen ist das *Alte Schloß* angefügt. 1578 wurde es errichtet. Die Obergeschosse sind in Fachwerk geführt. Südlich befindet sich die 1572 datierte Vorburg, oberhalb der Kirche das *Hauptschloß*. An dem zweiflügeligen Bau überrascht der reiche Zierat der späten Weserrenaissance. Der *Brunnen* vor dem Schloß wurde gegen 1610 geschaffen. Die *'Obere Burg'* ist ein Fachwerkbau des 16. Jahrhunderts (gegen 1550) mit einem modernen Anbau.

HOHENRODA-MANSBACH ist schon wieder Grenzgebiet. Die *Pfarrkirche* (Abb. 23) erhielt über dem noch spätgotischen Chor ihren Turm, der 1756 mit einer Haube gekrönt wurde. Die Raumtonne des Schiffes entstand 1682. Das Gebäude erhielt 1706 seine heutige Gestalt.

In Mansbach steht auch das *Schloß* der von Geyso. Das *Renaissance-Herrenhaus* wurde gegen 1561–69 errichtet, der dreigeschossige *Schloßbau* mit dem achteckigen *Treppenturm* 1577–78. Das *Kavalierhaus* entstand als dreiflügeliges Sommerschlößchen um 1820.

»Am Brunnen vor dem Tore, da steht ein Lindenbaum«. In SCHENKLENGSFELD steht er mitten im Dorf, angeblich von Bonifatius gepflanzt. Vierstämmig, auf ein Fachwerkgerüst gestützt, mit 17 m Umfang verdeutlicht die Linde den mittelalterlichen Ratsplatz. Die *Pfarrkirche* entstand 1733–38, sie besitzt aus gotischer Zeit den Chorturm mit barockisierendem Helm von 1822. Die Emporen wurden 1746 eingebaut. Außerhalb liegt der *Friedhof* aus dem 17. Jahrhundert mit der achteckigen verschindelten Totenkapelle. Viele der bedeutenden Grabsteine konnten gerettet werden.

AUSBACH besitzt eine *Saalkirche* von 1730 mit eingeschossiger Empore und reicher Ausmalung bis 1734.

PHILIPPSTHAL ist die letzte Siedlung auf dieser Route. Von Hersfeld aus wurde 1191 das ehemalige Benediktinerinnenkloster Kreuzberg gegründet. Es wurde 1525 im Bauernkrieg zerstört, 1593 an Hessen abgetreten und von dem Bruder des Landgrafen Karl 1685 unter Einbeziehung der Klosterreste zum *Schloß* ausgebaut. Zunächst ließ Philipp 1690 einen Flügel neben der *Kirche* errichten. Die Bautätigkeiten wurden 1731–34 wieder aufgenommen. Der komplizierte Gebäudekomplex ist seit 1946 Altersheim. Eine Baumallee führt vom Schloß zur *Orangerie*, ein eingeschossiges Gebäude mit Mittelsaal von 1731. Der barocke Schloßteich liegt vor der Orangerie. Durch einen Damm wird er von der südlich anschließenden Werra getrennt.

Das Lahntal

Vom Rothaargebirge zur Heiligen Elisabeth

Laasphe – Cölbe – Münchhausen – Christenberg – Mellnau – Oberrosphe – Treisbach – Wetter – Biedenkopf – Breidenbach – Dexbach – Dautphe – Caldern – Michelbach – Sterzhausen – Goßfelden – Wehrda – Wehrshausen

Am Lahnkopf im Rothaargebirge beginnt die Lahn ihren Lauf. Wer meint, die Quelle in diesem Waldgebiet zu finden, sucht vergebens. Im Keller eines Försterhauses quillt sie als dicker Wasserstrahl aus dem Boden.

Wer nicht viel Zeit aufwenden will, um die Lahn abzufahren, benutzt die B62 (Biedenkopf – Marburg), B3 (Marburg – Gießen) und B49 (Gießen – Limburg).

Die Menschen im 'Wittgensteiner Land' verdienen ihr Brot zum größten Teil mit dem Wald. In Sägewerken und Fabriken wird das Holz verarbeitet zu Kleinmöbeln, hölzernen Küchengeräten, Werkzeugstielen, Kleiderbügeln und vielem anderem. Bei LAASPHE eilt die Lahn an einem Werk der Hessischen Eisenhütte, der *Amalienhütte,* vorüber. In vielen Windungen fließt sie durch die Berge des Hinterlandes, dessen Kreisstadt Biedenkopf, am Südrand des Sauerlandes, ist. An einer Kette von Ortschaften kommt sie vorbei. Eisengießereien und Maschinenfabriken reihen sich talabwärts aneinander. Eisen und Kupfer wurden hier bereits im Mittelalter gefunden und geschmolzen. Dann öffnet sich das Tal. Bauernhöfe sind zu sehen, schwarzbuntes Vieh weidet auf den Talwiesen. Die Windungen des Flusses werden größer. Die Lahn erreicht CÖLBE, das bekannt ist durch ein *'Bilderhaus'* und seine 'Sterne': vierstrahlig sind der Fluß- und der Eisenbahnstern, fünfstrahlig ist der Straßenstern.

Unsere Fahrt beginnen wir in MÜNCHHAUSEN, südöstlich von Battenberg. Im Tal der Wettschaft liegt der Ort mit dem für diese Gegend typischen gotischen quadratischen Chorturm der *Kirche.* Das im Kern romanische einschiffige Langhaus wurde im 18. und 19. Jahrhundert mehrfach umgebaut.

Von Münchhausen steigt man den waldreichen Burgwald hinauf zum CHRISTENBERG (338 m). Auf altem Burggelände erhebt sich die *Martinskirche,* ursprünglich war hier ein keltischer Herren- oder Fürstensitz mit Holzpalisadenwall, dann bis 840 eine karolingische Landesfestung. Die ehemalige Archipresbyteratkirche St. Martin ist heute Totenkapelle. Schon in karolingischer Zeit stand diese Kirche an dieser Stelle. Der romanische Neubau des 11. und 12. Jahrhunderts wurde im Norden verschmälert. 1520 trat an Stelle der Apsis ein Polygonalchor. Zwischen dem fünfspitzigen Westturm und dem Chor mit dem Dachreiter liegt das niedrige Dach des Schiffes, das 1817 erhöht wurde, wobei das Schiff sein altes Gewölbe verlor.

Zur Sicherung ehemaligen Mainzer Besitzes, den die Wettschaft mehrfach umfließt, wurde um die Mitte des 13. Jahrhunderts die Gipfelburg MELLNAU erbaut. Aus der Gründungszeit stammt der runde *Bergfried* der heutigen Ruine. Auch ein Teil der ehemals rechteckigen *Ringmauer* hat sich erhalten. Ein umfassender Rundblick reicht bis zur Amöneburg, die ebenfalls mainzisch war. Im südöstlich am Burgberg sich erstreckenden Dorf OBERROSPHE stehen guterhaltene *Fachwerkhäuser* und eine *Pfarrkirche* mit romanischem Schiff und Chor des 15. Jahrhunderts.

Über Wetter erreicht man TREISBACH mit der *Pfarrkirche St. Barbara*. Schiff und Chor der Kirche von Treisbach stammen aus der zweiten Hälfte des 13. Jahrhunderts. Eingeschossige dreiseitige Emporen umgeben das kreuzrippengewölbte Schiff. Eindrucksvoll sind die Bemalungen aus verschiedenen Zeiten. WETTER ist der Hauptort des Tales und ursprünglich gemeinsamer Besitz von Hessen und Mainz. Seit dem Ende des 12. Jahrhunderts ist es Stadt. Reste der *Stadtbefestigung* aus dem 13. u. 14. Jahrhundert haben sich erhalten. Die Stadt zieht sich mit schönen Straßenzügen am Talhang hinauf zum gotischen Hallenbau der *ehemaligen Stiftskirche* mit dem 1506 erbauten Westturm. Chor und Kirchenschiff wurden um 1250 begonnen und gegen 1300 vollendet. Die Kirche folgt dem Konstruktionssystem der Marburger Elisabethkirche. Im Inneren stimmen rote, weiße und gelbe Absetzfarben den Raum.

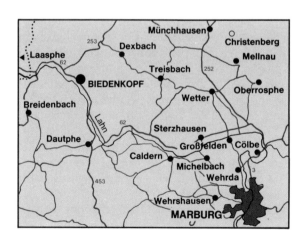

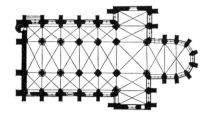

Wetter: Grundriß der ehemaligen Stiftskirche St. Maria

Das Fresko an der nördlichen Chorwand stammt aus dem Anfang des 16. Jahrhunderts. Der reich geschnitzte Zelebrantenstuhl ist von 1466. Herausragend das Altarretabel aus der Mitte des 13. Jahrhunderts mit der Darstellung von sieben Passionsszenen.

Von Wetter nach BIEDENKOPF. Biedenkopfs Landschaft mit den hohen Bergkuppen erhielt den Namen 'Hinterland', nachdem es 1648 an Hessen-Darmstadt gekommen und von Darmstadt und dem Regierungssitz Gießen doch recht abgelegen war. Biedenkopf war ursprünglich Besitz der thüringischen Landgrafen, die hier am Ende des 12. Jahrhunderts eine Gipfelburg anlegen ließen und zu Anfang des 13. Jahrhunderts am Südhang des Burgberges den Ort. Zwischen zwei Bergköpfen erhebt sich über der Stadt das alte *Landgrafenschloß*, in dem das 'Hinterland-Museum' untergebracht ist. Es ist eine vorwiegend gotische Anlage mit alten Räumen im Palas. G. Moller leitete 1843-47 die Restaurierung.

Dicht an den Hang drängen sich die Häuser, »die vorn fünfstöckig und hinten einstöckig sind«. Das eindrucksvollste Fest von Biedenkopf ist das 'Grenzgangfest', das alle sieben Jahre gefeiert wird. Es dauert drei Tage. Mit Musik und dem Stadtbanner wird die Gemarkungsgrenze abgeschritten, werden die Grenzsteine überprüft, ob sie noch richtig stehen.

Häuser des 18. und 19. Jahrhunderts umstehen den Markt. In der Hospitalstraße steht die *Kirche* mit dem gewölbten Chor aus dem Anfang des 15. Jahrhunderts und dem Langhaus des 17. und 19. Jahrhunderts. In der Oberstadt findet man *Fachwerkbauten* des 17. und 18. Jahrhunderts, darunter das prächtige *Fachwerkrathaus* mit dem *'Löwenbrunnen'*; der Löwe streckt der Burg die Zunge heraus.

Nicht weit von BREIDENBACH liegen die Mauerreste der 1394 erbauten *Burg* der Herren von Breidenbach. Die bereits 913 erwähnte *Kirche* des Ortes, ein spätromanischer Hallenbau mit Rechteckchor, zeigt ebenso westfälischen Einfluß wie die *Wehrkirche* in DEXBACH, nordöstlich von Biedenkopf. Interessant sind die Würfelkapitelle in Breidenbach. Sie wurden überputzt und mit pflanzlichen Motiven übermalt.

Auch das nahe DAUTPHE besitzt in seiner *Martinskirche* einen bemerkenswerten Bau, dessen Langhaus (um 1100) fast vollständig aus Fischgrätenmauerwerk geschichtet wurde. Der wehrhafte quadratische Chorturm aus der zweiten Hälfte des

13. Jahrhunderts, das frühgotische, an Marburg erinnernde Maßwerk des Baues, die Seh- und Schießscharten des Langhauses und der fensterlose Westteil der Kirche nehmen spannungsvoll aufeinander Bezug. Die Empore von 1543, die Kanzel von 1631, Reste des alten Kirchengestühls und Reste des romanischen Dachstuhls im Westen, unterhalb der neuen Holztonne, vermitteln einen originellen Eindruck.

Lahnabwärts stiftete die Landgräfin Sophie 1250 die Zisterzienserinnenabtei CALDERN. Von der Abtei in beherrschender Lage steht noch die spätromanische kreuzgratgewölbte *Kirche* mit Westturm, Langhaus, einem Seitenschiff und Apsis. Von den zwei Rundbogenportalen an der Südseite zeigt das westliche ein Zackenmuster. Im Innern tragen Halbsäulendienste kunstvolle Kapitelle.

Ein einheitlich spätromanischer *Kirchenbau* steht auch in MICHELBACH (erste Hälfte 13. Jh.). Die klassizistische *Kirche* in STERZHAUSEN (1836, mit Wehrturm des 13. Jh.) und die *Saalkirche* von GOSSFELDEN (1749) über der Lahn sind Stationen auf dem Weg nach Wehrda, Wehrshausen und Marburg.

WEHRDA, auf einem in das Tal vorspringenden Burgberg gelegen, besitzt eine der typischen hessischen *Wehrkirchen* mit Schießscharten an der Friedhofsmauer und einem Wehrobergeschoß am quadratischen Turm (um 1300). Im Innern befindet sich einer der wenigen spätgotischen Altarschreine aus dem Ende des 15. Jahrhunderts, der sich im ehemaligen Kurhessen erhalten hat.

Der kleine Abstecher nach WEHRSHAUSEN lohnt nicht nur wegen der 1339 von W. Döring und seiner Gattin gestifteten *Kirche* mit Rippengewölbe, reichen Kapitellen, einer Sakramentsnische von 1483 in der Chorwand, dem reichgegliederten steinernen Altaraufbau und der spätgotischen Annakapelle nördlich vom Langhaus: von hier aus hat man auch einen Blick auf das Marburger Schloß, auf die Waldberge des Lahntales.

Wir kommen nach Marburg: Stadt der Hl. Elisabeth, Universitätsstadt, Stadt des Rechtsgelehrten Savigny, Stadt der Impfstoffe.

Von Marburg ins Gießener Becken

Marburg – Schönstadt – Rauschenberg – Stausebach – Langenstein – Kirchhain – Amöneburg – Mardorf – Rauischholzhausen – Schweinsberg – Homberg/Ohm – Büßfeld – Ruppertenrod – Sellnrod – Klein-Eichen – Grünberg

Der Impfstoff kommt aus Marburg. Dort lehrte von 1895–1917 Professor Emil von Behring an der Universität. Er hat die Impf- und Schutzmittel gegen Diphtherie und andere schwere Krankheiten gefunden. Heute wird in Marbach bei Marburg das Heilserum aus Pferdeblut hergestellt.

Marburg: Kupferstich von Matthäus Merian aus der Topographia Hassiae, 1655

Die alte Bergstadt MARBURG: auf steilem Berghang wachsen die Häuser an- und übereinander bis hinauf zum Schloß auf der Höhe. Die spitzen Giebel, die Erker, die Terrassen und das Fachwerk der Häuser von 'Alt-Marburg' mit der 1527 gegründeten Universität in ihrer Mitte erfreuen zahlreiche Besucher. Wer die vielen Treppen in den steilen und engen Wegen auf-und niedersteigt, meint, daß Marburg mehr Treppenstufen in den Gassen als in seinen Häusern habe. Die Fachwerkhäuser und Steinbauten der Gotik und Renaissance zielen zu dem 102 m über der Lahn beherrschend liegenden Schloß der Landgrafen. Ein weltberühmtes malerisches Bild.

Am Fuße der Altstadt erbaute man die Universitätskliniken und die Krankenhäuser. Das neue Marburg liegt mit seinen Gärten gegenüber der Altstadt am Ortenberg.

Hinter Marburg wird das Lahntal weit und breit. Auen, Weiden, fruchtbare Felder ziehen zu beiden Seiten des Flusses entlang. An Burg Staufenberg vorbei gelangt er in zahlreichen Windungen schließlich ins Gießener Becken. Gießen ist die zweite hessische Universitätsstadt, die nächste Station. Hier lehrten im vorigen Jahrhundert Wilhelm Röntgen und der Chemiker Justus von Liebig.

DAS LAHNTAL: MARBURG

Am 1. Mai 1236 war Kaiser Friedrich II. in Marburg, um das Gedächtnis der heiligen Landgräfin von Thüringen zu ehren, deren Gebeine auf päpstliches Geheiß gehoben und in einen goldenen Reliquienschrein übertragen wurden. Ihr Grab wurde als wunderwirkend verehrt. So folgte ihrem Tod schon 1235 die Heiligsprechung, diese gab dem Deutschritterorden, der neben dem Hospital der Minderbrüder eine Niederlassung hatte, den Anstoß zum Bau einer großen Ordens-, Grabes- und Wallfahrtskirche. Am 14. August 1235 wurde der Grundstein gelegt. 1283 erfolgte die Weihe des bis auf die Turmfront vollendeten Baus.

Zusammen mit der wenig später begonnenen Liebfrauenkirche in Trier ist *St. Elisabeth* in Marburg die erste voll ausgebildete gotische, überdies die früheste Hallenkirche des neuen Systems und als solche die Mutter zahlreicher Kirchenbauten mit gleichhohen Schiffen in Hessen (Abb. 27). Chor und Querarme bilden eine einheitliche, vom Vierungsquadrat nach drei Seiten ausstrahlende Gruppe sich entsprechender Räume, in der Anlage St. Maria im Kapitol in Köln verwandt, deren Hauptmerkmal der Dreikonchenchor, die Ausrundung der Querschiffarme, die raumeinfangende Bewegung der ganzen Ostpartie ist. Während in Köln die Gewölbestützung durch ein nach innen gezogenes System von Widerlagern erfolgt, die Außenwände also glatt sind, hat die Elisabethkirche bereits den voll entwickelten äußeren Strebeapparat, bestehend aus einer Folge kantig vorstoßender gerückter Pfeiler. Im Strahlungspunkt der Vierung stehend, das Hallenlanghaus im Rücken, hat man das Gefühl allseitigen Umfangenseins.

Ein flaches Kreuzgewölbe überfängt den Raum. Im Osten wächst der eigentliche Chor mit dem Hochaltar, geheimnisvoll glühend in der Farbenpracht seiner alten Glasfenster, einer Schenkung der Schenck zu Schweinsberg aus der Zeit des Baubeginns. Südlich anschließend der Landgrafenchor als Grablege des fürstlichen Hauses, nördlich der Elisabethchor mit dem baldachingekrönten Mausoleum der Titelheiligen.

Bald nach der Jahrhundertmitte wurde mit der Errichtung des Langhauses begonnen, und zwar in Form der dreischiffigen Halle, die hier, zum ersten Male in

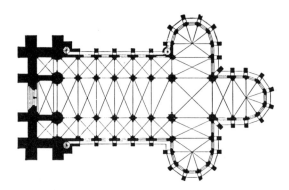

Marburg: Grundriß der Elisabethkirche

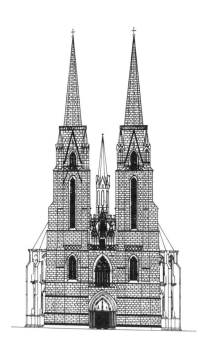

Marburg: die Elisabethkirche von Westen, nach einem Riß von Georg Moller, 1820

Deutschland, in Verbindung mit dem gotischen Konstruktionsprinzip erscheint. Mächtige, von naturalistischen Laubwerkkapitellen bekränzte Rundpfeiler trennen die breite Mittelbahn von den sehr schmalen Seitenschiffen. Der Weg- und Prozessionscharakter ist durch die enge Pfeilerstellung stark hervorgehoben.

An das Langhaus schließt sich eine doppelte Turmfront in den schon entwickelteren Formen der Zeit um 1300 an. Ein einziges, zweigeteiltes Portal mit schönem Rankentympanon (Abb. 26), dem in der oberen Zone ein reich gegliedertes Maßwerkfenster entspricht, führt in die Vorhalle, zu deren Seiten die gigantischen, in Steinpyramiden endenden Türme wurzeln. Trotz der hohen Fensterschlitze und des Zierwerkes der Wimperge und Spitztürmchen am Fuß der Helmaufbauten ist alles von gesammelter Wucht. Was von mittelalterlichen Glasmalereien vorhanden ist, konzentriert sich im Chor.

Am schönsten die hochmonumentalen Fenster mit der Muttergottes und der Ecclesia und Synagoge, Mitte 13. Jahrhundert. Aus der gleichen Zeit Fenster mit kleinfigürlichen Ereignisbildern auf Teppichmustern mit Szenen aus der Schöpfungsgeschichte und dem Leben der Heiligen Elisabeth. Auch aus dem 14. Jahrhundert fehlt es nicht an Fenstern mit ganzen Figuren.

Im nördlichen Kreuzarm das nach 1250 entstandene *Mausoleum* der Heiligen mit Malereien außen und innen und dem um hundert Jahre jüngeren Sarkophag, dessen

Reliefschmuck an der einen Langseite die Aufbahrung Elisabeths im Beisein Christi und weltlicher wie kirchlicher Würdenträger und den Empfang ihrer Seele durch Engel zeigt.

Der mit einer Schauwand versehene Hochaltar stammt von 1290. Die liturgische Grenze zwischen Vierung und Langhaus bezeichnet die hohe Steinschranke des in vier Nischengeschossen aufgebauten, im Bildersturm seiner Figurenplastik beraubten Lettners (1343). Ihn schmückt das Kruzifix von Ernst Barlach, das der Kirche im Jahre 1931 zum 700. Todestage Elisabeths gestiftet wurde.

Hinter dem ehemaligen Kreuzaltar, der heute Hauptaltar ist, erhebt sich ein geschnitztes Bogengestell, Teil einer jetzt fehlenden Triumphkreuzgruppe (1290). An der Westwand der Nordkonche ein Schnitzaltar mit ›Marienkrönung‹ aus dem frühen 16. Jahrhundert. Im Untersatz ein Vesperbild aus Stein. In dem weichen Linienfluß und der Verhaltenheit der Schmerzäußerung bezeichnet diese Marienklage (um 1360) die gemäßigte Form des oft mit äußerster Realistik behandelten Themas. In einem Levitenstuhl rechts neben dem Hochaltar eine Holzstatue der Heiligen Elisabeth mit dem Modell der Kirche.

Der *Landgrafenchor* enthält Grabplastiken (Abb. 29). Die Reihe beginnt mit Landgraf Konrad (†1240), dem ersten Ordensmeister, und endet mit Wilhelm II. (†1509). Einige Gräber mit dem Gefolge der Leidtragenden in den Arkaden der Tumba. Ein Einzelfall ist das Alabastergrabmal Wilhelms II., indem es, in Anlehnung an die französisch-burgundische Form der Totenehrung, den Verstorbenen zweimal darstellt: oben in voller Lebensfrische, unten als einen von Würmern zernagten Leichnam (1516).

Nach dem Ende des Zweiten Weltkrieges haben, unter schlichten und nur mit den Namen versehenen Sandsteinplatten, die ursprünglich im Ehrenmal von Tannenberg in Ostpreußen beigesetzten Särge des Feldmarschalls von Hindenburg und seiner Gattin in der Elisabethkirche ein Asyl gefunden.

In der stattlichen Reihe der mittelalterlichen Kunstwerke steht, zusammen mit den Chorfenstern der kupfervergoldete *Schrein der Hl. Elisabeth* an erster Stelle (Abb. 28). Er ist in der vom Chor zugänglichen, gegen Ende des 13. Jahrhunderts errichteten Sakristei untergebracht, geschützt durch ein Gitter mit aus Blech geschnittenen Figuren und Ranken im oberen Abschluß. 1235 begonnen, folgt er in der allgemeinen Form dem Aachener Marienschrein. Das mit einem Satteldach geschlossene Gehäuse ist in der Mitte von einem Querschiff durchbrochen, so daß Platz für vier größere Figuren in Giebelnischen mit Kleeblattschluß gewonnen wird: Christus, Maria, Elisabeth und eine (seit 1806 fehlende) Kreuzigungsgruppe. An den Langseiten stehen, gleichfalls in Nischen, die zwölf Apostel, auf den Dachschrägen sind je vier Flachreliefs.

Neben der Elisabethkirche stehen die Gebäude des Deutschen Ordens. Das *Herrenhaus* von 1253 wurde im 15. und 18. Jahrhundert verändert. Das *Brüderhaus*, das *Komturhaus*, der *Neue Bau* von 1515 und, gegenüber der Kirche, die *Michaelska-*

pelle von 1270 bilden einen Zusammenhalt mit der Elisabethkirche und ihrer Geschichte. Marburgs ältester Kirchenbau ist die um 1200 erbaute *Kilianskapelle*. Sie ist seit 1584 verstümmelt und profanisiert. Die *Marienkirche*, deren Neubau 1297 Chorweihe hatte und deren Langhaus ab 1375 unter Tyle von Frankenberg weitergebaut wurde, die *Dominikanerkirche* (1291–1320), die *Kugelkirche* (1478–1516) und das *Rathaus* von 1512–24 mit dem Küchenbau von Eberdt Baldewein (1574–75) dokumentieren religiöses Leben und Selbstbewußtsein des Stadtpatriziats.

Außer den vielen und herausragenden Sehenswürdigkeiten Marburgs gibt es zahlreiche kleinere Häuser und Kirchen, die aber in der Fülle, in der sie Marburg bereit hält, nicht besprochen werden können.

Zunächst soll das *Schloß* uns interessieren. Heinrich I., Enkel der Hl. Elisabeth, begann um 1260/70 mit dem Ausbau der thüringischen Burg des 12. Jahrhunderts zum Residenzschloß, das im späten 15. und 16. Jahrhundert wesentlich erweitert wurde. Die im 17. Jahrhundert angefügten Verteidigungsanlagen wurden im 18. Jahrhundert zum Teil wieder geschleift. Das Schloß wird von der Universität genutzt. Im Wilhelmsbau des Landgrafenschlosses werden wesentliche Teile der herausragenden Sammlungen des Universitätsmuseums aufgenommen. Das *von-Hülsen-Haus* ist nun als Kunsthalle genutzt.

Drei Flügel umgeben einen schmalen Innenhof des Schlosses: im Norden der Saalbau, im Westen der Frauenbau und im Süden der Landgrafenbau mit der Schloßkapelle. Der *Saalbau* mit zwei Hauptgeschossen über einem Kellergeschoß, wurde nach 1292 begonnen und zu Beginn des 14. Jahrhunderts vollendet. Polygonale Türme fassen den Bau seitlich, die Mitte betont ein Risalit mit Staffelgiebel. Den großen Festsaal im Obergeschoß teilen vier Achtecksäulen in zwei Schiffe (Abb. 30). Der Raum wirkt wie ein Dormitorium. Das reiche Intarsienschnitzwerk der Holztür schuf Nikolaus Hagenmüller 1573. Der *Frauenbau* stammt aus dem 15. Jahrhundert. Den südwestlichen Eckturm schmückt ein Portal von E. Baldewein. Er wurde 1567 gebaut, der andere Turm stammt aus der Erbauungszeit der Kapelle. Die *Schloßkapelle* wurde 1288 geweiht. Sie befindet sich am *Landgrafenbau*, der aus dem 13. Jahrhundert stammt und im 15. und 16. Jahrhundert entscheidend verändert wurde. Die Schloßkapelle ist zweigeschossig und folgt französischen Anregungen. Die Nischen der Oberkirche sind die Thronnischen des Fürstenhauses. Die hellfarbige gotische Architekturmalerei wirkt sehr dekorativ. In der Westnische befindet sich das 6 m hohe Christophorus-Bild. Östlich vom Kernschloß liegt der *Wilhelmsbau*, den Hans Jakob von Ettlingen 1492–98 errichtete, westlich der *ehemalige Marstall* aus dem 16. und 17. Jahrhundert. Der Schloßpark war ursprünglich Verteidigungsbastion. Den Renaissancebau der *ehemaligen Kanzlei* in der Landgraf-Philipp-Str. 4 baute Eberdt Baldewein 1573–76.

Von Marburg führt der Weg in einem nördlichen Bogen über Cölbe nach SCHÖNSTADT. Dort steht ein *Schloß*, das ursprünglich eine Wasserburg war, Kern ist der

DAS LAHNTAL: RAUSCHENBERG BIS SCHWEINSBERG

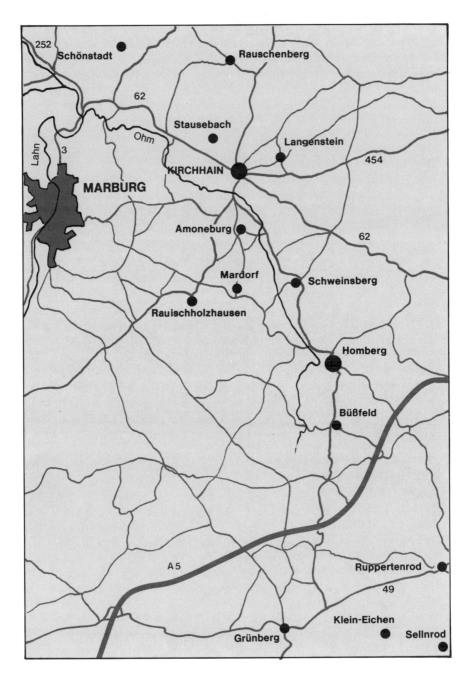

spätgotische achteckige Turm, der seit 1618 Fachwerkaufsatz trägt. Der zweigeschossige Hauptbau mit Mansarddach entstand gegen 1750.

RAUSCHENBERG ist erreicht. Die Burg der Ziegenhainer Grafen aus dem 13. Jahrhundert wurde im Hessenkrieg 1646 zerstört. Auch die *Pfarrkirche* entstammt dem 13. Jahrhundert, wurde aber im 14. Jahrhundert umgebaut. Der schöne *Flügelaltar* von 1430 steht deutlich unter Einfluß des Konrad von Soest. Die Gemäldefelder erzählen von der Kindheit Jesu und der Passion. Seit 1250 besitzt Rauschenberg Stadtrechte. Das dreigeschossige *Fachwerkrathaus* wurde 1557 begonnen und mit dem Bau des steinernen Treppenturmes 1566 vollendet.

Die *Pfarrkirche* von KIRCHHAIN-STAUSEBACH wurde vom Deutschen Orden im späten 15. Jahrhundert erbaut. Sicher ist sie darum zu einer so bemerkenswerten feingegliederten Dorfkirche ausgebaut worden. Ein vorgeschichtlicher *Menhir* gab dem Ort LANGENSTEIN seinen Namen. Er steht neben der Torhalle (16. Jh.) des ummauerten Friedhofs. Die *Pfarrkirche* des 13. Jahrhunderts wurde 1522 völlig umgebaut. Aus der langen Geschichte KIRCHHAINS, das erstmals 1146 als 'Werplohen' erscheint, hat sich nur wenig erhalten. Die *Stadtpfarrkirche* wurde als dreischiffige Hallenkirche um 1400 gebaut. 1666 wurde sie zur flachgedeckten Saalkirche umgebaut. Das spätgotische *Fachwerkrathaus* besitzt an der Nordseite einen steinernen Treppenturm von 1562 (Abb. 32).

Von den drei Orten Stausebach, Langenstein, Kirchhain gelangt man nach AMÖNEBURG, der 'Stadt auf dem Berge'. Der 200 m hohe Basaltkegel inmitten der Ohmniederung war ein idealer Siedlungspunkt und eignete sich zu Wehranlagen. Seit 1145 ist eine mainzische Burg nachweisbar, die aber nach der Zerstörung von 1762 nicht mehr aufgebaut wurde. Von der *Stadtbefestigung* der im 13. Jahrhundert gegründeten Stadt sind noch zahlreiche Reste erhalten. An der Stelle der Pfarrkirche aus dem 13. Jahrhundert steht heute eine gotisierende Basilika von 1865. Der Turm des 14. Jahrhunderts blieb in der Nordecke zwischen Chor und Querhaus erhalten. Das *Rathaus* wurder 1687–90 gebaut.

Auch die *Kirche* von MARDORF besitzt noch den alten Turm. Es ist ein Wehrturm aus dem 13. Jahrhundert. Schießscharten und Pechnasen machen diese Funktion besonders deutlich. Sein Erdgeschoß war Chor der alten Kirche. Er bewahrt Wandmalereien aus dem 13. und 14. Jahrhundert. Die heutige Kirche ist ein Barockbau, der 1713 begonnen wurde und 1726 geweiht wurde. Pilaster gliedern den Saalbau. Der Hochaltar von 1736 ist mit Plastiken des Christoffel Jagemann geschmückt, der auch die übrige Ausstattung 1751–52 übernahm.

Über RAUISCHHOLZHAUSEN mit dem *Schloß* von 1871–75 und dem *Gutshof* der Rau von Holzhausen aus dem 16. Jahrhundert, über Dreihausen oder über Schweinsberg, Homberg-Büßfeld kann man nach Allendorf-Nordeck fahren und von da weiter nach Gießen.

SCHWEINSBERG besitzt eine 'Märchenburg', die Guntram von Marburg, Stammvater der Freiherren Schenck zu Schweinsberg, 1231 erbauen ließ. Im 14. Jahrhundert

173

wurde die *Burg* durch eine innere, 1482 von Hans Jakob von Ettlingen durch die äußere Zwingermauer vergrößert. Seit 1239 haben die Schenck zu Schweinsberg das hessische Erbschenckenamt inne. Die Siedlung erhielt 1332 Stadtrecht. Die Burg, die sich in Vorburg, Fähnrichsbau (1530/40), Oberburg und Neue Kemenate (1459 und 1497) gliedert, besitzt an der Nordseite den Unterhof des 16. Jahrhunderts (1661 aufgestockt), den Mittelhof und Oberhof des 18. Jahrhunderts.

Besondere Würde strahlt die kleine, 1506 fertiggestellte, *Hallenkirche* aus. Netz- und Sterngewölbe schließen den Bau. Im Chor stehen die Grabsteine einiger Mitglieder der Familie der Schenck zu Schweinsberg.

Auch HOMBERG/OHM zeigt seine *Burg* auf steilem Basaltrücken wie Schweinsberg. Nur die Ringmauer mit dem spitzbogigen Tor stammt aus dem 13. Jahrhundert, die anderen Baukörper aus dem 19. Jahrhundert. Vor der Anhöhe steht breitgelagert das *Rathaus* von 1539. Es erinnert mit seinem kraftvollen Fachwerk an das Alsfelder Rathaus (Abb. 78). Die *Kirche* von Homberg besitzt noch einen romanischen Kernbau, erhielt vor 1400 einen neuen Chor und wurde 1467 zur Pseudobasilika eingewölbt. Kleine Reliefs im nördlichen Seitenschiff wurden bei den Umbauten wiederverwendet. Von der Terrasse hat man einen weiten Blick in das Ohmtal.

In BÜSSFELD steht eine ganz andere Kirche, eine der vielen *Fachwerkkirchen* am Vogelsberg. Sie wurde 1700–1702 errichtet. Auch Ruppertenrod und Sellnrod besitzen Fachwerkkirchen vom Bautypus der Vogelsberg-Gruppe. Eindrucksvoll steht die *Kirche* von RUPPERTENROD in der Ortsmitte (1710–11). Von höchster Vollkommenheit ist das System des Fachwerkbaues der *Kirche* in SELLNROD (1697–98). Eine der ältesten Fachwerkkirchen Hessens steht in KLEIN-EICHEN (zweite Hälfte 16. Jh.).

Wir sind in GRÜNBERG angekommen, wo die Landgrafen von Thüringen 1186 eine Burg anlegten, gleichzeitig den 1222 genannten Ort. Von der Stadtbefestigung steht außer geringen Resten im Nord-Westen der Altstadt noch der *Diebsturm* von 1200. Am nördlichen Stadtrand liegt das *Schloß* (ursprünglich Antoniterkloster von 1247), das Eberdt Baldewein 1578–82 über massivem Erdgeschoß mit zwei Fachwerkgeschossen errichtete. Östlich schließt der *'Universitätsbau'* von 1520 an. Der Name erinnert daran, daß im Pestjahr 1542 die Universität Marburg in dieses Haus verlegt wurde. Die *Spitalkirche* in der Neustadt entstand 1723–33, daneben das *Augustinerinnenkloster* von 1500, das seit 1541 Spital war. Den Marktplatz mit Bürgerhäusern aus dem 16., 17. und 18. Jahrhundert schmückt das *Rathaus* von 1586.

Gießen und sein Umland

Gießen – Gleiberg – Vetzberg – Staufenberg – Wißmar – Schiffenberg – Großen-Buseck – Großen-Linden – Arnsburg – Lich – Laubach – Ruppertburg – Hungen – Münzenberg – Rockenberg – Oppershofen – Badenburg – Lollar – Rüttershausen – Salzböden – Nordeck – Ebsdorfergrund – Fronhausen – Lohra – Gladenbach

GIESSEN war die Provinzhauptstadt Oberhessens. Es hatte schon immer eine starke Anbindung an die Wetterau, die sich gegen den Untermain und den Mittelrhein öffnet.

Der Name Gießen erscheint zum erstenmal in einer Urkunde des Jahres 1203, die sich auf einen 1197 durchgeführten Gütertausch des Klosters Schiffenberg bezieht. Als Zeugin wird in dieser Urkunde Gräfin Salome von Gießen genannt. Sie war die Witwe eines der letzten Grafen von Gleiberg und bewohnte die im 12. Jahrhundert durch die Herren von Gleiberg im Tal der Lahn und Wieseck erbaute Wasserburg. Das wiedererbaute *Burgmannenhaus*, eines der wichtigsten und ältesten Fachwerkhäuser Hessens, in der Nähe des alten Marktplatzes, so gegen 1350 erbaut, lagert auf der alten Burgmauer. Als Abteilung für Stadtgeschichte und Volkskunde des Oberhessischen Museums gibt es über Gießens Geschichte Auskunft.

Die Landgrafen waren darauf bedacht, in Gießen einen ihrer Herrschaft gemäßen Schloßbau zu errichten. 1265 waren Burg und Stadt Gießen in den Besitz des Landgrafen Heinrich I. gekommen. Die Stadt wurde in die Kämpfe zwischen dem Landgrafen und Mainz hineingezogen und 1327 durch Erzbischof Matthias erobert. Sie fiel jedoch bald an Marburg zurück. Vor allem im 14. und 15. Jahrhundert wuchs Gießen. Über die Zeit der Erbauung des *Alten Schlosses* (ab 1979/80 *Abteilung des Oberhessischen Museums; Gemäldegalerie und Kunsthandwerk*) gibt es keine Unterlagen. Als Sitz des Landgrafen Heinrich II. wird es 1364 zum erstenmal erwähnt. Gegen 1500 war es Sitz der Landgräfin Anna von Mecklenburg, Mutter Philipps des Großmütigen.

Philipp der Großmütige (s. a. S. 16) vollzog ab 1526 unter dem Einfluß Melanchthons den Übertritt zur Reformation. 1527 gründete er in Marburg die erste evangelische Universität, zunächst ohne Privileg des Kaisers. Die Klöster wurden säkularisiert und die Einkünfte der Universität überwiesen. Gießen wurde neben Kassel und Ziegenhain (1530–1533) zur Landfestung ausgebaut. Nachdem Philipp in Ungnade gefallen war, legte Graf Reinhard zu Solms die Anlagen im Auftrag Karls V. nieder. Als Philipp auf Grund des Passauer Vertrages wieder freigelassen wurde, ließ er die Bastionen und Wälle nach großzügigeren Plänen wieder aufbauen. Erst Napoleon vernichtete (1805–1810) die Anlagen, deren Kellergewölbe verschiedentlich noch zu sehen sind.

Ganz in der Nähe des Alten Schlosses, liegt der Fachwerkbau des *Neuen Schlosses* (Abb. 55) mit dem breitgelagerten *Zeughaus* (Abb. 53). Dahinter der *hortus medi-*

DAS LAHNTAL: GIESSEN

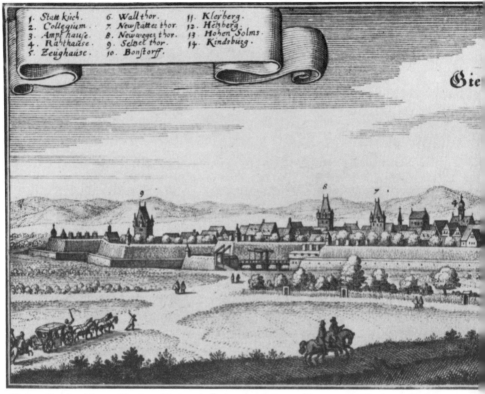

Gießen: Kupferstich von Matthäus Merian d. Ä. (1593–1650) aus ›Topographia Hassiae et Regionum Vicinorum‹

cus von 1609 (der Botanische Garten), der erste in Deutschland. Landgraf Philipp war Bauherr auch des Neuen Schlosses (1533–39). Das Erdgeschoß ist ein Bruchsteinmauerwerk, mit Eckquadern aufgeführt. Es bildet eine 32 m lange und 9,5 m breite Halle mit fünf Holzstützen. Der Fachwerkbau mit den gleichen Holzstützen, war durch Querwände in fünf Räume unterteilt. Dem rechteckigen Bau wurde in der Mitte der heutigen Hofseite, der ursprünglichen Fassade ein achteckiger, dreigeschossiger Turm mit Portal und Wendeltreppe vorgesetzt, dessen obere Fachwerkgeschosse und welsche Haube von den Erkern an den Ecken aufgenommen werden. Unter Ludwig IV. wurde das Zeughaus mit seinen drei Geschossen, dem Vorbau an der Südseite und den Giebeln errichtet. Der von Marburg her bekannte Meister Eberdt Baldewein baute es in den Jahren 1586–90. Die 80 m lange Halle mit fünfzehn Pfeilern und Tonnengewölbe war für die Unterbringung des Kriegsgerätes der hessischen Artillerie bestimmt. Auch die anderen Geschosse hatten ursprünglich

einheitlich durchgehende Räume. Das Zeughaus war im Krieg zerstört. Heute beherbergt es, wie das Neue Schloß, wissenschaftliche Institute.

Wer Gießen besucht, sollte auch den *Alten Friedhof* an der Licher Straße ansehen. Die Kapelle wurde 1623–25 von Johannes Ebel zum Hirsch erbaut und von Hugo von Ritgen (1811–89), dem Restaurator der Wartburg, Kunsthistoriker und Architekt, restauriert. Er liegt hier begraben. Grabmäler vom 16. Jh. bis in die jüngste Vergangenheit bezeugen Gießener Familiengeschichte.

Kurz vor dem Kapellenbau war Gießen Universitätsstadt geworden. Als Moritz von Hessen-Kassel in seinem Land das reformierte Bekenntnis einführte, kam es zu Auseinandersetzungen, die sich auf die Universität von Marburg ausdehnten. Mehrere Professoren der Theologie mußten Marburg verlassen und gingen nach Gießen. Hier wurde zunächst 1605 ein ›Paedagogium Illustre‹ gegründet, dessen erster Rektor der aus Marburg geflohene Theologe Johannes Winkelmann wurde. Sein Grabmal in der Kapelle des Alten Friedhofs zeigt ihn lebensnah. Im Mai 1607 wurde im Einvernehmen mit Kaiser Rudolf II. durch Landgraf Ludwig V. die Universität in Gießen gegründet. Sie zog ins ›Collegium Ludovicianum‹ neben dem Alten Schloß, das 1610 eröffnet, 1827 niedergelegt wurde. 1879 erhielt die Universität ihr neues Hauptgebäude. Hier hält die 'Professorengalerie' bedeutende Gelehrte von 1629 bis 1850 im Bild fest. Auf diese zurückgehend, hing im Alten Rathaus Gießens die 'Ratsherrengalerie', heute im Burgmannenhaus, der Abteilung Stadtgeschichte und Völkerkunde des *Oberhessischen Museums,* das 1987 um den benachbarten dritten Bau, das Wallenfels'sche Haus, Abteilung Vor- und Frühgeschichte und Völkerkunde, erweitert wurde.

Bei einem Besuch Gießens sollte man nicht vergessen, das *Liebig-Museum* zu besichtigen, ein klassizistisches Wachtgebäude in der Liebigstraße 12. Das Haus war von 1824–52 das Laboratorium Justus von Liebigs. Von hier ausgehend, wurden alle chemischen Laboratorien der Welt gegründet. – Die Architekten Fellner und Helmer erbauten 1907 im Jugendstil Gießens schönes *Stadttheater* am Anlagenring, das 1981 eine glückliche Restaurierung erfuhr.

Gießen ist das bedeutendste Zentrum des Mittelhessischen Raumes. Die im Krieg stark zerstörte Stadt hat einen rigorosen Aufbau durchgemacht, pflegt und hütet aber jetzt verstärkt die wenigen Denkmäler ihrer Geschichte. Liebknecht, Liebig und Büchner wurden hier geboren, lehrten oder studierten hier. Die Hausberge Vetzberg, Gleiberg, Dünsberg und Schiffenberg, das Lahntal und anderes mehr sind in einem reizvollen Umland der Naherholung erschlossen. Gießen ist verkehrstechnisch mit Auto und Bahn außerordentlich günstig zu erreichen. Wer Gießen durchwandert, findet kaum noch Spuren all der bedeutenden Persönlichkeiten, die hier wirkten. Der Heimatdichter und Büchner-Preisträger Alfred Bock (1859–1932) war mit Karl Wolfskehl befreundet, als dieser in Gießen studierte. Durch den Gießener Dichter und Literaturwissenschaftler Georg Edward wurde Wolfskehls folgenreiche Freundschaft mit Stefan George gestiftet. Im Hause von Alfred Bock verkehrten die Büchner-Preisträger Benrath und Usinger, die ebenfalls in Gießen studiert hatten.

Die Geschichte der Gleiberger ist nicht in allen Punkten geklärt. Die Grafen von Gleiberg gelten als die Erben der Konradiner. Die BURG GLEIBERG (Abb. 54) wird gegen 1000 begonnen. Graf Heribert, der Otto II. 981 auf seinem Zug nach Italien begleitete, wird als Erbauer bezeichnet. Sein Schwiegersohn war Friedrich I. von Luxemburg, der Bruder von Kaiserin Kunigunde, der Gemahlin Heinrichs II. Er vererbte Burg Gleiberg an seine Söhne.

An der Ruine der *Oberburg* stammen die Grundmauern des quadratischen Turmes und der Unterbau des Palas aus dem 10. Jahrhundert. Aus dem zweiten Viertel des 13. Jahrhunderts haben sich Reste der *Burgkapelle* mit Knospenkapitellen der Wanddienste erhalten. Von dem Ausbau des Palas im ausgehenden 15. Jahrhundert blieb der nördliche Giebel erhalten. Der hohe, runde *Hauptturm* im östlichen Teil

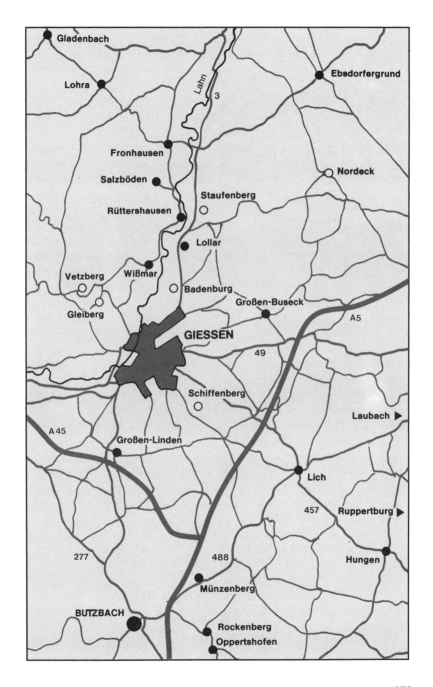

DAS LAHNTAL: VETZBERG BIS GROSSENLINDEN

Staufenberg bei Lollar: Kupferstich von Matthäus Merian aus der Topographia Hassiae, 1655

der Oberburg wird ins 12. Jahrhundert datiert. Von hier hat man einen herrlichen Blick ins Hessische über Gießen in südöstlicher Richtung zum Schiffenberg.

Zum Besitz der Gleiberger gehörte auch die 1150 erwähnte BURG VETZBERG, westlich vom Gleiberg, von der sich der runde romanische *Hauptturm* und Reste des zerstörten *Palas* erhalten haben.

Nach Norden, Nordosten, lahnaufwärts erreicht man, nicht 10 km entfernt, die BURG STAUFENBERG, die in den Kämpfen zwischen Mainz und den Landgrafen wiederholt eine Rolle spielte. Die Ruine der oberen Burg stammt aus dem ersten Viertel des 13. Jahrhunderts. Die Burg wurde im frühen 12. Jahrhundert durch die Grafen von Ziegenhain begonnen. Die verfallene Burg wurde 1860–62 von Hugo von Ritgen wieder aufgebaut. Wahrzeichen der Stadt ist der 1401 durch Friedrich von Rolshausen erbaute *Torturm*.

Auf dem Weg nach Staufenberg sollte man sich die schöne Pfarrkirche (1828–30) von WISSMAR ansehen (Abb. 52).

SCHLOSS NORDECK liegt nordöstlich von Staufenberg. Auch diese Burg wurde im 12. Jahrhundert begonnen. Den Herren von Nordeck-Rabenau begegnen wir auf vielen Grabmälern im Kreis Gießen bis hin nach Arnsburg. Auch am Hausberg der Gießener, dem 'Schiffenberg' ist ihr Name auf Dauer festgehalten. Nordeck ist heute im Besitz der Grafen von Schwerin und seit 1925 Landschulheim. Die kleine, aber gut erhaltene Anlage ist eine Hangburg mit Halsgraben, Schildmauer und rundem Bergfried.

Vom Gleiberg ging die Gründung des den Augustiner-Chorherren überwiesenen *Klosters* auf dem SCHIFFENBERG aus. Hier hat die Stadt Gießen mit großem Aufwand eine Stätte kulturellen Lebens entstehen lassen. Im Juni 1129 schenkte die Gräfin Clementia dem Erzbischof Megener von Trier diesen Berg. Noch im gleichen Jahr verbindet sie diese Schenkung mit der Stiftung eines Klosters. Der Baubeginn ist im zweiten Viertel des 12. Jahrhunderts anzusetzen. Das Langhaus der *Kirche* besitzt sieben einfache Pfeilerarkaden. Das südliche Seitenschiff wurde abgebrochen. Querhaus, Vierungsturm und Chor ergänzen nach Osten den einfachen Baukörper. Die ehemals vorhandenen drei Apsiden fehlen. Die erhaltene Westapsis wurde etwas später erbaut und zeigt Reste von begleitenden Flankentürmen. Sie ist von Lisenenbändern gegliedert. Die beruhigt proportionierte Kirche wurde 1902–04 erneuert. Innen sieht man in den offenen Dachstuhl einer ehemals flachgedeckten Pfeilerbasilika (Abb. 56). Das Sterngewölbe der Vierung, die Wölbung von Ostchor und Querhausarmen stammen aus dem 16., 17. und 18. Jahrhundert. Refektorium, Dormitorium und andere Gebäude umschließen einen weiten Hof, der von alten Kastanien bestanden ist. Vom Kreuzgang, der an die Südseite des Kirchenbaues anschloß, ist nichts mehr erhalten. An der Südseite des weiten Innenhofes mit altem *Brunnen* liegt das *Komturei-Gebäude* des Deutschen Ordens, 1493 der Inschrift zufolge durch den Komtur Ludwig von Nordeck zu Rabenau begonnen und unter Johann Schenck zu Schweinsberg vollendet. Der Schiffenberg ist eine stauferzeitliche Gründung, denn wir sind hier in der Zeit Konrads III. (1138–1152). Wir können den Staufern nachfahren. Vom Schiffenberg zu Barbarossa über Arnsburg, Münzenberg, Friedberg, Büdingen nach Gelnhausen zur Kaiserpfalz: überall finden sich Zeugnisse dieser bedeutenden Epoche.

Nordöstlich vom Schiffenberg liegt Großen-Buseck. Im Südwesten schließt Großen-Linden mit Heuchelheim den Kreis um Gießen.

GROSSEN-BUSECK gibt, wie Großen-Linden, ein Beispiel romanischen Kirchenbaus in der Umgebung von Gießen. Der untere Teil des romanischen Westturms der evangelischen *Kirche* stammt wohl aus dem 13. Jahrhundert. Der Turm beherbergt die weiträumige Vorhalle der einschiffigen Kirche mit Querhaus. Im Turm sollte eine Kapelle eingebaut werden, was man im erhaltenen Obergeschoß an Ecksäulen mit Kapitellen erkennen kann. Der Chor der Kirche wurde spätgotisch erneuert.

Von ganz besonderer Attraktion ist die evangelische *Pfarrkirche* von GROSSEN-LINDEN. Der schwer lagernde Bau zeigte ursprünglich eine einschiffige Anlage im Langhaus wie Großen-Buseck. Das Querhaus schließt sich an und zeigt eine Apsis ohne Vorjoch aus der ersten Hälfte des 13. Jahrhunderts. Das nördliche Seitenschiff wurde 1907/08 angefügt. Mit seinen hohen Fensterbahnen stört es den Eindruck der erhaltenen Teile der romanischen Kirche, die man in den Vierungspfeilern, dem oberen Teil des Vierungsturmes, in Teilen des südlichen Querhauses, in Süd- und Westwand noch deutlich erkennen kann. Die Türme der Westfassade wurden nach 1500 hinzugefügt. Es sind gedrungene Rundtürme. In der Westwand ist heute das ehemals südliche Seitenportal eingebaut (Abb. 58). Der Reliefschmuck des Portals ist von derber Rätselhaftigkeit.

DAS LAHNTAL: ARNSBURG BIS LICH

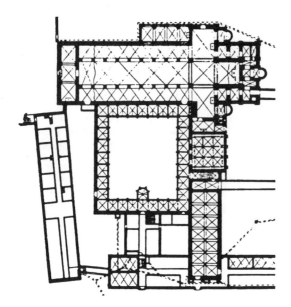

Arnsburg: Grundriß der Klosteranlage

Vor allem den Gießenern ist durch die Eigeninitiative der Kleingemeinde Arnsburg ein Erholungsgebiet erschlossen, das von historischem und kunsthistorischem Wert ist. Notwendige Reparaturen und denkmalpflegerische Maßnahmen konnten erst durch das geweckte Interesse der Bevölkerung, ihre Spenden und tätige Mithilfe eingeleitet werden. 1974 war die Achthundertjahrfeier des KLOSTERS ARNSBURG (Abb. 59).

Seit 1197 besiedelten Eberbacher Mönche die Neugründung, die neben Eberbach und Kloster Haina zu den bedeutendsten Zisterzienserklöstern Hessens gehört. Die *Klostermauer* von 1600 m Länge ist noch erhalten. An der Südseite das *Gartenhaus* von 1751, an der Westseite das *Torhaus* von 1774–1777 mit Mittelbau (Farbt. 20) sind einladende Empfangsgebäude. Auch andere Gebäude gehören dem 18. Jahrhundert an: der *Konventsflügel* und die *Abtei* mit abschließendem Pavillon, dem *Prälatenbau* (Abtswohnung; Abb. 61), den Bernhard Kirn 1727 dreigeschossig errichtete.

Konrad von Hagen und Arnsburg hatte 1151 im ehemaligen Römerkastell Altenburg, 1 km südwestlich von Arnsburg ein Benediktinerkloster gestiftet, das nicht gedieh. Sein Sohn Kuno von Münzenberg ersetzte es durch das Zisterzienserkloster im Tal. Dazu berief er 1174 Mönche aus Eberbach. Der Grundriß ist typisch zisterziensersich. Viereinhalb Doppeljoche geleiten zum mächtigen Querhaus und zum Chor, der ohne Apsis den Raum schloß. Ihn umgab ein Kapellenumgang. Der Kirche vorgelagert das schön hergerichtete *Paradies*. Das Gewölbe des Paradieses ist aus dem

17. Jahrhundert. Das *Mittelschiff* der Kirche, heute offen (Abb. 59), besaß einst ein Kreuzrippengewölbe, die Seitenschiffe Kreuzgratgewölbe, von denen einige noch heute erhalten sind.

Ausgereift sind die Kapitelle, die als Kelchblock beginnen, dann knospengeschmückt, dann Kelchkapitelle der Frühgotik. Der beeindruckende *Kapitelsaal* (Abb. 60) weist auf seinen frühgotischen Vierpaßpfeilern vorzügliche Kelchblattkapitelle auf. In dem quadratischen Raum ist an der Nordwand die handwerklich herausragende Grabplatte des Johann von Falkenstein († 1365) angebracht. Eine hervorragende Grabplatte befindet sich am nördlichen Seitenschiff der Klosterkirche. Er ist für Johann und Guda von Bellersheim 1394 bezeichnet. Hier befindet sich der *Friedhof* der kleinen Gemeinde Arnsburg. Gegenüber erreicht man im Querhaus die Schlafsaaltreppe. Das *Dormitorium* erstreckt sich über das ganze Obergeschoß; spitzbogige Kreuzgewölbe auf Säulen mit Trommelkapitellen schaffen heute einen großen Raum, der früher mehrfach in einzelne Zellen unterteilt war.

Wenig Schlaf war den Mönchen im Schlafsaal gegönnt, sehr viel Arbeit gab es und sehr viele Gebetsstunden, zu denen sie in der Nacht und am Tage versammelt wurden. Ihr demütiger, glaubensstarker Geist errichtete die Anlage, wie hier, so an vielen anderen Orten. Sie machten aus der sumpfigen Talaue, aus dem Urwald fruchtbaren Boden, und wenn man durch das Tal der Wetter in Richtung Lich wandert, wo noch einige Schätze des einst reichen und bedeutenden Klosters gerettet sind, spürt man vielleicht, was es im 12. und 13. Jahrhundert bedeutet haben mag, tüchtige und kunstsinnige Mönche anzusiedeln, um das Land mit Ordnung und Geist zu durchdringen. In der Stiftskirche von Lich stehen Orgel und Kanzel der Barockzeit aus Arnsburg.

LICH im Nordosten verdankt dem Kloster Lorsch seine Nennung 788. Die Münzenberger, Falkensteiner und seit 1418/19 Johannes von Solms sind die herrschenden Familien. Den Solmsern war es Residenz einer selbständigen Grafenlinie (seit 1792 Fürsten), deren Souveränität 1806 an Hessen-Darmstadt verlorenging.

Im Norden der Stadt, am höchsten Punkt, liegt die Kirche, im Süden die Burg am tiefsten Punkt, dort, wo heute das Schloß steht. An der Kirche steht der '*Stadtturm*' von 1500, neben dem runden südwestlichen und rechteckigen nordöstlichen Eckturm Teil der ehemaligen Stadtmauer. Da der 'Stadtturm' gleichzeitig als Kirchturm erbaut wurde und gegen 1700 einen mehrstufigen Aufsatz erhielt, nimmt er sich wie ein derber Campanile aus. Gegen 1510 beginnt man mit einem Neubau an der Stelle der Vorgängerbauten der *Pfarrkirche*. Die Anlage ist gegen 1537 vollendet, aber erst 1740 wird die Holztonne des Mittelschiffes eingezogen. Eine dreischiffige, fünfjochige Stufenhalle in den Seitenschiffen mit Netzgewölbe geschmückt, einem breiten Chor mit polygonalem Schluß überrascht den Eintretenden durch Weite und großzügige Höhe. Auch der Chor besitzt ein reiches spätgotisches Maßwerk. Hier findet man ein schönes Kruzifix von 1510. Die spätbarocke Kanzel aus Arnsburg kann sich in dem verhältnismäßig lichten Raum gut entfalten. Vor allem die Figuren, Moses und die vier Kirchenlehrer, die 1772–74 von Martin Lutz aus Rockenberg geschnitzt wurden, greifen weit aus. Neben der Orgel (gegen 1620–25) bewahrt die Kirche zahlreiche Grabmäler, unter denen das des Kuno und der Anna von Falkenstein († 1333/29) das beeindruckendste ist.

Das Stadtbild von Lich ist weitgehend unzerstört. *Fachwerkhäuser* in der Unterstadt 3/5, Oberstadt 7, Unterstadt 8 und Schloßgasse 8 gehören noch der Spätgotik an. Das Schnitzwerk an Schwellen, Pfosten und Kopfknaggen der *Renaissancehäuser* Schloßgasse 7, 9, 12 und 14, das *Textorsche Haus* (Kirchplatz 4) und andere beleben das Straßenbild. Das *Schloß* (Farbt. 13) wurde gegen 1300 an der Stelle einer Wasserburg errichtet. Mit dem Umbau und der Barockisierung der Anlage 1673–82 entstand die regelmäßige Außenbefestigung mit Bastionen und zwei sich diagonal gegenüberstehenden Ecktürmen. Der Bau wurde 1764–66 zum offenen Wohngeschoß umgestaltet. Nordflügel und Außenbefestigung fielen im 18. Jahrhundert. Georg Moller nahm 1836 entscheidende Veränderungen im Ehrenhof vor, dennoch bleibt der vorherrschende barocke Eindruck der Außenfront in Fenstern und Mansarddächern erhalten.

Östlich von Lich liegt LAUBACH am Westhang des Vogelsberges. Als Erben der Falkensteiner erhoben die Solmser Laubach 1548 zur Residenz einer Grafenlinie, die das Schloß noch heute bewohnt. Das *Schloß* der Grafen zu Solms-Laubach wurde gegen 1400 begonnen. Der *Bergfried* stammt noch aus dem 13. Jahrhundert. Das dreiflügelige *Wohngeschoß* ist nach Norden offen. Um 1700 wurde unter Einbeziehung des Bergfrieds, der zugleich seine Barockhaube erhielt, der südliche Verbindungstrakt zwischen beiden Flügeln ausgebaut. Vor dessen Nordseite wurde im 19. Jahrhundert ein Arkadengang gesetzt. Einige Räume sind der Öffentlichkeit zugänglich und enthalten eine Sammlung zur Laubacher Kunst- und Kulturgeschichte. Auf der Ostseite des großen Schloßhofes befinden sich schwere gedrungene Baugruppen, darunter der *Nassauer Bau* mit dem Großen Saal. Er ist das Glanzstück des Schlosses. Spiegeldecke, Stuckornament und Wandvertäfelung wurden nach 1739 angebracht. Im südlich anschließenden *Marstall* von 1556/57, dessen Obergeschoß Hugo von Ritgen umgestaltete, befindet sich ein dreischiffiger Bibliothekssaal (die über 50 000 Bände wurden in den Neuen Bau verlegt). Die Bibliothek genießt großen Ruhm. Nebengebäude, Nebenhöfe, Beamtenhäuser, Untermühle und Friedrichsburg bilden eine beispielhafte und großzügige Gesamtanlage.

Die *Stadtkirche* von Laubach stammt aus dem 13. Jahrhundert. 1700–1702 entstand das Langhaus neu, 1869 wurde der Treppenturm angebaut. Wandmalereien der Spätgotik, Ausstattung des 18. Jahrhunderts und Grabmäler des 16., 17. und 18. Jahrhunderts ergeben einen sehenswerten Innenraum.

48 DIETKIRCHEN bei Limburg an der Lahn   Ehem. Stiftskirche von Südosten (11. Jh.) ▷

49 DIETKIRCHEN Hl. Lubentius, Kopf um 1270, Büste 1477

50 Burgruine HERMANNSTEIN bei Wetzlar: gotischer Wohnturm

53 GIESSEN Das Zeughaus, 1586–90 von Eberdt Baldewein erbaut

51 DIETKIRCHEN Inneres der Stiftskirche gegen Westen

52 WISSMAR bei Gießen Die Pfarrkirche (1828/30)

55 GIESSEN Neues Schloß (1533–39)

54 Ruine GLEIBERG bei Gießen, im 11. Jh. gegründet

56 SCHIFFENBERG Ehem. Augustinerchorherrenstift, gegründet 1129

58 GROSSEN-LINDEN Pfarrkirche: spätromanisches Westportal

57 BADENBURG bei Gießen (14. Jh.). Stahlstich um 1850

60 ARNSBURG Der frühgotische Kapitelsaal

61 ARNSBURG Der Prälatenbau, 1727 von B. Kirn errichtet (vgl. a. Farbt. 20)

59 ARNSBURG bei Lich   Ehem. Zisterzienserkloster, Baubeginn gegen 1197

62 BUTZBACH Die Markuskirche (14., 15. u. 16. Jh.)

63 BUTZBACH Stadtmauer (14. Jh.)

64 Blick vom Turm der BURG MÜNZENBERG in die Wetterau. Links im Vordergrund der Palas, rechts der Falkensteiner Bau

65 Die MÜNZENBURG Östliche Palashälfte, Hofseite (gegen 1160)

66 BAD NAUHEIM Der Sprudelhof, Kur- und Badeanlagen, zwischen 1905 und 1911 erbaut ▷

67 BAD NAUHEIM Die Salinen

68 BAD NAUHEIM Inneres eines Badehauses

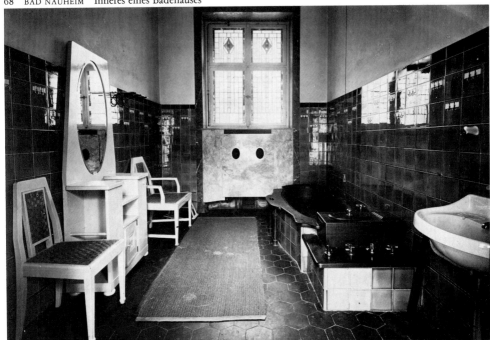

69
NIEDER-WEISEL bei Butzbach
Johanniterkirche, ungewöhnliche
Doppelanlage, 1245 erwähnt

70
FRIEDBERG Ev. Stadtkirche: Bogenfeld der Sakristeitür (um 1300).
Rechts: Blick ins Judenbad von 1260

71 FRIEDBERG Der Burgaufgang mit dem Adolfsturm (s. a. Farbt. 23)

72 ILBENSTADT Prämonstratenserkloster: Grabmal Gottfrieds von Kappenberg (s. a. Farbt. 24)
73 HUNGEN Schloß mit Torturm, Anlage des 15.–18. Jh.
74 LAUTERBACH Schloß Hohhaus (1769–73), heute Hohaus-Museum

Über RUPPERTBURG mit der *Saalkirche* von 1750–57 erreicht man Hungen. HUNGEN war Nebenresidenz der Linie Solms-Braunfels. Die Stadtmauer ist noch in größeren Teilen erhalten. An der Stelle der 1383 erwähnten Burg wurde der im Kern noch vorhandene dreiflügelige *Schloßbau* von 1454–56 errichtet. Die Mitte des nordöstlichen Hauptflügels nimmt der gotische *Torturm* ein. Sein fünfspitziger Helm beherrscht die wechselvoll geformte Anlage (Abb. 73). Die *Pfarrkirche* des Ortes besitzt im Chorturm ihren ältesten Teil. Er ist im Unterbau romanisch. Der gotische Chor wurde gegen 1515 errichtet, das Schiff entstand zwischen 1596 und 1608.

Von Hungen führt unser Weg nach MÜNZENBERG zur bedeutendsten Ministerialenburg des Mittelalters (s. a. das Frontispiz).

Kommt man von der Licher Straße nach Münzenberg, ist man zunächst in einer Vorstadt. Heute empfindet man das kaum noch, weil der Straßenzug einheitlich ist und nicht von einem Torbau mit Stadtmauer unterbrochen wird. Rechts und links wird die Straße gerahmt von den für Oberhessen typischen *Bauernhöfen* mit breiten gezimmerten fränkischen *Hoftoren*. Die meisten Höfe und Hoftore sind nach einem vernichtenden Brand im 18. Jahrhundert neu entstanden, weisen also nur in eine nahe Vergangenheit. Die Hoftore sind zum Teil mit bemerkenswerter Schnitzerei geziert und mit der Jahreszahl ihrer Entstehung versehen. Die Straßenwände sind seit dieser Zeit noch recht unverdorben. Neuerdings gibt es jedoch einige alarmierende Umbauten. Dennoch hält das Straßenbild den richtigen Maßstab. Der Straßenraum wird durch die *Burg* abgeschlossen. Im Weiterschreiten entdecken wir auf der linken Straßenseite eine *gotische Kapelle*. Es ist ein kleiner spitzgiebeliger Bau. Der Steinbau unterbricht die Reihe der Fachwerkbauten. Die Kapelle ist der Rest der Nikolauskirche, war Kirche und Hospital. Daneben steht ein alter *Ziehbrunnen* von 1776, hinter dem früher die Stadtmauer der mittelalterlichen Stadt entlanglief. Hier war ein Stadttor, die Obersteinwegpforte. Heute geht man von dem vor kurzem neuangelegten *Marktplatz* weiter in südöstlicher Richtung bis zum Gasthaus 'Zur Burg'. Der Marktplatz wird durch das *Rathaus* von 1554 abgeschlossen.

Die *Pfarrkirche,* umgeben von der Bruchsteinmauer des Friedhofes, steht als steinerner Sakralbau in wirksamem Kontrast zu den sie umgebenden Fachwerkhäusern. Ein monumentaler Chorturm mit einem Schieferhelm mit frühgotischen Schall-Luken in den steinernen Giebeln und Chorfenstern gehört dem frühen 13. Jahrhundert an, der gleichen Zeit, wie die schmalen schlanken Fenster der Nordfront und das schmale Pförtchen auf der Nordseite des Chores. Der quadratische Chorraum der Kirche ist mit einem Kreuzrippengewölbe überdeckt. Ein rechteckiger Vorbau auf der Nordseite am Anschluß an die Ostwand des Langhauses deutet auf die Absicht hin, die oberen Geschosse des Kirchturmes durch eine Treppenanlage zugänglich zu

◁ 75 RASDORF Basilika des späten 13. Jahrhunderts., Kapitelle des Mittelschiffes vielleicht vom Vorgängerbau des 9. Jahrhunderts.

machen. Das Seitenschiff öffnete man später zum Mittelschiff hin in drei Bogen, dabei mußte man die alte romanische Südmauer des Mittelschiffes abbrechen. Die neue Mauer wurde leicht nach Südosten abgeknickt. Damit erreichte man den Anschluß an den südlichen Pfeiler des Chorbogens. Die beiden Seitenaltäre gehören in diesen Bauabschnitt. Der nördliche Altar ist ein frühgotischer 'Baldachinaltar'. Er ist ein seltenes Beispiel dieses Altartyps in dieser Gegend. Der Ciborienaltar von Münzenberg ruht auf einer schlanken Säule, die mit ihrer vortretenden Tellerbasis auf einem Würfel steht. Sie hat ein Kapitell mit acht Knospen. Kapitelle und Konsolen erinnern an Kloster Arnsburg.

Wir erreichen, uns der Burg zuwendend, den Bereich eines geräumigen *Gutshofes*. In dieser Anlage steht ein barockes *Schlößchen,* der 'Hattsteiner Hof', daneben der Rest eines *Burgmannenhauses* des 16. Jahrhunderts. Der Gutshof ist eine großzügige Anlage des 18. Jahrhunderts, an seinem westlichen Ende besitzt er ein gotisches *Stadttor*. Von hier führt der Weg in die dem Burgberg vorgelagerten Felder. Dieser Torturm heißt die 'Altstädter Pforte'. Auf seiner Nordseite führt ein Mauerzug steil den Berg aufwärts. Er verbindet den Torturm mit der äußeren Zwingermauer der Burg. An der Südmauer des Torturmes zeigen Mauerreste an, daß sich die Stadtmauer hier wieder angeschlossen hat.

Vor 1160 erbaute der Reichsministeriale Kuno I. von Hagen und Arnsburg die Burg Münzenberg. Sie ist eine der bedeutendsten Anlagen der Stauferzeit. 1155–56 ist die Herrschaft Münzenberg bezeugt. Die Familie nannte sich nach der Burg. Nach dem Aussterben der Herren von Münzenberg bekamen die Herren von Falkenstein den größten Teil der Herrschaft. Das Erbe der Falkensteiner kam 1418 an Solms und Eppstein. Für letztere traten 1581 Stolberg und Kurmainz ein. 1244 ist unterhalb der Burg die Stadt bezeugt.

Von der *Burg* sind zwei Türme sowie ein romanischer und ein frühgotischer Palas erhalten (Abb. 64, 65). Wir sehen zunächst das an der Südseite der Burg gelegene äußere Tor. Rechts wird es von einer Zwingmauer begrenzt, links befindet sich eine vorgeschobene, turmrunde Verteidigungsanlage, das *Pfortenhaus,* ein gewölbter Raum mit außerordentlich starken Mauern. Der Oberbau ist zerstört. In dieser Verteidigungsanlage befinden sich Schießscharten für Wallbüchsen oder Geschütz. Das mittlere Tor war wohl ein rechteckiger Bau mit einem Obergeschoß. Zwei Fenster sind noch erhalten. Eine Mauer, die mit Schießscharten versehen ist, verbindet in nördlicher Richtung dieses Tor mit der Ringmauer des Burghofes. Hinter dem Tor des 14. Jahrhunderts befindet sich ein schmalerer Zwinger. Ihm liegt ein dritter, tiefer gelegen, nach Süden vor. In der Westmauer des dritten Zwingers steht ein runder, nach innen offener *Verteidigungsturm.* Das *Haupttor* der Burg schließt an. Es hat eine tonnengewölbte Halle. Das Tor zieht sich unter der Burgkapelle hin. An der südlichen Toröffnung sind die äußeren Ecken abgerundet. Über dem Torbogen ist ein horizontales Gesims angebracht.

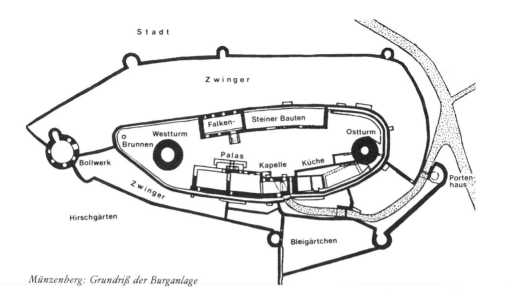

Münzenberg: Grundriß der Burganlage

Die Münzenburg hat zwei *Bergfriede*. Sie sind an die Schmalseiten der Burg angelehnt. Der östliche Turm ist mit Mauerwerk aus Säulenbasalt der Gegend hergestellt. Die Höhe des Turmes beträgt 28,90 m Gesamtdurchmesser 11,80 m, Innenraumdurchmesser etwa 5,20 m. Der Raum unter dem Gewölbe in der Höhe des Eingangs dient als Verlies. Das Verlies ist 8 m tief, sein Boden liegt also in der Höhe des umgebenden Terrains. Der Turm ist seit 1847 Aussichtsturm. Er hat oben eine neue Plattform und Brüstungsmauer. Westlich liegt der unbesteigbare Bergfried (Abb. 64). Er hat einen Sockelunterbau aus größeren Steinen als die übrigen Teile des Turmes. Er macht einen ruinösen Eindruck. Die beiden Bergfriede, die in der Wetterau weithin sichtbar sind, haben der Burg den Namen 'Wetterauer Tintenfaß' eingetragen.

Der älteste Bau ist der romanische *Palas*. Was Gelnhausen, Seligenstadt und Wimpfen nur ahnen lassen, das hat sich in diesem Bau erhalten. Fürstlich und reich geschmückt, liegen diese Teile an der Südseite des Hofes. Der Palas bildete im Grundriß ein Rechteck. Er besaß ein Erdgeschoß und zwei Obergeschosse. Das Grundrißrechteck ist durch eine Scheidmauer in zwei Teile gegliedert, die Südmauer ist aus gewaltigen Buckelquadern geschichtet. Diese Mauerung wird als Umwallung der Ostseite des Burghofes weitergeführt. Diese Steine sind sowohl wehrhaft in ihrer Ausstrahlung als von einem unvorstellbaren Machtanspruch. Sie erinnern an die viel späteren Palazzi in Florenz, die in der Zeit wilder Machtkämpfe in der Florentiner Renaissance die Doppelfunktion des Baus als 'Burg' und herrschaftlicher Palast durch diese mächtigen Buckelquader auszudrücken vermochten. Die Buckelquader

DAS LAHNTAL: ROCKENBERG BIS GLADENBACH

der Münzenburg bestehen aus Sandstein. Einige tragen Steinmetzzeichen. Das übrige Mauerwerk des Palas ist größtenteils aus Säulenbasalt. Über den Buckelquadern erheben sich die Fensterarkaden. Die Hofseite des Palas ist besonders repräsentativ ausgestattet (Abb. 65). Es ist die Umfassungsmauer des östlichen Teils des Palas. Wir dürfen im Zusammenhang mit den Arkaden der gegenüberliegenden Wand annehmen, daß es sich bei dem dritten Geschoß um den Festsaal der Burg handelt.

Von der Münzenburg weiter nach ROCKENBERG bei Butzbach. Der gotische Turm der *Pfarrkirche* wirkt mit den vier Ecktürmen wie ein Wehrturm. Über kreuzgratgewölbtem Untergeschoß wächst er ins schlanke Achteck. Der saalartige Kirchenbau wurde 1752–54 von Johann Adam Paul aus Mainz gebaut, erfuhr aber 1967 starke Veränderungen, denen auch einige Ausstattungsstücke aus der Bauzeit zum Opfer fielen. Türme wie den der Rockenberger Pfarrkirche findet man auch im nahen Griedel. Südlich der Kirche von Rockenberg liegt die *Burg,* die seit 1581 mainzisch war. Der viergeschossige Wohnturm, aus der Zeit um 1300, zeigt verschiedene Veränderungen des 16. und 18. Jahrhunderts. Er war von einer Ringmauer mit vier Ecktürmen umgeben, von denen noch drei erhalten sind. Zwei Mauerseiten im Westen und Norden stammen wie die Türme wohl aus dem 15. Jahrhundert. Eine zweite Mauer, die an der Nordseite noch gut zu sehen ist, umschloß den Zwinger. Im Osten steht an dieser Stelle das *ehemalige Rentamt* (um 1720–30). Vor der Anlage befindet sich ein weiter Platz, der von einigen ansehnlichen Häusern umstanden wird. So liegt der Burg gegenüber der behäbige Barockbau des *Rathauses* (18. Jh.). Die Tür ist 1806 datiert.

Am Westrand des Ortes liegt das ehemalige Zisterzienserrinnenkloster *Marienschloß* (jetzt Jugendgefängnis). Im 14. Jahrhundert wurde es gegründet, im 18. Jahrhundert baulich wesentlich umgestaltet. Die *Kirche* von 1733–41 besitzt eine wertvolle Rokokoausstattung mit lebhaften Stukkaturen, die denen des Arnsburger Kirchenbaues verwandt sind. Beide Sehenswürdigkeiten sind aber nur schwer zugänglich. Die Kirche in Marienschloß nur nach vorheriger Anmeldung. Neben Hochaltar und Kanzel sollte man noch einen Blick auf den Grabstein des Klosterstifters Johannes von Bellersheim werfen († 1343).

Aus dem nahen OPPERSHOFEN stammt der Hl. Bardo, auch heute noch Namenspatron vieler Oppershofener. Im freistehenden *Fachwerkrathaus* von 1721 ist im vorkragenden Erker eine barocke Plastik dieses bedeutenden Mainzer Erzbischofs eingestellt. Das typische Wetterauer Dorf mit hohen *Hoftoren* zeigt keine herausragenden Schätze, besitzt aber in seiner *Kirche* einen schönen, streng klassizistischen Bau von 1827–29.

Von Gießen das Lahntal aufwärts erreicht man auf schönem Wanderweg die BADENBURG (14. Jh.; Abb. 57), wo Georg Büchner mit seinen Freunden die Flugschrift ›Der Hessische Landbote‹ (s. S. 25) erarbeitete.

Gießen ist Ausgangspunkt auch für LOLLAR mit der *Main-Weserhütte*, LOLLAR-RUTTERSHAUSEN mit der *Pfarrkirche* von 1495–1508, SALZBÖDEN mit der ältesten ergrabenen hessischen *Straßenfeste* aus dem 8. Jahrhundert und der *Wehrkirche* des 13. Jahrhunderts, die im 16. Jahrhundert erweitert wurde und um 1600 einen gotisierenden Chor mit Holzrippengewölbe erhielt. Diese Orte sind Stationen auf dem Weg nach Allendorf-Nordeck. In NORDECK wurde im 12. Jahrhundert eine quadratische *Burg* angelegt. Der romanische *Bergfried*, der *Ziehbrunnen* von 1719 und die klassizistisch umgebaute *Burgkapelle* des 13. Jahrhunderts sind die Höhepunkte der Besichtigung.

EBSDORFERGRUND faßt drei Ortschaften zusammen: *Roßberg, Dreihausen* und *Rauischholzhausen*. In Roßberg steht die Ruine der *Dorfkirche* des seit dem 14. Jahrhunderts wüsten Dorfes Udenhausen. Möglicherweise handelt es sich um einen karolingischen Bau. Bei Dreihausen liegt an der Straße nach Nordeck eine karolingische *Curtis*, die sogenannten 'Höfe', eine weitläufige Anlage mit Umfassungsmauer, Vor- und Haupthof. Eine *Rundkirche* mit Apsis wurde 1974 ergraben. Man vermutet einen karolingischen Zentralbau. Auf Rauischholzhausen wurde bereits hingewiesen. Hier schließt sich der Kreis der Besichtigungen östlich von Gießen.

Von Gießen über Ruttershausen und Salzböden lohnt aber auch die Fahrt ins Hinterland nach Gladenbach. FRONHAUSEN ist auf dieser Strecke das erste Ziel. Seit 1159 ist die Siedlung Besitz des Kanonissenstifts Essen. Die Schenck zu Schweinsberg lebten als Vögte auf der *Oberen Burg*. Der bestehende Bau entstand 1559 als Wasserburg an der Stelle einer Kemenate. Nach dem Zweiten Weltkrieg wurde der zweigeschossige Steinbau wiederhergestellt. Auch die *Unterburg* wurde 1367 bereits von Craft Vogt zu Fronhausen als Wasserburg errichtet. Die Gräben sind in einen Park umgewandelt. Die *Wehrkirche* mit dem romanischen Schiff und dem frühgotischen Chorturm beherrscht das Ortsbild. Die Wichhäuschen wurden im 16. Jahrhundert erneuert. Schöne Fachwerkhäuser ergänzen das Bild des Ortes.

In LOHRA interessiert vor allem die spätromanische dreischiffige *Pfeilerbasilika*. Die Ausstattung entstammt dem späten 17. Jahrhundert.

Auch in GLADENBACH steht eine dreischiffige *Pfeilerbasilika*. Sie entstand im 12. Jahrhundert als fünfjochige Kirche mit östlichem Chorquadrat. Der bestehende Chor wurde 1509 angefügt und das Langhaus in zwei spitzbogige Arkaden unterteilt. Das Westjoch blieb von der Veränderung verschont. Nach Osten schließt ein niedriges gotisches Joch an. Gotische und barocke Wandmalereien, ein romanischer Taufstein, die Kanzel von 1680 und die Orgel von 1791 bilden die Ausstattung.

Vom Gießener Land führt unser Weg weiter nach Wetzlar, von dort nach Norden in Richtung Dillenburg und anschließend von Wetzlar nach Limburg.

Wetzlar: Kupferstich von Matthäus Merian aus der Topographia Hassiae, 1655 ▷

DAS LAHNTAL

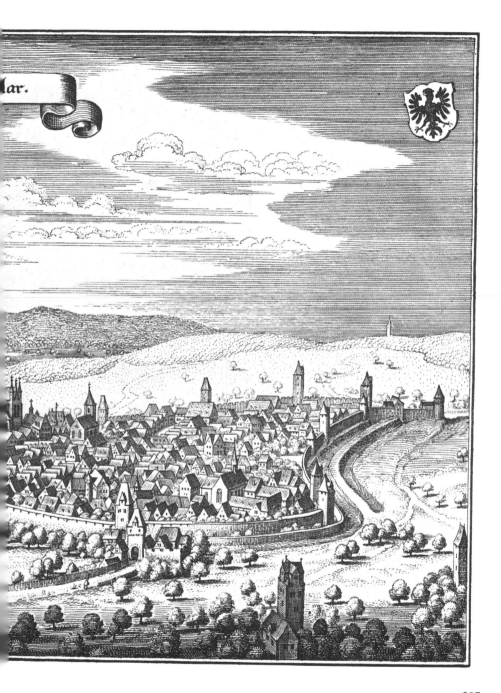

'Hessische Eisenhütte' Wetzlar

Wetzlar – Kalsmunt – Hermannstein – Greifenstein – Beilstein – Herborn – Bischoffen-Niederweidbach – Dillenburg – Haiger

Ortschaft an Ortschaft reiht sich lahnabwärts. Fruchtbar ist das Land. Ruhig und gemächlich fließt die Lahn und kommt in das Zentrum der 'Eisenhütte', nach WETZLAR. Es ist der Sitz der Hauptverwaltung der 'Buderus'schen Eisenwerke', die um das Land von Lahn und Dill, vom 'Wittgensteiner Land' bis nach Staffel bei Limburg, einen Kranz ihrer Betriebe gelegt haben. Auch das Zementwerk 'Buderus-Zement' gehört dazu. Das Lahngebiet ist ein Land des Eisens, des Bergmanns und der Hütten. Wetzlars Altstadt mit ihren Schieferdächern zieht sich den Hügel hinan (Abb. 36). Auf dem höchsten Punkt thront der Dom. Wo solche Dome stehen wie in Wetzlar, war meist reiches geschichtliches Leben. Nehmen wir die bekannten Daten zuerst. Von 1693 bis 1806 war Wetzlar Sitz des *Reichskammergerichts*. Das war die höchste Instanz im Heiligen Römischen Reich Deutscher Nation. Sicherlich verschlug es darum 1772 den jungen Goethe als Assessor nach Wetzlar. Hier lernte er Charlotte Buff kennen, deren Eltern im *Früheren Deutschordenshaus* wohnten. Heute ist hier eine Lotte- und Goethegedenkstätte eingerichtet. Die Leiden eines anderen machten Goethe berühmt, denn in seinem ›Werther‹ zeichnet er das Bild des jungen Sekretärs Jerusalem nach. Er lebte am Schillerplatz in einer Zweizimmerwohnung. Auch die ist zu besichtigen. Anschließend an das Lottehaus, in der restaurierten Zehntscheune des Deutschordenshofes, wurde im Zusammenhang mit dem städtischen Museum, ein *Museum für Eisenguß* neu eingerichtet.

Neben dem Besuch im *Lottehaus* und im *Städtischen Museum* in der Lottestraße 8–10, im *Jerusalemhaus* am Schillerplatz, einem der schönsten Fachwerkhäuser in der Wetzlarer Altstadt, ist der des *Palais Papius* in der Kornblumengasse 1 besonders empfehlenswert. Die dortige Sammlung der Wohnkultur dreier Jahrhunderte, von der Wetzlarer Kinderärztin Dr. v. Lemmers-Danforth in Jahrzehnten zusammengetragen, ist einmalig. Außerdem gibt es in Wetzlar noch die *Ludwig-Erk-Sammlung* am Schillerplatz 7–8 mit Briefen, Noten und Handschriften aus der Schaffenszeit des Komponisten und Dirigenten Erk.

Nun fragt man sich doch: Was ist das für ein Boden, auf dem das alles wachsen konnte? Der 1142 zuerst erwähnte Ort wurde 1180 von Barbarossa zur Stadt erhoben. Mit Frankfurt, Friedberg und Gelnhausen bildete Wetzlar den Bund der Wetterauer Reichsstädte. Ab 1370 folgte eine Zeit der Stagnation. Der Einzug des Reichskammergerichts brachte der Stadt eine neue Blüte. Heute ist Wetzlar Industriestadt aber auch die Stadt der Industriefestspiele.

Der *Dom* (Farbt. 15) belegt den Werdegang der Stadt bis ins 14. Jahrhundert. Ursprünglich war er Reichsstift mit einer Weihe um 897. Nach verschiedenen Erweiterungen entsteht um 1180 die Doppelturmfassade. Seit 1231 wird ein neuer Chor gebaut, der unter dem Einfluß des Limburger Domes steht. 1278 schließt man die Nikolauskapelle an den Chor an. 1307 wird der Oberbau des Nord-Querhauses vollendet. Man plant zum fünften Mal den Neubau eines Chores, wendet sich aber dann dem Langhaus zu, das 1334 abgeschlossen wird. Anschließend beginnt man die neue Doppelturmfassade, die im Erdgeschoß von Meister Tyle von Frankenberg gegen 1360-74 ausgeführt wird. Dann gings bergab, der 1235 begonnene Neubau blieb unvollendet. Westabschluß und Nordturm fehlen, der Südturm ist nicht zur vollen Höhe gediehen, er erhielt im 16. Jahrhundert einen getreppten Helm mit Türmerstube. Der Bau wirkt sehr uneinheitlich, auch im Innern. Er ist ein atemberaubendes Beispiel für die Stil- und Geschmackswandlung im 13. und 14. Jahrhundert. Der Reichtum an den Portalen ist beachtlich. Die individuelle Halle birgt im Innern wenig an Originalausstattung. Um so mehr fällt ein *Vesperbild* aus Holz mit Lederapplikationen auf, das nach der Mitte des 14. Jahrhunderts geschaffen und jetzt neu aufgestellt wurde (Abb. 37). Ein kreuztragender Christus mit Simon von Kyrene, eine Madonnenfigur um 1500, schmiedeeiserne Kronleuchter aus dem Anfang des 16. Jahrhunderts und anderes gehören zur Ausstattung.

Protestanten und Katholiken teilen sich den Dom und auch den Domschatz, der beachtliche Werke des Mittelalters enthält. Das *katholische Dommuseum* ist in der Johanniskapelle untergebracht. Im Westbau-Obergeschoß befindet sich das *evangelische Dommuseum*.

Erwähnenswert ist die südlich des Domchores angebaute *Michaeliskapelle*, die seit 1292 als Karner (Beinhaus) erwähnt wird. Sie beherbergt eine Kreuzigungsgruppe von 1509 und auf dem Altar eine spätgotische Pietà. Man sollte sich aber auch die leider entstellte dreischiffige *Hallenkirche* des 1263 gegründeten Franziskanerklosters ansehen, oder die *Hospitalkirche*, die Johann Ludwig Splittdorf 1755-64 errichtete. 1787 entstand das anschließende dreigeschossige *Bürgerhospital*. Die Hospitalkirche hat ein Raumziel. Es ist der elegant harmonisierende Altar-, Kanzel- und Orgelaufbau. Die Kanzel schwebt zwischen den Doppelsäulen der Altarwände: die Orgel schuf Johann Andreas Heinemann (1746-1765).

Während Gießen, das mit Wetzlar kurzzeitig zur Stadt ›Lahn‹ zusammengeschlossen war, *an* der Lahn liegt – die Gießener behaupten, nicht ohne Selbstironie zu beweisen, Gießen liege an der Bahn –, liegt Wetzlar *über* der Lahn, unvergleichlich schön.

Die ›*Alte Kammer*‹ (Fischmarkt 13), ein Bau, der ins 14. Jahrhundert zurückgeht, der *Altenberger Hof* (17. Jahrhundert, Eselsberg 1) u. a., sind einige der alten Bauten, mit denen Wetzlar reichlich gesegnet – oder, sieht man im Alten das Reparaturbedürftige, belastet – ist.

Die *Lahnbrücke* mit ihren sieben Bögen, 1313 zuerst genannt, die BURGRUINE KALSMUNT, die Friedrich I. errichtete und die Burg Hermannstein sind weitere lohnende Ziele und Ausflugsziele. Die BURG HERMANNSTEIN (Abb. 50) wurde von Landgraf

DAS LAHNTAL: GREIFENSTEIN BIS BISCHOFFEN-NIEDERWEIDBACH

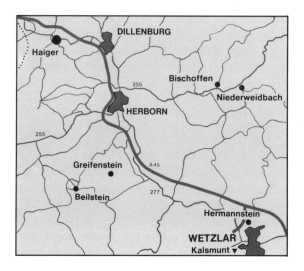

Hermann 1373–79 als Grenzfeste gegen Nassau-Dillenburg errichtet. 1481 gelangte sie durch Verpfändung an die Schenck zu Schweinsberg. Ihr Verfall wurde seit 1965 gestoppt. Vermutlich baute Tyle von Frankenberg an der *Oberburg* mit, die *Unterburg* entstand gegen 1483. Die Pfarrkirche ist ein saalartiger Bau von 1491–92.

Über der Siegerländer Autobahn, weithin sichtbar, liegt BURG GREIFENSTEIN (Abb. 35). Eine außerordentliche Bürgerinitiative rettet seit Jahren die Ruine vor weiterem Verfall. Graf Johann von Solms-Burgsolms begann 1382 mit dem Wiederaufbau der Burg, die, einstmals Beilsteinscher Besitz, 1298 von den Nassauern zerstört wurde. Im 17. Jh. ausgebaut, nachdem sie 1415 in die Braunfelser Linie übergegangen war, verfiel sie, als die Residenz 1693 nach Braunfels verlegt wurde.

Bis in das Dorf reichen die Außenmauern von 1447–80. Der mittlere Bering ist schlecht erhalten, während man deutlich die Kernburg erkennt, die sich mit einer zur Angriffsseite nach Norden gerichteten Schildmauer aufrichtet. Zwei eng gestellte Rundtürme verbinden sie zu einer eindrucksvoll kraftvollen Anlage. Die Ruinen des Palas an der Süd-Seite und die des Neuen Baues 1687–93, östlich neben der Schildmauer sind gesichert. Bei so viel Zerstörtem überrascht die *Burgkapelle* an der Südecke des dritten Burgberings. 1448–76 wurde sie zweigeschossig aufgebaut. Die Kirche lehnt sich an einen älteren Turm, der 1683 in den Raum der Oberkirche einbezogen wurde. 1691 wurde die Oberkirche barock umgestaltet. Der schwere überreiche Stuck des Jan von Paeren beherrscht den Raum.

BEILSTEIN war der Stammsitz der seit 1129 genannten Herren von Beilstein. Die Nassauer, die die Beilsteiner vom Greifenstein verdrängten, waren auch hier nicht zimperlich. Seit dem 14. Jahrhundert bauten die Nassauer die Burg aus, verlegten aber die Residenz ihrer jüngeren Linie Nassau-Beilstein 1620 in das ererbte Dillenburg. Die Ruine hat zum Kern einen gotischen Palas. Auch auf Burg Beilstein ist die *Schloßkirche* von 1614–16 der besterhaltene Baukörper. Sie lehnt sich an einen älteren Turm. Ein Triumphbogen trennt Chor und Schiff. Die verputzte Balkendecke zeigt kleine Stuckrosetten. Die umlaufenden Emporen ruhen auf Holzstützen.

Von den aufragenden Rundtürmen der Ruine Greifenstein zur altertümlichen Stadt HERBORN. Ganze Straßenzüge schieferverkleideter *Fachwerkhäuser* haben sich erhalten. Besondere Bedeutung besitzt die 'Hohe Schule', das 1591 zur theologischen Hochschule umgebaute gotische *Alte Rathaus*. Hier war die kleinste deutsche Universität. Sie bestand von 1584–1817 und war Kernzelle der reformierten Lehre. Sie hatte im frühen 17. Jahrhundert europäischen Ruf. Über der Stadt erhebt sich das *Schloß* der Grafen von Nassau, das von Rundtürmen flankiert ist.

Herborn erreicht man über zwei Straßen, über die Autobahn Frankfurt – Dortmund (Ausfahrt Herborn-Süd) und die B 277. Bei Wetzlar mündet die aus dem Westerwald kommende Dill in die Lahn, die B 277 folgt ihr talaufwärts. Herborn hatte am Dillübergang strategische Bedeutung. 914–1048 wurde bereits ein Herborner Markt erwähnt. In drei Etappen rückte der Stadtausbau gegen die Dill nach Osten vor. Von der *Ringmauer* von 1343 haben sich Reste erhalten: Dillturm, Bürgerturm, Linker Turm und, teilweise, Haniturm und Speckturm.

Das *Schloß* über der Stadt geht auf die Grafen Walram und Otto von Nassau zurück (nach 1251), 1630 wurde es erneuert, vor fünfzig Jahren mit neuem Innenausbau restauriert. Der *Pfarrkirche* liegt eine romanische Basilika zugrunde. In der ersten Hälfte des 14. Jahrhunderts baute man einen neuen Chor an, der 1457 sterngewölbt wurde. Das Langhaus wurde 1598–1609 neu errichtet, der eingestürzte Westturm 1801 neu begonnen. Die Halle, deren Längsunterzüge auf zwei hohen toskanischen Säulen ruhen, ist von Emporen umzogen. Ein Apostelzyklus aus der zweiten Hälfte des 15. Jahrhunderts und ein ›Christophorus‹ an der Nordwand haben sich erhalten.

Das *Rathaus*, nicht zu verwechseln mit dem Alten Rathaus (1324 erwähnt, nach 1591 'Hohe Schule', jetzt Heimatmuseum), wurde 1589–91 am Marktplatz errichtet (Farbt. 14). Der Oberbau aus Fachwerk wurde nach einem Brand 1626–29 erneuert.

Das *Haus Bast* bildet den Höhepunkt der Westfront des Kornmarktes 4. Der westliche Nebenbau ist 1594 datiert. Gegenüber dem Rathaus am Buttermarkt (Marktplatz 2) steht das *Nassauer Haus* aus dem späten 17. Jahrhundert. Der *Marktbrunnen* mit dem wappentragenden Löwen stammt von 1730.

Bevor man nach Dillenburg fährt, sollte man noch einen kleinen Abstecher nach BISCHOFFEN-NIEDERWEIDBACH unternehmen. Dort hat sich eine zweischiffige *Hallen-*

kirche erhalten, deren Chorturm aus dem 14. Jahrhundert stammt. Das gleichzeitige Langhaus wurde 1498 umgebaut. Die Kirche besitzt Wehrcharakter. Den Hochaltar aus dem ersten Drittel des 16. Jahrhunderts bemalte Hans von Döring mit Marienszenen, die an Dürers Werk erinnern. Im Schrein sind Maria und die Heiligen Jakobus und Nikolaus aufgestellt. Die Brüstungen der zweiseitigen Emporen von 1608 waren bemalt. Die Kanzel stammt von 1568.

Nach DILLENBURG (Abb. 34). Der 40 m hohe *Wilhelmsturm* von 1872–75 beherrscht die Stadt. Der Turm ist benannt nach Wilhelm von Oranien; 'Wilhelm der Schweiger' wurde 1533 hier geboren. Er führte den Befreiungskampf der Niederlande gegen die Spanier. Im Wilhelmsturm ist ein Nassau-Oranisches Museum mit Erinnerungsstücken an Wilhelm von Oranien eingerichtet.

Im 16. und 17. Jahrhundert wurde das *Schloß* zu einer Festung mit Bastionen und dreigeschossigen Kasematten ausgebaut. 1723 fiel über die Hälfte der Stadt einem Feuer zum Opfer, die Festung wurde 1760 von den Franzosen in Brand geschossen, danach geschleift. Teile der verschütteten Kasematten sind wieder freigelegt. Die Burgfeste entstand sicherlich in der ersten Hälfte des 12. Jahrhunderts (1255 genannt). Seit 1290 war Dillenburg Sitz einer nassauischen Grafenlinie. Die Dillenburger Grafenlinie starb 1739 aus. 1571–73 saß im 'Kappes-Keller' der erhaltenen Schloßgewölbe Jan Rubens, der Vater des berühmten Malers, gefangen.

Die *Pfarrkirche St. Johannes* wuchs zwischen 1489 bis 1510, wurde aber 1594–97 bereits erneuert. Im Chor steht ein spätgotisches Epitaph für das Herz des Grafen Johann von Nassau († 1475). Das *Rathaus* entstand nach dem Stadtbrand von 1723. Am Untertor 8 steht ein spätbarocker Bau, ehemals Archiv, jetzt *Amtsgericht*. Der zweigeschossige Bau mit den betonten Ecken und dem schmalen Mittelrisalit entstand 1764–66. Das Mansarddach trägt in seiner Mitte ein Uhrentürmchen von 1787.

HAIGER, Haigrahe, wird 778 bezeugt, doch erst im 14. Jahrhundert teilt es als Stadt die Geschicke von Nassau-Dillenburg. In die reiche Vergangenheit weist nur noch die *Pfarrkirche*, deren Vorgängerbau von 914 eine Taufkirche war. Der spätgotische Bau bewahrt im Westturm romanische Reste. Der Chor erhebt sich über einer fünfeckigen Krypta. Er besitzt eine außerordentliche *Ausmalung*. Als Meister vermutet man Jan van Leyden (vor 1512).

Zwischen Dillenburg und Limburg liegt der Westerwald.

'Armer' Westerwald –
'Über deinen Höhen pfeift der Wind so kalt...'

Altenberg – Braunfels – Hirschhausen – Weilburg – Merenberg – Lahr – Elbtal – Hadamar – Dietkirchen – Limburg – Runkel – Weinbach-Freienfels

'Arm' ist der Westerwald, besonders der Hohe Westerwald, in zweifacher Hinsicht: Er ist arm an Wald und arm an Ackerbau. Der Name Westerwald weist auf Wald hin. Früher gab es hier viel Wald, aber die Menschen holzten ihn ab. Die Köhler brauchten das Holz für ihre Kohlenmeiler. Für Neupflanzungen – Aufforstung – sorgten sie nicht. Nun konnten die Winde aus Westen, Norden und Osten über die kahlen Höhen hinwegblasen. Das Klima wurde rauher. Die zahlreichen Niederschläge verwandelten große Flächen in Sumpf und Moor, weil der Boden wasserundurchlässig ist.

Heute werden die kahlen Gebiete, auf denen große Basaltblöcke liegen, als Viehweiden genutzt. Anders ist es im Unterwesterwald. Hier haben Bäche und kleine Flüsse tiefe Täler (Kroppacher Schweiz) eingeschnitten. Weite Strecken sind mit schönem Wald bedeckt. Große Getreidefelder bringen reiche Ernte. Auch Obstbäume gedeihen hier gut. In dieser Landschaft ist das Klima mild.

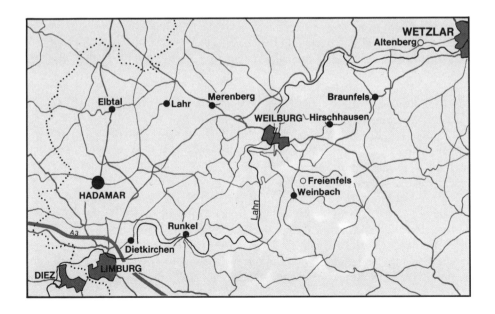

Der Boden besteht aus Schiefergestein, im westlichen Teil (Kannebäckerland) finden sich 20 bis 30 m dicke Tonschichten (Töpfereien und Keramikindustrie). Eingebettet im Schieferstein sind Roteisenstein und Quarzit (Wirges, Hadamar); Blei- und Zinkerze wurden bis 1952 bei Holzappel abgebaut. Reich an Steinen ist der Hohe Westerwald. Er ist eine wellige Hochfläche mit aufgesetzten Bergkuppen aus Basalt. Der Unterwesterwald besteht aus Schiefergestein (er ist ein Teil des Rheinischen Schiefergebirges). Er weist Eisenerz, Blei- und Silbererz, im Westen Tonlager auf. Quarzit ist ebenfalls vorhanden. Der Boden zum größten Teil fruchtbar. (Nizza des Westerwaldes: Nenderoth und Arborn – südlich des 'Knotens' – , Edelobst, Haselnüsse, Obsthaine im Elbbachtal bei Frickhofen und Hadamar).

Die weitere Fahrt durch Hessen geht wieder von Wetzlar aus, diesmal in westlicher und südwestlicher Richtung.

Auf der B49 gelangt man nach Braunfels, von da nach Weilburg, macht einen Abstecher über Merenberg und Hadamar, fährt nach Limburg und zurück nach Wetzlar über Runkel und Weinbach.

Solms-Oberbiel besitzt im *Prämonstratenserinnenkloster* ALTENBERG (Abb. 38) eine Gründung von 1178, die durch Magistra Gertrud (1248–97, Tochter der Hl. Elisabeth), einen großen Aufschwung erlebte. 1260–70 wurde die Kirche gebaut, 1768 restauriert und barock ausgestattet. Der Südflügel wurde niemals ausgebaut, an seiner Stelle steht die niedrige Sakristei. Das zweigeschossige einschiffige Langhaus besitzt eine zweischiffige Unterkirche in einer Tiefe von vier Jochen. Sie trug die Nonnenempore. Die *Wandmalereien* (Abb. 39) gipfeln in dem Fresko der Südseite der Vierung. Dargestellt ist die ›Marienkrönung‹, mit den zwölf Aposteln. Hinter den Figuren wächst reiche Architekturmalerei auf. Die Malereien sind gegen 1300 entstanden. Die Flügel des hochgotischen *Altares* von 1340 kann man im Städel in Frankfurt bewundern. Der Schreinaufsatz gelangte nach Schloß Braunfels, die Madonna in den Kunsthandel. Der zweigeschossige Hochaltar stammt von 1768. Grabsteine des 13., 14. und 15. Jahrhunderts verraten großes Können. Die meist frühgotischen Klostergebäude wurden nach einem Brand von 1952 wiederhergestellt.

BRAUNFELS ist erreicht (Abb. 40). Wie ein zweites Neuschwanstein liegt das *Schloß* vier Kilometer südlich der Lahn auf einer Basaltkuppe. Um 1260 errichteten die Grafen von Solms an einem spätromanischen Wartturm ihre Kernburg, die im Mittelalter reich ausgebaut wurde. Zerstörungen des Dreißigjährigen Krieges und ein Großbrand von 1679 bewirkten barocke Umbauten, in die Fürst Ferdinand im Geist preußisch-rheinischer Hochromantik in der zweiten Hälfte des 19. Jahrhunderts entscheidend eingriff. Die Stadt umschließt an der Ost- und Nordseite die malerische Anlage. Der Marktplatz wurde nach dem großen Schloßbrand 1679 von Graf Wilhelm Moritz im Jahre 1696 einheitlich gestaltet. Die Häuser sollten »eines wie das andere 60 Schuh lang und 40 Schuh in die Breite gebaut werden«. Damals lebten in Braunfels 375 Einwohner. Die dreizehn Häuser am Marktplatz wurden alle zwischen 1700 und 1720 gebaut.

Von hier erreicht man in Richtung Schloß die *Unterste Pforte*, das älteste Bauwerk, gegen 1350 errichtet. Am Schloßaufgang stehen Wohnungen fürstlicher Angestellter, Wacht- und Arrestlokale. Das *Gasthaus Solmser Hof* war vor dem Dreißigjährigen Krieg *Gemeindebackhaus* und Ende des 17. Jahrhunderts *Reitstall* mit anschließender Reitbahn (der heutige Parkplatz). Marktplatz Nr. 11 war vormals als *Zwinger* ein Teil der äußeren Burgbefestigung. Der Brunnen auf dem *Marktplatz*, von dem aus wir unseren Rundgang begonnen haben, stammt aus Schloß Hungen, wo er 1572 aufgestellt wurde; 400 Jahre später erst kam er nach Braunfels. Wir erreichen den mittleren *Torturm* (gegen 1460), gleichzeitig Glockenturm; seinen barocken Aufbau erhielt er 1682.

Belzgasse und Schloßstraße bergen den ältesten Siedlungsteil der Stadt im Schutz der Burg. Hier findet man auch den *Leierbrunnen*, der mit seinem interessanten Schöpfwerk von 1731 Wasser aus 24 m Tiefe heraufbefördert. Das *Obere Schloßtor* ist erreicht, ein Spitzbogenportal, auf dessen großem Gewölbe die *Schloßkirche* errichtet wurde. Die dreischiffige Halle mit Netzgewölbe wurde 1501 gebaut. Man erreicht den Vorhof mit dem *Ottonischen Bau*, den Haupthof, an dessen Nordwestecke der *Neue Bergfried* emporwächst und findet zum nordöstlichen Flügel, wo das *Fürstliche Schloßmuseum* unter anderem eine reiche Waffensammlung zeigt, aber auch eine *Gemäldegalerie* internationaler Malerei. Wer nicht ins Museum will, mag vor dem Tor links die *Wehrplatte* betreten. Sie wurde anfangs des 17. Jahrhunderts als Lustgärtlein angelegt.

Die *Kirche* in St. Georgen, einem südlichen Stadtteil, ist ebenfalls sehenswert. Der Kernbau wurde gegen 1200 errichtet, das Schiff nach Norden gotisch verbreitert. An der Südseite befindet sich das romanische Portal mit eingestellten Säulen.

Über HIRSCHHAUSEN, mit der schon klassizistisch wirkenden *Kirche* von 1763–64, erreicht man WEILBURG. Die barocke Residenzstadt liegt wie ein Schiff auf dem hohen Felsrücken, fast kreisförmig von dem Lahnbogen umflossen (Abb. 43). Schon im 10. Jahrhundert gab es auf dem Bergrücken eine Burg. 1294 kam sie an die Grafen von Nassau, die sie 1355 zur Residenz ihrer Linie Nassau-Weilburg machten. Das *Renaissance-Schloß* entstand von 1535 bis 1575 (Abb. 44). Es umschließt mit vier Flügeln einen stimmungsvollen Hof (Farbt. 16). Unter Graf Johann Ernst wurden zwischen 1703 und 1717 Erweiterungsbauten ausgeführt. Eine weitläufige Barockresidenz entstand. Marstall und Reitstall befinden sich im Norden, die Orangerie mit den zur Lahn absteigenden Terrassengärten im Süden. Von der Schloßgartenterrasse hat man einen weiten Blick in das Lahntal und die waldreiche Landschaft des Taunus und des Westerwaldes. Der historische Stadtkern ist zwischen dem 16. und 18. Jahrhundert entstanden und fast völlig unzerstört. Graf Johann Ernst (1648–1719) bestimmte das Bild der Stadt wesentlich mit, denn er schrieb vor, wie die Bürger ihre Häuser zu bauen hatten: zweigeschossig, Traufe zur Straße und Zwerchgiebel.

Im Juni/Juli finden in dem schönen Renaissancehof Konzerte statt. Nicht nur das *Schloßmuseum*, auch das Museum auf dem Schloßplatz ist sehenswert. Es gibt Aufschluß über die wechselvolle Geschichte Weilburgs und des Herzogtums Nassau. In mehreren Schaustollen ist ein kleines Erzbergwerk mit allen Anlagen naturgetreu nachgebaut. Der Eisenerzbergbau war früher der Haupterwerbszweig dieser Gegend. Der *Tiergarten* und die *Kristall- und Tropfsteinhöhlen* im Stadtteil Kubach, die erst seit kurzem zugänglich sind, bilden weitere Attraktionen der 'Perle an der Lahn'. Eine technische Sehenswürdigkeit ist der 300 m lange *Schiffstunnel*, der seit 1847 die Lahnschleife abschneidet. Er war der erste seiner Art in Europa und wird heute noch befahren.

Schloßkirche und *Rathaus* wurden in den Jahren 1707–1713 von Julius Ludwig Rothweil in einem quadratischen Baublock vereinigt. Die Amtsräume befinden sich gegen den Marktplatz hin. Die bedeutende Kirche wurde mit Schmuck von Andrea Gallasini 1710–1712 ausgestattet. Man erreicht sie von der *Oberen Orangerie* aus; diese wurde 1704–05 von Carlo Maria Pozzi (Stukkaturen) und Melchior Roos (Deckengemälde) ausgestaltet.

Das *Landtor* von 1759 an der Frankfurter Straße, der Zentralbau der *Heiliggrabkapelle* auf dem Friedhof im Süden der Stadt (1505) und *Schloß Windhof* östlich der Lahnschleife, 1713–1726 von Rothweil errichtet, sind weitere Sehenswürdigkeiten. Windhof ist das erste Lustschloß Deutschlands. Der Baukörper, als Block, wird in getrennte Flügel aufgelöst, leichter gemacht. Leider ist die Anlage heute stark verändert und verdorben.

Von Weilburg führt der Weg nach MERENBERG. Die Merenberger sind mit ihrer *Burg* (Abb. 42) verwachsen wie die Limburger mit ihrem Dom, die Weilburger mit ihrem Schloß – und alle drei Bauten sind Wahrzeichen dieser Landschaft, jeder Bau verkörpert ein eigenes Stück geschichtlicher Entwicklung.

Als 1129 die Gräfin Clementia von Gleiberg das Kloster Schiffenberg bei Gießen stiftet, taucht in der Stiftungsurkunde als Zeuge ein Hartradus de Merenberc auf. Es ist die erste urkundliche Erwähnung dieses Edelherrengeschlechtes, bei dem der Vorname Hartrad mit eigentümlicher Hartnäckigkeit immer wiederkehrt; es ist zugleich die erste urkundliche Erwähnung Merenbergs, das Anfangsdatum seiner 850jährigen Geschichte. Die Burg ist Zeuge für den häufigen und frühen Burgenbau an der Lahn. Sie zeigt keine markanten Reste aus der Gründungszeit. Das Erhaltene stammt aus dem 14. Jahrhundert, aus der Zeit, in der auch die Quellenlage reicher und übersichtlicher ist. Bergfried, Bergring, halbrunde Schalentürme, die Gewölbe und die Gebäudeecke des Palas zeigen das Handwerk nach 1331. Aus dieser Zeit stammen auch Reste der Stadtbefestigung und ein quadratischer Torturm mit Spitzbogentor, das Heckholzhäuser Tor. Seine ursprünglich offene Innenseite wurde im 16. Jahrhundert durch Fachwerk geschlossen.

Wie viele Anlagen aus dem 12. Jahrhundert, liegt die Burg Merenberg an wichtigen Straßen. Sie beherrscht die alte Straße von der Lahn ostwärts nach Hessen und

Thüringen, die hier gekreuzt wird von der Straße, die von Köln über Hachenburg und Weilburg nach Frankfurt führt. Die erste urkundlich erwähnte Burg an der Lahn ist Weilburg (906). Im 11. Jahrhundert entstand als eine der zeitnächsten Burgen die Burg Gleiberg durch die Grafen von Gleiberg, die Nachfolger der Konradiner an der Lahn.

Über Waldbrunn oder LAHR, wo eine dreischiffige einheitlich spätromanische *Kirche* der ersten Hälfte des 13. Jahrhunderts steht, erreicht man ELBTAL; dort, im Stadtteil Dorchheim, rufen gleich zwei *Pfarrkirchen* das Patrozinium des Hl. Nikolaus an. Die das Ortsbild bestimmende ist 1905 gebaut und gibt sich gotisch. Die jetzige Friedhofskirche ist die eigentliche alte aus der Zeit der Nachgotik. Die Westempore gehört noch der Spätgotik an. Aus dem späten 15. Jahrhundert stammt der *Wandgemäldezyklus* im Chor.

HADAMAR wurde erstmals 832 erwähnt. Im 13. Jahrhundert gelangte es an die Grafen von Nassau. 1324 erhielt Hadamar Stadtrecht. 1606–1711 war Hadamar Residenz der jüngeren Linie Nassau-Hadamar. Graf Johann Ludwig baute ab 1612 das Schloß. Er legte neue Teile der Stadt in Schachbrettform um drei Marktplätze an.

Das *Schloß* (Abb. 41) war ursprünglich ein Hof des Klosters Eberbach, den Graf Emicho 1323 ankaufte und zur Wasserburg ausbauen ließ. Nach einem Brand entstand 1612 der Nordflügel, 1614–17 der Ostflügel und 1622–29 als völliger Neubau der Südflügel. Nach Westen ist die Anlage offen. Nord- und Ostflügel zeigen noch erkennbare spätgotische Teile. In einigen Räumen haben sich geometrische Stuckdecken erhalten. Mit dem Bau des Südflügels und der neuen *Schloßkapelle* wurde auch die alte Kapelle erneuert. Doppelte Emporen und Beschlagwerkschnitzereien zeichnen die neue Kapelle aus, während die doppelgeschossige erneuerte Kapelle nachgotische Formen aufweist. Es war die Kirche des zum katholischen Glauben übergetretenen Grafen. Die Gräfin blieb calvinistisch. Der Südflügel besitzt an seinem Westende die interessante *Schloßküche* mit hohen Säulen und tief heruntergezogenem Kamin. Der *Marstallhof* (1619–25) und der *Fohlenhof* (1625–27) schließen im Süden an den Schloßkomplex an.

Kapellen und Kirchen gibt es zahlreich in Hadamar. Die *Liebfrauenkirche* auf dem Friedhof wurde kurz vor 1379 als dreischiffige Halle erbaut und 1450 um Chor und ein Ostjoch erweitert. Gleichzeitig wurde das Mittelschiff erhöht und ein Netzgewölbe eingebaut. Hochaltar (1738) und Kanzel (1743) schuf Martin Volck.

St. Johann von Nepomuk (Farbt. 17) ist die Kirche des 1630 gegründeten Jesuitenkollegiums. 1753–55 wurde die Saalkirche gebaut, Chor und Westturm 1898 in gotisierenden Formen angefügt. Eine einheitliche Rokokoausstattung schmückt den Raum. Die *Klostergebäude* entstanden zwei Jahre später (1757). Das *Jesuitengymnasium* von 1764 liegt gegenüber. Die *Herzenbergkapelle* nördlich der Altstadt (1675–76) ist ein achteckiger Zentralbau, dem 1690–91 das Schiff angefügt wurde. Die Vorhalle stammt von 1860. Die Herzen von vier nassauischen Fürsten sind in der

Kapelle beigesetzt. Die Kirche des Franziskanerordens, *St. Ägidien,* wurde 1658–66 in nachgotischen Formen errichtet, innen aber völlig umgebaut, seit das Kloster als Psychiatrisches Krankenhaus dient.

Graf Johann Ludwig von Nassau kaufte nach 1607 große Teile der Altstadt auf und ließ sie neu ordnen und aufbauen. An den neuen Plätzen entstanden prunkvolle Fachwerkhäuser, darunter das *Rathaus,* von 1639 mit der Vorhalle von 1643.

Zwei überragende Kirchenbauten, auf steilen Felsen über der Lahn, sind die nächsten Ziele. Die Stiftskirche *St. Lubentius und Juliana* in DIETKIRCHEN (Abb. 48) beherrscht ähnlich dem Limburger Dom die Landschaft. Im 4. Jahrhundert soll der Hl. Lubentius an der unteren Lahn missioniert haben. Im 8. Jahrhundert übertrug man seine Gebeine nach Dietkirchen. Das Kollegiatsstift fand 841 erstmals urkundliche Erwähnung. Die Stiftskirche war Sitz der rechtsrheinischen Trierer Kirchen. Der salische Bau des 11. Jahrhunderts tritt außen noch klar hervor. Die ungleichen Westtürme sind bis zum Mittelschiffsgiebel ungegliedert. Dann treten Rundbogenfriese und Schallarkaden auf. Seitenschiffe und Mittelschiff wurden im 12. Jahrhundert um ein Geschoß erhöht. Das Querhaus zeigt noch die ursprüngliche Höhe des Mittelschiffes. Nördlich des Chores steht die *Michaelskapelle,* die gegen 1000 gebaut wurde. Unter ihr liegt das Beinhaus. Das dreigeschossige Schiff wird durch Arkaden gegliedert, die auf Rechteckpfeilern ruhen. Über den drei mittleren Arkaden öffnen sich Emporen, die innerhalb eines Blendbogens je vier kleine Arkaden auf Basaltsäulchen umgreifen. Über dem hohen Obergaden schließt die Holzdecke des 16. Jhs. den Raum (Abb. 51). An ihr wurde frühbarocke Malerei freigelegt. Durch einen Umbau des 13. Jhs. zeigt sich das Querhaus heute als Halle mit Kreuzrippengewölbe. Im Scheitel des Chores sind Darstellungen der Paradiesesflüsse zu sehen.

Zur Ausstattung gehört ein spätromanischer Taufstein mit sechs Säulchen und Knospenkapitellen. Er entstand um 1220. Zum Kirchenschatz gehört ein herrliches *Kopfreliquiar* des Hl. Lubentius (Abb. 49). Der Kopf der mittelrheinischen Goldschmiedearbeit wurde gegen 1270 geschaffen, die Büste gegen 1477.

Wer auf der Autobahn von Köln kommend die letzte Höhe des Westerwaldes erreicht, sieht aus der alten Stadt LIMBURG die siebentürmige Krone des Domes wachsen. Ebenso hat, wer mit der Bahn von Gießen oder Frankfurt über den Taunus kommt, einen großartigen Blick auf die Baugruppe des Domes und auf die ehemalige Burg der Grafen des Niederlahngaues. Wandert man am 'Steiger' flußabwärts, offenbart sich die ganze Wucht des Felsenfundamentes, auf dem der Dom steht. Das Gotteshaus mit der reichgegliederten Chorpartie wächst wie eine versteinerte Verherrlichung des Bibelwortes empor: »Du bist Petrus, der Fels, und auf diesen Felsen will ich meine Kirche bauen.«

Putz und Farbe des *Domes* (Farbt. 18) sind nach originalen Befunden wiederhergestellt. Während der jüngsten Restaurierung legte man die fast vollständig erhalte-

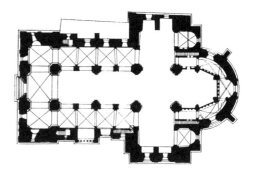

Limburg: Grundriß der ehemaligen Stiftskirche, des Domes

ne *Malerei* aus romanischer Zeit wieder frei. Sie ist von ebenso hoher Bedeutung wie die Architektur. 910 und 1058 wurden an der Stelle zwei Vorgängerbauten errichtet. Die dritte Stiftskirche, der heutige Dom, wurde um 1220 begonnen und durch die Grafen Ysenburg wesentlich gefördert. In der Mitte des 13. Jahrhunderts war der Bau vollendet. Die Türme des Süd-Querhauses sind eine Ergänzung von 1863–65. Der Bau lehnt sich an französische Kathedralen der Frühgotik an. Die Westfassade mit der Fensterrose betont die Senkrechte. Die Langhaussüdwand ist durch einen Strebepfeiler mit Strebebogen in zwei Abschnitte gegliedert. Kapellenartige Anbauten erweitern das Erdgeschoß. Vor dem Obergaden verläuft ein Gang mit Arkaden, die durch kleine Strebepfeiler in Dreiergruppen unterteilt sind. Der Umgang des Obergadens wurde um das Querhaus herumgeführt. Die Querhaustürme steigen unvermittelt aus dem Block des Querhauses auf. Auch um die Hauptapsis legt sich der Umgang, der vor dem Obergaden beginnt. Die viergeschossige Apsis besitzt zudem eine Zwerggalerie, die nicht aus Arkaden, sondern aus Kolonnaden zusammengesetzt ist. Das dreischiffige Langhaus erstreckt sich auf zwei Doppeljoche und eine Westempore zwischen den Türmen. Die aufsteigenden Mittelschiffswände werden nach oben lichter. Über den spitzbogigen Doppelarkaden folgen zwei Emporenöffnungen mit Zwischensäulen unter den Blenden. Es folgen vierteilige Triforien, deren Arkaden frei vor der Wand stehen. Ohne Unterbrechung laufen die Hauptpfeiler nach oben durch und steigern die beschriebene Wandgliederung zu noch mehr Leichtigkeit (Abb. 46). Die Ausmalung steigert die funktionell wichtigen Teile der Architektur. Die Füllmauern sind weiß belassen oder zeigen figürlichen Schmuck.

St. Georg ist der einheitlichste Kirchenbau in der Zeit des Stilwandels zwischen Romanik und Hochgotik. Die Fassadenrose, der vierteilige Aufriß im Inneren, der sich in Empore, Triforium, Obergaden und Gewölbe gliedert, weisen nach Frankreich beispielsweise zum kurz vorher vollendeten Bau der Kathedrale von Laon. Die zentralbauartige Wirkung des Innenraumes belegen die Zusammenhänge mit der rheinischen Romanik. Die Kapitelle, Dienste und Bögen zeigen Anlehnungen an den Trierer Dom, ebenso die Zwerggalerie am Chor.

DAS LAHNTAL: LIMBURG BIS WEINBACH-FREIENFELS

Aus der Bauzeit des Domes stammen der Taufstein (um 1235) und das Grabmal des Gaugrafen Konrad Kurzbold, der die Vorgängerkirche St. Georg im 10. Jahrhundert gründerte. Im Chor sind Teile der romanischen steinernen Chorschranken aus der Vierung aufgestellt. Das spätgotische Sakramentshäuschen stammt von 1496. Die Totenkapelle *St. Michael* steht auf einem kleinen Friedhof neben der Westfassade. Das Untergeschoß diente früher als Karner.

Die *ehemalige Burg* am Dom wurde im 7. und 8. Jahrhundert angelegt. Sie erhielt im 13. Jahrhundert durch die Grafen von Ysenburg ihr heutiges Aussehen. Der Wohnturm aus der Mitte des 13. Jahrhunderts, die Burgkapelle von 1289 und 1298 und die Teile des 14.–16. Jahrhunderts mit dem Fachwerkbau von 1600 als Nordflügel bilden ein Gegengewicht zum Dom. Hier ist das *Diözesanmuseum* untergebracht. Unter den Schätzen ist die ›Dernbacher Beweinung‹ das herausragende Meisterwerk (Abb. 45). Die mittelrheinische Tonplastik wurde gegen 1410 geschaffen. Der Domschatz im *Bischöflichen Palais* neben der heutigen Stadt-Pfarrkirche *St. Sebastian* (um 1300 begonnen, 1738–43 restauriert) bewahrt die im 10. Jahrhundert in Trier gefertigte Hülle des Petrusstabes und die um 960 in Konstantinopel geschaffene Kreuzlade, die sogenannte ›Limburger Staurothek‹ (Abb. 47).

Die *ehemalige Stiftskirche St. Georg* ist seit 1827 Bischofskirche. Die Besetzung Triers durch die Franzosen führte 1827 zur Gründung des Bistums Limburg.

In der Altstadt unter dem Burg- und Domberg haben sich an schmalen Straßen und kleinen Plätzen hochgiebelige *Fachwerkhäuser* erhalten, deren reiche Fassaden jetzt verstärkt freigelegt werden. Die alte Steinbrücke über die Lahn wurde im frühen 14. Jahrhundert geschlossen.

R*UNKEL* ist unsere nächste Station. Die mittelalterliche *Burg* (Farbt. 19) prägt die reizvolle Ansicht des Lahnstädtchens. Mit seinen Ortsteilen Schadeck (wo um 1280 eine Trutzburg gegen Runkel errichtet wurde), Arfurt, Wirbelau, Steeden, Dehrn und Ennerich verbindet es mit Villmar zusammen das Erholungsgebiet zwischen Weilburg und Limburg. Runkel ist verkehrsgünstig zu erreichen mit der Lahntalbahn und mit dem Auto über die Autobahn Köln – Frankfurt.

Vom Turm der Burg hat man eine weite Aussicht auf Taunus und Westerwald. Das *Burgmuseum* vermittelt die wechselvolle Geschichte der Siedlung und der Burg, die einst die größte und mächtigste Anlage an der Lahn war. An Schildmauern und Mantelmauern, Wehrtürmen und Zwingern ist ihre mittelalterliche Verteidigungstechnik gut zu studieren. Die Burg hielt bis 1634. Sie schützte den Flußübergang. Die 1440 erbaute Steinbrücke (Farbt. 19) wurde ihr zum Verhängnis. Wallensteins Kroaten preschten über sie hinweg, stürmten die Burg und äscherten sie ein. Die Unterburg wurde wieder aufgebaut, die Kernburg blieb Ruine.

Auch W*EINBACH*-F*REIENFELS* besitzt eine stattliche *Burgruine*. Die Burg wird 1327 erwähnt, hat aber wohl einen Vorgängerbau aus dem 13. Jahrhundert. Auf hohem Felssporn über dem Weiltal streckt die seit 1687 nicht mehr bewohnte Anlage noch immer ihren quadratischen Bergfried. Sie wird zur Zeit restauriert.

Vogelsberg und Kinzigtal

Der Vogelsberg, Europas größter Vulkan

>Schotten – Bobenhausen – Ulrichstein – Herbstein – Ilbeshausen – Hirzenhain – Stumpertenrod – Romrod – Altenburg – Grebenau – Rothenkirchen – Burghaun – Rasdorf – Hünfeld – Fraurombach – Schlitz – Milseburg

Der Raum Vogelsberg reicht von Gelnhausen im Süden bis Alsfeld im Norden, von der Wetterau im Westen bis zum Kinzigtal im Osten. Hinter diesem Tal zieht sich der Spessart nach Bayern hinüber. Der Vogelsberg, war der größte feuerspeiende Berg Europas. Ohm, Wetter, Horloff, Nidda, Nidder, Seemenbach, Bracht, Salz, Lüder, Altfell, Schlitz und Schwalm sind ein sternenförmiger 'Bächekranz', der sich von Hoherodskopf und Taufstein ausbreitet. Das Klima ist rauh. Der Boden hält das Wasser lange, eignet sich nicht so sehr zur Bewirtschaftung durch Weizenanbau, ist eher Weideland. Man sagt, im Vogelsberg sei drei viertel Jahr Winter und ein viertel Jahr sei kalt.

Seinen Namen hat der Berg bei Ilbeshausen bekommen. Als der Teufel aus dem Himmel geworfen werden sollte, bat er darum, über dem Strohdach der Mühle bei Ilbeshausen hinuntergestoßen zu werden, damit er sich keine Knochen bräche. Seitdem heißt die Mühle die 'Teufelsmühle'. Sofort begann er sein Unwesen, handelte einem Schmied, wie üblich, gegen Gold die Seele ab und gestand ihm, wie üblich, drei Fragen zu. Nach zwei mißlungenen Antworten sollte der Teufel einen Vogel raten, der im Zwetschenbaum saß. »Wenn er schwarz wäre, dächte ich, es sei ein Rabe!« Da jubelte der Schmied: »Das ist überhaupt kein Vogel, das ist meine Frau. Die hat sich mit Brotteig beschmiert und im Federbett gewälzt. Jetzt hast du alles verloren, und ich darf am Leben bleiben.« Der Teufel aber kreischte: »Das ist einmal ein verdammter Vogelsberg!« und fuhr mit viel Schwefelgestank und Gepolter, wie üblich, hinab in die Hölle.

Auf der 'Märchenstraße' von Alsfeld über die B 254 nach Lauterbach und weiter auf der B 275 nach Herbstein gelangt man von hier auf der Landstraße nach Ilbeshausen. Aus Urkunden weiß man, daß im Jahre 1530 der Müller Klaus Tuvel mit der

DER VOGELSBERG: SCHOTTEN

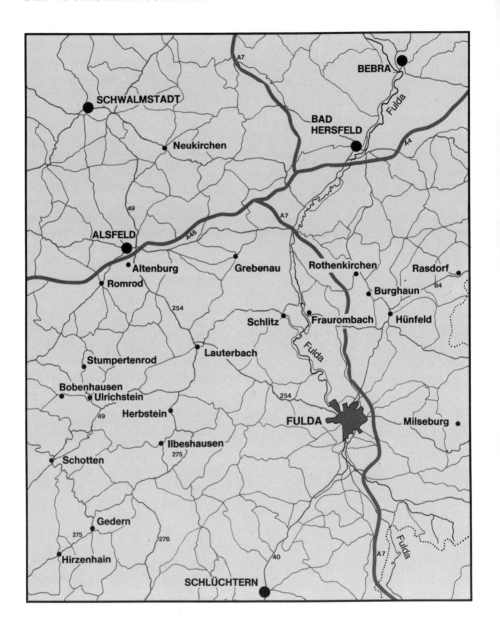

alten Mühle belehnt wurde. Der Vogelsberg kann auf zwei großen Straßen umfahren werden: im Westen auf der durch die Wetterau-Senke führenden Autobahn Frankfurt – Kassel, im Osten auf der durch das Kinzigtal führenden B 40 Hanau – Fulda.

Zur Auffahrt zum *Naturpark Hoher Vogelsberg* kann man entweder die B 457 bis Selters und dann die B 275 bis Gedern benützen (25 km) oder der Route der 'Deutschen Ferienstraße' folgen, die im Seemenbachtal aufwärts führt.

Auch für die Fahrt von Gedern nach Schotten kann man zwischen zwei Straßen wählen: Während die B 276 am Südwestrand des Naturparks entlangführt (16 km), zieht die 'Deutsche Ferienstraße' über Hartmannshain in ihn hinein und westlich unter der höchsten Erhebung des Vogelsbergs, dem Taufstein (774 m), vorbei.

SCHOTTEN ist vor allem durch den 'Schottenring' bekannt – die ehemalige Autorennstrecke führt auf die Hochfläche des Oberwaldes – und durch den nahen (1 km) 'Nidda-Stausee', der ein Dorado für Wasserfreunde ist.

Am 21. Juni 778 schenkte Abt Beatus dem mit iroschottischen Mönchen besetzten Kloster Honau bei Straßburg acht Kirchen, darunter diejenigen zu Rodheim vor der Höhe und Schotten. 1354 erhob Karl IV. das Dorf Schotten zur Stadt. Der Bau der *Liebfrauenkirche* begann nach 1300. Der Baugedanke verbindet sie mit ähnlichen Kirchen in Marburg, Friedberg und anderen Orten: Fünffachtelabschluß des Chores und der Entwurf als Hallenkirche sprechen dafür. Zwei mächtige Türme sollten den Westbau krönen. Durch einen Ablaßbrief von 1330 wurde eine Wallfahrt gegründet. Die Kirche wurde zu klein. Ein Strom von Wallfahrern kam nach Schotten. Man plante daher im sechsten Jahrzehnt des 14. Jahrhunderts einen Erweiterungsbau, der sich an das in Friedberg gegebene Beispiel anlehnt. Damit kommt ein mittelrheinischer hochgotischer Baugedanke in den Plan zur Errichtung dieser weit größeren Kirche.

Die Kirche besitzt ihren schönsten Schmuck in dem *Hochaltar,* der in Wiesbaden restauriert wurde und endlich seinen Weg in die Kirche zurückgefunden hat. Der Altar (Abb. 76) gehört zu den Hauptwerken der deutschen Malerei der Spätgotik. Es ist ein Marienaltar. Vom linken Flügel zur linken Haupttafel und zum rechten Flügel führt die obere Reihe des Marienlebens von der ›Vertreibung Joachims aus dem Tempel‹ bis zur ›Anbetung der Könige‹. Die untere Reihe zeigt in gleicher Reihenfolge die Fortführung der Schilderung vom ›Bethlehemischen Kindermord‹ zur ›Marienkrönung‹. Die Außenseite des Altares ist nicht mit der gleichen Sorgfalt gemalt wie die Innenseite. Dargestellt ist die ›Leidensgeschichte Christi‹. Der Maler hat auf eine Vorzeichnung verzichtet, die Modellierung ist nicht mit der gleichen Feinheit durchgearbeitet.

Im Schottener Altar ist der Eindruck von gesteigerter Aktivität dominierend. Er wird dadurch hervorgerufen, daß bis in die Beschreibung individueller Besonderheiten des Gesichts eine gegliederte Figur, ein plastisches Gebilde mit Verdrängung in der Malerei seinen Platz einnimmt. Der Figur wird nicht nur ein Ort auf der Malfläche gegeben, sondern auch eine Position in verhalten geschilderter Räumlichkeit. Der Altar wurde gegen 1385 geschaffen.

Von Schotten aus erreicht man über BOBENHAUSEN mit der schönen *Rokoko-Kirche* von 1762–65 (Westturm romanisch mit spätgotischem Gaubendach) ULRICHSTEIN. Von der auf Abbruch 1826 verkauften *Burg* sind nur noch wenige Reste erhalten. Die Anlage stammte aus dem 13. und 14. Jahrhundert.

HERBSTEIN, 1325/38 als Stadt bezeugt ist in Ringform angelegt. Die *Pfarrkirche* ist die herausragende Mitte. Die alte *Ringmauer* ist weitgehend erhalten. Die Pfarrkirche St. Jakobus entstande um 1400. Nebenchöre und Umbauten kamen 1682–86 dazu. Der einfache Raum ist mit einigen Wandmalereien des 15. und 17. Jahrhunderts geschmückt. Von der einst reichen Ausstattung blieben nur einige Figuren und Figurengruppen. So ein mittelrheinisches Relief mit der ›Anbetung der Könige‹ (um 1400), ›Petrus und Paulus‹ (Ende 15. Jh.) und eine ›Mondsichelmadonna‹ (um 1510/20).

Im nahen ILBESHAUSEN, heute an Grebenhain angeschlossen, steht die *'Teufelsmühle'*, die Hans Muth aus Lauterbach 1691 erbaute. Sie gilt als der schönste Fachwerkbau des Vogelsberges. Wir erwähnten sie zu Anfang des Kapitels.

Von Grebenhain gelangt man nach HIRZENHAIN. Im 14. Jahrhundert entstand in dem abgelegenen Waldtal des Vogelsberges eine *Wallfahrtskirche* (Abb. 88). Sie ist im einschiffigen Chor der Klosterkirche erhalten. Die Herren von Eppstein übergaben Ort und Kirche 1431 an die Augustinerchorherren zur Einrichtung eines Klosters. Daraufhin wurde der kleinen Wallfahrtskirche eine dreischiffige Hallenkirche angebaut. Die Kreuzrippengewölbe werden von achteckigen Mittelschiffspfeilern getragen. Das bedeutendste Schmuckstück der Kirche ist der Lettner. Auf zehn Medaillons wird das Leben der Muttergottes geschildert. Mit den vier Steinfiguren gehört er zum Herausragendsten, was der mittelrheinische Kunstkreis an Meißelarbeit geschaffen hat (gegen 1440). Die Holzfigur der ›Madonna auf der Mondsichel‹ wurde gegen 1460 geschaffen.

In Hirzenhain bestehen schon seit dem 14. Jahrhundert Eisenhütten. Im *Kunstgußmuseum* kann man den Werdegang des Eisengusses verfolgen. Das Museum der Buderus'schen Eisenwerke ist eine einmalige Spezialsammlung.

Der Weg geht wieder von Schotten aus über Bobenhausen nach STURMPERTENROD, wo der *Fachwerkkirchenbau* des Vogelberges seinen bedeutendsten Ausgang nahm. Zwischen 1696–97 wurde die Kirche (Abb. 77) errichtet, während der Ausbau des Inneren mit den umziehenden Emporen erst 1712 abgeschlossen wurde.

In Richtung Alsfeld erreicht man ROMROD. Von einer hohen Ringmauer umgeben liegt das *Schloß* mitten in der Ortschaft. Der Kanzleibau in der südöstlichen Ecke des Burghofes ist begleitet von zwei Wohngebäuden, die 1578 und 1587 errichtet wurden. Einige ältere Bauteile weisen auf frühere Gründerbauten hin, die Südfront des Schlosses und die Dachzonen wurden im 19. Jahrhundert verändert. 1385 kaufte der hessische Landgraf Burg und Ort Romrod. Das Geschlecht der von Romrod ist seit 1197 belegt. Neben dem Schloß steht die *Pfarrkirche,* die in zwei Bauphasen zwischen 1677 und 1690 errichtet wurde. Der Saalbau mit Frontturm und Chorpolygon besitzt gotisierende Maßwerkfenster und Barockportale. Die Ausstattung stammt aus der Erbauungszeit, bis auf Altargemälde aus der zweiten Hälfte des 16. Jahrhunderts.

ALTENBURG mit seiner malerisch auf dem Berg gelegenen Baugruppe, darunter der *Schloßkirche* von 1748-50, liegt südlich von Alsfeld, von wo aus wir nach GREBENAU fahren, wo eine fast gleichzeitige *Stadtkirche* über gestrecktem achteckigen Grundriß ausgeführt wurde. ROTHENKIRCHEN folgt in seinem 1746 errichteten *Kirchenneubau* gotischer Bautradition. Der 1957 wegen Baufälligkeit wiederaufgebaute Bau kann sich nicht mit der typischen *Wehrkirche* des 13. Jahrhunderts vergleichen, die hoch auf dem alten Friedhof steht, jenseits der Haune.

BURGHAUN, Stammburg der 1628 ausgestorbenen Herren von Haun, besitzt Reste der alten Stadtmauer und zwei Barockkirchen, die, über dem Tal der Haune liegend, eindrucksvoll das Bild des Ortes bestimmen. 1692 ging Burghaun an das nahe Fulda über. Es erstaunt also nicht, daß der Fuldaer Stiftsbaumeister Johann Dienzenhofer die Entwürfe für die *katholische Pfarrkirche* lieferte. Abt Constantin von Buttlar ließ den schlichten Saalbau 1717 vollenden. Die Ausstattung war 1730 fertiggestellt. Der Fürstabt Adolf von Dalberg gestattete 1728 auch seinen evangelischen Untertanen eine *Pfarrkirche.* Das Innere des Saalbaues trägt typisch protestantisches Gepräge mit den doppelten, dreiseitig umlaufenden Emporen. Der Hochaltar von 1734 zeigt gegen die Strenge des Raumes eine überraschend pralle ›katholische‹ Pracht.

Von Burghaun ist man schnell im nordöstlich gelegenen RASDORF. In Rasdorf steht eine dreischiffige *Basilika* des späten 13. Jahrhunderts (Abb. 75). Schon 839 hatte Hrabanus Maurus einen älteren Kirchenbau durch eine großzügigere Anlage ersetzt, die bis 1274 bestand. Es folgte der heutige Bau mit dem achteckigen Vierungsturm. Aus dem Vorgängerbau übernahm das Langhaus Kämpfer, Säulen und acht Kapitelle, deren Datierung vom 9. bis zum 12. Jahrhundert schwankt. Die sechs Mittelschiffskapitelle folgen der korinthischen Form, die beiden Kapitelle unter der Westempore zeigen Figuren und Tiere. Die Ausstattung gehört der Barockzeit an.

Südlich von Burghaun liegt HÜNFELD, wo schon 825 ein Tochterkloster von Fulda bestand. Heute sieht man u. a. alten Bauten den Chor des spätgotischen Neubaues der *Stiftskirche Hl. Kreuz.* Sie wurde 1895 nach Westen erweitert. Ihren romanischen Chorturm (drittes Geschoß von 1613) hat sich die *Pfarrkirche St. Jakobus* erhalten. Das 1507 begonnene Langhaus ist eine flachgedeckte Stufenhalle. Die Holzdecke ist mit neugotischem Schmuckwerk bemalt (von 1888-89). Die Reste der *Stadtmauer* stammen von 1300.

In FRAUROMBACH steht eine *Kirche* mit romanischem Langhaus und spätgotischem Chor. Der *Gemäldezyklus* mit der ›Auffindung des Heiligen Kreuzes‹ ist der kostbarste Schmuck. – Wir erreichen als nächstes Schlitz.

DER VOGELSBERG: SCHLITZ BIS FULDA

Wer von Hersfeld nach Fulda fährt, sollte nicht die B 27 benutzen, sondern zunächst die B 62 und dann über die Landstraße nach Schlitz fahren. Eingebettet zwischen den reichen Wäldern von Rhön, Vogelsberg und Knüll liegt SCHLITZ als im Kern unberührtes Städtchen (Abb. 79). Die Stadt ist über 1150 Jahre als und bietet eines der interessantesten Stadtbilder Hessens. Man nennt sie die Burgenstadt. Vier *Stadtburgen* rahmen die Margarethenkirche, deren Baugeschichte auf das Jahr 812 zurückgeht. Die *Ottoburg* ist heute *Jugendherberge*, *Hinterburg* und *Schachtenburg* sind städtische *Altersheime*, in der *Vorderburg*, der Schlitzer Hauptburg, ist das *Heimatmuseum* mit dem Festsaal der Grafen von Schlitz zu besichtigen.

Die Ursprünge der Schlitzer Stadtburgen gehen auf das 12. Jahrhundert zurück. Die Vorderburg und die Hinterburg mit dem Bergfried sind Teile der mittelalterlichen Stadtbefestigung. Ottoburg und Schachtenburg wurden erst später errichtet und umgebaut. Die Fachwerkbauten im Burgenring und in der Altstadt sind hessisch-thüringischer Bauart. Sie entstammen zumeist dem 16. und 17. Jahrhundert und sind bauliche Zeugen des Wohlstandes in einer Landschaft, die nicht mit besonderen Bodenschätzen ausgestattet ist.

Während des 'Trachten- und Heimatfestes' sieht man die Schlitzer Trachten. Es findet alle zwei Jahre im Juli statt und ist das große Ereignis für die Menschen dieser Gegend. Trotz allem technischen Fortschritt sind Leinenerzeugung (seit dem 15. Jh.) und keramische Industrie, die ganz in der Verpflichtung der geschichtsträchtigen Häfnerzunft steht, traditionsreiche Handwerke.

Von Schlitz führt der Weg nach Fulda. Wer mit dem Zug von Fulda nach Osten fährt, sieht vom Tal aus die MILSEBURG. Sie erhebt sich wie ein mächtiger Sargdeckel. Andere sagen, sie sähe aus wie ein Heufuder. Will man zu ihrem Gipfel hinaufsteigen, so muß man über viele Steinwälle klettern. Sie wurden in alten Zeiten von den Kelten errichtet und ziehen sich in mehreren Ringen um den Berg. Als die Germanen das Land eroberten, flüchteten die Kelten in diese Burg. Aber schließlich mußten sie doch auswandern. Eine Sage erzählt, der Riese Mils habe diese Ringwälle errichtet und deshalb heiße dieser Berg heute noch die Milseburg. Als die Bewohner des Fuldaer Landes und der Rhön Christen wurden, blieb der Riese den heidnischen Göttern und dem Teufel treu. Wo er nur konnte, ärgerte und quälte er die Gläubigen. Deshalb scharten sie sich unter der Führung des Ritters St. Gangulf zusammen und belagerten die Milseburg. In dieser Gegend gab es damals nur eine einzige Quelle im Hof eines heidnischen Bauern. Der hätte am liebsten alle Christen verdursten lassen. Gegen viel Geld verkaufte er schließlich dem Ritter Gangulf auf dessen langes Bitten und Betteln einen Helm voll Wasser. Gangulf trug ihn in das Lager und schüttete das köstliche Naß vor den Augen seiner durstigen Krieger auf die Erde. Ihr Zorn aber verwandelte sich im Nu in große Freude, denn im gleichen Augenblick sprudelte klares Quellwasser unter einem Stein hervor. Der Brunnen im Hof des Bauern aber versiegte. Als der Riese das erfuhr, merkte er, daß er verloren hatte, und tötete sich selbst. Der Teufel zerriß voller Wut die Mauern und Wälle der Milseburg und begrub darunter die Leiche des Mils. Deshalb sieht die Milseburg nun wie ein riesiger Sarg aus. Die Wunderquelle des Hl. Gangulf aber sprudelt immer noch. Heute trägt der Gipfel eine *Kapelle* und eine Kreuzigungsgruppe. Die Fernsicht von hier oben ist herrlich.

Im Umkreis von Fulda

Fulda – Eichenzell – Petersberg – Neuenberg – Großenlüder – Gersfeld – Hilders – Obernhausen – Dalherda – Tann – Blankenau – Stockhausen – Wartenberg – Angersbach – Lauterbach – Eisenbach

Die Fulda ist 154 km lang. An Rhön und Vogelsberg vorbei, zwischen denen die Fliede fließt, nimmt sie ihren nordnordwestlichen Lauf zum Fuldaer Becken.

Das Zentrum dieses Beckens ist die alte, vom Hl. Sturmius gegründete Klosterstadt FULDA. Sie ist bekannt durch den barocken *Dom,* in dem in einer Krypta unter dem Hochaltar der Sarg des St. Bonifatius steht. Rechts vom Dom befindet sich die *Michaelskirche,* eine der ältesten Kirchen Deutschlands. In der Nähe liegt die bischöfliche Residenz. Fulda ist Arbeitsstätte, 'Kaufhaus' und Marktort. Neben Limburg ist es die zweite hessische Bischofsstadt.

Fulda war Zentrum des geistigen Lebens und somit auch der Kunst in karolingischer Zeit. Die Klosterkirche ist nicht mehr erhalten. Die um 750 schon bestehende erste Kirche wurde 791–819 von Ratgar, der später Abt war, durch einen Neubau in riesigen Ausmaßen ersetzt. Die Ostteile des Neubaues wiederholten die frühere Anlage, eine einfache dreischiffige Basilika mit halbrunder Apsis im Osten.

Die *Michaelskapelle* auf dem Begräbnisplatz der Mönche, die unter Abt Eigil 820–822 errichtet wurde, folgt als kreisrunder Zentralbau noch dem Typus antiker und altchristlicher Grabbauten. Eine direkte Anlehnung an Santa Costanza in Rom ist offensichtlich. Um den runden Mittelraum führt ein einfacher Umgang. Das Obergeschoß des zweigeschossigen Baues ist optisch vom Untergeschoß abgetrennt (Säulen/Rundbogen). Dieses Geschoß wurde in später romanischer Zeit weitgehend umgebaut, während das Untergeschoß, eine Kryptenanlage, den Mittelraum vom tonnengewölbten Umgang durch einen Mauerring trennt, der an vier Seiten von Durchgängen durchbrochen ist. Das Gewölbe des Mittelraumes wird von einer kurzen, stämmigen Säule auf hoher Basis und mit hohem ionischem Kapitell getragen.

Der *Dom* von Fulda (Abb. 81) mit seinen vielen Kapellen, Kuppeln, Laternen und Türmen ist ein Monument für Bonifatius. »Alles, was später in politischer, kirchlicher und geistiger Hinsicht in Deutschland erwachsen ist, steht auf dem Fundament, das Bonifatius gelegt hat, Bonifatius, dessen Grabstätte in Fulda uns heiligerer Boden sein müßte als die Gräber der Patriarchen den Israeliten waren, denn er ist der geistige Vater unseres Volkes. Bonifatius hat uns und unseren Enkeln mehr

DER VOGELSBERG: FULDA BIS GERSFELD

Fulda: Kupferstich von Matthäus Merian aus der Topographia Hassiae, 1655

gebracht als uns irgendeiner unserer großen Kaiser und Könige zu bringen vermocht hat.« (Heinrich Leo, ›Vorlesungen über deutsche Geschichte‹ I, 478/8). Bonifatius suchte einen engen Anschluß der fränkischen Kirche an Rom. Er unterstellte das Kloster Fulda unmittelbar der Jurisdiktion des Papstes. Das zog auch kirchenbauliche Orientierungen nach sich, ein Wiederanknüpfen an das Vorbild der römischen Peterskirche. In deutlicher Parallele zum Petersgrab umfaßt die Fuldaer Westapsis die Grabstätte des Apostels der Deutschen.

Die Ratgar-Basilika bestimmt noch die Abmessungen des barocken Neubaus. Teile der Westwand, des Querhauses und der Kern der Osttürme wurden vom Karolingerbau übernommen. Johann Dienzenhofer ersetzte den Ostchor durch eine Fassade. Der Neubau von 1704–12 ist daher nach Westen gerichtet. Im weiß stuckierten Innenraum sind vor allem Kanzel und Orgel bemerkenswert. Das *Dommuseum* enthält den von Schwerthieben zerfetzten 'Ragyndrudis-Codex', unter dem Bonifatius sein Haupt zu schützen suchte, als er 754 in Friesland den Märtyrertod erlitt.

Unter Leitung Dienzenhofers wurde auch das ehemalige fürstäbtliche Renaissanceschloß zu einer weitläufigen *Barockresidenz* ausgebaut. Fürstensaal, Kaisersaal und Spiegelkabinett sind die bemerkenswertesten Räume. Im *Museumsbau* sind Sammlungen zu Fuldas Geschichte und zur Rhön ausgestellt. Den Schloßpark ließ Fürstabt Buttlar anlegen. Auch die *Orangerie,* eine der vollendetsten Schöpfungen des deutschen Barock (Abb. 80), geht auf ihn zurück. Auf den Balustradenterrassen erhebt sich seit 1728 die 'Floravase', eine üppige Barockplastik. Die Reichsabtei wird 1752 zum Bistum erhoben.

Sechs Kilometer von Fulda liegt bei EICHENZELL das *Barockschloß Fasanerie* (Farbt. 27). 1739–50 erhielt das fürstbischöfliche Lustschloß durch Andrea Gallasini seine heutige Gestalt. Seit 1815 ist es Besitz der Kurfürsten von Hessen-Kassel. Es enthält eine erlesene Kunstsammlung.

Fulda und seine Umgebung sind reich an Kostbarkeiten. In PETERSBERG, östlich von Fulda liegt auf einem 400 m hohen Basaltkegel die *ehemalige Benediktinerpropstei.* Seit 1738 sichern Stützmauern und Terrassen ihre beherrschende Lage in der Landschaft. Das Gesamtbild der vielen Vorgängerbauten seit dem 8. Jahrhundert wurde

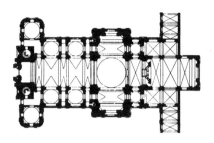

Fulda: Grundriß des Doms, Bau des 18. Jh.

1479 völlig verändert, als das dreischiffige romanische Langhaus durch einen einschiffigen gotischen Saal ersetzt wurde. Zudem erhielt die Kirche ein südliches Querschiff. 1685 wurde das Barockportal errichtet.

Künzell, Eichenzell, Johannesberg und Neuenberg umgeben Fulda mit Sehenswertem wie ein Sternenkranz. In NEUENBERG steht die *Benediktinerpropstei St. Andreas*. Ostteile der Klosterkirche gehen noch auf ottonische Zeit zurück. Das Schiff, der um 1018 gegründeten Kirche mit dem romanischen Westturm, wurde 1750–66 völlig neu erbaut.

Über Horas erreicht man GROSSENLÜDER. Hier wurde schon 822 eine Steinkirche geweiht. Es ist die *Pfarrkirche St. Georg*. Chor und Chorturm sind vom Neubau der ersten Hälfte des 13. Jahrhunderts erhalten. Presbyterium, Querhaus und Langschiff errichtete Andrea Gallasini 1734–35.

Südlich von Fulda, von Eichenzell aus, kann man noch einen kurzen Abstecher zu einem weiteren Ostzipfel Hessens machen: über Gersfeld, Hilders nach Tann. Bei Gersfeld liegt die Wasserkuppe.

Auffallend große 'Vögel' ziehen unermüdlich ihre Kreise um die Wasserkuppe, steigen, fallen und verschwinden hinter der Höhe. Es sind Flugzeuge ohne Motore, Segelflugzeuge. Lautlos fliegen sie über die kaum bewaldeten Höhen und Hänge der Rhön. Die Wasserkuppe ist die Geburtsstätte des Segelfluges. Von hier breitete sich das Segelfliegen über die gesamte Welt aus. Der Begründer dieser Sportart war der 'Rhönvater' Oskar Ursinus. Von 1920 an wurde die Wasserkuppe zum Mittelpunkt des Flugsports.

GERSFELD ist wieder ein 'Schloßstädtchen'. Der 1740 angelegte Park umschließt die drei Schlösser der Herren von Ebersberg. Das *Mittlere Schloß* wurde 1607, das *Obere Schloß* 1605–08, das *Unterschloß* erst 1740 erbaut. Die *Stadtpfarrkirche* stammt von 1780–85. Auch in HILDERS steht eine *Pfarrkirche* des späten 18. Jahrhunderts.

Einige Ortschaften am Rande der Rhön und in den Bergen dieses höchsten hessischen Gebirges heißen: Mosbach, Schmalnau, Wüstensachsen, Rodholz, Rodbach, Kleinsassen (Farbt. 25), Danzwiesen. Wir erkennen an diesen Namen, daß die Orte

DER VOGELSBERG: OBERNHAUSEN BIS WARTENBERG-ANGERSBACH

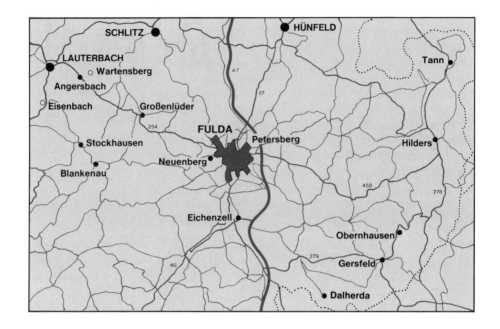

einst dem Walde abgerungen und ihre Fluren gerodet wurden, aber auch, daß hier Wiesen und Moore die Höhen bedecken, zwischen denen kleine Wälder herauslugen. Von den bekanntesten Bergen, der Wasserkuppe (950 m hoch und Hessens höchster Gipfel), dem Kreuzberg (928 m) und der Milseburg (835 m) aus kann man weit ins Hessenland, aber auch nach Bayern und Thüringen schauen. 678 m hoch liegt OBERNHAUSEN, Hessens höchstgelegenes Dorf. Es hat eine Lungenheilstätte.

Über die Gipfel der Hohen Rhön hinweg sieht man zu der Vorder-Rhön mit dem 'Hessischen Kegelspiel'. Hier oben sind die Wanderer und die Segelflieger zu Hause. Wegen der kühlen und erfrischenden Luft fahren jedoch auch immer mehr Erholungsuchende in die Rhön. Gut ausgebaute Straßen führen zu den beliebten Ausflugszielen. Ideal ist das Gelände für den Wintersport. Auf dem Simmelsberg finden die hessischen Skimeisterschaften statt.

Seit vielen Jahrtausenden wölben sich hier die Torfmoore. In ihnen versanken riesige Wälder. Grau oder rötlich sehen die einsamen Hochmoore aus: das Schwarze Moor, das Rote Moor und die Kleinen Moore. Das Rote Moor (926 m), das zwischen der Wasserkuppe und dem Heidelstein in einer Mulde liegt, hat seinen Namen von dem rotblühenden Heidekraut. Eine schmale Feldbahn führt ins schwärzliche Moor. Dunkle Torfbrocken werden hier im Sumpf gestochen. Wagen bringen den Torf zu den Lastkraftwagen. Diese fahren ihn nach Bad Brückenau, Bad Kissingen und Bad Salzschlirf. Dort bereitet man daraus Moorbäder, die vielen Kranken Heilung und

Gesundheit bringen. An der Zonengrenze liegt das Schwarze Moor. Es ist besonders düster. Gespenstisch sieht es in der Dämmerung aus: Überall stehen vom Winde zerzauste krüppelige Birken wie geduckte Geister der Märchen. »Gefährlich ist's, übers Moor zu gehen!« Seltene Vögel und Blumen haben sich hier vor dem Zugriff des Menschen gerettet und werden geschützt. Kiebitz, Sumpfschnepfe, Wiesenpieper und natürlich die Heidelerche, aber auch Birkhuhn und andere haben noch eine Heimat im Moor. Sumpfheidelbeere, Krähenbeere, fleischfressende Blumen wie der rötliche Sonnentau, aber auch Wollgras, Rentierflechte, Sumpflabkraut, Blutwurz, Bitterklee und Moorveilchen wachsen hier.

Das Klima der Rhön mit ihren Höhen bis über 900 m ist rauh und kalt. Noch zu keiner Zeit hat der Boden die Bewohner ganz ernähren können. Immer waren die Rhöner auf Nebenerwerb angewiesen. Als 'Rhöner Drescher' gingen sie zur Erntezeit in die fruchtbare Wetterau. Als Musikanten waren sie unterwegs, als Heimarbeiter saßen sie hinter ihren Webstühlen. 'Rhöner Leinen' wurde bis nach Frankfurt und Leipzig verkauft. Mit den Glasbläsern waren gleichzeitig die Holzschnitzer in den Wald gedrungen. DALHERDA im Landkreis Fulda war wohl die Geburtsstätte der Holzschnitzer. In jedem Haus arbeitete die ganze Familie mit dem Schnitzmesser.

TANN in der Rhön ist wieder besonders reich. Im Süden eröffnet das *Stadttor* von Tann (1557) den Zugang zur Hauptstraße. 1888 wurde die *Pfarrkirche St. Georg* errichtet, die *Friedhofskirche* 1741.

Die *ehemalige Wasserburg* der Herren von der Tann am westlichen Stadtrand ist seit dem 16. Jahrhundert durch Einzelbauten abgelöst worden. Sie schließen sich um einen Binnenhof zusammen. Das *Gelbe Schloß* wurde 1699 gebaut, das *Blaue Schloß* 1716, das *Rote Schloß* ist ein Steinbau mit Renaissancefenstern. Der nördliche Teil des Baues wurde 1591 errichtet, dann barock umgebaut. Der *Vierpaßbrunnen* stammt von 1686. Der Komplex wird durch den sogenannten *Neuen Bau* von 1689 zum Marktplatz hin abgeschlossen. *Fachwerkhäuser* des 16. und 17. Jahrhunderts, der *Löwenbrunnen* von 1710 und das *Denkmal* auf der Platzmitte des Marktplatzes (Ludwig von der Tann, 1815–1881) vermitteln einen liebenswerten Eindruck.

Von Fulda-Eichenzell führt der Weg nun in entgegengesetzte Richtung. Über Neuhof und Hosenfeld erreichen wir BLANKENAU, wo Hermann von Schlitz 1265 ein Zisterzienserinnenkloster gründete. Von der *Pfarrkirche St. Simon und Judas* geht noch der Chor auf den Gründungsbau zurück. Langhaus und Querflügel sind nachgotisch. Ostportal und Südflügel tragen das Datum 1614. Ausstattung und Stukkierung des Baues erfolgten während des ganzen 18. Jahrhunderts.

Herbstein und STOCKHAUSEN mit dem zwischen 1770 und 1807 errichteten *Schloß* liegen auf dem Weg nach Lauterbach. Auf der Fahrt kann man sich zuvor noch BURG WARTENBERG ansehen, die bereits 1265 zerstört wurde. In WARTENBERG-ANGERSBACH steht eine barocke *Pfarrkirche* mit spätgotischem Chorturm (1498).

DER VOGELSBERG: LAUTERBACH BIS EISENBACH

Auch das hessische LAUTERBACH nimmt für sich das Lied in Anspruch:
In Lauterbach hab ich mein Strump verlorn
und ohne Strump geh ich net hoam.
Da geh ich glei wieder nach Lauterbach hin
und hol mer mei Strump an mei Baa.
Schebbe Baa, schebbe Baa, schebbe Baa
sind immer noch besser als kaa.

812 wurde Lauterbach bereits mit einer der ältesten hessischen Kirchen genannt. Der Ort am Lauterbach erhielt 1265 Stadtrecht. Seit 1456 war er Besitz der Freiherren Riedesel. Die *Stadtkirche* in Lauterbach wurde 1764–67 von Georg Koch erbaut. Hohe Pilaster schmücken die Außenarchitektur. Der siebenachsige Saal wird durch ein fünfseitiges Altarpolygon ergänzt. Schlanke Fenster und zahlreiche Portale gliedern die Wand. Den Bau schützt ein Mansardendach. Die Ausstattung ist reich. Farbiger Stuckmarmor hinterfängt Altar und Kanzel. Der Hochaltar der früheren Kirche befindet sich im *Hohhausmuseum*. Seine gemalten Flügel stehen unter dem Einfluß Rogiers van der Weyden. Er wurde gegen 1490 geschaffen.

Die ehemals fuldaische *Burg* wurde 1265 gebaut. Von ihr sind nur noch Mauerreste erhalten. Die heutigen Gebäude stammen aus dem letzten Viertel des 17. Jahrhunderts, der Brunnen im Hof noch aus dem 16. Jahrhundert. Das *ehemalige Schloß Hohhaus*, heute Museum mit heimatkundlicher Sammlung, wurde von Veit Koch 1769–73 für Friedrich Georg Riedesel erbaut. Im Innern sind schöne Stukkaturen zu bewundern.

Nicht weit von Lauterbach entfernt, bei Frischborn, liegt SCHLOSS EISENBACH (Farbt. 21). Von einem Naturpark umgeben, über dem Eisenbach gelegen, stehen um einen längsrechteckigen Hof die Wohnbauten des 16. Jh. 1428 gingen Besitz und Amt der von Eisenbach an die Riedesel über. Sie ließen den fünfeckigen *Bergfried* (um 1287) zwischen 1429 und 1463 umbauen. Das Untergeschoß des Turmes enthält ein reiches Sterngewölbe. Die Schloßfront wird von der *Neuen Kemenate* eingenommen, die bereits 1515 als Wohngebäude der Linie Hermannsburg gegen die Außenmauer der Kernburg gesetzt wurde und 1581 umgebaut wurde. Renaissancegiebel schmücken den Bau. Den hofseitigen neugotischen Quertrakt erbaute 1848 Hugo von Ritgen. Der Kernburg ist westwärts die Vorburg mit dem Torbau von 1557 vorgelagert. Im Nordosten steht neben der Neuen Kemenate die *Kirche* (1671–1674).

Wir sind wieder am Ausgangspunkt unserer Reise angelangt: Herbstein, Ilbeshausen, Schotten.

76 SCHOTTEN/Vogelsberg   Altar der Liebfrauenkirche (1385), Detail: ›Begegnung unter der Goldenen Pforte‹

78 ALSFELD Rathaus (1512–16), Weinhaus (1538) und Turm der Walpurgiskirche (1500 und 1542)
77 STUMPERTENROD/Vogelsbergkreis Fachwerkkirche (1696–97)

79 SCHLITZ/Oberhessen Stadtmauer mit der Burg
81 FULDA Der Dom St. Salvator und Bonifatius, Pläne: Johann Dientzenhofer (1704–12)
80 FULDA Die Orangerie, 1721–30 nach Plänen Maximilian von Welschs erbaut

83 STEINAU In diesem Haus verbrachten die Gebrüder Grimm ihre Jugend

84 KAICHEN Freigericht

82 SCHLÜCHTERN Ehem. Benediktinerklosterkirche: Westturm (11. Jh.)

85 BAD ORB im Spessart

87 BAD SODEN-SALMÜNSTER Klosterkirche (gewestet im 18. Jh.)

86 BAD SODEN-SALMÜNSTER Klosterkirche von Andrea Gallasini (1737–43)

88 HIRZENHAIN Pfarrkirche, ehem. Klosterkirche, Ende 14. Jh.

89 KONRADSDORF Ehem. Prämonstratenserkloster, Pfeilerbasilika, Ende des 12. Jh.

90 BÜDINGEN Das Schloß: Erker Mitte 16. Jh., Barockportal (s. a. Farbt. 28)

91 BÜDINGEN Die Schloßkapelle (1495–97), Chorgestühl von 1497–99

92 Die RONNEBURG bei Büdingen
93 SELIGENSTADT am Main   Die Kaiserpfalz
94 GELNHAUSEN   Das romanische Haus

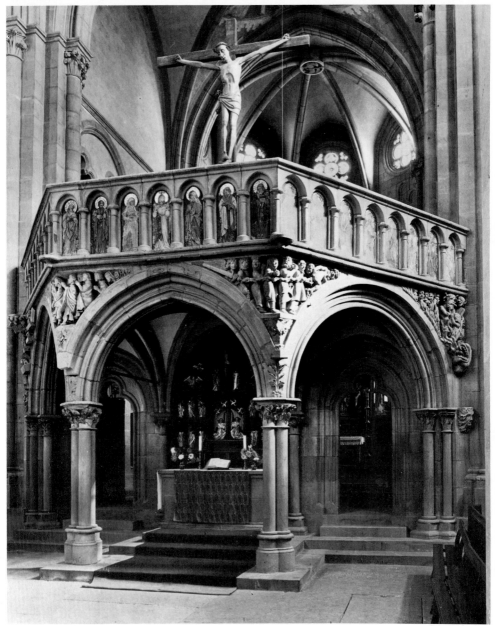

95 GELNHAUSEN Marienkirche: Lettner von 1240–50 mit Darstellung des ›Jüngsten Gerichts‹ (s. a. Farbt. 30)

96 GELNHAUSEN Marienkirche: Lettner, ›Die Verdammten‹, Detail

97 HANAU Altstädter Rathaus (1537–38), heute Deutsches Goldschmiedehaus

98 HANAU Wilhelmsbad, Brunnentempel (1779)

99 HANAU Neustädter Rathaus (1725–33) mit dem Denkmal für die Gebr. Grimm (1896)

100 HANAU Schloß Philippsruh (seit 1701)

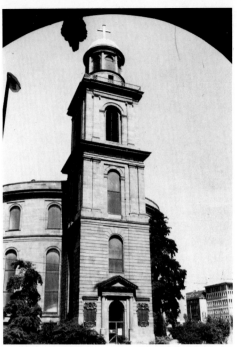

101–104 FRANKFURT/M. Die Paulskirche (Bau seit 1787), 1848–49 tagte hier die Nationalversammlung. Das Goethehaus (1755–56 und 1949). Der Dom, Pfarrkirche St. Bartholomäus, Inneres, Halle gegen 1269. Der Bolongaro-Palast in Höchst (gegen 1772–74), Gartenseite

Zwischen Vogelsberg und Spessart: das Kinzigtal

Bad Salzhausen – Nidda – Birstein – Schlüchtern – Vollmerz-Ramholz – Steinau – Bad Soden-Salmünster – Wächtersbach – Bad Orb – Gelnhausen – Langenselbold – Rüdigheim – Ronneburg – Büdingen – Konradsdorf – Ortenberg

Am Ostrand der Wetterau liegt der kleine Badeort BAD SALZHAUSEN. Von hier aus wollen wir die Fahrt in das Kinzigtal antreten. Sie wird uns im Bogen zurück bis Hanau führen. Seit 1826 ist in Bad Salzhausen bei der Saline ein Solbad eingerichtet. Aus dieser Zeit stammt auch das *Kurhaus*, ein Bau im Stil Georg Mollers. Der Kurpark, die Verwaltungsgebäude der Saline (18. Jh.), hübsche Baulichkeiten, haben Anteil an dem liebenswerten Eindruck des ruhigen und kleinen Bades.

NIDDA ist nicht weit. Seit 1311 hat die Siedlung Stadtrecht. Von der Stadtbefestigung sind nur geringe Reste erhalten. An der Stelle der mittelalterlichen Wasserburg steht der *Niddaische Bau* von 1600. Die *Stadtkirche* wurde 1616–18 geschaffen.

Der Weg führt über BIRSTEIN, mit dem *Fürstlich-Ysenburg-Birsteinischen Schloß*. Die aus dem Mittelalter stammende und 1279 erstmals erwähnte Burg, in einem schmalen Seitental der Kinzig, wurde im frühen 16. Jahrhundert Residenz einer Zweiglinie des Hauses Ysenburg. Bis in das 18. Jahrhundert dauern die lebhaften Veränderungen am Gesamtkomplex der Anlage. Nur im sogenannten Küchenbau und im Bergfried haben sich Bauteile aus dem 14. Jahrhundert erhalten.

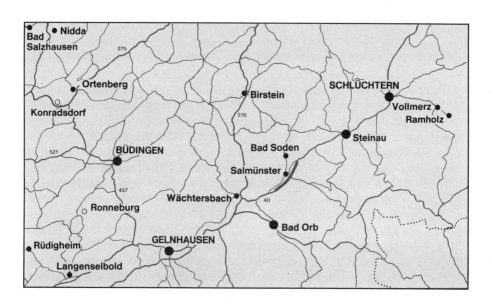

DAS KINZIGTAL: SCHLÜCHTERN BIS SALMÜNSTER

Zwischen Steinau und Schlüchtern trifft man bei Schwarzenfels auf die Bayerische Grenze.

SCHLÜCHTERN mit seinen drei *Türmen* und der *Kirchenmusikschule* für Kurhessen-Waldeck ist die Kreisstadt. Die ehemalige *Benediktinerabtei* (Abb. 82), die seit der Reformation Lateinschule war und heute Gymnasium ist, enthält eine Krypta aus karolingischer Zeit. Wegen der Um- und Anbauten der stark verdorbenen Kirche ist es schwer, den ursprünglichen Bestand auszumachen. Der hochragende Westturm, der von der Huttenkapelle des 14. Jahrhunderts und der spätgotischen Katharinenkapelle flankiert wird, ist vermutlich Bestandteil einer Erweiterung der Kirche im 11. Jahrhundert. Das im Lauterschlößchen untergebrachte *Bergwinkelmuseum* besitzt unter anderem Erinnerungsstücke an die Gebrüder Grimm. Das Schlößchen wurde 1440 erbaut.

Von Schlüchtern führt eine 25 km lange Straße nach Bad Brückenau in Bayern. Sie folgt der jungen Kinzig, durchquert den Nordteil des 'Naturparks Hessischer Spessart'. An ihr liegt bei VOLLMERZ-RAMHOLZ die Ruine der *Burg Steckelberg*. Auf ihr wurde 1488 der Humanist Ulrich von Hutten geboren. Das *Schloß* von Vollmerz-Ramholz besitzt neben dem Renaissancebau des 16. Jahrhunderts eine großzügige Anlage des 19. Jahrhunderts. Die 1276 zerstörte Steckelburg wurde durch die *Burg Schwarzenfels* ersetzt, die erstmals 1290 genannt wird. Die erhaltenen Baureste stammen weitgehend aus dem 16. Jahrhundert.

Die Quelle der Kinzig liegt dort, wo Vogelsberg und Spessart mit dem Landrücken zusammenstoßen. Der Volksmund nennt diese Stelle den 'Bergwinkel'. Diesen schönen Winkel beschützten früher die Steckelburg und die Burg bei Elm (Bran-

Schlüchtern: Kupferstich von Matthäus Merian aus der Topographia Hassiae, 1655

Ulrich von Hutten,
Kohlezeichnung, angeblich von Albrecht Dürer

denstein). Der Landrücken hält die kalten Winde ab. Im Kinzigtal findet man mehr Weiden als Felder. Talabwärts liegt am Hang das trutzige Steinau und in seiner Nähe die 'Teufelshöhle' (Tropfsteinhöhle) mit dem 'Backenzahn von des Teufels Großmutter'. Bad Soden-Salmünster an der Salz bietet durch seine Salzquellen herzkranken Menschen Erholung und Heilung. Aus dem weißen Ton bei Wächtersbach-Schlierbach wird Steingut in den verschiedensten Farben und Formen hergestellt. Die Wächtersbacher Hartsteinindustrie verarbeitet Vogelsberger Basalt. Hinter Wächtersbach weitet sich das Tal. Die Hanauer Bucht beginnt.

Kinzigabwärts gelangen wir nach STEINAU (Farbt. 26). Im *Hanauischen Amtshaus* (1562) verbrachten die Brüder Grimm als Söhne des Amtmanns ihre Jugendjahre (1791–1796; Abb. 83). Möglich, daß viele der Eindrücke, die sie im Städtchen mit seinen Wehrmauern und Fachwerkbauten, dem *Rathaus* (1562) und dem *Schloß* (1556) sowie der Teufelshöhle in der Umgebung gewannen, in ihre Märchen eingingen. Im Amtshaus ist seit 1981 ein Gebrüder Grimm-Museum eingerichtet.

Steinau erhielt 1290 Stadtrecht. Durch die Stadt zieht sich als Hauptstraße der Straßenmarkt. Die *Katherinenkirche*, eine zweischiffige Hallenkirche von 1481–1511, die *Reinhardskirche* von 1731, die *Welsbergkapelle* (1616) auf dem Friedhof und das *Schloß* sind die dominierenden Bauwerke. Die Baugruppe des Schlosses umfaßt fast ein Drittel der alten Stadt. Eine ältere Burg wurde um 1290 von Ulrich von Hanau ausgebaut. Der hohe Turm ihres Burghofes hat sich erhalten. Ein spätgotischer Umbau der Anlage begann 1479. Der Steinauer Meister Asmus ordnete von 1528 bis zur Mitte des 16. Jahrhunderts die ehemals geschlossene Gebäudegruppe um einen fünfeckigen Hof.

Weiter kinzigabwärts folgen Salmünster und BAD SODEN, nicht zu verwechseln mit Bad Soden im Taunus. In SALMÜNSTER, das 1320 Stadtrechte erhielt, haben sich Reste des ehemaligen Kollegiatsstifts erhalten. Das 1319 gegründete Stift bestand bis

DAS KINZIGTAL: WÄCHTERSBACH BIS GELNHAUSEN

1560. Neben der 1745 abgebrochenen mittelalterlichen Kirche wurde nach Plänen des Fuldaer Hofbaumeisters Andrea Gallasini 1737–43 ein einfaches *Gotteshaus* errichtet (Abb. 86, 87). Im nahen WÄCHTERSBACH befindet sich eine malerische *Pfarrkirche*, ein *Schloß* der Fürsten zu Ysenburg und ein *Heimatmuseum* im Fachwerkrathaus von 1495.

Von hier gelangt man nach BAD ORB (Abb. 85). Mit den Reizen des altertümlichen Städtchens verbinden sich moderne Einrichtungen des Heilbades. 1836 entstand das erste Badehaus. Außer den Resten der *Stadtbefestigung* haben sich *Fachwerkbauten* des 16. und 17. Jahrhunderts erhalten. Hochgelegen findet man die spätgotische *Martinskirche*, die Weihnachten 1983 abbrannte, mit ihr die Mitteltafel des *Hochaltars*, ein kostbares Stück gotischer Malerei um 1440, und der barocke Hochaltar. Die Kirche ist inzwischen wieder aufgebaut, der Altar bleibt leider verloren. Bad Orb bietet weite und herrliche Wanderwege.

GELNHAUSEN im Kinzigtal nennt sich 'Barbarossa-Stadt', denn von dem Staufer stammt die von 1173 bis 1180 erbaute, im Dreißigjährigen Krieg von Schweden zerstörte *Kaiserpfalz*, die noch als Ruine hoheitsvoll ist (Farbt. 29). Die Bogen der Torhalle und die Säulenarkaden des Palas gehören zum Edelsten, das aus romanischer Zeit erhalten blieb.

Ein bedeutendes Bauwerk ist auch die *Marienkirche* (Farbt. 30), an der seit 1170 mehrere Jahrhunderte bauten; mit ihren wie ein Kerzenbündel spitz hochschießenden Türmen beherrscht sie das Stadtbild. Im Inneren sind der *Lettner* von 1230 (Abb. 95, 96 u. Umschlagrückseite) und der *Hochaltar* (1500) bemerkenswert. Schließlich besitzt Gelnhausen im *Romanischen Haus* (um 1180) das älteste Rathaus Deutschlands (Abb. 94) und im Haus Kuhgasse 1 eines der ältesten Fachwerkhäuser Hessens: es wurde 1356 erbaut. Im Haus *Weißer Ochse* kam 1621 oder 1622 Johann Jakob Chr. von Grimmelshausen zur Welt. Ein Denkmal erinnert an den 1834 zu Gelnhausen geborenen Physiker Philipp Reis, der 1861 den Fernsprecher erfand.

In Hessen gibt es nur einen staufischen Profanbau von gleich überragender Bedeutung wie die Münzenburg. Es ist die Ruine der *Kaiserpfalz* in Gelnhausen, die in eine Kette staufischer Pfalzen gehört (Trifels, Hagenau und Kalsmunt). Die Pfalz ist etwas später vollendet worden (1180) als die Münzenburg (s. S. 201ff.). Sie liegt wie Hagenau (Pfalz) auf einer Insel, als eine unregelmäßige polygonale Wasserburg. Wie in der Münzenburg sind die Gebäude an die Ringmauer gelehnt. Es gab einen vermutlich nie vollendeten Bergfried von 16 m Durchmesser. Die mächtigen Sandsteinbuckelquader der Münzenburg wirken beeindruckender als in Gelnhausen. Möglicherweise ist die bessere Lage der Münzenburg für diesen Eindruck verantwortlich. Wie in der 'Altstadt' von Münzenberg, sind die Häuser der Burgmannen in Gelnhausen in einer Vorburg. In das Innere der Burg gelangt man wie in der Münzenburg durch ein rundbogiges Burgtor, dann allerdings steht man zunächst in einer offenen Torhalle, mit Säulen als Mittelstütze und einem kreuzförmigen Pfeiler zum

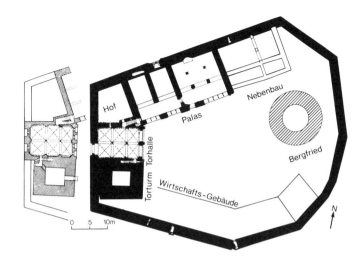

*Gelnhausen:
Grundriß rekonstruiert
nach dem Aufmaß von
A. Tuczek.
Links: Grundriß
der Kapelle über der
Torhalle*

Hof. Vom Hof aus gehen wir zur Torhalle zurück. Wir erkennen zwei flache vorgeblendete Segmentbogen mit Rechteckrahmen. Sie werden von zwei freistehenden Säulen und einer Konsole getragen. Die Kapelle ist, wie bei den meisten staufischen Burgen, über der Torhalle. Südlich neben dem Torbau steht frei hinter der Ringmauer ein Torturm. Der Palas hat eine Schaufront zum Hof. Die Rückwand ist identisch mit der Ringmauer. Das ist ein entscheidender Unterschied zur Münzenburg, die, über den Wehrcharakter hinaus, durch die Arkaden über der Ringmauer, weit in die Landschaft hinaus 'repräsentiert'. Das Portal der Schaufront im Hof von Gelnhausen besitzt auch einen Kleeblattbogen, ist aber im übrigen reicher verziert. Neben dem Portal finden wir, wie in Münzenberg, prachtvolle Fensterarkaden; östlich eine Fünfergruppe, westlich zwei Dreiergruppen. Im Innenraum ein Kamin mit Achtecksäulen. Wir haben wie in Münzenberg zwei Obergeschosse. Trotz enger Beziehungen zu Hagenau, zur Pfalzkapelle in Frankfurt, zu Ilbenstadt (Weihe 1159) und zur Münzenburg geht das Bauornament über die hessischen Anlagen hinaus. Die Ornamente weisen nach Schlettstadt, Mauresmünster, Lautenbach, Rosheim u. ä. Die Münzenburg kennt keinen so reichen Rankenfries wie den in dem Kleeblattbogen des Portals vom Obergeschoß des Palas. Das freiplastische figürliche Rankenwerk an den Kapitellen der westlichen Palasarkade ist aus Oberitalien abzuleiten. Im Detail ist der Gelnhäuser Schmuck kostbarer, aber die Münzenburger Knospenkapitelle wirken mit den Friesen, den Bauten, der Lage und der Gesamtanlage in einer imponierenderen Größe zusammen.

Gelnhausen: Kupferstich von Matthäus Merian aus der Topographia Hassiae, 1655 ▷

DAS KINZIGTAL

DAS KINZIGTAL: LANGENSELBOLD BIS BÜDINGEN

Die Anlage in Gelnhausen teilt mit der Münzenburg das traurige Schicksal, bis 1814 Steinbruch gewesen zu sein. Beiden Anlagen ist gemeinsam, daß die repräsentative Ausgestaltung bei weitem die fortifikatorischen Momente überwiegt. Erwähnenswert ist, eine weitere Paralelle, daß erst in staufischer Zeit (1170) die Stadt offiziell durch Kaiser Friedrich I. Barbarossa gegründet wurde.

Über Langenselbold erreicht man Hanau, das an späterer Stelle besprochen wird (S. 325). In LANGENSELBOLD, das im 13. Jahrhundert an die Herren von Büdingen überging, dann an die Ysenburger, steht ein *Schloß* an der Stelle eines ehemaligen Prämonstratenserstiftes, das 1525 zerstört wurde. Das Schloß wurde 1722 für den Grafen von Ysenburg-Büdingen gebaut. Sechs Gebäude sind um einen kleinen Park gruppiert. Der Architekt Christian Ludwig Hermann erbaute auch die *Pfarrkirche* (1727–35). Sie ist ein seltenes Beispiel für gotisierende Tendenzen im reifen Barock.

In RÜDIGHEIM bei Neuberg stand die *Johanniterkommende,* deren langgestreckter Bau jetzt als Scheune der Domäne Rüdigheimer Hof dient. Ein Portal und schmale spitzbogige Fenster erinnern an die einstige Bedeutung. Die *Kirche* wurde schon 1235 erwähnt. Nach dem Übergang an die Johanniter wurde sie erweitert. Das einschiffiges Langhaus besitzt Kreuzrippengewölbe auf Konsolen. Im Inneren wurde alte Bemalung in kräftigen Naturfarben wiederhergestellt. Diese frühgotische Dorfkirche besitzt unter dem Dachgesims einen Fries von Ritterschilden.

Nicht weit von Rüdigheim erhebt sich bei Altwiedermus die RONNEBURG (Abb. 92). Der Bergfried ist weithin zu sehen. Sein Unterbau ist der älteste erhaltene Teil der *Burg*. Die mit vier Renaissance-Erkern geschmückte Steinhaube wurde allerdings erst 1575 aufgesetzt. Die Burg ist eine Gründung der Herren von Büdingen. 1313 wurde sie von den Herren von Hohenlohe-Brauneck an Mainz verkauft, 1426 an Hanau verpfändet, war dann von 1523–1601 Residenz einer Nebenlinie der Ysenburger. Die wehrtechnisch gut ausgebaute Anlage ist ein bedeutendes Beispiel eines repräsentativen Renaissancewohnsitzes auf einer Höhenburg. Den westlichen Flügel der Kernburg bildet das hohe Steinhaus, das 'Palas', den im Inneren, im Erdgeschoß, ein spätgotisches Sterngewölbe überspannt (1470). Im Obergeschoß befindet sich eine erkerartig ausgebaute kreuzgewölbte Kapelle aus der zweiten Hälfte des 14. Jahrhunderts. Die zugänglichen Räume der Kernburg sind zu einem *Heimatmuseum* eingerichtet.

Wir erreichen BÜDINGEN und sind nun schon im Mittelpunkt der östlichen Wetterau. Hier hat sich ein romantisch altertümliches Stadtbild bewahrt. Die *Stadtmauer* mit Wehrgang und malerischen Toren ist an vielen Stellen erhalten. Der von Fachwerkhäusern gesäumte Schloßplatz mit der Marienkirche ist besonders stimmungsvoll. Das aus einer Burg hervorgegangene *Schloß* der Fürsten zu Ysenburg beherbergt ein sehenswertes *Schloßmuseum*. Das *Heimatmuseum* ist im Alten Rathaus, einem Fachwerkbau von 1485, untergebracht.

Nach dem Aussterben der 1134 erstmals genannten Herren von Büdingen kam die Stadt vor 1247 an die Herren von Breuberg, von Ysenburg und von Trimberg. Seit 1327 war sie alleiniger Ysenburger Besitz. Die 'Altstadt' hatte seit 1330 Stadtrechte. Sie liegt im Westen der Burganlage, die vor 1390 entstandene Neustadt nördlich davon. Im 15. Jahrhundert wurden beide Städte durch große Mauer- und Zwingeranlagen zusammengefaßt. Westlich des Untertores wurde seit 1712 eine einheitliche Handwerkersiedlung angelegt. Das älteste Bauwerk ist die *Remigiuskirche* am Friedhof. Das Patrozinium und Spuren einer Holzkirche weisen in das 8. Jahrhundert. Der älteste erhaltene Baubestand ist aus dem 11. Jahrhundert. Die Kirche besitzt einen T-förmigen Grundriß. Der Westbau wurde in einer zweiten Bauphase aufgestockt. An der Stelle einer Halbkreisapsis im Osten wurde Ende des 14. Jahrhunderts ein Rechteckchor mit Rippenkreuzgewölbe angebaut. Die dreiteiligen Arkaden zwischen Langhaus und Westbau und die Bogenstellungen im Obergeschoß stammen aus dem 11. Jahrhundert, andere Bauteile aus dem 13.–15. Jahrhundert. Die *Marienkirche,* die zwischen 1476 und 1491 begonnen und beendet wurde, ist eine dreischiffige quadratische Halle mit tiefem Chor. Ein feines Netzgewölbe überspannt den Raum. Im Chor sind 36 Wappenschilde angebracht, meist aus gebranntem Ton.

Das *Schloß,* die ehemalige Wasserburg auf einer Insel des Seemenbaches (Farbt. 28; Abb. 90), gehört mit dem Saalhof in Frankfurt, der Kaiserpfalz in Gelnhausen und der Reichsburg Friedberg zum staufischen Befestigungssystem der Wetterau. Buckelquader in der alten Wehrmauer weisen noch in die Erbauungszeit. Der heutige *Bergfried* wurde bereits im 13. Jahrhundert aufgeführt. Der zurückgesetzte *Oberturm* stammt aus dem 15. Jahrhundert. An der Nordseite der dreizehneckigen, rundum geschlossenen Anlage lag der *Palas.* Das Westportal ist als Kleeblattportal mit alten Teilen rekonstruiert. Das rundbogige Ostportal liegt hinter einem Erker von 1601. Die romanischen Fenster haben sich erhalten. Eine besonders schöne Fenstergruppe mit einer verknoteten Säule blieb im sog. 'byzantinischen Zimmer' bewahrt. Eine romanische Kapelle, mit einem Säulenportal aus dem Anfang des 13. Jahrhunderts schließt an den Palas an. Darüber liegt die gotische Schloßkapelle (1495–97). Das Chorgestühl wurde zwei Jahre später geschaffen, die Steinkanzel 1610 (Abb. 91). Der Krumme Saalbau folgt. Das anschließende Barockportal mit dem plastischen Schmuck des Treppenhauses wurde 1673 dem älteren Küchenbau vorgelagert. Innen, in ausgemalten Sälen, ist das *Schloßmuseum* zu besichtigen. Die gotische *Vorburg,* der *Wachtbau* von 1533 und der *Neue Bau* von 1836 ergänzen das Ensemble.

Westlich der Stadtkirche liegt das *Rathaus* von 1458, es ist ein Steinbau, wie das am südlichen Ende der Altstadt gelegene *Steinerne Haus,* das um 1500 als befestigter Wohnsitz für Johann von Ysenburg erbaut wurde (Umschlagvorderseite). Auch das gleichzeitige *Gasthaus zum Schwan,* am nördlichen Ende der Altstadt, wurde aufgrund der gräflichen Feuerverordnung von 1485 aus Stein geschichtet. Der *Ober-*

DAS KINZIGTAL: KONRADSDORF BIS ORTENBERG

hof an der Obergasse wurde 1569–71 als gräflicher Witwensitz von Conrad Leonhard aus Sommerhausen gebaut. Insgesamt prägen aber *Fachwerkhäuser* (meist 16. Jh.) das Stadtbild.
Der Stadtmauer wurden um 1500 Geschützbastionen vorgelegt. Das *Untertor* (Jerusalemer Tor) wurde 1503 gebaut. Es verbindet Verteidigungstechnik mit künstlerischer Intuition.

In KONRADSDORF bei Selters liegen in einem Hofgut die Reste des ehemaligen *Prämonstratenserklosters* (Abb. 89). Der dreischiffigen Pfeilerbasilika aus dem Ende des 12. Jahrhunderts fehlt das nördliche Seitenschiff. Quadratische Pfeiler tragen die Rundbogen. In der Westgiebelfront befindet sich ein einfaches abgetrepptes Rundbogenportal. Am sogenannten *Nonnenhaus* eine schöne romanische Fenstergruppe. Das *Herrenhaus* oberhalb des alten Klosters wurde um 1800 gebaut. Möglicherweise gehörte der sogenannte ›Ortenberger Altar‹ zur Ausstattung der Stiftskirche. Man kann dieses um 1415 geschaffene Juwel im Hessischen Landesmuseum in Darmstadt bewundern.

ORTENBERG ist die abschließende Station auf dieser Route. Es liegt auf einem Bergvorsprung am linken Ufer der Nidder. In der *Marienkirche,* die um 1385 begonnen wurde und nach der Mitte des 15. Jahrhunderts abgeschlossen war, befand sich bis 1866 der ›Ortenberger Altar‹. Die Herren von Ortenberg wurden schon im 12. Jahrhundert genannt. Die im Anschluß an die Burg entstandene Stadt war im Besitz der Herren von Büdingen. Die *Burg,* steil über der Nidder, stammt aus dem 12. Jahrhundert. Durch einen Torbau von 1622 gelangt man auf die Höhe der Anlage. An der Südseite des schmucklosen Stollbergischen Schlosses, wurden romanische Teile freigelegt. Im Nordosten steht ein spätgotischer *Rundturm* mit Wetterfahne von 1775. Das *Haunische Haus* vor der Burg wurde um 1800 gebaut, das *Rathaus* gegen 1606. Die *Stadtbefestigung* ist noch weitgehend erhalten. Besonders im Süden hat die *Oberpforte* neben der Kirche ihren wehrhaften Charakter aus der zweiten Hälfte des 13. Jahrhunderts bewahrt.

Römisch – staufisch – hessisch: die Wetterau

Von Butzbach bis Friedberg

Steinfurth – Gambach – Butzbach – Nieder-Weisel – Obermörlen – Ziegenberg – Münster – Kransberg – Bad Nauheim – Friedberg – Assenheim – Ilbenstadt – Kaichen – Bad Vilbel

Zwischen Taunus und Vogelsberg liegt die Wetterau, eine fruchtbare Talsenke, limesumschlossene Kornkammer des römischen Reiches, des Heiligen Römischen Reiches und der nachfolgenden Reiche. Hier beginnt der Süden, das Blühen, staufische Architektur, schwerer mütterlicher Boden, Frankfurtnähe, Zuckerrübenanbau und Mundart von weichem Dröhnen. Von Gießen führt der Weg hierher nach Süden, wo sich das Land zum Untermain und zum Mittelrhein öffnet.

Von der Wetterau sagt Fritz Usinger: »Der Mensch dieser Mittelgebirgslandschaft liebt gerade das Umgrenzte, Maßvolle, Gestalthafte der Landschaftsgliederung, diese Wiesentäler, Waldsäume, schön geschwungenen Bergrücken, denn diese Landschaft ist gleichsam in sich schon wohnlich, sie lädt zur Siedlung ein, sie bietet Geborgenheit und Schutz.«

Nordöstlich von Laubach entspringt die Wetter, fließt an Lich, Arnsburg, Treis vorbei durch Schwalheim, verbindet sich südlich von Friedberg mit der Usa und führt als Nidda zum Main.

Zwischen Rockenberg und Butzbach beginnen die Rosenfelder der Züchter, die vor allem in STEINFURTH angesiedelt sind. Steinfurth mit seiner einschiffigen gotischen *Kirche,* deren Westturm 1499 erbaut wurde und deren Chor 1517 ein hübsches Sterngewölbe erhielt (Grablege der Freiherren Löw von und zu Steinfurth), ist bekannt als Rosendorf (Farbt. 22).

Im Jahr 914 wird das Gut Steinfurth erstmals erwähnt, aber es gibt kaum Zeugen der langen Geschichte. Sein Ruf als Rosendorf gründet auf die Privatinitiative des Steinfurthers Heinrich Schultheis, der 1868 die erste Rosenbaumschule gründete. Heute verkünden viele neue Rosensorten den Ruhm der vollkommensten Blume. Namen sind darunter wie Cherry Brandy, Sophia Loren, Esther Opharim, sogar Hil-

DIE WETTERAU: STEINFURTH BIS BUTZBACH

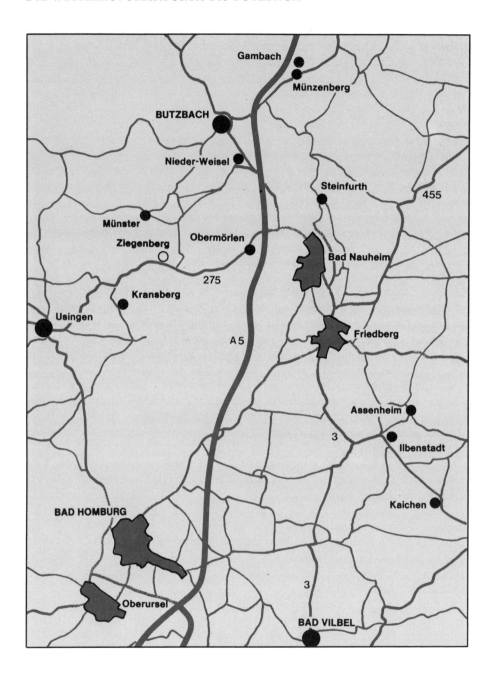

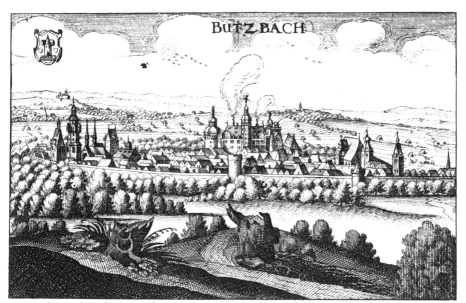

Butzbach: Kupferstich von Matthäus Merian aus der Topographia Hassiae, 1655

da Heinemann. Henry Benrath hat schon recht, wenn er in seinem Rosenbuch moniert: »Sehr langsam gingen wir in den Furchen der Rosenfelder dahin. Kein Uhrzeiger trieb uns. Kein Ziel rief . . . Kaum fand ich die Rosen meiner Kindheit wieder. Wo war die geliebte 'La France'? Wo war jene schwarzrote 'Samtrose' auf festem Stiel mit hartem Laub und runder voller Blüte, die im Sterben nachblaute und unter übertriebenem Duft verschied? Wo war die 'Malmaison'? Wo die weiße 'Buschzentifolie'?«

Gegen GAMBACH mit der 1698–1703 erbauten *Pfarrkirche* und dem *Rathaus*, Beispiel eines durch wenig sachgemäße Sanierung zerstörten Wetteraudorfes, nimmt sich BUTZBACH wieder geschichtsträchtiger aus. Der Limes am Schrenzer, die Pfarrkirche St. Markus, Stadtmauer, Marktplatz, Rathaus, Schloß, Hospitalgebäude und anderes erzählen von seiner reichen Vergangenheit. Auch Butzbach rühmt sich, Schauplatz von Goethes ›Hermann und Dorothea‹ zu sein. 1321 erhielt der Ort als wichtiger Etappenort unter Philipp von Falkenstein Stadtrechte. Im 15. und 16. Jahrhundert residierte hier der gebildete Landgraf Philipp von Hessen-Butzbach, der mit Kepler astrologische Gespräche führte. Seit 1741 ist die Stadt im Besitz von Hessen-Darmstadt. *St. Markus* (Abb. 62) war ursprünglich eine romanische Basilika, erhielt 1470–1500 aber eine reiche Choranlage mit gleichgroßen Chorpolygonen, nachdem die Pfarrkirche 1468 Stiftskirche geworden war. Der übrige Baubestand stammt aus dem 14. und 15. Jahrhundert, nur die Mittelschiffspfeiler sind noch aus der Zeit um

1200. Im Innern entstand durch Erweiterungen der Seitenschiffe im 15. Jahrhundert eine fast quadratische Halle. Landgraf Philipp – Sohn des Großmütigen – ließ schon zu Lebzeiten im südlichen Chor eine Familiengruft errichten, darüber steht sein Baldachinepitaph, von Christian Steffan gegen 1622 geschaffen. Weitere Grabsteine des 15. Jahrhunderts und die schlichte Orgel von 1614 bestimmen die Ausstattung. Die benachbarte Toten- oder Michaelskapelle der zweiten Hälfte des 15. Jahrhunderts ist das *Heimatmuseum*.

Nördlich hinter der Kirche ist ein größerer Teil der *Stadtmauer* mit Wehrgang und Rundturm erhalten (Abb. 63). Der viereckige *Markt* liegt im Mittelpunkt der Stadtanlage. Hohe *Fachwerkhäuser* ('Alte Post' 1636, 'Goldener Löwe' 1709), früher meist Gasthäuser, bestimmen mit dem 1560 fertiggestellten *Rathaus,* das 1927 in Anlehnung an die alte Form wiederhergestellt wurde, die Platzwände. Davor der *Marktbrunnen* von 1575. Der Butzbacher Marktplatz ist ein Musterbeispiel mittelalterlichen Städtebaus. Er bildet den Knotenpunkt aller Straßen und Gassen in Richtung Wetzlar, Friedberg, Lich. Von dem Marktbrunnen in der Mitte hat man eine den ganzen Platz umfassende Sicht, eine mögliche Vorlage zu ›Hermann und Dorothea‹. Vor allem die drei erwähnten stattlichen Gebäude offenbaren ihre Fachwerkschönheit. Das rechte, das Rathaus, nennt am rechten Eckpfosten in einer Inschrift das Baujahr 1560 und als Baumeister Johann Niebel. Ursprünglich bestand der steinerne Unterbau aus einem hohen Geschoß und öffnete sich in zwei spitzbogigen Portalen zum Markt. Ein hoher Erker reichte von der Mitte des Fachwerks bis zur Uhr (1630). Rauten und Sechssterne u. a. sind Symbole der guten Wünsche für Haus und Gemeinde. Die seit dem Mittelalter belegten Märkte, der Faselmarkt im Frühjahr und der Katharinenmarkt im Herbst, finden nicht mehr statt.

Die Butzbacher Schlösser sind einfache Bauten. Das ehemalige *Solmssche Schloß* ist ein stark veränderter Bau des 15. Jhs. mit interessantem Renaissance-Treppenhaus (1588), heute Amtsgericht. Das ehemals *landgräfliche Schloß,* 1610 errichtet, ist seit 1824 Kaserne (heute der Amerikaner). Trotz des allgemein gewachsenen Denkmalsbewußtseins gab es in den letzten Jahren in Butzbach viele unverständliche Zerstörungen. Aber eine Kirche darf als Ausnahme erwähnt werden. Die Holzkapelle des Hl. Wendelin wurde im 16. Jh. über den Fundamenten einer älteren, 1208 durch die Herren von Falkenstein errichteten Kirche erbaut. Der Bau ist einschiffig mit dreiseitigem Chorabschluß und flacher Holzdecke. Der Altarschrein des Heiligen ist bemerkenswert. Auf den Türflügeln Malerei. Die Arbeit gehört in den Anfang des 16. Jhs. Der Patron des Viehes und der Flur hat seit dem Jahre 1000 sein Grab in St. Vendelin/Saar. In Butzbach, sagt die hiesige Legende, sei ein Rad des Wagens mit seinem Leichnam gebrochen: das Zeichen, daß der Heilige hier bestattet werden wollte. Die Kapelle wurde restauriert. St. Wendelin ist die älteste erhaltene Holzkirche Hessens.

In NIEDER-WEISEL steht eine der seltenen erhaltenen frühen *Kirchen* des Johanniterordens (Abb. 69). Es ist eine ungewöhnliche Doppelanlage, 1245 zuerst erwähnt.

Der dunkle, lisenengegliederte Bau liegt neben dem barocken *Herrenhaus* (18. Jh., heute Krankenhaus des Ordens). Ein Zickzackband mit Rundbogenfries schmückt den Bau. Er ist eine dreischiffige Halle von vier Jochen mit drei Apsiden. Man ist an den Kapitelsaal von Kloster Arnsburg (Abb. 60) erinnert. Die quadratischen Pfeiler besitzen Halbsäulenvorlagen, die die kräftigen Gurtbogen und die Kreuzgratgewölbe tragen. Zwei Treppen führen im Westen zum flachgedeckten Obergeschoß, das als Krankenraum diente. Die Formen des Bauwerks, die nach Münzenberg, Gelnhausen und Ilbenstadt weisen, gehören dem ersten Drittel des 13. Jahrhunderts an. Aus romanischer Zeit, sicher schon aus dem 12. Jahrhundert stammt der von Lisenen und Rundbogenfriesen gegliederte Westturm der Nieder-Weiseler *Pfarrkirche,* der im Obergeschoß eine kleine Kapelle mit Apsis besaß, mit Durchblick zum Altar der Kirche, die 1545 und 1616 stark verändert wurde. Aus der Zeit von 1616 besitzt das Kirchenschiff noch eine schöne Stuckdecke.

Bevor man Bad Nauheims bedeutende Jugendstil-Badeanlagen besichtigt, kann man nach Westen dem Usatal folgen. OBERMÖRLEN hat ein hergerichtetes *Schloß* (mit Bauteilen des 16. u. 18. Jh.) und einen schönen *Brunnen* von 1710. ZIEGENBERG in Richtung Usingen mit seiner *Burg* aus dem 14. Jahrhundert, die in der Mitte des 18. Jahrhunderts in ein Barockschlößchen verwandelt wurde, bietet einiges Sehenswerte. Am Fuß des im Zweiten Weltkrieg zerstörten Schlößchens steht das anmutige Denkmal des »dreifach gefesselten Glücks«. Johann Wolfgang Goethe hat es entworfen für Wilhelm Christoph von Diede, dessen Gattin und Schwester. In den ›Wahlverwandtschaften‹ sind die Familie, die Burg und der Park nachgestaltet.

Die *Kirche* von MÜNSTER (1630) und die neugotische *Kirche* (1872–75) im Dorf KRANSBERG mit der Kanzel von 1609 aus dem Limburger Dom und die über dem Tal gelegene *Cransburg* der Craniche von Cranichberg mit romanischen und barocken

Ziegenberg:
Kupferstich des
Matthäus Merian d. Ä.
(1593–1650)

DIE WETTERAU: BAD NAUHEIM BIS FRIEDBERG

Resten (und den Eingriffen von 1870–80) sind Ziele innerhalb eines reichen Wandergebietes zwischen Butzbach und dem Usatal.

Die Usa führt uns nach BAD NAUHEIM. Als 1816 die erste Quelle angebohrt wurde, blühte die Siedlung zum bedeutenden Badeort auf (Abb. 66–68). Aber schon in das 18. Jahrhundert reicht die Pumpanlage von Schwalheim (auf dem Weg nach Friedberg) zurück, die über ein 884 m entferntes Wasserrad die Antriebsgestänge der Pumpen der Gradierwerke zwischen Friedberg und Bad Nauheim betrieb (leider abgebrochen).

Die Römer und die Kelten haben hier ihr Salz gewonnen. Der alte Stadtkern unter dem Johannisberg besitzt wenig Exklusivität. Das *Rathaus* am Marktplatz ist ein schlichter Bau von 1740. Die *Wilhelmskirche* am Südrand war eine barocke Saalkirche von 1740–42. Kurz vorher (1732) wurde die *Reinhardskirche* durch Graf Reinhard von Hanau-Lichtenberg als Saalbau errichtet. Reste des ältesten Kirchenbaues von Bad Nauheim sind die des achteckigen Turmes einer 1254 erstmals erwähnten Kirche.

Seit 1846 der erste Sprudel sprang, wurde diese milde Mittelmäßigkeit gesprengt und die Stadt (seit 1854) wuchs zu einem Kunstwerk, das es heute unmöglich macht, auch nur ein Haus abzubrechen, nachhaltig und ersatzlos Bäume zu fällen, ohne das Gesamt empfindlich zu stören. Vor allem der Wurf der in nur sechs Jahren, zwischen 1905 und 1911, ausgeführten Bauten der *Trinkanlage,* der *Kurverwaltung* und *Badehäuser,* des *Sprudelhofes,* des *Konzertgartens,* der *Maschinenzentralen* u. a. ist so einmalig zwischen großen Achsen und Straßenbögen – zwischen Johannisberg und Bahnhof – eingebettet und in den Details so beruhigt und schlicht geschmückt und geordnet, daß man in Deutschland kaum eine vergleichbare Jugendstil-Anlage dieser Art findet.

Der Park wurde schon 1857 durch Heinrich Siesmayer aus Frankfurt angelegt. Dieser geniale Gartenarchitekt hat dort den Palmengarten entworfen. Bevor man den Park vom Bahnhof aus erreicht, führt der Weg durch zwei torartig sich öffnende Baugruppen. Man erreicht den Sprudelhof (Abb. 66). Drei Sprudel sind hier in Brunnenschalen gefaßt, von denen die beiden großen Sprudel von H. Jobst aus Darmstadt zusammengefaßt wurden. Die Nereiden und Tritone sind vor kurzem ergänzt und restauriert worden. Auch der kleine Ernst-Ludwig-Sprudel, dessen Brunnenschale auf acht Robben ruht, ist 'überholt' worden. Um den langrechteckigen Sprudelhof liegen die Arkadengänge der sechs Badehäuser, deren Badezellen (Abb. 68) sich um Schmuckhöfe gruppieren. Die Masken aus Keramik, Glasfenster, Klinkerarchitektur, Majolika-Kacheln u. a. sind von Huber aus Offenbach und H. Jobst und W. F. Klemkes aus Darmstadt. Die Gliederung der Architektur, Dachformen und Reliefzier erinnern an barocke Architektur. Überall in den Kapitellen, Türrahmungen, Friesen ist das Thema des Wassers angeschlagen: Muscheln, Tintenfische und Vergleichbares.

Friedberg: Kupferstich von Matthäus Merian aus der Topographia Hassiae, 1655

Das staatliche *Kurhaus* ist nur in Resten erhalten, im rechten Teil von 1866. Heute bietet es sich mit seinen Terrassen als moderner Bau dar. Von hier hat man einen ruhevollen Blick über weite Rasenflächen und alte Baumgruppen. Rechts schließt ein *Konzertgarten* mit dichtem Baumdach an, dahinter die von Wilhelm Jost 1907 errichteten *Konzert- und Theatergebäude*, die eine neuzeitliche Ergänzung erfahren haben. Das *Salzmuseum*, das hier untergebracht war, ist nun in einem eigenen Haus oberhalb des großen Teiches eingerichtet. Es dokumentiert die Bedeutung der Nauheimer Quellen anhand keltischer, römischer und fränkischer Fundstücke.

Das Städtepaar Bad Nauheim und Friedberg verbindet eine hübsche Promenade. Mächtig richtet sich der *Adolfsturm* über dem Burgfels von FRIEDBERG auf, als wolle er das Land allein beherrschen. Aber der 'Ritterturm' findet einen städtisch-bürgerlichen Widerhall. Ebenso stolz ragt das Zeichen der Stadt auf, der Turm der *Stadtkiche*.

Die Friedberger *Burg* (Abb. 71) zeigt noch heute den Grundriß eines römischen Kastells, das um 250 n. Chr. aufgegeben wurde und das wohl das *»castellum in monte Tauno«* des Tacitus ist, nach dem der Taunus, wie vorher nur diese Höhe hieß, seinen Namen hat. Unter Friedrich Barbarossa erfolgte gegen 1180 der Ausbau der möglicherweise noch sichtbaren römischen Anlage zur Reichsburg. In der Burg fand man Reste einer römischen Fußbodenheizung. Schon wenn man auf der Bundesstra-

DIE WETTERAU: FRIEDBERG BIS BAD VILBEL

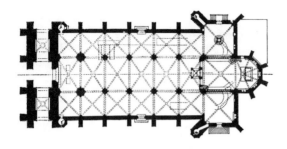

Friedberg: Grundriß der Stadtkirche

ße in Richtung Frankfurt um die Burg fährt, erahnt man ihre Ausdehnung. Die erhaltenen Bauteile der Burg stammen aus dem 14.–18. Jahrhundert. Das mächtige *Burgtor* gegen die Stadt wurde um 1500 gebaut. Wenn man in den stillen Bezirk der Burg eintritt, steht links das *Wachthaus*, das 1771–72 von Andreas Liebhardt geschaffen wurde, gegenüber die *Burgkanzlei* von 1705–06. Auf der Ostseite folgt das der späten Renaissance angehörende *Burggrafenhaus* (1604–10), das 'Schloß' mit ornamentenreichem Giebel (Farbt. 23), und das *Deutschordenshaus* (1714–18). Durch eine schöne Parkanlage gelangt man in den Hof des Schlosses. An das Portal angelehnt, ein kleiner Renaissancebau, das *Kavaliershaus*. Vor dem Portal der *Georgsbrunnen* (1738) von Johann Philipp Wörrishöfer mit der durch eine Kopie ersetzten Figur des Heiligen von Burkhard Zamels. An dem Brunnen die Wappen verschiedener Adelsgeschlechter, die in der Burg Dienst taten. Die Burg war Sitz der Burgmannen unter einem aus ihrer Mitte gewählten Burggrafen. Sie wohnten in den verschiedenen Burgmannenhäusern innerhalb des Burgbezirks. Burg und Stadt gingen getrennte, ja feindliche Wege. Die Burg erkämpfte sich gegenüber der Stadt eine Vormachtstellung.

Nördlich begrenzt den geräumigen Platz die *Burgkirche* von 1783–1808. Es ist ein Querbau mit klassizistischer Ausstattung, nach Plänen von F. L. von Cancrin und Johann Philipp Wörrishöfer errichtet. Im Norden schließen weitere Burgmannenhäuser an. Es folgt der *Adolfsturm*, er überragt mit 54 m die gesamte Anlage. Von ihm aus gelangt man durch die nördliche Toranlage des 15. und 16. Jahrhunderts wieder aus der Burg hinaus. Der Adolfsturm wurde nach 1347 mit dem Lösegeld, das Graf Adolf von Naussau für das Ende seiner Gefangenschaft den Burgmannen zahlen mußte, errichtet. Seine Butterfaßform erinnert an Idstein. Die Eckürmchen und der Steinhelm wurden im 19. Jahrhundert ergänzt und erneuert. Von hier hat man, wie auch vom Burggarten aus, einen herrlichen Blick über die Wetterau, zum Vogelsberg und Taunus, nach Bad Nauheim und Richtung Frankfurt, einen Blick über Burg und Stadt. Möglicherweise fühlt der eine oder andere Besucher etwas von der Großartigkeit dieser Adelsrepublik, deren Geschichte hier nicht annähernd aufgeführt werden kann. Schaut er auf die Stadt, so erkennt er die regelmäßige Gründung der reichsunmittelbaren Marktstadt der Staufer. Sie war der letzte Etappenort vor Frankfurt an der wichtigen Handelsstraße 'durch die kurzen Hessen'. Ihr wirtschaftlicher Aufschwung bis zur Mitte des 14. Jahrhunderts ließ sie in Konkurrenz zu Frankfurt treten und machte Friedberg zu einer der wichtigsten Städte des Reiches.

Die *Stadtkirche* Friedbergs (1260–1410) ist einer der bedeutendsten Hallenbauten in der Nachfolge Marburgs. Im Innern der Kirche das frühgotische Altarziborium (um 1250) des Vorgängerbaus. Der Ziborienaltar steht vor dem Lettner, durch den wir den herrlichen Chorraum betreten. Das Sakramentshäuschen hier schuf Hans von Düren 1482–84. Gotische Schutzgitter umschließen das mit feinem Stabwerk und verschlungenen Wimpergen geschmückte Meisterwerk. Die drei mittleren Chorfenster stammen in den unteren Teilen aus dem 14. Jahrhundert, die figürlichen Darstellungen von 1473–82. Der reich mit Altären geschmückte Kirchenraum besitzt den schönen Lettner mit dem Holzkruzifix (um 1500) und am Lettner eine Muttergottes aus Sandstein (mittelrheinisch, gegen 1280). Zwei Messingkronleuchter (1756) schmücken das Querhaus. Die Sakristeitür im Chor zeigt ein mit reichem Blattwerk geschmücktes Bogenfeld um 1300 (Abb. 70).

Auch Friedberg hat seine mittelalterlichen Häuser an der marktbreiten Kaiserstraße, die auf die Burg zuläuft, dazu sein ›Goethehaus‹ (Nr. 18), das zuvor einem Vetter von Goethes Vater gehörte, sein ›Lutherhaus‹ (Nr. 32), in dem Luther am 28. April 1521 auf der Rückreise von Worms übernachtete, schließlich, nicht weit von Benraths Geburtshaus (Nr. 41) entfernt, das Haus Siegfried Schmids in der Engelsgasse 9, wo Hölderlin den Freund besuchte. Im *Judenbad* von 1260, Judengasse 20, führen 72 Stufen 25 m tief in dem Basaltfelsen zum Wasserspiegel hinab (Abb. 70). Neu wurde das *Wetterau-Museum* in der Haagstraße 16 wieder eingerichtet.

ASSENHEIM mit seinem *Schloß* von 1788–90 und der *Pfarrkirche,* die Philipp Wörrishöfer 1782–85 erbaute, ist eine Station auf dem Weg nach ILBENSTADT, wo die Grafen Gottfried und Otto von Kappenberg (Abb. 72) ein *Prämonstratenserkloster* stifteten, das 1123 erstmals urkundlich genannt wurde (Farbt. 24). Die Weihe der Kirche war 1159. Mehrgeschossig gegliederte Westtürme rahmen eine Vorhalle. Rundbogengliederungen, Lisenen und Blendnischen beleben die Wände. Der Dachreiter über der Vierung datiert 1617. Um 1500 wurde das Innere überwölbt. Vierung, Querhäuser und Chor sind mit reich verzierten Kämpfern geschmückt. Der Bau ist einer der wesentlichen mittelrheinisch-romanischen Kirchenbauten. Die barocken Klostergebäude entstanden gegen 1709–1725. 1721 erbaute der Mönch Bernhard Kirn den sogenannten *Gottfriedsbogen,* einen reichverzierten Torbau.

Von Ilbenstadt gelangen wir nach KAICHEN. Hier liegt auf einer Anhöhe südlich vorm Ort das *Freigericht* (Abb. 84). Unter hochgewölbten Linden saßen die Schöffen alljährlich am Mittwoch nach Pfingsten zu Gericht.

BAD VILBEL an der Nidda ist reich an Mineralquellen, die seit dem 16. Jahrhundert gefaßt sind. Am Marktplatz steht das *Rathaus* von 1747. Die *ev. Kirche* mit spätgoti-

DER TAUNUS: USINGEN BIS NEU-ANSPACH

Assenheim: Kupferstich von Daniel Meissner im ›Politischen Schatzkästlein‹, 1623 ff.

schem Westturm und schlichtem Langhaus wurde 1697 gebaut. Die am Fluß gelegene *Wasserburg* der Herren von Münzenberg wurde 1399 zerstört und 1414 durch den Trierer Erzbischof Werner von Falkenstein wieder aufgebaut.

Von Friedberg führt unser Weg in den Taunus.

Ausflug in den Taunus

Usingen – Saalburg – Neu-Anspach – Bad Homburg – Oberursel – Kronberg – Falkenstein – Königstein – Oberreifenberg – Hattstein – Schmitten – Bad Soden – Idstein – Schloßborn – Wollrabenstein – Walsdorf – Camberg – Gnadenthal – Kirberg – Niederbrechen

Auf der B 275 nach USINGEN. Das kleine Städtchen hat seine bedeutendsten Bauwerke aus der Zeit, als es Residenz der Fürsten Usingen-Nassau war (1659–1744): das *Prinzenpalais* von 1768 und eine Reihe von *Kavaliershäusern* in der Obergasse. Das *Rathaus* ist ein großer dreistöckiger Fachwerkbau von 1678.

Von Usingen aus erreicht man auf der Strecke Wehrheim – Bad Homburg die SAALBURG. Die Saalburg ist ein bedeutendes Römerkastell des Limes, das Kaiser Wilhelm II. in den Jahren von 1898–1906 rekonstruieren ließ. 600 Mann, eine Kohorte, waren im 3. Jahrhundert n. Chr. hier untergebracht. Ob die Mauern schon damals so hoch (4,80 m) und zinnenbekrönt waren, ist fraglich. Das Mauerrechteck mit den Toren folgt bestimmt den alten Maßen. Das Gelände von 221 × 147 m besitzt vier

Zugangstore. Wer sucht, der findet Römerscherben im Abraum vor den Toren. Die gut durchorganisierte 'Kaserne' der Römer ist heute das interessanteste *Limesmuseum*. Funde von Gebrauchsgegenständen aus der Römerzeit, Schmuck, Waffen, sogar Lederschuhe, die zweitausend Jahre in einem Brunnen unter dem Grundwasserspiegel überdauerten, künden letztendlich doch vom vergänglichen Ruhm dieser Erde. Von Interesse sind die Rekonstruktionen römischer Waffen, reich sind die Schätze an germanischer Bronze.

Krönung aller Versuche, den Menschen des 18. und 19. Jahrhunderts in seiner ländlich-dörflichen Umwelt zu zeigen, ist das Projekt des *Hessenparks* bei NEU-ANSPACH im Taunus. Dreißig Gehminuten vom ehemaligen Römerkastell Saalburg entfernt, entsteht dort auf einem 55 Hektar großen, idyllisch gelegenen Buschwaldareal ein historischer Lebensraum, wie er architektonisch, handwerklich, landwirtschaftlich, sozial, ethnologisch, ökologisch und biotopisch im alten ländlichen Hessen typisch war. Insgesamt fünf dörfliche Weiler und ein vorgelagerter historischer Marktplatz sollen bis 1990 fertig werden. Die Idee zu dieser Schutzzone der Vergangenheit liegt Jahrzehnte zurück, die ersten Hammerschläge erfolgten 1974, und seit September 1978 ist der Taunus um eine Attraktion reicher: Mußte man vordem noch

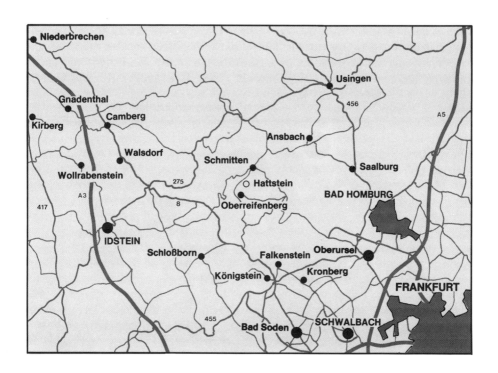

DER TAUNUS: BAD HOMBURG

Der obergermanische Limes

die Welt unserer Vorfahren hinter Glas und musealer Organisation suchen, so kann man sie dort 'begreifen', gemächlich durchstöbern und, wenn der alte Steinbackofen in Betrieb ist und stündlich Brote ausspuckt, sogar schmecken. Auf den ersten Blick scheint die Zeit stehengeblieben zu sein: Zwischen Häusern, die mit ihrem Kratzputz, den Stroh- oder Schindeldächern und dem wuchtigen Fachwerk wie eine Illustration zu ›Gänseliesel‹ aussehen, spaziert eine Gänsefamilie zum Dorfteich.

7 km weiter liegt BAD HOMBURG. Das *Spielkasino* von Bad Homburg ist das erste seiner Art in der Welt. 1841 wurde die 'Mutter von Monte Carlo' von den Brüdern Blanc eröffnet. Wenn es auch nicht mit dem rokokohaften Zauber von Baden-Baden konkurrieren kann, so liegt es doch schöner. In einem 44 ha großen Kurpark können

Bad Homburg: Kupferstich von Matthäus Merian aus der Topographia Hassiae, 1655

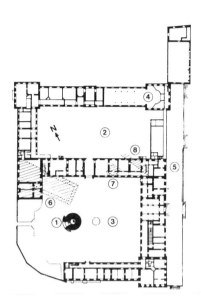

*Bad Homburg v. d. H.: Grundriß des Schlosses
1 Bergfried 2 Unterer Schloßhof 3 Oberer Schloßhof 4 Schloßkirche 5 Schloßterrasse 6 Sog.
Baukeller (ehem. Palaskeller) 7 Romanischer Holzturm 8 Ehem. Burggraben*

all die Ruhe finden, denen bei den hohen Einsätzen schwindlig wird. Elf *Brunnen* besitzt der Park. Eine Allee, die Brunnenallee, führt zu dem berühmtesten, dem in einem Rundtempel gefaßten *Elisabeth-Brunnen*. Neben dem wilhelminischen Kuppelbau des *Kaiser-Wilhelm-Bades* (1890) nehmen sich die *russische Kapelle* und der *siamesische Tempel* verspielt aus. Das Kaiser-Wilhelm-Bad wurde von Louis Jacobi, dem Ausgräber der Saalburg, erbaut. Die russische Kapelle entwarf der Darmstädter Benois (1899). Den Monopteros der Augusta-Viktoria-Quelle entwarf Kaiser Wilhelm II. selbst. Ein Architekt entwarf den siamesischen Tempel dem König Chulalongkorn, der ihn 1907 als Dank für eine erfolgreiche Kur errichten ließ.

Das *Schloß* (Abb. 105) in der ansehnlichen Altstadt war ehemals die Residenz des Landgrafen von Hessen-Homburg. Es ist eine mehrflügelige weitläufige Anlage, die im wesentlichen Landgraf Friedrich II., der 'mit dem silbernen Bein', errichten ließ. Als Oberst in schwedischen Diensten hatte er 1695 ein Bein verloren. Das Schloß ließ er zwischen 1680 und 1685 erbauen. Der Landgraf war Vorbild des Kleist'schen ›Prinz von Homburg‹. Wie er realiter ausgesehen haben mag, weisen zwei Porträts nach: über dem Portal des Innenhofes sprengt er zwar kühn, aber übergewichtig auf seinem Streitroß aus der Wand heraus. In der Eingangshalle des Schlosses steht seine 1704 von Andreas Schlüter geschaffene Büste. In der Mitte des Innenhofes steht der runde *Weiße Turm*. Dieser Bergfried der mittelalterlichen Höhenburg aus dem 14. Jahrhundert ist 53 m hoch. Es war die Burg der Eppsteiner.

Vom Innenhof hat man einen schönen Blick auf den Park. Noch zu Beginn des 19. Jahrhunderts war der Landgräfliche Hof bedeutende Kulturstätte. Auch hier

DER TAUNUS: BAD HOMBURG BIS SCHMITTEN

weilte Goethe, auch Hölderlin und Lavater. 1830-35 modernisierte Moller das Schloß. Der Ostflügel wurde aufgestockt und erhielt stadtseits ein Portal mit Balkon. Die barocke Durchfahrt wurde durch ein säulengegliedertes Vestibül ersetzt. Möbel und Bilder des 17. bis 19. Jahrhunderts, Bibliothek und 'Pompejanisches Zimmer' sind im *Schloßmuseum* zu besichtigen.

Neben dem Schloß sind *Marienkirche,* 1892 von Ludwig Becker im neugotischen Stil errichtet, und die *Erlöserkirche* in Nachbarschaft des Schlosses, 1908 von Schwechten erbaut, die bedeutendsten Baulichkeiten. Die Erlöserkirche ist ein Werk des Jugendstils, ein Gemisch aus Vézelay und San Marco.

Die Stadt wurde im 18. Jahrhundert neu angelegt. Zwei Längsstraßen, Luisenstraße und Dorotheenstraße, sind auf das Schloß orientiert. Im 19. Jahrhundert blühte Bad Homburg zur großen Badestadt auf, wozu, wie bereits erwähnt, die Eröffnung der Spielbank 1841 wesentlich beitrug. P. J. Lenné gestaltete den weitläufigen *Kurpark.* Das Kurhaus (1841-1843) wurde im Zweiten Weltkrieg zerstört und 1950 durch einen Neubau ersetzt.

Nahe bei Bad Homburg liegt OBERURSEL. Auch dieser 791 erstmals erwähnte Ort gehört zur Herrschaft der Eppsteiner, die 1444 Stadtrechte für Oberursel erwirkten. Der Ort wird überragt von der hochgelegenen *Pfarrkirche,* einem Werk der Spätgotik mit Chor und Langhaus aus dem 14. und frühen 15. Jahrhundert und dem Westturm gegen 1475-80. Nach einem Brand 1645 wurde eine Flachdecke eingezogen. Der Chor, der sein Gewölbe behalten hatte, erhielt 1670 einen Altar. Vor der Kirche wurde 1676 eine qualitätvolle Kreuzigungsgruppe aufgestellt, im Kirchhof steht ein spätgotischer Taufstein (1490).

Um die Kirche legt sich die alte Stadt. Die Gassen entsprechen dem Verlauf der ehemaligen Ortsbefestigung. Das gotische *Stadttor,* das sich zum heutigen Markt öffnet, überbaute man 1658 mit einem *Rathaus* in Fachwerk, ähnlich wie in Königstein.

Zunächst nach KRONBERG. Die *Burg* über der Stadt staffelt sich von der Unterburg mit der Kapelle über die Mittelburg mit dem hohen Wohnhaus zur Oberburg mit dem 46 m hohen Bergfried. Vom Reiz Kronbergs angezogen, begründeten Maler hier eine Schule, deren Werke so gesucht sind wie vergleichsweise die Münchner und Düsseldorfer Maler der zweiten Hälfte des 19. Jahrhunderts.

Die *Burg,* heute im Besitz der Landgrafen von Hessen, wurde zu Beginn des 13. Jahrhunderts erbaut. Als das Geschlecht 1704 ausstarb, übernahm Kurmainz das Lehen. Die Burg betritt man durch das 1692 erneuerte Burgtor, links die Kapelle aus dem 14. Jahrhundert. Der Winkelbau der Mittelburg mit eingestelltem Turm (zweite Hälfte 15. Jh.), beherbergt ein *Museum,* das Aufschluß über das Burgleben im 15., 16., 17. und 18. Jahrhundert gibt. Die staufische Kernburg ist die im Grundriß dreieckige Oberburg. Wie in Münzenberg, Ortenberg oder Gelnhausen lag über ihrem Torhaus einst die Kapelle. Um die Südseite der Burg drängt sich die *Altstadt* mit den winkeligen gepflasterten Wegen, den zum Teil schmalen Häusern und romantischen Ecken, gänzlich ungeeignet für Autofahrer, sollte man meinen. Kronberg erhielt 1330 Stadtrechte und Stadtmauern, deren Verlauf die Gasse 'An der Stadtmauer' kennzeichnet. Stadterweiterungen kamen 1390 im Osten und 1450 im Süden dazu. Die *Pfarrkirche* war im Mittelalter Pfarr- und Herrschaftskirche. Man erkennt es an der Patronatsloge an der Chorseite, die wie der Chorbau mit dem Rippengewölbe in der ersten Hälfte des 14. Jh. entstand. Die Chorwand wurde 1606 turmartig erhöht. Zur hervorragenden Ausstattung gehören spätgotische Epitaphien. Hans Backoffen schuf das Epitaph des Walter von Reifenberg, der 1517 gestorben ist. Zu den herausragenden Leistungen einer mittelrheinischen Tonwerkstatt der ersten Hälfte des 15. Jahrhunderts› gehört das Tonrelief des ›Marientodes‹ in einem Holzschrein, auf dessen gemalten Außenflügeln die Madonna die Familienmitglieder der Stifter von 1472 unter ihrem Schutzmantel birgt. Altarkruzifix, Taufstein, Wandfresken von 1483 zieren das einschiffige Langhaus des 15. Jahrhunderts.

Von Kronberg empfiehlt sich der Ausflug zur Gipfelburg FALKENSTEIN, deren Ruine einst als starke Feste um 1300 von den Herren von Bolanden angelegt wurde. Der um 1500 durch Flankentürme verstärkte Bering und der gotische Bergfried in Butterfaßform nahe dem Eingang sind gut erhalten. Zum Feldberg oder zum Altkönig mit seiner keltischen Ringwallanlage, zum reizvoll gelegenen Ort EPPSTEIN mit seiner Burgruine oder nach Königstein zu gehen, ist nicht minder lohnend.

Am Südfuß des benachbarten Kleinen Feldbergs liegt zwischen Waldhöhen der heilklimatische Kurort KÖNIGSTEIN. Über dem Ort liegt die Ruine der mächtigen *Burg* Königstein. 1225 wurde sie erstmals genannt. Der Reichskämmerer Kuno von Münzenberg gründete sie zur Sicherung der Köln-Frankfurter Straße. Beim Aufstieg erkennt man barocke Bastionen und Rondelle. Der besteigbare romanische *Bergfried* wurde in gotischer und spätgotischer Zeit erhöht. Von hier sieht man die Stadtanlage, die sich eng an die Burg schmiegt. Das *Alte Rathaus* von 1673 ist der Fachwerküberbau eines Tores. Heute dient er als *Heimatmuseum*. In der einfachen *Marienkirche* überraschen der prächtige Hochaltar und die Kanzel. In schwarzem und rotem Marmor schufen gegen 1750 Johann P. Jäger und Johann Jakob Juncker diese hervorragenden Werke des mittelrheinischen Rokoko.

Nicht weit vom Feldberg entfernt liegt OBERREIFENBERG, die höchstgelegene Taunusgemeinde, mit der Burgruine des 12. Jahrhunderts des gleichnamigen Geschlechts. Der 25 m hohe romanische *Bergfried,* dessen Oberbau in gotischer Zeit aufgesetzt wurde, ist neben dem schlanken sechsgeschossigen *Wohnturm* und der gotischen *Schildmauer* an der Talseite der einzige Rest des fehdelustigen Geschlechts beziehungsweise seiner Bautätigkeit. Die Schildmauer beeindruckt durch ihre Stärke, die an manchen Stellen 4 m beträgt. Von der benachbarten Burg HATTSTEIN, im 12. Jahrhundert von den Herren von Hattstein gegründet, blieb hauptsächlich die *Schildmauer* erhalten. Unterhalb der Ruine ist seit 1399 die 'Hattsteiner Schmiede' bezeugt, aus der sich der kleine und beliebte Luftkurort SCHMITTEN entwickelt hat.

DER TAUNUS: BAD SODEN BIS NIEDERBRECHEN

Da wir beim Kuren sind, soll der dreißig warmen Salzquellen im Quellenpark von BAD SODEN am Taunus gedacht werden. Sie treten im großen *Kurpark* zutage. Das *Burgberg-Inhalatorium* hat europäischen Ruf. Bad Soden am Taunus zählt zu den Schauplätzen des Tolstoi-Romans ›Anna Karenina‹.

Im weitgedehnten Wörsbachtal breitet sich IDSTEIN aus. Auf langgestrecktem Fels ragt die *Burg,* die 1102 als 'Etichstein' zuerst genannt wird. Seit 1120 waren Burg und Stadt Lehen der Grafen von Nassau, seit dem 13. Jahrhundert nassauische Residenz. 1355–1721 war Idstein Residenz der Grafen von Nassau-Idstein. Als ihnen der Sitz auf der Burg mit dem 45 m hohen Bergfried zu unbequem wurde, bauten sie von 1614–1634 durch Jost Heer die Vorburg zu einem *Barockschloß* um. Graf Johann (1627–1677), der den von seinem Vater begonnenen Neubau des Idsteiner Schlosses vollendete und das Biebricher Schloß als Sommerresidenz erkor, leitete den Umbau der Stiftskirche St. Martin ein. Mit dem Tod seines Sohnes Georg August (1677–1721) starb die Linie Nassau-Idstein aus. Das *Residenzschloß* ist eine Dreiflügelanlage, die mit der Burg durch eine hohe steinerne Bogenbrücke verbunden wurde. Die Eingangsfront an der Südseite ist durch ein großes Renaissanceportal mit Allianzwappen und einen Erkerturm ausgezeichnet.

In Idstein ist es vor allem der Platz vor dem Rathaus, der heutige König-Adolf-Platz, der ein einzigartiges Bild einer Folge malerischer *Fachwerkhäuser* vermittelt und einen geschlossenen Eindruck des mittelalterlichen Stadtbildes bietet. Fachwerkhäuser rheinisch-fränkischer Art mit zum Teil reichen Schnitzereien und geschwungenen Renaissancegiebeln umgreifen den Platz von drei Seiten. An der vierten Seite wurde 1698 das *Rathaus* über dem Trockengraben errichtet, der ursprünglich Schloß und Stadt trennte. Der Trockengraben diente als Straße, er ist heute Teil der Bundesstraße 275, und lebhafter Verkehr fließt daher unter den Amtsräumen der Stadtverwaltung hindurch. Das Rathaus wurde 1928 durch einen Felsrutsch zerstört und 1933–34 wiederaufgebaut. Es hat Verputz, fügt sich aber in das Gesamtbild des Platzes ein. Am Markt 7 ragt das reichgeschnitzte *Killingerhaus* (1615) mit reicher Verzierung und zweigeschossigen Erkern heraus.

Einzigartig ist auch die *Unionskirche* (Abb. 106). Die gotische Pfarrkirche wurde 1667–77 im Auftrag des Grafen Johann von Nassau-Idstein durch Arnold Harnisch im Inneren umgebaut. Weite runde Arkaden auf toskanischen Säulen aus poliertem Mundersbacher (Lahn-) Marmor ersetzen die gotischen Arkaden. Die Tatsache, daß in der ehemaligen Stiftskirche St. Martin zu Idstein im Jahre 1817 die Union zwischen Lutheranern und Reformierten im damaligen Herzogtum Nassau abgeschlossen wurde, gab der Kirche die heute gültige Bezeichnung. Interessant ist, daß diese Kirche wie eine Gemäldegalerie aus einzelnen Leinwandbildern an Wänden und Decken des Langhauses einen barocken Kirchenraum gestaltet. 38 Bilder wurden ausgeführt. Sie zeigen Darstellungen aus den vier Evangelien, der Apostelgeschichte und der Apokalypse. Johann von Sandrart und Michael Angelo Immenroedt schufen sie zwischen 1673 und 1677. Das Bild ist im Sinne Luthers »sichtbares Wort« und

steht in unmittelbarem und engstem Zusammenhang mit der Predigt. »Die Vollständigkeit der erhaltenen Gemälde ... macht Idstein zu dem bedeutendsten ikonographischen und kirchlichen Zeitdokument in Hessen.« (Norbert Werner)
SCHLOSSBORN, das älteste Dorf des Hochtaunus, Glashüttendorf, von Glasbläsern gegründet, aber auch die Burganlage WOLLRABENSTEIN sind von Idstein schnell zu erreichen. Auf einem Felsen im Wörsbachtal wurde sie 1393 als rechteckige Anlage, von Rundtürmen flankiert, erbaut. Die Gehöfte des Dorfes bilden mit der Ruine eine malerische Gruppe. Ein geschlossenes Bild bietet auch der Ort WALSDORF, der 1355 auf dem Hügelrücken vor dem Emsbachtal befestigt wurde.

Neben Idstein ist es aber vor allem CAMBERG das einen reichen Bestand alter *Fachwerkhäuser* bewahrt. 1281 erhielt es Stadtrecht. Von der gotischen *Ortsbefestigung* sind das große Obertor mit Türmerwohnung (14. Jh.), der Rumpf des Unterturmes und Reste zweier weiterer Wehrtürme (von einstmals 14) erhalten. Neben dem Obertor liegt die reizvolle Baugruppe, die der *Amtshof* und die *Hohenfeldsche Kapelle* bilden. Der Südflügel vom 17. Jahrhundert besitzt ein reichverziertes Fachwerk. Die Kapelle an der Ostseite (von 1650) wurde 1860 restauriert. Oberturm und Hohenfeldtkapelle beherbergen seit 1980 das *Stadt- und Turm-Museum*. Das *Rathaus*, südlich des Amtshofes im heutigen Kurpark, wurde im 18. Jahrhundert als Wohnhaus gebaut. In der Limburger Straße steht eine Kreuzigungsgruppe aus der ersten Hälfte des 16. Jahrhunderts.

Die *Pfarrkirche*, die 1778 an den mittelalterlichen Turm gebaut wurde, überrascht durch klassizistische Innenausstattung (1780–81). Das zartfarbige Deckengemälde von Giuseppe Appiani dagegen lebt noch ganz aus dem Rokoko. Nordöstlich von Camberg erhebt sich auf kahlem Bergrücken die 1682 erbaute Kreuzkapelle. Von der Stadt begleiten uns barocke Kreuzwegstationen zur Kapelle, die, in einem achteckigen Mauerring gesichert, über griechischem Kreuzgrundriß erbaut wurde.

Nordwestlich von Camberg erreicht man das 1217 gegründete *Zisterzienserinnenkloster* GNADENTHAL. 1634 wurde es in ein Hofgut umgewandelt. Außer der zu einer Scheune umgebauten *Kirche* erhielt sich ein erkergezierter *Fachwerkbau* von 1590.

Zwei Burgruinen sollen noch erwähnt werden, die nicht zu weit von Camberg entfernt liegen. Zum einen die Zollburg KIRBERG, die 1355 im Auftrag des Grafen Eberhard von Diez anstelle einer Kirche (Kirberg = Kirchberg) errichtet wurde. Sie bewachte die Hessenstraße (St. Goarshausen – Kassel), die mit der Hühnerstraße (Mainz – Limburg) kreuzt. Von *Burg* und *Stadtbefestigung* sind nur noch wenige Reste erhalten. Die *Pfarrkirche* (nach 1355) zeigt neben dem alten Turm und Chor ein Schiff aus dem 18. Jahrhundert, im Innern eine klassizistische Ausstattung. Im Chor ist außerdem das Grabmal eines Reifenberger Amtsmannes († 1561) aufgestellt. Am Chor befinden sich Reste mittelalterlicher Glasfenster.

Der zweite Ort ist NIEDERBRECHEN im Enstal, den der Mainzer Erzbischof Kuno von Falkenstein 1370 befestigen ließ. *Mauerreste* und ein viereckiger *Wehrturm* mit Rundbogenfries und Zinnen sind die wenigen Reste.

Wiesbaden und der hessische Rhein

Weltkurort und Landeshauptstadt

Wiesbaden – Schlangenbad – Bad Schwalbach – Burg Hohenstein

Wiesbaden liegt in einem Talkessel am Südabhang des Taunus. Es ist die wärmste Stadt des Taunusgebietes. Nur 65 'Frosttage' im Jahr hat es aufzuweisen. Kein Wunder, daß es von Tausenden von Menschen des In- und Auslandes (rund 100000 Kurgäste) alljährlich besucht wird. Die warmen Quellen – unter ihnen der 'Kochbrunnen' mit seinem 66° warmen Wasser – waren es, die bereits die Römer zur Siedlung und zum Bau von Badeanlagen veranlaßten. Das *Kurhaus* (Abb. 107) und die Brunnenkolonnaden im herrlichen Kurpark sind der Mittelpunkt des 'Badelebens' und bilden mit den Hotels und Pensionen innerhalb der Großstadt das Kurviertel. Bis zu ihm reichen die Wälder des Taunus (Neroberg, *Griechische Kapelle* mit goldenen Kuppeln; Abb. 110).

Wiesbaden ist seit 1945 die Hauptstadt des Landes Hessen. Neben den vielen Ämtern und Behörden des Landes befinden sich hier auch das Bundeskriminalamt und das Statistische Bundesamt. Durch Eingemeindung der Vororte Biebrich, Schierstein, Kastel und Kostheim mit ihren zahlreichen Fabriken ist Wiesbaden auch ein bekannter Industrieort geworden.

Dennoch besitzt Wiesbaden den Charme einer Badestadt, hat weniger Hauptstadt-Charakter als vielmehr eine bezaubernde 'Flanieratmosphäre'.

Das 'Römertor' ist Zeuge dafür, daß vor fast 2000 Jahren Römer hier wohnten. Sie kannten die Thermen und bauten Badehäuser. Wiesbaden war also schon damals ein 'Badeort'. Seit Drusus im Jahre 12 v. Chr. ein Kastell gegen die Chatten erbauen ließ, benutzten die Römer die ›Aqua Mattiacae‹ zur Linderung der Schmerzen in den 'lahmen Lenden'.

Das 'Stadtschloß', heute Landtagsgebäude, ließ zu Anfang des 19. Jahrhunderts der Herzog von Nassau errichten. Wiesbaden wurde Residenz und Badeort. Damit begann seine Entwicklung zur späteren Großstadt.

1 Stadtschloß (Landtag) 2 Marktkirche 3 Staatstheater 4 Kurhaus 5 St. Bonifatius 6 Neues Museum 7 Innenministerium

Den Kern Wiesbadens bildet das 1818 von dem Architekten Zaiz aus dem Gewirr der Altstadtstraßen herausgestanzte Straßenprojekt, das Wilhelmstraße, Friedrichstraße, Schwalbacher Straße, Röderstraße und Taunusstraße zu einem Fünfeck verbindet. Hier sehen wir vor allem schlichte Hausbauten des Klassizismus und Bieder-

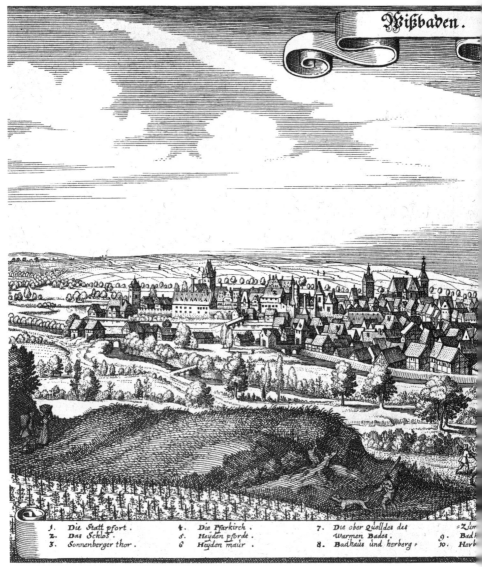

Wiesbaden: Kupferstich von Matthäus Merian aus der Topographia Hassiae, 1655

meier. Ältere Bauwerke sind nicht vorhanden, obwohl Wiesbaden seit dem 13. Jahrhundert den Grafen von Nassau gehörte. Seit 1744 war die Stadt Regierungssitz von

11. Zum Engel.
12. Zur Glocken.
13. Zum Roten Löwen.
14. Zum Salmen.
15. Spital Badt.
16. Die Statt Meins.

Nassau-Usingen. Unter Fürst Friedrich August (1803–16) und Herzog Wilhelm von Nassau (1816–39) erfolgte der großzügige Ausbau der einst kleinen Residenzstadt.

DER HESSISCHE RHEIN: WIESBADEN

Johann Christian Zais (1777–1820), Schüler von K. Weinbrenner, erbaute 1808–10 das *Kurhaus* an der Wilhelmstraße, das 1904–05 durch einen Neubau ersetzt wurde. Ursprünglich sind noch die Kolonnaden (die nördliche 1825, die südliche 1839 von Heinrich J. Zengerle). Trotz der dorischen Säulen, aus Begeisterung des Klassizismus für römisch-griechische Architektur, erinnert die Gesamtanlage in ihrer aufgelockerten Form an barocke Bauweise (Abb. 107).

Wenige Meter vom Kurhaus entfernt, in der Wilhelmstraße, steht das *Herzog Wilhelm-Palais* oder *Prinzenpalais* (1813–1817). Es ist heute Sitz der IHK. Die einfachen gradlinigen Formen erheben sich über einem hohen Sockelgeschoß. Der betont vorspringende Mittelbau, die fünfschiffige Eingangshalle und das rückseitig vorspringende Treppenhaus des 1812 projektierten Repräsentationsgebäudes entlehnen ihre Form noch der Kunst des 18. Jahrhunderts. Ebenso wie das kunstvoll gegossene Treppenhausgeländer der Tradition des nassauischen Barock verpflichtet ist.

Von der Wilhelmstraße geht man in die Taunusstraße, links sieht man den *Kochbrunnen*. Die Taunusstraße besitzt eine Vielzahl von Antiquitätengeschäften mit zum Teil besonderer Qualität.

Von der Taunusstraße über die Röderstraße weiter zur Schwalbacher Straße biegen wir in die Marktstraße ein und gelangen zum ehemalig herzoglichen *Stadtschloß* (Landtag; Abb. 109). Der Bau Mollers (1784–1852) entstand 1837–41 an der Stelle einer mittelalterlichen Burganlage. Von außen wirkt der Bau sehr schlicht. Von beiden Straßenseiten führt eine Durchfahrt in eine hintere Auffahrtshalle mit Mittelsäule und Sterngewölbe. Ein dreiläufiges Treppenhaus wird überwölbt von einer mächtigen Halbtonne mit Kassettenstuck. Im Obergeschoß führt eine Enfilade vom Schlafzimmer bis zum Speisesaal, der über zwei Geschosse geht. Ein Wintergarten führt in den runden, von einer Kuppel gekrönten Festsaal. Die Ausgestaltung wurde nach dem Krieg restauriert, die Ausstattung z. T. aus anderen Schlössern ergänzt. Bemerkenswert ist das 'Pompejanische Zimmer' im Untergeschoß, das von den Brüdern Ludwig und Friedrich Wilhelm Pose im romantisch-sentimentalen Stil des zweiten Viertels des 19. Jahrhunderts ausgemalt wurde. Stuckarbeiten in klassizistischen Formen ergänzen die Wandmalereien. Die Marmorplastiken in Festsaal und Treppenhaus schuf Ludwig von Schwanthaler.

Neben dem Schloß erhebt sich das *Kavalierhaus*, 1826 als Geschäftshaus erbaut und in den vierziger Jahren von R. Gortz für Zwecke des Hofes umgestaltet. Zwei rückseitige Höfe wurden von Marstall und Reithalle begrenzt. Auch dies Bauten des hessisch darmstädtischen Architekten G. Moller. Heute wird die einstige Geschlossenheit durch den Neubau des Landtagssitzungssaales zerstört.

Etwas außerhalb unseres Fünfecks, parallel zur Friedrichstraße, liegt die Luisenstraße. Hier steht das *Staatsministerium* (heute Hessisches Innenministerium). Ein dreiflügeliger Bau im oberitalienischen Palazzostil. Das Gebäude stammt aus dem Ende der dreißiger Jahre des 19. Jahrhunderts. Vor allem im Treppenhaus offenbart sich barocke Tradition. In seinem machtvoll repräsentativen Gesamtcharakter verrät es aber schon den Geschmackswandel zur zweiten Hälfte des 19. Jahrhunderts. Der Bau wurde nach 1920 zu einer Vierflügelanlage erweitert.

Vom Staatsministerium sind wir rasch an der *Pfarrkirche St. Bonifatius* am Luisenplatz, die 1841–55 von Philipp Hoffmann erbaut wurde. Der Bau ist weder deutsch noch italienisch, mischt Romanik, Gotik und Renaissance, bildet aber mit seiner zweitürmigen Südfassade einen städtebaulich gelungenen Abschluß am älteren Luisenplatz.

Geht man zurück Richtung Marktplatz und Schloßplatz, so sieht man die *Marktkirche,* nach Entwürfen von Karl Boos von 1852 bis 1862 erbaut (Farbt. 34). Es ist der Auftakt zu den Backsteinbauten der Neugotik. Auch die innere Raumform ist gotisch. Die spätgotischen englischen Kathedralen von Nordwich und Lincoln waren anregendes Vorbild.

Ergänzt wird das Bild der teilweise romantischen Bauentwicklung Wiesbadens durch die *Griechische Kapelle* auf dem Neroberg (Abb. 110). Sie wurde 1847–55 von Philipp Hoffmann im Auftrag des Herzogs als Grabkapelle für die jung verstorbene Herzogin Elisabeth erbaut. Sie war eine geborene russische Großfürstin. Man glich die Kapelle den Vorstellungen von östlicher Fremdartigkeit an. Das Gold der Kuppeln, das Rot und Blau der Gläser. Die Tönungen des Marmors und das Gold der Ikonostasis schaffen eine sehnsuchtsvolle Neuschwansteinatmosphäre.

Das *Städtische Museum* in Wiesbaden besitzt Altertümersammlungen ebenso wie Naturwissenschaftliche Sammlungen und eine sehr bemerkenswerte Gemäldegalerie. Hervorzuheben ist der reiche Bestand an Bildern des russischen Malers Alexej von Jawlensky, eines Mitglieds des ›Blauen Reiter‹. Jawlensky starb 1941 in Wiesbaden. Das Museum liegt an der Wilhelmstraße gegenüber der Rhein-Main-Halle.

Wiesbaden: eine schöne und elegante Stadt. Das *Hessische Staatstheater* (Abb. 108) wurde glanzvoll renoviert, Parkanlagen und die Auslagen in den Geschäften tragen zum Wohnwert bei. Hier ist ein Zentrum des Hessischen Antiquitätenhandels.

Bevor man von hier zum Wein fährt, sollte man auf jeden Fall das 4 km vom Zentrum gelegene *Schloß Biebrich* besuchen (Abb. 111). Beherrschend liegt die Südfront der Lustschloßanlage am Rhein. Die ehemals nassauische Sommerresidenz besitzt ein zu einer Rotunde ausgeformtes Mittelstück, die von einer Figurenattika bekrönt wird. In mehreren Abschnitten entstand das Schloß zwischen 1700 und 1744. Die Seitenflügel leiten in einen Park über, der 1811 von dem Gartenarchitekten von Sckell in Art der englischen Parks angelegt wurde. Alljährlich zu Pfingsten ist hier der Schauplatz des ›Internationalen Reit- und Springturniers‹. Am Nordende liegt die *Moosburg* von 1806, eine künstliche Ruine, wie sie das Zeitalter der Romantik liebte.

Bei Wiesbaden beginnt die an Ausflugszielen reiche Bäderstraße, die zunächst durch Bergwälder am Südhang der Hohen Wurzel (614 m) ins Tal der Waldaffa führt. Ins

DER HESSISCHE RHEIN: SCHLANGENBAD BIS HOHENSTEIN

Waldtal gebettet liegt SCHLANGENBAD im westlichen Taunus. Benannt ist es nach der Äskulapnatter, die die Römer in das Tal brachten. Nachrichten über die Nutzung der Quellen liegen seit 1640 vor. Die Felsgruppe gegenüber dem *Haus Felsenburg* erinnert an die kuriose Tatsache, daß drei Landesherren auf eigenem Gelände hier zusammensitzen konnten, denn Kurmainz, Hessen-Kassel und Nassau teilten sich das Territorium. Im 18. Jahrhundert kam Schlangenbad als Fürstenbad in Mode. In dieser Zeit entstand das *älteste Badehaus* Hessens. Die Quellen wurden schon 1653 gefaßt, 1694 entstand das erste *Gästehaus*, dem 1703 das *'Mainzische Haus'*, der spätere Nassauer Hof, 1740 ein Gesellschaftshaus, errichtet durch Hessen-Kassel, folgten. 1754/55 war die Grundsteinlegung des *Mittleren Kurhauses*, 1865 entstand das *Untere Kurhaus* in ruhigen spätklassizistischen Formen. Seit 1912 modernisiert sich Schlangenbad nach Abriß des Nassauer Hofes und des Oberen Kurhauses und ist heute ein modernes Staatsbad mit dem neuen *Kurzentrum Römerbad*. Von Schlangenbad sind es nur 10 km nach Niederwalluf oder Eltville am Rhein.

Auch in der Nähe, 7 km nach Norden auf der B 260, liegt BAD SCHWALBACH in einem Seitental der Aar. Badetradition besteht seit 1569 als Moor- und Stahlbad. Auch in Bad Schwalbach führte die Entwicklung im 18. und 19. Jahrhundert zur Blüte. Im Kontrast zur sonst ländlichen Stadt bestimmen daher die Bauten des 19. Jahrhunderts das Bild des Kurviertels am Kurpark. Aus dieser Zeit stammt das *Stahlbad* in der Talsenke, das nach Plänen von Joh. Christ. Zais durch Heinrich Jacob Zengerle 1829 erbaut wurde. Das fünfundzwanzigachsige Kohlensäure-Stahlbad ist im Erdgeschoß mit Rundbogen gegliedert, die auf Pilastern ruhen. Das *Kurhaus* von 1847 und der *Kursaal* (1873–78) zwischen Weinbrunnental und Stahlbrunnental wurden restauriert und modern umgestaltet. Beide Bäder wurden 1866 preußisch. In der Stadt, die sich in einen Unterflecken und einen Oberflecken teilt, stehen in der Adolfstraße sehenswerte *Fachwerkhäuser* des 17. Jahrhunderts. Im Unterflecken liegt in neuzeitliche Fassung gebettet der *Brodelbrunnen*. Die *Pfarrkirche* von 1471 wurde im 19. Jahrhundert stark verändert. Auch der Saalbau der *Reformationskirche* von 1729 erfuhr im 19. Jahrhundert Veränderungen. Die Pfarrkirche enthält ein prächtiges Renaissance-Grabmal für Johann Gottfried von Berlichingen († 1588), Enkel des allseits bekannten Götz. – Die jüngste Stadt des Rheingau-Taunus-Kreises ist *Taunusstein*. Besonders sehenswert ist im Stadtteil Hahn der Altenstein mit der germanischen Thingstätte. Im Stadtteil Orten treffen wir auf den Limes, Wehen lockt mit seiner klassizistischen Kirche (Altar von 1729), und im Stadtteil Bleidenstadt sind Klosteranlage und Stiftskirche sehenswerte Ausflugsziele.

Von Bad Schwalbach lohnt sich ein Ausflug auf der B 54 in das Aar-Tal, wo sich 7 km 'bach-abwärts' BURG HOHENSTEIN aufrichtet. Die erhaltenen Reste auf steilem vorspringenden Fels gehören wohl noch in das 13. Jahrhundert. Die mächtigen Grafen von Katzenelnbogen ließen die Burg um 1190 erbauen und im 14. Jahrhundert verstärken. Seit dem Verfall im 17. Jahrhundert (1647) prägen mächtige Türme und eindrucksvolle Mauern das Bild der Ruine.

Von der Burg Hohenstein erreicht man über die Orte Kemel und Springen bei Geroldstein das schmale Wispertal. Geroldstein, Lauksburg, Rheinberg und Kammerburg reihen sich aneinander. Das schmale Waldtal erweitert sich. Nach rechts folgt der Weg der Wisper zum Rhein bei Lorch. Die andere Straße führt über Presberg, Johannisberg nach Winkel am Rhein. Auch hier erreicht man dann die Rheinuferstraße B 42, die am Fuß des Rheingaugebirges entlangläuft.

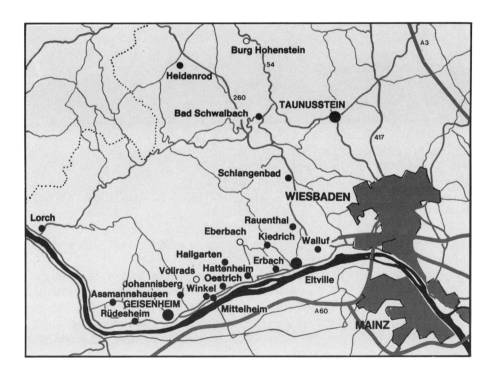

DER HESSISCHE RHEIN: WALLUF BIS KIEDRICH

Weinbau am Rhein

>Walluf – Rauenthal – Eltville – Erbach – Kiedrich – Eberbach – Hattenheim – Oestrich – Hallgarten – Mittelheim – Winkel – Vollrads – Johannisberg – Geisenheim – Rüdesheim – Assmannshausen – Lorch

An den sonnigen Hängen des Rheingau-Gebirges erstrecken sich die Weinberge. Die Winzer haben Steinmauern aufgebaut und Terrassen angelegt. In Körben sind früher Muttererde, Stallmist und Schiefersteine über schmale Treppen, die die Terrassen miteinander verbinden, auf dem Rücken hinaufgetragen worden. Heute hat man durch Umlegung große Flächen gewonnen, die von befestigten Wegen aus maschinell bearbeitet werden.

Schon im Frühjahr beginnt der Winzer mit dem 'Ausheben'; d. h. alle Triebe werden bis auf einen abgeschnitten (ausgehoben). Mit dünnen Weidengerten wird dieser Trieb – der Winzer nennt ihn Bogrebe – an den zwischen Pflöcken befestigten Draht 'geheftet' (festgebunden, nachdem die Rebe zuvor zurecht'gebogen' wurde). Neben der Bogrebe läßt der Winzer am Rebstock noch einen etwa 15 cm langen 'Zapfen' stehen. Bald darauf muß der Boden zwischen den Zeilen umgepflügt und gehackt werden. Je lockerer er ist, desto mehr Luft und Feuchtigkeit kann er aufnehmen: um so besser gedeihen die Reben. Maschinen (Bulldog, Seilpflug) helfen dem Winzer. Beginnen die Trauben zu reifen, werden alle Weinberge geschlossen. Die naschenden Vögel vertreibt man mit Flinten und Ratschen. Im Hofe des Winzers werden die Fässer, die Bütten und Pressen gerichtet. Erfahrene Winzer prüfen den Reifestand der Trauben und setzen den Beginn der Weinlese fest. Kinder und Frauen gehen mit Scheren und Eimern in den Wingert. Die Trauben werden abgeschnitten, die gefüllten Eimer zu den Bütten gebracht. Männer tragen sie die vielen Treppen und Windungen zum Fahrweg hinunter. Vor dem Keltern werden die Trauben zerquetscht (gemahlen). Der Saft fließt in große Behälter und wird im Keller in Weinfässern vergoren. Die Hauptarbeit des Winzers ist getan. Der trübe Traubensaft verwandelt sich nach einiger Zeit in klaren Wein.

Am Rhein, am wunderschönen deutschen, dem »blausilbernen«, wie der Dichter, der die Welt verwandelt, warum nicht das Rheinwasser, sagt, am Rhein liegen alte Ortschaften, mächtige Klöster, Schlösser, stimmungsvolle Schenken, nicht nur in Rüdesheim, hier wird beim Rheingauer Riesling so manches Lied gesungen und mancher wachgesungen.

Von Wiesbaden erreicht man das Osttor des Rheingaues in WALLUF, nur 8 km entfernt. Von Walluf ist man über Martinstal sehr rasch im Erholungsort RAUENTHAL mit seiner 1492 reich sterngewölbten *Pfarrkirche*, die um 1460 entscheidend umgebaut wurde. Die Kirche wurde in der ersten Hälfte des 14. Jahrhunderts begonnen, sie wird gekrönt von dem 1558 erneuerten Westturm. Zur Ausstattung gehört eine schöne Madonnenstatue um 1500.

Zurück zum Rhein, zur Wein- und Sektstadt ELTVILLE, *'alta villa'* – hochgelegene Siedlung, Stützpunkt der Mainzer Erzbischöfe im 10. Jahrhundert, seit 1332 Stadtrecht, mit der Burg, die im 14. und 15. Jahrhundert den Mainzer Erzbischöfen als Residenz diente. In Eltville wohnte bis zu seinem Tod 1468 Johannes Gutenberg. Die Burg, die Edelhöfe der Eltz und Langwert von Simmern, die spätgotische Pfarrkirche St. Peter und Paul und nicht zuletzt das zu recht so beliebte Sektfest am ersten Juliwochenende sind allesamt ausreichende Gründe zum Besuch Eltvilles.

Die *Burg* hatte ottonische und auch fränkische Vorgängerbauten, zeigt aber heute die Erneuerung seit 1330 mit dem fünfgeschossigen Wohnturm, der 1345 vollendet wurde (Abb. 113). Über dem tonnengewölbten Verlies im Kellergeschoß folgen vier Hauptgeschosse, von denen das oberste mit einem Kreuzrippengewölbe abschließt. Vier Eckürmchen und das vorkragende Wehrgeschoß schmücken den Turm, an den sich die quadratische Wasserburg anschließt. Der Palas an der Rheinseite und die älteren Flügel sind Ruine, der schlichte Ostflügel wurde gegen 1682 durch G. A. Barella neu errichtet.

Kurz nach Errichtung des Wohnturmes wurde während zweier Jahrzehnte die *Pfarrkirche St. Peter und Paul*, über einer Basilika aus dem 9. Jahrhundert, erbaut. Ab 1400 wurde der Westturm weiter aufgestockt (Abb. 112). Die Obergeschosse von 1420/30, Blendmaßwerk und das Portal stammen von einem Schüler des Frankfurter Dombaumeisters Madern Gerthener. 1961 entdeckte man Malereien in der Vorhalle. Gegen 1405 wurden die Szenen um das ›Jüngste Gericht‹ gemalt. Der Taufstein von 1517, eine Mondsichelmadonna aus etwa gleicher Zeit, der neugotische Altar und die gleichzeitige Orgel, Grabsteine und Epitaphien bilden eine recht geschlossene Ausstattung und werden auf der nördlichen Außenseite der Kirche durch eine Ölberggruppe von 1520 ergänzt.

Der *Hof Langwerth von Simmern* enthält mehrere einst selbständige Höfe, darunter als gut erhaltenes Beispiel eines Steinbaues spätgotischer Tradition den *Stockheimer Hof* von 1550. Ebenso besteht der *Gräflich Eltzsche Hof* aus mehreren adligen und kirchlichen Einzelhöfen des 17. und 18. Jahrhunderts (Abb. 112).

Außerhalb der Altstadt unmittelbar am Rhein liegt die im Kern romanische *Burg Craß*, der ehemalige Hof der Freiherren von Dehrn (1840 neugotisch verändert). Hübsche *Fachwerkbauten*, das *Rathaus* des 16. Jahrhunderts, *Steinbauten* des 18. Jahrhunderts und die Reste der regelmäßigen *Stadtbefestigung* erzählen vom Reichtum der Siedlung und den Segnungen dieses Landesteiles.

Es folgt ERBACH mit dem *Markobrunnen*, benannt nach einer ausgesprochen guten Weinlage, mit dem *Schloß Reinhardshausen* (1855), und weiter der Weinort Hattenheim. Schöner ist es, einen Umweg von sechs Kilometern über Kiedrich und Kloster Eberbach zu erwandern oder zu erfahren.

KIEDRICH, zu Füßen des aufragenden Rundturmes der *Ruine Scharfenstein* (13. Jh.), nennt sich zu Recht das 'gotische Weindorf'. Seit 1250 selbständige Pfarrei, bedeutende Wallfahrtsstätte des Mittelalters, gefördert durch den englischen Baronet John Sutton (1820-73), läßt Kiedrich heute Bedeutendes sehen und hören, denn der Lord machte sich um die Wiederherstellung der Pfarrkirche ebenso verdient wie um die Sangeskunst. Er stiftete eine Schule zur Pflege des Gregorianischen Chorals. Jeden Sonntag kann man die Chorknaben hören, wenn sie in der Messe aus ihren Kiedricher gotischen Notenbüchern singen.

1380/90 begann man den Bau der *Pfarrkirche St. Valentin*. Der Bau des Westturmes, unter Einfluß Madern Gertheners, der Chor zwischen 1450 und 80 errichtet, die Erhöhung und Wölbung des Langhauses und die Gesamtrestaurierung von 1858-90 mit dem Bau des fünften Turmgeschosses ergeben ein eindrucksvolles reichgegliedertes Gesamt. Bevor man durch das zweiflügelige Westportal eintritt, sollte man sich das herrliche Tympanon mit der Marienkrönung von 1410/20 ansehen. Dann öffnet sich der eindrucksvolle Kirchenraum dem Blick. Spitzbogige Arkaden geleiten zum breiten Chor. Ein Lettner, dem Triumphbogen vorgelagert, teilt Langhaus und Chor. Ein Sterngewölbe mit Wappen der Rheingauer Adelsfamilien überfängt den Raum und die Ausstattung. Der Epitaphaltar für den kurmainzischen Rat Caspar von Eltz ist gleichzeitig Hochaltar. 1619 geschaffen, zeigt er den Übergang von der Renaissance zum Barock. Vergleichbar ist er dem Katharinenaltar im südlichen Seitenschiff (1620), dieser ist ein Epithaphaltar für die Familie von Schwalbach. Es ist völlig ungewöhnlich, daß Familiengrabmäler gleichzeitig als Altar genutzt werden. Im nördlichen Seitenschiff steht der Johannesaltar von 1500, dessen Flügel 1862 gemalt wurden. Als kostbarster Schatz lächelt im Chor die 1330 geschaffene thronende Madonna. Der Marienaltar auf der Südempore entstand gegen 1480, das Sakramentshäuschen wenig später, 1493 wurde die Steinkanzel mit durchbrochenem Maßwerk geschaffen, das Chorgestühl 1510 und 1530. Der plastische Schmuck, gotische Schmiedearbeit, die *älteste Orgel Deutschlands* (vor 1500, noch spielbar) und das beschnitzte Gestühl ergänzen eine der reichsten Kirchenausstattungen des Rheingaues.

Wieder im Wehrhof der Kirche sieht man eine *Kreuzigungsgruppe* von 1530 aus der Schule Hans Backoffens, des einflußreichsten Plastikers dieser Gegend und dieser Zeit. Daneben steht die zweigeschossige *Totenkapelle St. Michael* (um 1440; Abb. 115). Im Erdgeschoß befand sich das Beinhaus, im Obergeschoß die netzgewölbte Kapelle. Die Kapelle besitzt eine Außenkanzel zum Hof. Im Innern birgt sie einen siebenarmigen Kronleuchter, Glanzstück spätgotischer Schmiedekunst zu Füßen der herrlichen Doppelmadonna (1510/20) aus dem Umkreis Hans Backoffens (Abb. 116).

Das *Rathaus* von 1585, *Adelshöfe* des 17. und 18. Jahrhunderts, *Fachwerkhäuser* des 16. und 17. Jahrhunderts runden den Eindruck ab.

Von Kiedrich führt der Weg durch ein Wiesental unterhalb der Hallgartener Zange (580 m) zum Kloster Eberbach.

Nach schwierigen Anfängen trafen 1135 Zisterziensermönche aus Clairvaux im Kissel- oder Eberbachtal ein, um eine Stiftung des Erzbischofs Adalbert zu Mainz in

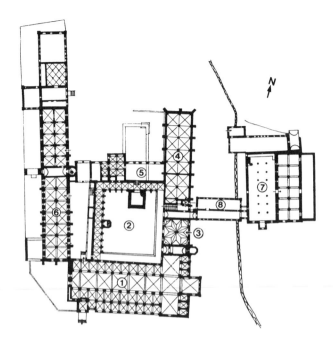

Eberbach: Grundriß der Klosteranlage
1 *Kirche*
2 *Kreuzgang*
3 *Kapitelsaal*
4 *Fraternei*
5 *Barockes Refektorium*
6 *Laienrefektorium*
7 *Ehem. Hispital*
8 *Neues Krankenhaus*

asketischer Gesinnung zur Vollendung zu führen. Zwischen 1145 und 1186 entstanden *Kloster und Kirche* EBERBACH (Farbt. 35), die für Schönau bei Heidelberg (1142–45), Otterberg in der Pfalz (1144/45), Gottestal bei Lüttich (um 1150) und Kloster Arnsburg in der Wetterau (1174) vorbildlich wurden. Die genannten Klöster sind Tochtergründungen von Eberbach. 1230 wurden die Klostergebäude vollendet, aber schon 1260/70 mußte der Wohnflügel der Mönche erweitert werden. Die gotische Kapellenreihe am südlichen Seitenschiff der Kirche entstand ab 1313. Nach der Aufhebung des Klosters 1803 wurde es zur Irren- und Strafanstalt degradiert. Von der reichen Ausstattung der romanischen Kreuzbasilika (darunter vierunddreißig Altäre) blieb außer den Grabsteinen nichts. An dem 1740–41 überbauten romanischen Pfortenhaus (Weinhaus Ress) vorbei, führt der Weg zum Kloster. Westlich davon liegt das neue Klosterportal (1774), das letzte von den Mönchen errichtete Bauwerk.

Wenn man in das Innere des kargen und feierlichen Kirchenraumes tritt, ist man von der Länge und seiner mächtigen Gliederung überrascht (Abb. 114). Die gleichmäßige Abfolge der Halbkreisarkaden, die betonte Jochgliederung, die Vorlagen, die Konsolen, die Gurtbögen, die Grate der Kreuzgewölbe rhythmisieren den Raum, wirken möglicherweise auch darum so eindrucksvoll, weil nichts von der Architektur ablenkt. Auf der Ostseite der Querarme öffnen sich je drei auffallend niedrige Kapellen. Wenn man vom Kircheneingang nach Osten geht, um dem Klosterrundgang zu folgen, geht man über die Reste des originalen Fußbodens. An der Nordwand des Altarraumes erreicht man das reich geschmückte Hochgrab des Mainzer Erzbischofs Gerlach von Nassau (†1371). Seine Grabplatte, die jetzt aufgerichtet ist, lag ehemals unter dem Steinbaldachin. Den Skulpturenschmuck schuf der Meister des Severi-Sarkophags in Erfurt. Bei allem Wirklichkeitsstreben in Gesichtern und Gesten tragen die Figuren doch schon die Zeichen des beginnenden Weichen Stils. Links neben Gerlach die Grabplatte für Erzbischof Adolf II. von Nassau (†1475), eines der besten Denkmäler der Spätgotik am Mittelrhein. Den Stil der Hochgotik vertritt das Relief des Domkantors Eberhard von Stain (†1331). Die Grablege der Grafen von Katzenelnbogen im Südquerhaus, die neunundzwanzig Grabplatten von Äbten des Klosters (14. – 18. Jh.) und die Grabmäler von Hans Backoffen für Wigand von Hynsperg (†1511) und Adam von Allendorf (†1518) befinden sich in den Südkapellen.

Die *Klostergebäude* schließen an die Nordseite der Kirche an: im Westen das Kloster der Laienbrüder, im Osten der Kreuzgang mit den Gebäuden der Mönche. Östlich davon liegt der Hospitalkomplex. Die Reste des Kreuzganges stammen aus der zweiten Hälfte des 13. Jahrhunderts, sie werden durch dreiteilige, einfache Maßwerkfenster rundbogig geschlossen. Ost- und Südflügel wurden nach der Säkularisation zerstört. Reizvolle Gewölbekonsolen des 14. Jahrhunderts sind die erhaltenen wenigen Reste. Der Sakristei folgt der Kapitelsaal mit den romanischen Fenstern. Im Innern zeigt er Umbauten von 1350. Ein achteckiger Mittelpfeiler trägt ein Sterngewölbe. Es folgen die Aufenthaltsräume der Mönche und das Dormitorium (Schlafsaal). Der Schlafsaal ist eine eindrucksvolle zweischiffige Halle von elf Jochen. Kurze Rundpfeiler mit reichen Blattwerkkapitellen tragen die hoch ansteigenden Kreuzrippengewölbe. Von hier führt eine Treppe in das nördliche Querschiff der Kirche. An der Nordseite des Kreuzganges liegt das Mönchsrefektorium, das man durch ein romanisches Portal erreicht. Gegenüber stand das zerstörte Brunnenhaus – ein Baum mit seinem Blattdach formt es heute nach. Küche, Bäckerei, Spendenraum und über der Küche die Wärmestube schließen nach Westen an. Den Westflügel des Kreuzgangs bildete einst ein überdeckter Gang. Um 1500 wurde er aufgestockt und nach Westen erweitert. In das Fachwerkobergeschoß führt ein achteckiger Treppenturm.

Dahinter liegt der *Bau der Laienbrüder* aus der Zeit um 1200. Im Erdgeschoß ist ein *Kelternmuseum* aufgebaut. In entgegengesetzter Richtung liegt der *Hospitalbau* (1220). Klosterbereich und Hospital sind durch das 1752/53 erbaute *Neue Krankenhaus* verbunden, das zugleich als Wohnung des Priors diente.

Eberbach ist seit 1918 staatliche Weinbaudomäne. Der ehemalige Hospitalbau ist Kelterhaus und Gärkeller, die Fraternei wird als Kabinettkeller benutzt. Vielleicht hätten die Mönche nicht einmal etwas gegen die Nutzung der Räume, denn der Rheingau-Weinbau verdankt ihnen viel. Ereignisse für Weinkenner sind die jährlichen Versteigerungen des 'Eberbacher Steinberg'. Der 20 Hektar große Weinberg bringt Weltspitzenweine hervor.

Wieder zum Rhein nach HATTENHEIM mit der *Burgruine* der Ritter von Hattenheim. Ein Städtchen mit schönen *Fachwerkhäusern,* stattlichen *Weinhöfen* und einer *Kirche St. Vincenz* aus dem 18. Jahrhundert mit einem Turm von 1230. Vor der Pfarrkirche, in der eine karolingische Kapelle ergraben wurde, steht eine Kreuzigungsgruppe, aus Tuffstein geschlagen, von 1520. Wieder vermutet man die Werkstatt Hans Backoffens. Rheinabwärts folgen *Schloß Reichartshausen* (1742) ursprünglich Weinlager des Klosters Eberbach, und der Weinort Oestrich.

Der hölzerne *Rheinkran* von 1652 ist OESTRICHS Visitenkarte. *Fachwerkhäuser,* die neugotische *Kirche St. Martin* (Abb. 118), sind kurze Eindrücke auf dem Weg zum 2,5 km nördlich gelegenen HALLGARTEN, dessen *Pfarrkirche Mariä Himmelfahrt* eines der edelsten Werke der mittelrheinischen Tonplastik birgt: die Madonna auf der Mondsichel, die ›Hallgartener Madonna‹ von 1415. Aus der gleichen Form geschaffen, zählt ihre Schwester, die ›Vierge de Mayence‹, heute zu den Schätzen des Louvre in Paris. Neben der Kirche, ganz rechts, eine Kreuzigungsgruppe, um 1530, aus der Nachfolge Hans Backoffens.

Mittelheim und Winkel schließen am Rheinufer an Oestrich an.

1504 bauten die Bürger des Rheingauortes MITTELHEIM ihr *Rathaus.* Erst 1957 wurden durch einen Umbau die offenen Arkaden geschaffen, die den Bau gliedern. Mächtige Eichenpfeiler tragen das obere Stockwerk. Hier befindet sich im Sitzungszimmer die alte Ratstruhe aus dem Jahre 1591. Die Vertreter der Bürgerschaft sitzen bei ihren Beratungen noch immer auf alten, kunstvoll geschnitzten Holzstühlen, rings um den Ratstisch, dessen Platte eine große Schiefertafel ist, auf der man die von den Bürgern zu zahlende Gemeindesteuer berechnen konnte.

Die *ehemalige Augustinerinnen-Klosterkirche St. Ägidius* in Mittelheim (Farbt. 39) stammt in ihrer heutigen Form aus der Zeit um 1140. Um 1170 wurde das Querhaus in einer zweiten Bauphase erweitert und erhöht. Die Architektur zeigt Verbindungen zu Kloster Eberbach und der Basilika in Johannisberg. Sechs kämpferlose Pfeilerarkaden stützen das flachgedeckte Langhaus. Durch ein Stufenportal in der Westfassade, dessen Türflügel die romanischen Beschläge zeigen, tritt man in das Innere. Auch der Hochaltar stammt noch aus der Bauzeit. Es ist ein Blockaltar.

Auch in WINKEL steht ein romanisches Bauwerk, das man wie die Klosterkirche in Mittelheim im Vorbeifahren auf der Rheinuferstraße sehen kann. Das zweigeschossige *Graue Haus* (Farbt. 36), Burgsitz der Herren von Winkel, gen. Greiffenclau, ist ein einfacher, aber bedeutender Bau, der möglicherweise schon zu Ende des 11. Jahrhunderts errichtet wurde; derzeit wird daran gearbeitet. Die *Pfarrkirche* von Winkel aus der Zeit von 1670/80 mit zeitgleicher einheitlicher Ausstattung ist ebenso sehenswert wie das *Brentanohaus* in der Hauptstraße 89 (Abb. 119). 1751 wurde der Landsitz der Frankfurter Kaufmannsfamilie gebaut, 1782 erweitert. Clemens und Bettina Brentano, Achim von Arnim, Savigny, Grimm, Wieland waren hier zusammen und, ganz recht, auch er, Johann Wolfgang Goethe – ein Goethezimmer erinnert daran – zählte hier oft zu den Gästen. Auf dem Friedhof in Winkel findet der Literaturfreund das Grab einer der seltenen deutschen Dichterinnen, der Romantikerin Karoline von Günderode, die 1806 im Rhein den Freitod fand.

Von Winkel nach Geisenheim empfiehlt sich wieder ein Abstecher von der Uferstraße, ein lohnender Umweg von wenigen Kilometern zu den Schlössern Vollrads und Johannisberg. VOLLRADS, der weiträumigste Adelssitz des Rheingaues, liegt in die Weinberge eingebettet. Aus einem Weiher ragt der bedeutende *Wohnturm* (Abb. 120). Vor seiner Entstehung übernahmen die Herren von Vollrads den Besitz von den Herren von Winkel, genannt von Greiffenclau. Der Turm in seinem quadratischen Becken wurde 1471 ausgebaut, das benachbarte zweiflügelige *Schloß* 1680. SCHLOSS JOHANNISBERG liegt 'fürstlicher'. Von seinen Terrassen hat man herrliche Tiefblicke in den Rheingau. 1775 wurde in Johannisberg die Edelfäule entdeckt – seitdem gibt es die Spätlese. Das dreiflügelige *Schloß* wurde 1718–1725 nach Plänen A. Gallasinis für den Fuldaer Fürstabt Constantin von Buttlar errichtet. Das Hauptgebäude wurde 1826–35 von Georg Moller umgebaut und nach der Zerstörung durch den Zweiten Weltkrieg vereinfacht wiederaufgebaut. Heute wohnt hier die Familie der Fürsten Metternich-Winneburg. Auch die *Kirche* wurde zerstört und ist als Nachkriegsrekonstruktion des Gründungsbaues (Anfang 12. Jh.) anzusehen. Das *ehemalige Benediktinerkloster* wurde bereits 1088 durch das Kloster St. Alban in Mainz errichtet.

Adelshöfe, Fachwerkhäuser, Weinbau seit 874 urkundlich nachgewiesen, aber seit 'Drusus Usus', die *Pfarrkirche Hl. Kreuz* aus dem späten 15. Jahrhundert mit 1512 und 1518 netzgewölbtem Chor, und reicher Ausstattung, das ist GEISENHEIM. In der Kirche, neben Ausstattungsteilen des 19. Jahrhunderts, die Gräber für Friedrich von Stockheim (†1528) und Irmel von Carben (†1529), feine Renaissancearbeit mit vollrunden Bildnisfiguren. Man findet sie an der Nordwand des Chores. An der Südwand befindet sich das Grab für Philipp Erwin von Mainz, der im Stockheimer Hof als Erzbischof von Schönborn und Erzkanzler des Heiligen Römischen Reiches Deutscher Nation den Vorvertrag zum Westfälischen Frieden aushandelte, der dem Dreißigjährigen Krieg ein Ende setzte. Der *Stockheimer Hof* in der Winkeler Straße 64 wurde 1550 erbaut (Abb. 117). Die vier Ecktürmchen und der Treppenturm sind Merkmale der Spätgotik und zeigen Verwandtschaft zum ehemaligen Stockheimer Hof in Eltville. Sehr hübsch ist auch das *Ostein-Palais* in der Rüdesheimer Straße 34 (1766–71). Der Mitteltrakt der Dreiflügelanlage wurde bereits 1812 abgerissen. In den Gartenpavillons mit den dreiseitig vorspringenden runden Mittelräumen sieht man ausgezeichnete Stuckdekoration und Malereien ländlicher Szenen (1771) von Christian Georg Schütz.

In der Nähe der Pfarrkirche von Geisenheim steht ein *Brunnen,* der das Denkmal für den amerikanischen Dichter Longfellow (1807–82) trägt. Longfellow besang in seiner ›Goldenen Legende‹ die Romantik des Rheines, die in der Drosselgasse in RÜDESHEIM weinselig verbogen wird. Die dortigen Sehenswürdigkeiten, so die mächtige *Brömserburg* aus dem 12. Jahrhundert, kommen kaum zur Geltung. Wirkliche Weinfreunde besuchen hier das *Rheingau- und Weinmuseum*. Man erfährt, daß der berühmte Weinort seit römischer Zeit ununterbrochen besiedelt war. Eine Sammlung von Trinkgefäßen ergänzt die Erkenntnis in Sachen Wein. Die *Burg*, westlich des Ortes ist eine Wasserburg auf rechteckigem Grundriß mit freistehendem quadratischem Bergfried. Mauern und dreigeschossige Wohnflügel schließen alle Seiten. Erneuert wurde die Anlage 1812 durch Georg Moller. Von der benachbarten Oberburg steht nur der annähernd quadratische *Bergfried* von 1200. Das *neugotische Wohnhaus* erbaute Philipp Hoffmann 1836. Ein *romanischer Bergfried* blieb auch von der Vorburg in der Nähe des Marktes erhalten.

Die Burgen schützten die Kaufmannswege durch den Kammerforst nach Lorch. Der Kaufmannsweg umging die schwierige Rheinenge des 'Binger Loches' im Rücken des Felsriegels. Die *Pfarrkirche St. Jakob*, gegen 1400 erbaut, wurde nach dem Zweiten Weltkrieg modern aufgebaut. Von der alten Ausstattung blieb nur wenig erhalten: Grabmäler des 16. Jahrhunderts und das ehemalige Tympanon des Westportals (um 1400) mit der Darstellung der ›Hl. Veronika mit dem Schweißtuch‹ und einer ›Anbetung der Hl. Drei Könige‹.

Der *Brömserhof*, ein Komplex aus spätgotischen und Renaissanceteilen (Obergasse 6-10), der *Klunkhardshof*, ein Patrizierhaus aus dem beginnenden 16. Jahrhundert (Farbt. 38) und Teile der Stadtbefestigung mit dem spätgotischen runden *Adlerturm* sind ebenso sehenswert wie die nahen Ausflugsziele. Fußweg und Gondelbahn führen durch und über die Weinberge zum *Niederwalddenkmal* (1883) mit der Kolossalstatue der Germania als Personifikation des Deutschen Reiches. Auf dem Höhenrücken liegt das *Jagdschloß* der Mainzer Erzbischöfe von 1764. Der Park ist mit den üblichen Baulichkeiten romantischer Schwärmerei angereichert.

Wendet man der 10,5 m hohen Kolossal-Germania den Rücken zu, hat man den Blick auf die Mündung der Nahe in den Rhein und auf das 'Binger Loch'. Man erreicht in herrlicher Lage ein Wahrzeichen der Berglandschaft des Binger Loches, die *Burgruine Ehrenfels* (Abb. 121). Zusammen mit dem Mäuseturm im Rhein sicherte die Ruine der Mainzer Zollburg den Nord-Eingang des Rheingaues. Unterhalb der Burg standen befestigte Zollhäuser. Das südliche Rheinufer deckte die mainzische *Burg Klopp* bei Bingen. Während die Einzelformen des Mäuseturmes durch seine Wiederherstellung 1855 bestimmt werden, vermittelt die Ruine Ehrenfels trotz ihrer Zerstörung 1689 den stolzen Eindruck ihrer Gründungsanlage von 1211. Eine typische Hangburg mit mächtiger Schildmauer und doppeltem Wehrgang zwischen zwei Ecktürmen. Vor der über 4 m breiten und 20 m hohen Mauer läuft ein Halsgraben. Hinter der Mauer liegt ein fast quadratischer Hof, den eine Mauer mit Wehrgang umgibt. Gegen den Rhein hin stand der Palas.

DER HESSISCHE RHEIN: ASSMANNSHAUSEN BIS LORELEY

Dem Durchbruch des Rheines zwischen Hunsrück und Taunus folgt ASSMANNSHAUSEN (Farbt. 37) mit den historischen Gasthäusern, in denen der Höllenberg, eine der besten deutschen Rotweinlagen, gereicht wird. Auf der Fahrt folgt Lorch. Die Siedlung LORCH staffelt sich am Steilhang des Ufers. Auf der höchsten Uferterrasse befinden sich Pfarrkirche und Marktplatz. Die *Pfarrkirche St. Martin* liegt beherrschend über dem Ort. Der Westturm gehört in seinem unteren Teil noch zu einem spätromanischen Vorgängerbau. Die heutige Kirche wurde gegen Ende des 13. Jahrhunderts begonnen. Im frühen 14. Jahrhundert kam das Langhaus dazu, um 1400 das nördliche Seitenschiff. Wie in Rüdesheim und in Eltville weist sich die Kirche als zweischiffige asymmetrische Halle aus. Um 1480 wurden die beiden Vorhallen angebaut. Bedeutsam ist die spätmittelalterliche Ausstattung, darunter einer der schönsten Altäre des Mittelrheins, der 'Hochaltar von 1483'. Der feingliedrige Altar birgt in seinem Schrein zehn Statuennischen in zwei Geschossen gestaffelt. In der Mitte sieht man die Gottesmutter, darüber den Kirchenpatron, als Bekrönung die Kreuzigung. Das Sakramentshaus (Anfang 15. Jh.), das phantasievolle Chorgestühl, ein Taufstein von 1464 mit reichen Reliefs, von Löwen und Hunden getragen, ein Kruzifix aus der ersten Hälfte des 13. Jahrhunderts und gute Grabsteine ergänzen die Ausstattung. In der Kirche steht auch das Grabmal des kaiserlichen Feldmarschalls Johann Hilchen von Lorch (†1550). Sein *Haus* an der Rheinstraße, kurz vor seinem Tod gebaut, im Giebel 1573 vollendet, ist eines der vollkommensten hessischen Renaissancehäuser. Das dreigeschossige Steinhaus mit vier Giebelgeschossen steht auf winkelförmigem Grundriß. Ein Treppenturm ist seitlich angebaut. Die Schauseite wendet sich dem Rhein zu. Lorch besitzt auch andere schöne Häuser, Reste der *Stadtbefestigung* und im *Rathaus* ein *Heimatmuseum* mit qualitätvollen mittelalterlichen Kunstwerken des Rheingaues. Gegenüber von Lorch auf halber Höhe des Gebirgszuges die *Burgruine Nollig*, die im 14. Jahrhundert zur Sicherung der Wispermündung angelegt wurde.

Nicht weit von hier, hinter Lorchhausen, endet der Rheingau. Das Niedertal bildet die Grenze zwischen Hessen und Rheinland-Pfalz. Der Weg durch das restliche Hessen wird von Frankfurt aus wiederaufgenommen. Der Main, Ried, Bergstraße und Odenwald sind die folgenden großen Routen.

Vom Schiff aus kann man die Schönheit des Rheintales erst richtig kennenlernen. Man sollte deshalb ein Schiff der 'Weißen Flotte' am Landungssteg in Rüdesheim besteigen. Steil erheben sich die Rebenhänge des Niederwaldes. Vor uns klebt die Ruine Ehrenfels zwischen den Weingärten am Felsen. Am anderen Ufer des Flusses liegt Bingen, die Stadt Stefan Georges.

Das Schiff löst sich vom Landeplatz und wird von der starken Strömung des Rheins schnell fortgetragen zum Binger Loch. Der Lotse kommt an Bord. Er klettert von seinem kleinen Kahn auf das Schiff. Der Wahrschauposten auf dem Mäuseturm (Maut = Zoll) zeigt an, ob die Fahrrinne frei ist. Wild schäumt der Strom gegen die Klippen. Steil steigen die Hänge an beiden Seiten des Stromes empor. An der Sonnenseite des Engtales reift der Wein an den Berghängen. Auf der Schattenseite wächst Buschwald. Eng ist das Tal, so daß zwischen Ufer und Berg kaum Platz für Straße und Eisenbahn bleibt.

Bald steigt vor uns die Loreley, bekannt als Fee und Felsen, 200 m wie eine gewaltige Wand in die Höhe (Lei = Schiefer). Hier ist der Strom nur 165 m breit (bei Rüdesheim beträgt die Strombreite 850 m).

An jeder Windung des Rheins öffnet sich eine neue, schöne Aussicht: Sonnenbeschienene Weingärten an den Berghängen, dunkle Wälder, die vom Ufer bis zur Höhe die Berge bedecken. Dörfer mit alten Fachwerkbauten und modernen Hotels am Beginn der Seitentäler, Burgruinen in luftiger Höhe.

Die Felsenschranke des Binger Lochs ist eine Quarzitschranke, die quer zur Strömung steht. Dieses Hindernis wirkt wie ein natürliches Stauwehr. Vergebens rennt der Strom wider diese Schranke. Er kann sie nicht abschleifen oder zersägen oder durch mitgebrachten Schotter zerreiben. Das Gestein ist hart.

Um den Schiffen den Weg zu bahnen, hat man eine Durchfahrt durch die Steinbarriere gesprengt. Etwa 30 m ist die Öffnung breit. Das Rheinwasser trägt in rascher Fahrt die Schiffe am Mäuseturm vorbei talwärts. Die 'Bergfahrer' allerdings müssen sich mit aller Kraft ihren Weg gegen die reißende Strömung bahnen. Nur langsam kommen sie voran.

Weder 'Tal-' noch 'Bergfahrer' wagten es, allein durch diese schmale enge Fahrrinne zu fahren. Schon manches Schiff mußte hier seine Reise beenden, wurde quer zum Strom gedrückt und an den Felsen in mehrere Teile zerbrochen. Andere fuhren mit ihrem Schiffskörper auf die harten Klippen und rissen sich den Schiffsleib auf. Das Singen der blonden Frau war also nicht alleine schuld.

Bei Niedrigwasser im Sommer ragen die Klippen aus dem Wasser heraus. Trotzig schauen sie aus. Wenn man sie so sieht, kann man verstehen, warum jeder Schiffsführer nach dem Passieren der Felsklippen aufatmet.

Frankfurt

Wer in FRANKFURT aus dem von Max Beckmann so geschätzten *Hauptbahnhof* heraustritt und den Stil der Gründerjahre sorgfältig studiert hat, den dieses Bauwerk (1881–1888 von Eggert und Hottenrott) auszeichnet, dann, der Kaiserstraße folgend, die Hochhäuser der *Banken* sieht (Deutsche Bank, Commerzbank, Dresdner Bank, Bank für Gemeinwirtschaft und andere), der erfaßt sehr schnell die spannungsreiche Gegenwart dieser bedeutendsten hessischen Stadt.

Schlagartig erhellt sich das Bild Frankfurts am nahen *Ponto-Platz*. Diesen jüngsten Platz Frankfurts, im Raum zwischen Kaiser-, Weser- und Taunusstraße, gestaltete Prof. Heinz Mack. Verkehr, Banken, Kunst, die Kaufhäuser, die Wohnhäuser, die Platzfläche mit ihrem hellen und dunklen Granit und die drei Objekte von Mack verbinden sich zu einer Einheit aus Bewegung, Licht, Geräusch und Raum, wie sie dieser Stadt eigen ist. Das Ensemble faßt das dynamische Spannungsverhältnis Frankfurts anregend und interessant in eine künstlerische Formel.

Frankfurt war eine Pfalz Karls des Großen an der Furt des Mains (Pfalz-Wohnung und kaiserliches Hofgut), ›Franconofurd‹ war ihr Name (794).

Aus der kaiserlichen Pfalz wurde eine Krönungsstadt (Dom, Römer), wurde durch seine Lage am Main und den Straßen von Nord nach Süd und Ost nach West die Stadt der Messen und des Handels. Die Altstadt wurde zu eng, vor den Stadtmauern entstand die Außen- oder 'Neustadt'. Die Stadtmauern mußten abgerissen werden, Frankfurt wuchs, die Entwicklung zur Großstadt begann. Fast alle Industriezweige sind anzutreffen. Die Frankfurter Frühjahrs- und Herbstmessen und die verschiedenen Ausstellungen auf dem Messegelände sind 'Schaufenster' der Arbeit und des Fleißes aller Länder.

»Es will mer net in de Kopp enei:
Wie kann nur en Mensch net von Frankfort sei.«

So das Lied. Man kann nicht verstehen, daß viele, auch Hessen, Frankfurt nicht mögen. Es ist die einzige Stadt Hessens mit Weltstadtcharakter; hart und spröde, großzügig und befreiend. Kunst und Alltag, Geschäft und Idyll mischen sich selbstverständlich. Um das Alte bemüht man sich wieder mehr. Nun ist sogar die *Alte Oper* (von Richard Lucae, J. A. Becker und E. Giesenberg 1873–1880 erbaut) als

Konzertbau wieder eröffnet. Sie war einst eines der prächtigsten und schönsten Opernhäuser Europas. 1944 brannte sie aus. Am 28. August 1981 wurde sie als Konzert- und Kongreßhaus wiedereröffnet. Allein der Große Saal besitzt 2423 Plätze. Die Mischung aus neu und alt macht dieses Haus zu einem Erlebnis. Gleichzeitig wächst immer Neues nach. Wer Frankfurt gegen Florenz ausspielen will, ist ein Narr, wer es mit Bad Sooden-Allendorf vergleicht, ist ein Träumer. Frankfurt ist die Stadt unserer Wirklichkeit. Es spiegelt die Probleme unserer Städte, unserer Wirtschaft, unserer Kultur, unserer Menschlichkeit bzw. Unmenschlichkeit und ist von daher eine ständige Anforderung, eine belebende Aufgabe.

Als es 1180 den Mauerring erhielt, wurde es wehrhaft; man sieht noch heute Reste davon, die sog. Staufermauer. Als 1222 die Alte Brücke über den Main geschlagen wurde, wurde es offen für Kaufleute, für Reichtum, 1239 wurde der Neubau des Domes beschlossen; eine zweite Messe, neben der Herbstmesse kam 1330. Die Stadt erhielt 1333 einen zweiten Mauerring und war schon so bedeutend, daß sie 1356 in der 'Goldenen Bulle' zur Stätte der Königswahl bestimmt wurde. Schon 1152 war allerdings Friedrich I. Barbarossa in Frankfurt zum König gewählt worden. Wie in vielen Städten Hessens brachten Glaubensflüchtlinge aus Frankreich und auch aus den Niederlanden im 17. Jahrhundert neue Impulse für den Handel.

Frankfurt: Kupferstich von Matthäus Merian aus der Topographia Hassiae, 1655

FRANKFURT

Aus der Messestadt wurde die Stadt der Banken und der Börse. In Frankfurt wuchs die Dynastie Rothschild. In napoleonischer Zeit wurde Frankfurt ab 1806 Sitz des Fürstprimas des Rheinbundes und ab 1810 Hauptstadt des neugeschaffenen Großherzogtums Frankfurt, wurde 1813 Freie Stadt und Sitz der Deutschen Bundesversammlung, die von 1816-1866 bestand. Dann wurde es preußische Provinzstadt durch den Zorn Bismarcks über den demokratischen Liberalismus Frankfurts.

Von all dem erzählt der *Römer* (Farbt. 33). Man sollte hier mit dem Frankfurter Rundgang beginnen. Alle Schulkinder Frankfurts und des weiteren Umlands müssen neben Senckenbergmuseum, Städel, Goethehaus und Zoo auch den Römer und hier vor allem den Kaisersaal besuchen. Seit Maximilian II. sich 1562 in Frankfurt wählen ließ, zogen die Herrscher nach dem Krönungsakt im neuen Glanz vom Dom zum nahen Rathaus, vom Volk bejubelt zum Festbankett. Die letzte Kaiserkrönung zu Frankfurt war die von Franz II. im Jahre 1792. Vom Dom und vom Römer schritten 1848, ohne prunkvolle Tafelspeisung, die Abgeordneten der Nationalversammlung in feierlichem Zug zur Paulskirche. Hier hielten die deutschen Fürsten wieder ein Festmahl, als sie 1863 über die Wiederbelebung des Deutschen Bundes im Palais Thurn und Taxis berieten.

Ein besonderes Rathaus, ganz aus Stein, immer noch zentraler Sitz der Stadtverwaltung, seitdem es 1405 vom Rat der Stadt gekauft wurde. Damals ein Patrizierhaus ›Zum Römer‹, den wachsenden Bedürfnissen angepaßt, beherrscht der Römer heute den weiten Platz mit seiner dreigiebeligen Fassade. Das Wahrzeichen Frankfurts birgt hinter seinen drei gotischen Staffelgiebeln ursprünglich drei Häuser: Alt-Limpurg, Römer und Löwenstein. Später kamen noch die Häuser Frauenstein und Salzhaus hinzu. Hinter den fünf hohen Mittelfenstern der Römer-Fassade befindet sich der Kaisersaal mit Porträts von 52 Kaisern. Römerhalle, Schwanenhalle, Ratskeller, Limpurgsaal, Kapellchen und Kaisersaal kann man besichtigen und eventuell auch auf den Balkon treten, auf dem sich heute Fußballer, Radfahrer und Politiker dem jubelnden Volk zeigen. Immer noch Empfänge in dem im März 1944 von vielen Bomben getroffenen Haus, prominente Gäste, Goldenes Buch. Das bedeutendste hessische Rathaus der einstmals freien Reichsstadt lebt. Als 1866 der Deutsche Bund zerbrach und Frankfurt aufhörte, eine freie Reichsstadt zu sein, vollzog sich der Eingliederungsakt in den preußischen Staat im Kaisersaal.

Vor dem Römer in der Mitte des weiten Platzes steht der *Gerechtigkeitsbrunnen,* 1543 als Zeichen des Marktrechts erstmals auf dem Römerberg aufgestellt und oft erneuert, 1611 mit dem Standbild der Justitia aus Stein, 1887 aus Bronze nachgeformt. Bei Kaiserkrönungen floß Wein aus dem Brunnen. Von hier hat man einen schönen Blick zum Dom. Nun am *Steinernen Haus* vorbei, einem wiederaufgebau-

105 BAD HOMBURG v. D. H. Das Schloß, oberes Portal und Halle von 1900 mit Doppelsäule vom 1810 abgebrochenen Kreuzgang des Klosters Brauweiler bei Köln, zweite Hälfte des 12. Jh. ▷

106 IDSTEIN/Taunus Pfarrkirche, sog. Unionskirche, 1667–77 umgestaltet, mit reichem Bilderzyklus (1673–75)

107 WIESBADEN Das Kurhaus (1905–07)
108 WIESBADEN Hessisches Staatstheater (1892–94)

109 WIESBADEN Das Schloß (1837–41), Sitz des Hessischen Landtages

110 WIESBADEN Die 1848–55 erbaute Griechische Kapelle, Gruftkirche der Herzogin Elisabeth Michailowna von Nassau

111
WIESBADEN-BIEBRICH Das Schloß, Mittelbau durch Maximilian von Welsch (1710–19), Gartenseite

114
EBERBACH/Rheingau Ehem Zisterzienserkloster, 1186 geweiht (s. a. Farbt. 35)

115
KIEDRICH/Rheingau Chorerker der Michaelskapelle (1440

112 ELTVILLE/Rheingau Turm der Pfarrkirche, Obergeschosse 1420–30, und Eltzscher Hof

113 ELTVILLE/Rheingau Turm der Burg (1330)

116 KIEDRICH/Rheingau Michaelskapelle: Doppelmadonna (um 1510–20) mit siebenarmigem Leuchter

117 GEISENHEIM/Rheingau Ehem. Stockheimer Hof (1550)

118 OESTRICH/Rheingau Die Pfarrkirche

119 WINKEL/Rheingau Hofseite des Brentanohauses, 1751 erbaut

120 WINKEL/Rheingau Schloß Vollrads: Wohnturm, erstes Drittel des 14. Jh.

121 Ruine EHRENFELS bei Rüdesheim, um 1211 begonnen, seit 1689 Ruine

122 »Der Bauernstand des Großherzogthums Hessen bei der Enthüllung des Ludewigs Monuments zu Darmstadt« im Jahr 1844

123 DARMSTADT Das Schloß mit Eingangsrisalit der Marktseite von 1716

124 DARMSTADT Mathildenhöhe: der Hochzeitsturm (1907–08), dahinter Ausstellungsgebäude (1908)

125 DARMSTADT   Das Landestheater, 1818 durch Georg Moller begonnen

126 DARMSTADT   Das Atelierhaus, erbaut von Josef M. Olbrich

127 LORSCH bei Heppenheim   Torhalle der ehem. Benediktinerabtei (s. a. Farbt. 43)

128 Philipp der Großmütige
     (1504–1567)

129 Adam Elsheimer (1578–1610)

130 Johann Heinrich Tischbein
     d. Ä. (1722–1780)

131 Johann Heinrich Merck
     (1741–1791)

132 Georg Christoph Lichtenberg
     (1742–1799)

133 Johann Wolfgang Goethe
     (1749–1832)

134 Joh. Heinr. Wilhelm Tischbein
     (1751–1829)

135 Clemens Brentano
     (1778–1842)

136 Friedrich Carl von Savigny
     (1779–1861)

137 Bettina von Arnim (1785–1859)

138 Ludwig Börne (1786–1837)

139 Ludewig, Großherzog von Hessen (1790–1830)

140 Justus von Liebig (1803–1873)

141 Georg Büchner (1813–1837)

142 Ernst Ludwig, Großherzog von Hessen (1868–1937)

143 Henry Benrath (1882–1949)

144 Paul Hindemith (1895–1963)

145 Fritz Usinger (1895–1982)

ten Patrizierhaus von 1464; es war eines der wenigen Steinhäuser im gotischen Fachwerk-Stadtkern Frankfurts und ist heute Sitz des Frankfurter Kunstvereins. Als einziges Fachwerkhaus von den über 2000 der mittelalterlichen Stadt blieb das *Haus Wertheim* gegenüber der Nikolaikirche erhalten. Deswegen ist es besonders sinnvoll, daß gegenüber dem Römer, den Gerechtigkeitsbrunnen in einer großen Platzanlage einschließend, ein Teil jener größten mittelalterlichen Altstadt wieder aufgebaut wurde, die es vor dem Zweiten Weltkrieg in Deutschland gab. Ein Modell der Gebrüder Treuner zeigt diesen 1000 × 600 m großen Stadtkern maßstabgerecht im *Historischen Museum*. Es gab viel Wirbel um den historischen Römerberg. Aber gerade mit dem Steinernen Haus, das 1960 wiederaufgebaut wurde, der Nikolaikirche, dem 1984 wiedereröffneten Leinwandhaus, dem Römer und anderen Bauwerken ergibt sich nun wieder ein sehenswertes Ensemble, das Frankfurts Geschichte dokumentiert.

Während des Frankfurter Weihnachtsmarktes, der seine Anfänge 1734 hat, leben die 'Ostzeile' und der 'Schwarze Stern' und bilden Frankfurts 'Gute Stub'. Die historischen Gebäude 'Engel', 'Goldener Greif', 'Wilder Mann', 'Kleiner Dachsberg/ Schlüssel', 'Großer Laubenberg', 'Kleiner Laubenberg' und 'Schwarzer Stern' sind nach fast dreijähriger Bauzeit mit großem Aufwand und außerordentlichem handwerklichen Geschick als bemerkenswerte Fachwerkkulisse – der einzigen in Frankfurt – wiedererstanden. Wer fragt heute noch danach, daß auch das Goethehaus wieder aufgebaut wurde?

Der 1290 geweihte Bau der *Nikolaikirche* (einst kaiserliche Hofkapelle), war mit zwei gleichhohen Schiffen angelegt. Um 9.05, 15.05 und 17.05 Uhr ertönt vom Turm der im 15. Jahrhundert gotisierten Kirche (die umlaufende Galerie mit Eckürmchen ist von 1467) ein Glockenspiel, das 1939 angebracht wurde.

An der Mainseite der Nikolaikirche steht der moderne Bau des *Historischen Museums* mit dem Saalhof, Reste der einstigen staufischen Burg. Recht gut erhalten ist der *Kapellenbau* aus dem 12. Jahrhundert. Aus dem Jahre 1456 hat sich der *Rententurm* erhalten, ein Rest der ehemaligen Stadtbefestigung, die sechzig Türme zählte. 1717 entstand der barocke *Bernusbau*, 1840 der *Burnitzbau* an der Mainfront. Von hier gelangt man über den Eisernen Steg (eine Mainbrücke für Fußgänger, 1868–69 erbaut) schnell nach Sachsenhausen oder zum Museumsufer. Zunächst aber zum Römerberg zurück. Hier werden große Weihnachtsmärkte, Mainfeste, Jazzveranstaltungen und Kundgebungen abgehalten. Im *Historischen Museum* war einst das kommunale Kino eingerichtet, das jetzt in das Deutsche Filmmuseum umgezogen ist. Das Museum selbst, das Denkmäler aus Frankfurts Geschichte, Kunst und Kultur zeigt, gehört zu den wichtigsten historischen Museen Hessens und ist aufregend und anregend zugleich. Im *Steinernen Haus* sind bedeutende und kleine Ausstellungen

FRANKFURT

Frankfurt 1 Hauptwache 2 Alte Oper 3 Städtische Bühnen 4 Goethe-Haus 5 Paulskirche 6 Römer (Rathaus) 7 Dom 8 Historisches Museum und Kinder-Museum 9 Städel 10 Liebieghaus 11 Völkerkundemuseum 12 Museum für Kunsthandwerk 13 Architektur- und Filmmuseum

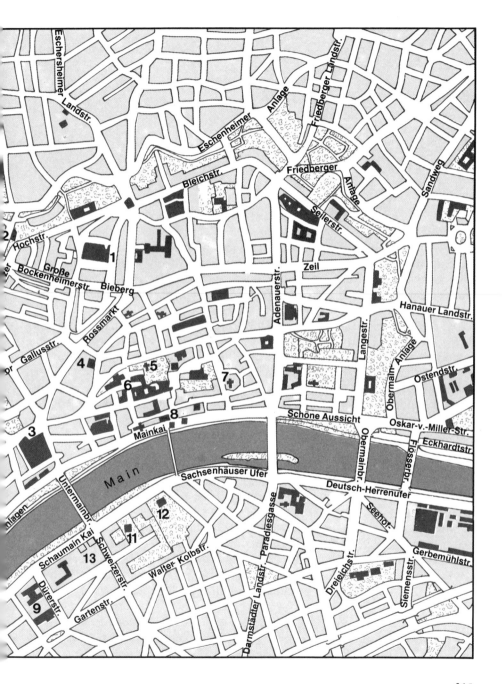

FRANKFURT

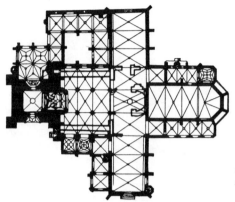

Frankfurt: Grundriß der ehem. Stifts- und jetzigen Pfarrkirche St. Bartholomäus, des sog. Domes

zu bewundern, dann schließt das architektonisch interessante, neue, aber an dieser Stelle unproportionierte technische Rathaus an mit dem davor ausgegrabenen 'historischen Garten'. Gegenüber, durch den historischen Garten getrennt, liegt die *Schirn*, die im Dom-Römer-Bereich die interessante Mischung aus historischer Rekonstruktion und moderner Begegnungsstätte wesentlich belebt.

Der *Dom St. Bartholomäus* aus rotem Sandstein ist immer noch das beherrschende Bauwerk dieses Platzes und der Stadt. Der mächtige, 95 m hohe Westturm ist ein besonderes Meisterwerk gotischen Bauens. Um 1250 begann man den Bau an der Stelle einer karolingischen Kapelle als Wahl- und Krönungsdom deutscher Kaiser und Könige. Der lichterfüllte Raum des Doms (Abb. 103), eines der frühesten gotischen Hallenbauten auf deutschem Boden, mit seinem weitausladenden Querschiff, enthält die einfache Wahlkapelle an der rechten Seite des Chores, hier ein Chorgestühl von 1352. Weitere Schätze in den Kapellen des Querhauses. So der 1434 gestiftete Maria-Schlaf-Altar, der Alte Hochaltar aus Salzwedel und der Muttergottesbaldachin (beide zweite Hälfte 15. Jh.), das Sakramentshaus (gegen 1470), die 1509 gestiftete Kreuzigungsgruppe von Hans Backoffen und die ›Kreuzabnahme Christi‹ von Anton van Dyck (1628). Im Kreuzgang ist neuerdings das Dommuseum mit dem Domschatz zu besichtigen.

Zwischen 1315 und 1370 wurden Querhaus und Chor erweitert. Die Anlage wirkt wie ein griechisches Kreuz. Im Mittelpunkt war die Kaiserkrönung. Die Ausstattung im Innern ist nicht ursprünglich. Wand- und Glasmalereien wurden nach dem letzten Dombrand von 1867 nach Entwürfen Eduard von Steinles ausgeführt. Viele der gotischen Ausstattungsstücke sammelte der damalige Stadtpfarrer Münzenberger, der 'Schnütgen' von Frankfurt.

Die äußere Baugliederung ist schlicht. Im dreiteiligen Maßwerk der Chor- und Querschiffsfenster und in den beiden Querschiffsportalen finden sich reichere Formen. Der Reliefschmuck ist zumeist neu oder im 19. Jahrhundert überarbeitet. Nur

Johann Wolfgang Goethe

im zweigeteilten Nordportal mit der reichgegliederten Rose, im Relief des ›Jüngsten Gerichtes‹, in den Konsolfiguren und der Madonna hat der Bau seinen ursprünglichen Schmuck aus dem 14. Jahrhundert. Der Figurenschmuck am Südportal mit Madonna, Anbetung der Hl. Drei Könige, Joseph, Petrus und Simeon ist alt, wurde aber 1869–1880 überarbeitet. Der reichste Bauteil des Domes steht nach gründlicher Restaurierung wieder in altem Glanz vor uns, es ist der Westturm von Madern Gerthener (1360–1430), 1415 begonnen und erst 1869–77 nach dem ursprünglichen Entwurf abgeschlossen. Aus den beiden viereckigen sockelartigen Untergeschossen wächst der Turm ins bewegtere Achteck, überwölbt von einer achtseitigen Kuppel, wie eine Krone, von einer leichten Laterne abgeschlossen. Er ist ohne Vor- und Nachbild.

Südlich vom Dom steht das *Leinwandhaus,* 1399 von Madern Gerthener als Messehaus vollendet. Auch die ehemalige Stapelhalle für den Leinwandhandel wurde wieder aufgebaut und wird seit 1983 zu Ausstellungen genutzt.

Vom Dom zurück zum Römerberg in Richtung Berliner Straße erhebt sich nordwestlich am Paulsplatz der Zentralbau der *Paulskirche* (1789–1833; Abb. 101). In dem klassizistisch-nüchternen Bau tagte 1848–1849 die Deutsche Nationalversammlung. Seit ihrem Wiederaufbau (1948) dient die Paulskirche als Versammlungs- und Festraum. Von hier ist man in wenigen Schritten am *Goethehaus* im Großen Hirschgraben Nr. 23 (Abb. 102). Das 1944 ausgebrannte Haus, in dem Goethe am 28. August 1749 geboren wurde, ist von 1946–1951 in der Gestalt von 1756 restauriert und beherbergt das Goethemuseum und das Freie Deutsche Hochstift. Besonders sehenswert: Geburtszimmer, Goethes Knabenstube, unterm Giebel Puppentheater und Mutters Küche, vor allem aber die vielen Bilder, Handschriften und Erinnerungsstücke.

Karmeliterkloster und Leonhardskirche sind unsere nächsten Stationen. Das 1803 säkularisierte *Karmeliterkloster* liegt am Südwestrand der Altstadt. Die Karmeliter waren von 1246–1803 hier ansässig. Die Kirche der spätgotischen Altstadt brannte 1944 aus. Der 80 m lange Freskenzyklus im Kreuzgang wurde 1514–1523 von Jörg Ratgeb geschaffen. Man hat die Tempera-Wandbilder wieder restauriert. Der Zyklus wurde 1944 schwer beschädigt. Im Klostergebäude finden Wechselausstellungen des

Museums für Kunsthandwerk statt. Sie gehören immer wieder zu den besonderen Ereignissen im Frankfurter Ausstellungskalender. Die 'Schatzkammern' des Museums für Kunsthandwerk scheinen unerschöpflich. In der wieder aufgebauten spätgotischen Klosterkirche mit modernen Anbauten wird künftig das Museum für Vor- und Frühgeschichte untergebracht. In den Kellern des Karmeliterklosters hat das 'schlechteste Theater der Welt', die Schmiere, seine Heimat. Das Politische Kabarett gehört inzwischen zu den alteingesessenen Theatern Frankfurts. Das benachbarte experimentierfreudige *Theater* und die *Oper* sollte man auf jeden Fall nicht nur wegen Chagalls ›Commedia dell' Arte‹ besuchen, sondern weil Oper und Theater gleichermaßen zu den besten Bühnen Deutschlands zu zählen sind und in ihrer oft unkonventionellen Inszenierungsweise so viel Ärger wie Denkanstöße geben.

Nun aber mainabwärts zur *Leonhardskirche*. Sie ist neben dem Dom das kunstgeschichtlich reichste Bauwerk Frankfurts. Abgesehen von der Saalhofkapelle ist sie die einzige Kirche mit wesentlichen romanischen Bauresten. Friedrich II. schenkte das Gelände, auf dem 1219 die Kirche begonnen wurde, die Maria und Georg geweiht war. Vom spätromanischen Bau einer flachgedeckten Basilika erhielten sich die achteckigen Chorflankentürme, die untere Hälfte der Westwand und im Innern zwei Portale. Das größere zeigt im Tympanon Christus, dem Maria und Petrus, Johannes und Georg zugesellt sind. Im östlichen Tympanon knien seitlich der Hl. Jakobus d. Ä. und zwei Pilger mit Stab, Tasche und Pilgermuschel. Der 1434 geweihte Chor der fünfschiffigen spätgotischen Hallenkirche gehört zu den ausgereiftesten Leistungen am Mittelrhein. Man vermutet einen Entwurf von Madern Gerthener, der auch das Dreikönigsportal von 1420 in der Liebfrauenkirche (1310–1510) entworfen haben soll.

Das Langhaus der Leonhardskirche wurde zu Beginn des 16. Jahrhunderts im Sinne einer Predigt- und Volkskirche umgebaut. Bemerkenswert ist das Salvator-Chörlein mit seinen 'Hängenden Gewölben', 1508 von der Familie Holzhausen gestiftet. Die Darstellung des Glaubensbekenntnisses von Hans Diez (1536) an der linken Chorwand, die Glasfenster aus der Bauzeit des Chores, der Hochaltar (um 1500), das kleine Tafelbild mit der Abendmahlsszene (1501), von Hans Holbein d. Ä. für die Frankfurter Dominikanerkirche geweiht, und viele andere Ausstattungsstücke sind sehenswerte qualitätvolle Kunstzeugnisse.

Die oben erwähnte *Liebfrauenkirche* mit dem herrlichen Dreikönigsportal am Liebfrauenplatz ist vom Römer aus in nördlicher Richtung leicht zu erreichen. Der Platz ist beherrscht von dem *Brunnen* mit Flußgöttern und dem *Obelisken*, den 1770 J. A. Liebhard entwarf. Von hier ist es nicht weit zum 1233 gegründeten *Dominikanerkloster* in der Kurt-Schumacher-Straße. Nur der Chor des Jörg Oestreicher von 1470–72 konnte wiederhergestellt werden. Auf dem Weg vom Dominikanerkloster zur Zeil sieht man noch Reste der *ehemaligen Staufenmauer* des 12. Jahrhunderts. Warum sollten die Frankfurter sie weniger pflegen, als die Römer die Aurelianische-Mauer? Dann die *Zeil*, heute Fußgängerzone, die *Hauptwache*

1729–1730 erbaut, 1950 ein zweites Mal, zum drittenmal wegen des U-Bahn-Baues abgetragen und originalgetreu wieder aufgebaut (Farbt. 32). Von hier führt die Hauptgeschäftsstraße Zeil nach Osten. Nordwestlich liegt die *Börse,* aus dem späten 19. Jahrhundert, ein Schloß für den Handel mit Effekten und Devisen. Von der Hauptwache blickt man zur *Katharinenkirche,* dem ersten eigenständigen evangelischen Kirchenbau Frankfurts in gotischen Formen, 1678–81 von Melchior Hessler erbaut (Farbt. 32).

Zur *Eschenheimer Straße!* Vorbei an den traurigen Resten des bedeutendsten Barockgebäudes in Frankfurt, 1732–1744 von Robert de Cotte für den Reichspostmeister Fürst von Thurn und Taxis erbaut. Von dem kostbar ausgestatteten *Palais* blieb lediglich das Portal mit den beiden Pavillons am Eingang zum Hof stehen. Der nahegelegene *Eschenheimer Turm* ist neben dem Rententurm am Saalhof der letzte Zeuge der gotischen Stadtummauerung. Dem 1400 von Klaus Megoz begonnenen Turm, gab 1426–28 Madern Gertherer die charakteristische und für viele andere hessische Bauten vorbildliche Form. Anlagenring, Denkmäler, Friedhöfe, Hochhäuser u. a. sind bewunderns- und bemerkenswert. Das *Holzhausenschlößchen,* das Louis Remy de la Fosse 1722 an der Justinianstraße errichtete (heute *Museum für Vor- und Frühgeschichte),* sollte man ebenso erwandern wie die Warte an der Friedberger Landstraße (1478), an der Darmstädter Landstraße die Sachsenhauser Warte (1470–71), an der Mainzer Landstraße die Gallus- oder Galgenwarte von 1414 und an der Bockenheimer Landstraße im Westen der Stadt die Bockenheimer Warte (1434–35).

Frankfurt bietet so viel und ist so reich, wie mancher Landstrich es nicht ist. Und dann hat es noch Sachsenhausen mit dem ältesten Fachwerkhaus Deutschlands von 1291 (1979 entdeckt), Paradiesgasse, Rittergasse, Klappergasse, in der Frau Rauscher mit der 'Beul am Ei' (Ei = Kopf) besungen wird. Zunächst am Mainufer das *Deutschherrenhaus.* 1221 ließen sich die Ordensritter am Mainufer nieder. Die Münzenberger stifteten Land und Geld. 1709–15 wurden die barocken Komturgebäude gebaut. Das Straßenportal ist von Maximilian von Welsch 1710 entworfen. Die *Deutschordenskirche St. Maria,* 1309 geweiht, wurde 1747–51 in Fassade, Giebel und Dachkern von F. Kirschmeyer umgestaltet. Sie besitzt einen reichen Ausstattungsbestand. Seit 1964 ist das Deutschherrenhaus Sitz des Hochmeisters des Deutschen Ordens. Von hier in die Paradiesstraße, in die touristisch erschlossenen Winkel Sachsenhausens. Mainseits begrenzt der spätgotische *Kuhhirtenturm* die Straße, gegenüber dem Turm steht der 1786 gestiftete *Paradiesbrunnen,* einer von vielen, deren einst zahllose Vielfalt und segensreiche Ergiebigkeit noch heute im alljährlichen Brunnenfest gefeiert wird. Mainfest, Brunnenfest, Wäldchestag, Christkindmarkt, Messen und Museen – das ist Frankfurt.

Die Paradiesgasse endet am Affentor, dessen klassizistische, von Palladio beeinflußte *Torhäuser* 1810–11 Joh. Chr. Hess erbaute. Frankfurt bietet von den Staufern bis zu Wolkenkratzern alle architektonischen Stile. Wer den Nerv hat, es kennenzulernen, der wird es lieben: seinen Kampf, seine Pfeffersäckigkeit, seinen Elan.

FRANKFURT

Goethe, Schopenhauer, Börne und viele andere bedeutende Persönlichkeiten lebten in Frankfurt oder wurden in dieser Stadt geboren. Auch der Vater des Struwwelpeter, Dr. Heinrich Hoffmann, ist Frankfurter. Der kritisch schreibende Mediziner kam 1809 zur Welt. Auf dem Deckel der ersten Ausgabe, die im Jahre 1845 nach der Urhandschrift gedruckt wurde, steht in launigen Versen der Inhalt des Werkes:

> Es stehn in diesem Büchlein hier
> Sechs Mährlein mit schöner Bilderzier:
> Vom bitterbösen Friederich,
> Und wie er zum durstigen Hunde schlich,
> Vom kohlpechschwarzen Mohren dann,
> Vom wilden Sonntagsjägersmann,
> Wie ihn der kleine Haas bezwang,
> Daß er in einen Brunnen sprang.
> Dann wie's dem Suppen-Kasper ging,
> Wie den Daumen-Lutscher der Schneider fing,
> Und endlich auf dem letzten Bild
> Vom Struwwel-Peter, wüst und wild.
>
> Das alles fein malte und beschrieb
> Der lustige Reimerich Kinderlieb.

Frankfurt ist die waldreichste Stadt Deutschlands und eine der museumsreichsten. Bevor wir das Museumsufer abgehen, noch ein Abstecher zum *Willemer-Häuschen* am Hühnerweg 14 (s. vordere Umschlagklappe). Es ist ein achteckiges Gartenhaus mit Erkern um 1810, jetzt wieder aufgebaut. Von der Alten Mainbrücke am Schaumainkai entlang wird samstäglich der *Flohmarkt* abgehalten. Unter Platanen suchen die Trödler und Händler Kunden, und die suchen Nostalgie oder Kostbarkeiten, die sich aber fast ausschließlich in den Museen auf der anderen Straßenseite bewundern lassen: im *Museum für Kunsthandwerk*, im *Postmuseum*, im *Städelschen Kunstinstitut* oder im *Liebiegmuseum der Städtischen Skulpturensammlung*. Was alleine diese Sammlungen zeigen, verdient zum Besten gerechnet zu werden, was Deutschland in seinen Sammlungen besitzt.

Goethemuseum, Großer Hirschgraben 25; *Historisches Museum*, Untermainkai 14; *Völkerkundemuseum*, Schaumainkai 29; *Museum für Vor- und Frühgeschichte*, Justinianstraße 5; *Naturmuseum und Forschungs-Institut Senckenberg*, Senckenberg-Anlage 25. Und andere treten noch hinzu. Frankfurt: Stadt der Musen und Museen. Wer hätte sich schon die Mühe gemacht, es so gut kennenzulernen?

Es kommt noch toller! Die Sieben Museen am Sachsenhäuser Mainufer wurden um ein 'Deutsches Filmmuseum' und ein 'Deutsches Architekturmuseum' vermehrt und miteinander, unter Einbeziehung von Grünanlagen, zu einer attraktiven Kulturlandschaft verbunden. Damit ist die Handelsmetropole am Main auf dem Weg zur modernen Museumshauptstadt. Der Neubau des 'Museums für Kunsthandwerk' des amerikanischen Architekten Mayer setzt einen besonders dominanten Akzent. Hinzu kommt das 'Deutsche Institut für Filmkunde', von Wiesbaden nach Frankfurt verlegt und hier dem Filmmuseum angegliedert. Der Grundstock für das Deutsche Filmmuseum am Main wurde mit dem Erwerb der umfangreichsten deutschen filmgeschichtlichen Sammlung gelegt. Für das Deutsche Architekturmuseum mit Forschungsinstitut und die Abteilung für neue Kunst hat die Stadt eine stattliche Villa erworben. Es informiert über die Arbeit der Architekten und gibt Anregungen zur Hebung des allgemeinen baukünstlerischen Niveaus.

Die Stadt hat Gebäude und Grundstücke für sämtliche Museumsprojekte in Sachsenhausen erworben.

Schließlich ist die *Deutsche Bibliothek* in der Nähe des Palmengartens zu erwähnen, 1947 auf Initiative von H. W. Eppelsheimer in Frankfurt gegründet. In ihren Räumen ist das gesamte nach dem 8. Mai 1945 erschienene deutschsprachige Schrifttum gesammelt, ein Pendant zur Deutschen Bücherei in Leipzig, ein Gegenstück aber auch zur jährlichen Frankfurter Buchmesse: hier werden Bücher angeboten und vertrieben, dort bewahrt.

Frankfurt – Zentrum deutscher Reichsgeschichte und des deutschen Parlamentarismus, Börse, Banken, ›Brickegickel‹.

Die *Börse* am Börsenplatz wurde aus den Reparationskosten von 1871 in französischem Stein 1874–1879 von Heinrich von Burnitz und Oskar Sommer gebaut. Ihre Weltgeltung besitzt sie als Wertpapier-, Devisen-, aber auch als Getreide-, Produkten- und Immobilienbörse.

Die Banken wachsen immer höher; das neueste Hochhaus, gläsern, doppeltürmig, das der *Deutschen Bank,* ist 155 Meter hoch und gliedert sich in 38 und 40 Geschosse. In der Taunusanlage steht es in Nachbarschaft zur Alten Oper.

Und der ›*Brickegickel*‹, er steht auf der wieder aufgebauten Alten Brücke, die erstmals 1401 erwähnt wird und die, wie eh und je, Frankfurt mit Sachsenhausen verbindet; er erinnert an die Sage, daß der Mensch für allen kühnen Fortschritt dem hilfreichen Teufel etwas opfern mußte. In diesem Fall wurde der Teufel betrogen. Er bekam nicht die Seele des Brückenbauers, der eigentlich als erster über die Brücke hätte gehen müssen, sondern lediglich den Hahn, den der Erbauer listig voranflattern ließ.

Die Pflege der Literatur und der Literaten macht sich auch ein Vorort Frankfurts zur Ehre, das über der Mainebene gelegene BERGEN-ENKHEIM. Die Gemeinde wählt unter den deutschen Schriftstellern alljährlich einen zu ihrem Stadtschreiber und beherbergt ihn. Da Bergen-Enkheim neben der *Schelmenburg* (Ursprung 12. Jh., um 1700 veränderte Wasserburg, 1893 renoviert), Resten der *Ortsbefestigung* (zweite Hälfte 15. Jh.), der *Pfarrkirche* (Ende 17. Jh.) und einem schönen *Rathaus* (jetzt *Heimatmuseum*), mit Fachwerkobergeschoß um 1500, den Literaten auch menschliche Ansprache bietet, fühlen und fühlten sie sich alle dort wohl.

Der Main

Von Seligenstadt bis zur Mündung in den Rhein fließt der Main durch hessisches Gebiet. Links und rechts von Frankfurt sind die Mainseiten stark industrialisiert, aber der Strom war nicht nur Wirtschaftsfaktor, sondern auch eine kulturhistorisch interessante Komponente.

Offenbach. Von Hanau bis Höchst

> Offenbach – Heusenstamm – Rumpenheim – Hanau – Steinheim – Seligenstadt – Babenhausen – Altheim – Flörsheim – Hochheim – Weilbach – Höchst – Sindlingen

OFFENBACH ist die jüngste der hessischen Großstädte (120 000 Einwohner). Es ist durch seine Lederwaren, seine Lederwarenmesse und das Ledermuseum weit über Deutschland hinaus bekannt. Das gesamte Hinterland arbeitet für die Offenbacher Lederwaren. Auch diese Stadt kann ohne den Main nicht leben. Das *Deutsche Leder- und Schuhmuseum* (Frankfurter Straße 88) gibt in moderner Aufstellung einen Überblick über die Verwendung von Leder in allen Kulturepochen.

Einst war die gesamte Umgebung von Offenbach ein Viehzuchtgebiet. Der 'Rohstoff' (Häute) war also leicht zu bekommen. Heute werden Häute heimischer und ausländischer Tiere verarbeitet. Kunststoffe machen dem Leder Konkurrenz.

Offenbach war zur Zeit Karls des Großen eine der 36 'Wildhuben' des Reichsforstes Dreieich. Ein 'Wildhübner' war ein Förster im 'Wildbann' Dreieich. Der Reichsvogt von Dreieich baute sich um 1418 eine Wasserburg am Main. Die Mainschiffer mußten ihren Zoll entrichten. Die Grafen von Ysenburg verwandelten die Wasserburg in ein Schloß und erhoben Offenbach zur Residenz. Der Aufschwung Offenbachs begann mit dem Zuzug der Hugenotten.

Das *Isenburger Schloß* am Mainufer besitzt eine Hoffassade mit zweigeschossigen Lauben, die als Prachtstück der Renaissance in Hessen gilt (gegen 1580). Als Künstler ist Konrad Büttner anzunehmen. Südwestlich beim Schloß befindet sich das moderne evangelische Gemeindezentrum mit dem Turmstumpf der 1703–13 erbauten, 1944 ausgebrannten *Schloßkirche*. Auch zerstört ist das Büsing-Palais von 1780. Im

Park hinter dem Palais ein kleiner *Rundtempel* aus dem frühen 19. Jahrhundert, in dem benachbarten 'Lilipark', benannt nach Goethes Freundin Lili Schönemann, ein *Bade-Pavillon* (um 1805) von Nicolaus Alexander Salni de Montfort.

Das *Klingspor-Museum* in der Herrenstraße 80 zeigt Bücher, Buchillustrationen und Einbände sowie Schriften. Offenbach war die Wirkungsstätte des fruchtbarsten deutschen Schreibmeisters und Schriftschöpfers Rudolf Koch (1876–1934). Sein Schüler war Gotthard de Beauclair, der über 30 Jahre dem Insel-Verlag das Gesicht gab, ein bedeutender Buchgestalter und Verleger und einer der wichtigsten Lyriker unserer Zeit.

Unmittelbar vor dem südlichen Waldgürtel von Offenbach liegt HEUSENSTAMM. Hier steht Hessens schönste *Rokokokirche,* eine Kostbarkeit, die 1739 vom berühmten Barockbaumeister Balthasar Neumann geplant und von ersten Künstlern ausgestattet wurde. Balthasar Neumann (*1687 in Eger, † 1753 in Würzburg) baute in Heusenstamm, weil es Residenz der Grafen Schönborn war. Die Witwe des Grafen Aselm Franz von Schönborn hatte ihn gebeten, diese Grabkirche zu errichten.

Der schlanke Westturm vor dem einschiffigen Langhaus ist von Giebelvoluten flankiert und Höhepunkt einer Gliederung, die alle Elemente der Fassade, ja noch der Umfriedungsmauer aufnimmt und im Turm und im Christusbild der Fassade

Der Main bei Offenbach mit Blick auf das Isenburger Schloß

DER MAIN: HEUSENSTAMM BIS HANAU

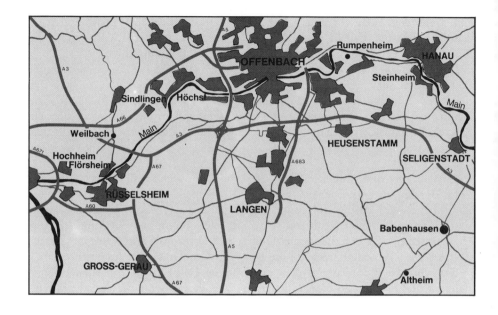

steigert. Der Innenraum wurde von Christian Thomas Scheffler 1741 ausgemalt. Herrlich ist der zarte, durchbrochene, weiß-gold farbige Altaraufbau, den Johann Wolfgang van der Auwera 1744 schuf. Die *Kirche,* der *Kirchplatz* von barocken Häusern und Fachwerkbauten umstanden, der *Triumphbogen* am Eingang des Platzes: festliche Ouvertüre auf der Straße zum *Schloß*. Alles von anmutigem Zauber. Der Torbau wurde zur Erinnerung an einen Besuch des Kaisers Franz I. bei den Schönborn gebaut, der im März 1764 auf der Fahrt nach Frankfurt mit seinem Sohn Joseph II. vor dessen Wahl und Krönung zum deutschen König hier weilte.

Das *Rathaus* an der Südseite des Kirchvorplatzes entstand 1744. Das *Schloß* ist seit 1661 im Besitz Schönborn (heute im Gemeindebesitz). Im Mittelalter war es eine Wasserburg der Grafen von Eppstein. Clemens Hink plante für die Schönborn 1661 eine großzügige Vierflügelanlage mit Binnenhof. Vollendet wurde jedoch nur der hufeisenförmige Eingangsflügel. Östlich hinter dem Schloß, durch einen Graben getrennt, die alte *Burg,* eine gotische Wohnturmruine und ein Wohngebäude des 16. Jahrhunderts.

RUMPENHEIM liegt mainaufwärts. Der Ort wurde 1736 hessischer Besitz. Landgraf Friedrich von Hessen-Kassel erbaute 1781–90 dicht am Main ein dreiflügeliges *Schloß* (im Zweiten Weltkrieg stark beschädigt). Die *Kirche* nahe beim Schloß ist ein einfacher Saalbau von 1761.

Es folgen auf unserer Reise Hanau, Steinheim, Seligenstadt.

HANAU ist einer der größten Industrieorte an der Mündung der Kinzig in den Main. Seit 1600 ist Hanau die Stadt der *Gold- und Silberschmiedekunst*. Seine Gold- und Silberwaren sind ebenso bekannt, wie seine *Edelstein-(Diamant-)Schleifereien*. Der Umschlag im Hanauer Mainhafen von Kohle, Erdöl und Holz ist bedeutend. 1140 wurde die Burg Hanau gegründet (Hagenowa). Sie gehörte den Herren von Buchen, war seit 1168 Sitz der Herren von Dorfelden, 1303 Stadt, 1436 gräfliche Residenz. 1597 gründete Graf Philipp Ludwig II. südlich eine Neustadt, in der sich flämische und wallonische Flüchtlinge ansiedelten. Die Flüchtlinge aus Frankreich (Hugenotten) und aus den Niederlanden brachten das Kunsthandwerk in die Stadt.

Die Graveure, Ziseleure und Fasser sitzen an Tischplatten, die tief ausgeschnitten sind. In jedem solchen Ausschnitt sitzt ein Arbeiter. Nur der Kopf ragt über den Tisch. Jeder der Schmiede erhält ein kleines Stück Edelmetall – Silber, Gold oder Platin – und fertigt mit kleinen Hämmern, Feilen, Zangen und Scheren nach Zeichnung oder eigenem Entwurf einen Anhänger, ein Armband, einen Reif, eine Brosche oder ein anderes kostbares Schmuckstück an. Da die Edelmetalle, besonders Gold und Platin, sehr kostbar sind, wird auch der feinste Staub in einer Lederschürze sorgfältig gesammelt. Diese Schürze ist am Ausschnittbogen des Tisches befestigt.

Bei den Diamantschleifern ist es anders. An langen Tischen sitzen die Schleifer. Vor jedem dreht sich über dem Tisch eine waagerechte Metallscheibe. Sie wurde mit einem Gemisch von Öl und Diamantstaub bestrichen. Die glasähnlichen Rohdiamanten werden in eine Art Siegellack gedrückt oder mit einer Greifzange erfaßt und dann gegen die sich schnell drehende Scheibe gepreßt. Mit einer Lupe vor dem Auge (wie der Uhrmachermeister) beobachtet der Schleifer seine Arbeit, damit er nicht zu viel vom Diamanten abschleift. Ist die eine Fläche fertig, dann wendet er den 'Stein', erweicht die Haftmasse über einer Flamme und drückt eine Seite des Steines hinein. Das geht so lange, bis der Rohdiamant viele glatt geschliffene Flächen, Kanten und Ecken hat. Der 'Achtkantschliff' ist der 'Brillantschliff'.

Der irische Tierarzt Dunlop erfand den ersten Luftreifen für Fahrräder. Sein Sohn besaß ein Dreirad mit Holzrädern. Da das Fahren damit auf den holprigen Straßen in Belfast eine Quälerei war, kam Vater Dunlop auf den Gedanken, einen Vollgummireifen um die Räder zu legen. Aber auch damit wurde sein Sohn durch und durchgerüttelt. In einen Gummireifen, es soll ein Gartenschlauch gewesen sein, pumpte er also Luft. Zum Schutz des Reifens umwickelte er ihn mit grober Leinwand. Die Luftbereifung war erfunden. Heute fabrizieren die *Dunlop-Werke* in Hanau Reifen für Autos und Flugzeuge.

Eine der Hauptsehenswürdigkeiten Hanaus ist das *Deutsche Goldschmiedehaus* in der Marktstraße (Abb. 97). Früher war es das *Altstädter Rathaus*, ein Fachwerkbau von 1537–52, der im Zweiten Weltkrieg zerstört und 1945 nach alten Vorlagen wieder aufgebaut wurde. Davor der *Justitiabrunnen* von 1611. Stadtmittelpunkt ist der Marktplatz mit dem *Neustädter Rathaus* (1725–33) und dem *Denkmal der Gebrüder Grimm* (Abb. 99). Südlich vom Marktplatz steht die *Wallonische und Nieder-*

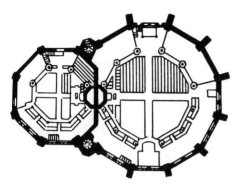

Hanau: Grundriß der ehem. Wallonischen (links) und Niederländischen Kirche

ländische Kirche (1600–1608). Der eigentümliche Bau verband zwei ineinandergreifende Zentralbauten. Die Wallonische Kirche ist Mahnmal an die völlige Zerstörung der Innenstadt 1945. Sie blieb nach der Kriegszerstörung Ruine, während die Niederländische Kirche 1959/60 wieder aufgebaut wurde.

Die neue Stadt entstand mit quadratischem Grundriß nach dem Entwurf des Ingenieurs Nicolas Gillet. Kirchplatz und Marktplatz sind zwei ausgesparte Quadrate. Von den kriegszerstörten und nur zu Teilen wiedererrichteten Bauten ist die *Marienkirche* noch die gelungenste Rekonstruktion. Von 1449–1454 begonnen, 1558–61 zur Halle erweitert mit Turm von 1448 und Chor von 1485–92 ist sie Hanaus ursprünglichster Schmuck. In den Chorfenstern sind spätgotische Glasmalereien eingelassen (1477–1500), darunter eine Kabinettscheibe des Hausbuchmeisters. Im Chor befinden sich zudem beschädigte Grabmäler von Philipp III. von Hanau (†1561, Nordwand) und Helene von der Pfalz (†1579). Die Steine schuf Johann von Trarbach. Trarbach hat auch an dem Grabmal des Grafen Philipp Ludwig (†1580) mitgearbeitet.

Hanau: Die Wallonische und Niederländische Kirche vor der Zerstörung

Am Schloßplatz stand das *Stadtschloß*. Das Regierungsgebäude wurde gegen 1685 erbaut. Dahinter der ehemalige *Wasserturm* (1457 und 1610) und der *Marstall* von 1712–13 mit großem steinernen Portal. Der Fürstenbau wurde nach der Zerstörung im Zweiten Weltkrieg abgebrochen.

Westlich von Hanau, jenseits der Kinzig, liegt der Stadtteil Kesselstadt. Hier liegt *Schloß Philippsruh* (Abb. 100). Graf Philipp Reinhard ließ im Jahre 1700 diesen Schloßbau durch den Architekten Julius Ludwig Rothweil entwerfen. 1712 war der Bau, mit den nachträglich zugefügten Vorderflügeln, vollendet. 1736 kam das Schloß nach dem Aussterben der Hanauer Grafen in den Besitz von Hessen-Kassel. Die turmartige Kuppel wurde 1875–80 aufgesetzt. Das Schloß ist heute Museum.

In diesem *Museum* sind vor allem die Erzeugnisse der 1661 eingerichteten Hanauer Fayence-Manufaktur (der ältesten in Deutschland) interessant. Eine Allee führt

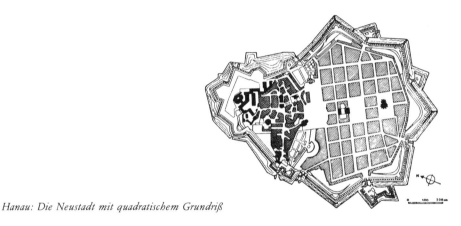

Hanau: Die Neustadt mit quadratischem Grundriß

vom Schloß nach Norden zum verträumten *Wilhelmsbad*. Die Kuranlage des ausgehenden 18. Jahrhunderts ist unverdorben erhalten. Erbprinz Wilhelm von Hessen-Kassel, der später Schloß Wilhelmshöhe bei Kassel erbaute, ließ die Anlage zwischen 1776–1784 erbauen. Pavillons, ein 'Comoedienhaus' von 1781 und viele originelle Kleinbauten dienten der Zerstreuung. Man fühlt sich wie in einem historischen Film, wenn nicht gerade ein Auto vorfährt. 1709 wurde in Wilhelmsbad eine Sauerquelle entdeckt. Der Gute Brunnen versiegte hundert Jahre später, der Badebetrieb ist seit 1820 eingestellt. Vor dem Badehaus steht ein 1779 errichteter *Brunnentempel* (Abb. 98), im Park eine künstliche *Burgruine* (1779–80) mit Wassergraben; der Vergleich zur Löwenburg in Kassel-Wilhelmshöhe liegt nahe. Kettenbrücke, 'Carussel', Eremitage (1783), in der man im Dämmer den Eremiten zwischen Krähen und Rehen sitzen sieht, schaffen eine wohlige Mischung aus Romantik und Sinnenfreude.

Von weitem ist der von vier Ecktürmen bekrönte Bergfried des gotischen, später mehrmals umgebauten Schlosses von STEINHEIM zu sehen. In der Stadt besitzt die Pfarrkirche St. Johann Baptist einen ähnlich wehrhaften Turm. Das *Schloß* war ursprünglich Eppsteiner Besitz und wurde 1425 an die Mainzer Erzbischöfe verkauft. In dieser Zeit wurde es entscheidend verändert. Der Turm, der dem Friedberger Bergfried und dem Eschersheimer Torturm ähnlich sieht, bietet eine gute Rundsicht über Stadt und Main. Der Wohnbau des Schlosses wurde 1804 weitgehend verändert. Seitlich der spätgotische Marstall. Ein Ziehbrunnen von 1564 bezeichnet den Bereich der einstigen Vorburg.

Die Stadtwehr von Steinheim wird nach 1320, nach der Stadtrechtsverleihung, angelegt. Der Turm der *Stadtkirche St. Johann Baptist* (1449) gehörte mit seinen Zinnen, Schießscharten und Ecktürmchen dazu. Der Chor entstand 1505–06. Die Kirche ist geschmückt mit schönem Netzgewölbe und einem reichen Chorgestühl von 1510–14. Die Grabdenkmäler für Diether von Erlenbach und Anna von Reifenberg (†1507), Frowin von Hutten (†1528) und Kunigunde von Hattstein (†1548) oder das Einzelgrab für Jörg Truchseß von Henneberg (†1564) sind bemerkenswerte Vertreter dieser Gattung. Das Pfarrhaus am Obertor (15. Jh.) und das Fischerzunfthaus in der Brauhausstraße (14. Jh.?) sind die ältesten Fachwerkbauten Steinheims.

SELIGENSTADT hatte früher den Namen Obermühlheim. Ob es seinen Namen nach den 'Seligen' hat, die in seiner Basilika des Einhart niedergelegt sind? Es heißt, daß dies der Grund der Umbenennung gewesen sei. Eine, freilich nicht verbürgte, Legende führt sie dagegen auf ein Erlebnis des Großen Karl zurück: Er sei, müde von einer Jagd im Reichsforst, in ein Haus am Mainufer eingekehrt und habe dort seine von Einhart entführte Tochter wiedergefunden. Beglückt habe er ausgerufen:»Selig die Stadt, da ich meine Tochter wiederfand!«

Für die Kaufleute, die von Nürnberg, Augsburg oder anderen im Süden des Reiches gelegenen Handelsstädten zur Messe nach Frankfurt kamen, bedeutete Seligenstadt beseligte Rast. Sie brauchten sich nicht mehr vor Raubüberfällen zu ängstigen, denn Seligenstadt stellte bis unter die Türme des mächtigen Frankfurt Geleitsreiter, die sie beschützten. Das Geleit allerdings mußten die Kaufleute bezahlen. Diejenigen Handelsherren, die auf ihrer ersten Fahrt nach Seligenstadt kamen, konnten sich vom Geleitgeld lostrinken. Sie mußten in einem Zuge den 'Geleitslöffel' voll Wein leeren, was wiederum eine, wenn auch andere Beseligung bewirkte. Dieser Löffel faßte einen Liter Wein. Löffel und Kette waren aus einem einzigen Stück Holz geschnitzt. Mit beiden Händen mußte der Löffel angesetzt und, ohne abzusetzen, geleert werden. Nach dem Trunk wurde der Löffel umgekehrt und über einen Fingernagel gehalten (Nagelprobe). Kein einziger Tropfen durfte auf den Nagel fallen. Wem dies gelang, der brauchte für das Geleit nicht zu zahlen. Daß diese Anstrengung nicht jedem glückte und manchem dabei die Augen aus den Höhlen traten, ist nicht verwunderlich.

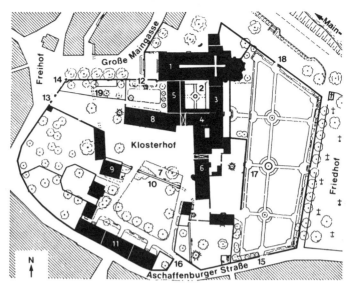

Seligenstadt: Grundriß des Klosterbezirks

1 Basilika 2 Kreuzgang und Kreuzgärtchen 3 Konventbau 4 Krankenbau 5 Sommer-Refektorium 6 Alte Abtei 7 Standort des Handwerkerbaues 8 Prälatur 9 Klostermühle 10 Mühlbach 11 Scheunenbau 12 Standort des Kelterhauses 13 Haupttor 14 Statue des Erzengels Gabriel 15 Gartenportal 16 Grünes Tor 17 Konventgarten 18 Mainufer-Pforte 19 Prälaturgarten

Seligenstadt, am linken Ufer eines Mainknies, besitzt in der *Einhartsbasilika* (Farbt. 31) die größte Kirche, die sich aus der Karolinger-Zeit erhielt. Vorgängerbau ist die Einhartsbasilika in Steinbach bei Michelstadt. Als sich Einhart, der Biograph Karls des Großen, 831 vom Hof zurückzog, ließ er Wallfahrtskirche und Abtei errichten. Seligenstadt, die Stadt Hans Memlings, der hier 1434 geboren wurde, und des Mathias Grünewald, der von 1500–1525 hier lebte und wirkte, bewahrt in der Basilika im wesentlichen Teile des 840 vollendeten Gründungsbaus. Sie hat ein durchgehendes Querhaus. Noch findet keine wirkliche Durchdringung von Langhaus und Querhaus statt. Unter der Apsis liegt eine Ringkrypta, ein tonnengewölbter Gang, der halbkreisförmig geführt wird. Vom Querschiff her ist er zugänglich. Nach römischem Vorbild wurden im späten 8. und 9. Jahrhundert solche unterirdischen Zugänge zu dem Kultgrab unter dem Hochaltar erbaut. Die Wurzel all dieser Anlagen ist der dem Apsisrund folgende Umgang von Alt-Sankt-Peter in Rom.

Vierungspfeiler und Kuppel sowie der Chorbau entstanden im zweiten Viertel des 13. Jahrhunderts. 1868 wurde eine neuromanische Westfassade anstelle derjenigen des 11. Jahrhunderts aufgeführt. Neben Höchst, Lorsch, Steinbach und Fulda besitzt Seligenstadt das bedeutendste karolingische Bauwerk Hessens. Das karolingische Mauerwerk ist außen an der Ostwand des nördlichen Querschiffs (Bruch-Sandstein) sichtbar und innen an einigen unverputzten Stellen der Pfeiler. Man sieht flache Backsteinziegel, vergleichbar denen in Steinbach. Ihre Form wirkt so, als seien sie bewußt in römischer Tradition gefertigt.

Der gewölbte Anbau des nördlichen Querarms enthielt das Abteiarchiv. Seit 1872 steht dort der Sarkophag Einharts und Immas. Die Kelchknospenkapitelle an den Vierungspfeilern und die Blendarkaden des Chorraumes entwickeln die Bauweise des älteren Bauabschnitts der Marienkirche in Gelnhausen (vgl. S. 252) weiter. Unter einigen barocken Veränderungen und der Ausstattung muß auf den Hochaltar des frühen 18. Jahrhunderts hingewiesen werden. Er stammt aus dem Karthäuser-Kloster in Mainz (seit 1792 in Seligenstadt) und wurde vermutlich von Maximilian von Welsch entworfen. Die Figuren fertigte Burkhard Zamels. Er hat verschiedene Zeugnisse seiner Kunst an den Seitenaltären am Westportal und an der Klostermauer hinterlassen.

Südlich der Kirche erstreckt sich der Klosterbezirk mit Schulhaus (1703), prunkvollem Barockportal, rechts der Klostermühle (1574), links der Prälatur (1699); barocker Kreuzgang und Sommerrefektorium von 1729 schließen an. Klosterküche, Konventbau, Krankenbau, Alte Abtei (1686) und Konventgarten vervollständigen die Klosteranlage.

Von der *Kaiserpfalz*, die Friedrich II. um 1235 mainabwärts erbauen ließ, blieb nur die repräsentative Mainfront des Palas (Abb. 93). Das 'Rote Schloß' war vor 1462 niedergebrannt, es wurde 1938 und 1961 ausgegraben und vorsichtig ergänzt.

Fachwerkhäuser des 15. bis 18. Jahrhunderts, der längsovale *Bering* der mittelalterlichen Stadt, der stattliche *Steinheimer Torturm* von 1605 und weitere Wehrtürme verzaubern den Besucher. In der Nähe von Seligenstadt freilich ist das 'Atomrevier' Hessens: Kahl an der hessisch-bayerischen Grenze. Am Gustav-See sieht man die Atomzigarre aufragen.

Auf dem Weg nach Babenhausen, einen Blick auf die *Wasserburg*, die der Seligenstädter Abt 1707 erbauen ließ. Ein Wassergraben und eine niedrige Ringmauer mit vier spielerischen Ecktürmchen umgeben das pavillonartige zweigeschossige Wohnhaus mit Mansardendach.

In einem Seitental des Mains liegt BABENHAUSEN. Um 1200 Besitz der Münzenberger, war es seit 1458 Residenz der Grafen von Hanau-Lichtenberg.

Das *Schloß* mit eigenem Mauerring besitzt spätromanische Reste. Torturm (von 1525) mit barockem Dach, Ringmauer mit Eckbastionen (gegen 1460–70), Wassergraben und Schloßgeviert mit Innenhof bilden eine romantische Gruppe. Aus dem Anfang des 13. Jahrhunderts stammt der Westflügel mit den Arkaden. 1460–75 wurden der östliche Teil des Nordflügels und der nördliche Teil des Ostflügels mit dem Fachwerkobergeschoß angebaut. Gegen 1550–60 wurde mit dem Renaissancebau im nordwestlichen Winkel der Hof weiter geschlossen. 1570–80 kam der Südflügel mit dem Treppenturm dazu. Vor dem Südflügel steht die Gruppe einer Hirschjagd von 1713.

Die *Pfarrkirche*, mit Chor und Glockenturm von 1382, wurde als dreischiffiger Hallenbau an der Stelle des romanischen Vorgängerbaues 1472 errichtet. Reiche Gliederung und Figurenschmuck, die Ausmalung im Innern von 1580–90, darunter auch die frühen Fresken im Chor von 1380 und die Malereien des späten 15. Jahrhunderts an der Außenwand des südlichen Seitenschiffes, die Grabmäler und das Altartriptychon von 1515 schaffen ein kostbares Gesamt. Der ungefaßte Altar zeigt im Mittelschrein Cornelius, Nikolaus und Valentin, Reliquienbüsten und Armreliquiare, auf den Seitenflügeln stehende Heilige. Riemenschneider- und Backoffen-Einflüsse sind spürbar. Ein Altar im Nachbardorf NIEDER-RODEN um 1520/30 ist stilistisch verwandt.

Der Marktplatz vor der Kirche besitzt schöne alte Wohnbauten. Das *Spital* stammt von 1754. Die *Stadtmauer*, das *Burgmannenhaus* (1544), der *Adelshof* der Geiling von Altheim (1555), die *Kommandantur* (1620) und ein *Amtshaus* von 1560 sind sämtlich in der Amtsgasse.

In ALTHEIM, in Richtung Dieburg, ist eine *Pfarrkirche* mit Westturm um 1518 von Interesse. Die im Kern romanische Kirche wurde 1520 und im 18. Jahrhundert durchgreifend verändert.

Dieburg, die *civitas Auderiensium*, von der auch römische Funde im Kreismuseum bewahrt werden, besitzt *Kirchen*, *Burg* und *Schloß*. Von Dieburg beginnt die Etappe in den Odenwald.

Der westliche Main mit seiner sich nach Süden öffnenden Landschaft und den Städten Neu-Isenburg, Sprendlingen, Langen, Höchst, Kelsterbach, Hattersheim, Raunheim, Rüsselsheim mit seinem vorzüglichen neuen Museum, Flörsheim, Hochheim und der Öffnung der Landschaft zwischen Ginsheim, Mörfelden nach Groß Gerau in den Süden Hessens ist nicht so reich an Kunstdenkmälern.

FLÖRSHEIM ist ein Weinort mit einer 1547 erbauten Ortsbefestigung und einigen alten Hofanlagen des 18. Jahrhunderts, die den engen Zusammenhang mit Kurmainz belegen. Die *Pfarrkirche*, deren Turm 1706, deren Schiff 1766–68 erbaut wurde, erhielt 1770 eine bewegte Rokoko-Stuckdecke mit Deckengemälde. Die prächtige Ausstattung ist der Hochheimer Pfarrkirche ähnlich.

In HOCHHEIM schuf der Mainzer Maler Johann Baptist Enderle um 1770 die Deckengemälde im Chor und im Schiff. Auf dem 'Plan', einem Platz, der von Barockhäusern umstanden ist, steht die *Hochheimer Madonna*, eine Sandsteinplastik von 1770. Die *Pfarrkirche* ist weithin sichtbar. Die Weine sind berühmt. In England verwendet man das Wort 'Hock' für Rheinweine. Die Weine Hochheims zählen schon zum Rheingau. Die Engländer kamen zur Bezeichnung 'Hock', weil Königin Victoria in der Mitte des 19. Jahrhunderts Hochheim besuchte. Als Geschenk bekam sie ein Fäßchen 'Hochheimer Königin Victoria-Berg Riesling Auslese'. In London war man so angetan, daß Hochheim nun zumindest in England immerwährend mit dem Begriff 'Rheingauer Wein' verbunden bleibt.

DER MAIN: WEILBACH BIS SINDLINGEN

Die große rechteckige *Wasserburg* WEILBACH mit dem von zwei Flankentürmen begleiteten gotischen Herrenhaus lohnt einen Abstecher. Von der heute als Gutshof genutzten Burg, die im Kern auf das 14. bis 15. Jahrhundert zurückgeht, erreicht man die große latène-zeitliche Ringwallanlage auf dem Kapellenberg. Die *Kapelle* ist ein Bau von 1772–73.

Raunheim und Rüsselsheim auf der anderen Mainseite, Öl und Autos. Höchst nördlich des Mains Chemie, aber auch Jahrhunderthalle, Schloß, Bolongaro-Palast und Höchster Porzellanmanufaktur (1746–1796).

Seit dem 9. Jahrhundert gehörte HÖCHST zum Erzstift Mainz. Die *Burg* der Erzbischöfe stammt aus dem 14. und 15. Jahrhundert. Ein tiefer gemauerter Graben umgibt die Anlage. Der Bergfried, 1681 aufgestockt, ragt aus dem dichten Gebäudekomplex. Das Renaissancetorhaus und ein Wohnbau mit Renaissancegiebel sind Zeugen der Bautätigkeit des Erzbischofs Wolfgang von Dalberg (1590). Die erlesenste Kostbarkeit ist die *Pfarrkirche St. Justinus*. Gotischer Chor, Dachreiter, spätgotisches Hauptportal mit Statuen des Paulus und Antonius verbergen die karolingische Basilika, die Erzbischof Otgar von Mainz 834 als dreischiffige Basilika mit drei Apsiden bauen ließ. Reste dieses Baus sind die karolingischen Kapitelle auf den Säulen im Mittelschiff. Wie kostbar diese Reste, die korinthische Kapitelle vereinfacht nachempfinden, sind, wird deutlich, wenn man die schmucklosen Basiliken des Einhart in Seligenstadt und Steinbach vergleichend zu Hilfe nimmt. Oder wenn man fragt, was außer dem Bauschmuck der Lorscher Torhalle und einigen Funden in Fulda an Bauplastik aus karolingischer Zeit vorhanden ist.

Das enge 'karolingisch-romanische' Mittelschiff kontrastiert wirkungsvoll mit dem hohen und breiten Chor, in dem ein furnierter Barockaltar von Johann Wiess (1724–26) steht. Der ehemalige Hochaltar von 1485 steht in der spätgotischen Seitenkapelle (1500). Eine bedeutende Holzplastik des heiligen Antonius von 1460, unter den Grabmälern die Platte des Kurmainzer Rates Hofmann (†1527) aus der Werkstatt von Hans Backoffen, spätgotisches Taufbecken auf Löwen, die Kanzel von 1812 und die Chorstuhlwangen vom Ende des 15. Jahrhunderts gehören zum Erwähnenswerten der Ausstattung.

Zwischen Kirche und Burg liegt die Altstadt mit *Höfen* der Greifenclau (1600), Kronberg (1577), dem *Rathaus* (spätes 16. Jh.), den *Bürgerhäusern* am Schloßplatz aus dem 17. und 18. Jahrhundert, der mainseitigen *Stadtmauer* (gegen 1360) und dem *Zollturm* zwischen Schloßplatz und Mainufer.

Östlich des mittelalterlichen Stadtkerns erbaute Erzbischof Emmerich Josef 1768 die Neustadt. Ein Geviert nimmt der *Palast* des Tabakfabrikanten und Bankiers Bolongaro ein (Abb. 104). Das Bauwerk ist ein Beispiel des Mainzer Barock. Der Bürger baute wie ein Fürst. Das Bauwerk ist Ausdruck des aufblühenden Industriezeitalters, besser der 'Eisenbarone', 'Weinbarone' oder, wie hier, 'Tabakbarone'. Das Haupthaus hebt sich mit seiner Pyramidenspitze auf dem Dach heraus. Heute ist es Rat-

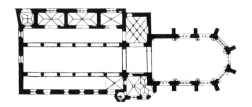

Höchst: Grundriß der kath. Pfarrkirche St. Justinus

haus. Im Innern eine geräumige Treppenanlage mit Deckengemälde, dazu einige stuckierte Räume. Der hübsche Park fällt in zwei Terrassen zum Main ab. Er ist mit Brunnen und Figuren geschmückt. Flankiert wird der Park von zwei *Pavillons* mit geschweiften Dächern. Der westliche, heute Standesamt, enthält einen bereits klassizistisch gestuckten Saal.

Südwestlich von Höchst liegt SINDLINGEN mit einer bedeutenden klassizistischen *Kirche*, die Carl Florian Goetz zwischen 1823–25 errichtete. Vor der Kirche steht der Turm des mittelalterlichen Vorgängerbaues. Er ist mit der Jahreszahl 1609 bezeichnet. Der Innenraum des 'Neubaues' ist von mächtigen dorischen Rundsäulen bestimmt. Die Säulen trennen flachgestreckte schmale Seitenschiffe ab und tragen eine mit Kassetten bemalte Tonne über dem Mittelschiff. Insgesamt wirkt der Raum durch die lichte Farbgestaltung in Rosa und Hellgrau und durch das Weiß und Gold der Altäre unaufdringlich festlich.

Nun nach Darmstadt und weiter ins Südhessische.

Darmstadt und Südhessen

Unser Weg führt nach Südhessen: nach Darmstadt, ins Ried, zur Bergstraße und zum Odenwald.
 Südlich der Mainlinie liegt die bedeutende Industriestadt Darmstadt. Unter dem Einfluß der Technischen Hochschule entwickelte sich hier Chemische Industrie (Merck, Röhm & Haas) und Metallindustrie (elektrotechnische Maschinen und Radiogeräte). Hinzukommt, im Kreis Groß Gerau, noch die Herstellung von Musikinstrumenten in Nauheim (Geigen, Gitarren, Trompeten, Flöten). Diese Fabrik wurde erst nach dem Zweiten Weltkrieg von Heimatvertriebenen gegründet.

Darmstadt

Einer der ersten Siedler soll der Franke Darimund gewesen sein. Von seinem Namen leitet man den Namen der Stadt DARMSTADT ab. Im 12. Jahrhundert wird Darmstadt zum erstenmal urkundlich genannt. 1331 erhielt das Schloß eine feste Mauer und einen Graben, und der Graf von Katzenelnbogen machte Darmstadt zu seiner zweiten Residenz. Seit 1567 ist es Hauptsitz der Landgrafen von Hessen-Darmstadt. Unter dem letzten Großherzog Ernst Ludwig begann Darmstadts Entwicklung zur Großstadt. 1944 wurde es zur Hälfte zerstört.
 Mitten in Darmstadt, in einem neu gestalteten Zentrum, steht das Denkmal des ersten Großherzogs von Hessen, der *Lange Ludwig* (vgl. Abb. 122). Von einer hohen Säule schaut er auf das Leben zu seinen Füßen. Als einst ein Bauer aus dem hintersten Odenwald staunend davorstand, fragte er einen vorübergehenden Darmstädter: »Heiner, sag emo, wie is dann der do enuff gekomme?« »Ei«, antwortete der Spaßvogel, »als er noch so ein kleiner Bub war, ist er hinaufgeklettert, und weil er Angst hatte, herunterzusteigen, ist er droben geblieben!« Deshalb steht er heute noch da.
 Das andere Wahrzeichen Darmstadts ist ein Turm, der *Hochzeitsturm* ('Fünffingerturm') auf der Mathildenhöhe (Abb. 124). Er wurde anläßlich der Hochzeit des letzten Großherzogs Ernst Ludwig erbaut.
 Darmstadt ist Sitz des Rates für Formgebung. Er führt die Bauhaustradition fort. In Darmstadt ist aber auch das Institut für Neue Technische Form, der Deutsche

Kunstrat, die Deutsche Akademie für Sprache und Dichtung, der Sitz des bundesdeutschen PEN, Schauplatz des Darmstädter Gespräches, das Internationale Musikinstitut, Theater, Landesmuseum und Mathildenhöhe. Hier kommen wir zum Kern. Diese Entwicklung einer nicht allzu großen Stadt zu einer Stadt der Künste, hängt mit den Landgrafen zusammen.

Zunächst verdankt Darmstadt seine Entwicklung den Grafen von Katzenelnbogen, die die Stadt 1479 dem Landgrafen von Hessen vererbten. Nach dem Tode Philipps wurde es Residenz der neuen Linie Hessen-Darmstadt. Die Landgrafen, die seit 1806 Großherzoge waren, förderten Kunst und Wissenschaft. Landgräfin Karoline (1721–1774), die Goethe verehrungsvoll die 'Große Landgräfin' nannte, schuf den

Darmstadt
1 Langer Ludwig   2 Hessisches Landesmuseum   3 Schloß   4 Staatstheater   5 Mathildenhöhe

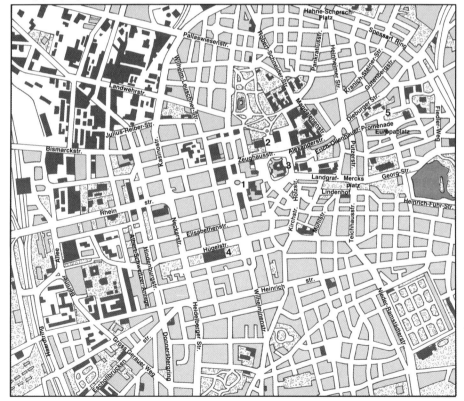

SÜDHESSEN: DARMSTADT

Darmstadt: Kupferstich von Matthäus Merian aus der Topographia Hassiae, 1655

'Darmstädter Kreis', ein Vorläufer der Akademie für Sprache und Dichtung, mit keineswegs uninteressanten Mitgliedern. Hätte die Akademie schon damals den alljährlich zu vergebenden Georg-Büchner-Preis verleihen können, wäre die Wahl zwischen Goethe, Herder oder Wieland sicher nicht leicht gefallen. Aber nicht nur im Bereich der Literatur gibt es eine Darmstädter Tradition, auch die Architekturpflege, heute von der Technischen Hochschule getragen, hat ihre Vergangenheit. Durch den Architekten Georg Moller gab der Großherzog Ludewig I. (Abb. 139) seiner Residenz ein klassizistisches Gepräge.

Noch bekannter wurde die Stadt durch E. L. – das sind die vielerorts an Bauwerken und Denkmälern eingemeißelten Anfangsbuchstaben des letzten Großherzogs Ernst Ludwig (Abb. 142), der im Bewußtsein der hessischen Bevölkerung etwa die Stellung einnimmt, die der Bayernkönig Ludwig II. im Herzen seiner Landsleute innehat. Ernst Ludwig war ein vergleichbar kunstsinniger Regent, der im siebten Jahr seiner Regierungszeit (1892–1918) durch die Gründung der Darmstädter Jugendstil-Künstlerkolonie die Aufmerksamkeit der Weltöffentlichkeit auf Darmstadt lenkte. Er wollte Wirtschaftswachstum seines Landes bei gleichzeitiger Wahrung guter, d. h. künstlerischer Formen auch im Gebrauchsgut. Die Renovierung des Alten Schlosses in Gießen, die bedeutende Badeanlage in Bad Nauheim (vgl. Abb. 66, 68), die Fertigung der Tonkacheln eines noch heute bestehenden Großunternehmens in Gießen, Bahnhöfe, Wohnhäuser und anderes wurden von der Darmstädter Künstlerkolonie auf der Mathildenhöhe beeinflußt, wobei der Darmstädter Jugendstil für sich beanspruchen darf, über alle Dekoration hinaus kraftvolle und sinnvolle Formgebungen gefunden zu haben.

Wenn man von der Autobahn kommend nach Darmstadt einfährt, über die Rheinstraße zum Langen Ludwig am Luisenplatz und weiter zum Schloß, hat man einen sehr geeigneten Ausgangspunkt, um die wesentlichen Sehenswürdigkeiten Darmstadts zu erwandern. Vom Hauptbahnhof hat man in gleicher Richtung eine ideale Straßenverbindung nach hier. Am *Schloß* (Abb. 123) sollte man auch darum beginnen, weil es die älteste und vielgestaltigste Anlage Darmstadts ist. Es war ursprünglich die im 14. Jahrhundert erbaute Wasserburg der Grafen von Katzenelnbogen. Als ältester Teil der Anlage steht im Nordwesten der Herrenbau, dem 1512 der Weißesaalbau angeschlossen wurde. Kirchenbau und Kaisersaalbau entstanden von 1595–1597, und 1663–1671 schloß sich der Glockenbau an. Ein Glockenspiel hängt in der Laterne, die den Turm bekrönt. All diese Baulichkeiten erreicht man am besten vom Marktplatz aus. Von dem *Marktplatz* mit dem *Brunnen* von 1780 und dem im Renaissancestil gegen Ende des 16. Jahrhunderts erbauten *Rathaus*, hat man einen guten Blick auf die Hauptfront des zweiflügeligen Schlosses, das zwischen 1716 und 1727 nach Plänen von Louis Remy de la Fosse als barocke Anlage um das Altschloß der Renaissance gelegt werden sollte. Bevor man durch den mächtigen Torbau in die Schloßanlage eintritt, sollte man noch einen kurzen Blick auf den westlich des Rathauses gelegenen *Weißen Turm* werfen, einen Rundturm, der seit dem 18. Jahrhundert wohl Glockenturm, ursprünglich aber Teil der Stadtbefestigung aus dem 14. Jahrhundert war.

Geht man nun durch den Torbau, befinden sich links und rechts im Barockschloß die *Landesbibliothek* und das *Staatsarchiv*. Im anschließenden Glockenbau ist das *Schloßmuseum* untergebracht, darin, in einem 'Weiheraum', das Prunkstück dieser Sammlung, die ›Darmstädter Madonna‹, 1526 von Hans Holbein d. J. mit jenem Zauber aus Wirklichkeit und engelhafter Güte gemalt, die diese 'Bürgermadonna' noch immer zur göttlichen Bittstellerin werden läßt.

An dem Paukergang mit dem *Wallhäuschen* von 1627 vorbei, vorüber an Loggien und Torchurchfahrten, findet man den Weg zum *Georg-Büchner-Platz*, von dem aus wir einen Blick auf das Landesmuseum und das Landestheater haben. Die Kriegsruine des *Landestheaters* ist von außen wieder in gutem Zustand (Abb. 125). Das *Hessische Landesmuseum* ist ein Juwel unter den hessischen Museen. Es hat nicht nur vorzügliche Einzelabteilungen, mit denen man Spezialmuseen füllen könnte, es führt vielmehr von Prunkstücken der Vorzeit bis zu einer bedeutenden Sammlung an Ausstellungsstücken der Gegenwartskunst. Einzigartig ist: die Sammlung bedeutendster mittelalterlicher Altäre. Es gibt keine hessische Sammlung, die vergleichbar qualitätvolle Stücke aus dem hessisch-westfälischen Raum, aus dem Mittelrhein und anderen Kunstprovinzen besitzt und in dieser Fülle zeigt.

Hinter dem Landesmuseum erstreckt sich der *Herrengarten*, ein englischer Park. Man folgt seinen gewundenen Wegen, bestaunt die mächtigen Baumgruppen, die weiten Rasenflächen und ist überrascht von dem reizvollen Kontrast, der sich bietet, wenn man im Nordosten des Schloßgartens in den *Prinz-Georg-Garten* eintritt. Hier unterwirft sich noch die Natur dem ordnenden herrscherlichen Geist in feinster Rokoko-Gartengestaltung. Die Wegachsen führen zum *Palais*, einem schlichten Barockbau, der 1710 als Sommerwohnung errichtet wurde. Heute ist es das 'Porzellanschlößchen' und beherbergt die Großherzogliche Porzellansammlung, die neben den üblichen bekannten Manufakturen auch Stücke aus der Hessen-

SÜDHESSEN: DARMSTADT BIS DREIEICHENHAIN

Darmstädtischen Manufaktur Kelsterbach und aus der kaiserlich-russischen Porzellanmanufaktur St. Petersburg besitzt. Nordöstlich hat man einen Blick auf die Mathildenhöhe.

Vom Schloß über den *Friedensplatz* zum *Luisenplatz*, der im Norden von dem *Kollegienhaus*, einem Barockbau, der heute als Regierungsgebäude dient, abgeschlossen wird. Auf dem Luisenplatz erhebt sich die *Ludwigssäule*, eingangs erwähnt. Das Standbild ist von Schwanthaler zum Andenken an den Großherzog Ludewig I. entworfen. Neben dem Niederwald-Denkmal in Rüdesheim und dem Kasseler Herkules eines der bedeutendsten Monumente Hessens.

Im Zuge der Wilhelminenstraße, vom Luisenplatz zum Wilhelminenplatz, erhebt sich die *Ludwigskirche*, ein Moller-Bau wie das Landestheater, aber als klassizistischer Rundtempel dem Pantheon in Rom nachempfunden. Geht man von hier zurück in Richtung Schloß, so sollte man in der Nähe des Ludwigsplatzes einen Blick in die *Stadtkirche* werfen, wo im spätgotischen Chor bedeutende Grabmäler untergebracht sind. Unter dem Chor die Fürstengruft.

Nun zur Mathildenhöhe im Nordosten der Stadt! Vom Schloß führt ein nicht zu steiler Fußweg über die Erich-Ollenhauer-Promenade, Nikolaiweg zum Europaplatz. Die *Mathildenhöhe*: eine eigenartige Baugruppe im Umkreis einer mit Zwiebelkuppeln und Mosaiken geschmückten *Russischen Kapelle* (Farbt. 40). Zar Nikolaus II. ließ die Kapelle 1899 zu Ehren seiner Gemahlin errichten, die aus dem Hause Hessen-Darmstadt stammte.

Ernst Ludwig sammelte eine Schar progressiver Künstler, die das *Atelierhaus* (Abb. 126), ihre Wohnhäuser und deren Einrichtung zum Bestandteil der Ausstellung ›Ein Dokument deutscher Kunst‹ machten. Die erste Ausstellung fand 1901 statt. 1908 erbaute Josef Maria Olbrich das *Ausstellungsgebäude* und den *Hochzeitsturm* mit seinem eigenartigen, wie die fünf Finger einer Hand geformten Abschluß (Abb. 124). Den herrlichen Platanenhain vor dem Hochzeitsturm schmückte 1913/14 Bernhard Hoetger mit Freiplastiken und Reliefs. Olbrich, der Maler Hanns Pellar und Peter Behrens, der die Ideen der Neuen Sachlichkeit an seine Schüler Walter Gropius, Mies van der Rohe und Le Corbusier weitergab, wirkten neben vielen anderen in dieser Zeit in Darmstadt, dem Berge Athos der modernen Architektur und des Kunstgewerbes.

Außerhalb des Stadtkerns liegt östlich der Heidelberger Straße der *Orangeriegarten*, in dem 1719–21 von Remy de la Fosse die *Orangerie* erbaut wurde. In drei Terrassen steigt der Garten zur Orangerie hinab. Hier liegt auch der *Prinz-Emil-Garten* mit dem *Prinz-Emil-Schlößchen*, das heute als Nachbarschaftsheim genutzt wird.

Vier Kilometer nordöstlich vom Zentrum Darmstadts liegt *Schloß Kranichstein*, dessen Sammlung an Windbüchsen ebenso bemerkenswert ist wie die Tatsache, daß Kranichstein, das von 1571–79 im Renaissancestil erbaut wurde, heute ein ruhiges und geschmackvolles Hotel ist. Einen Namen machte sich das Schloß durch die Kranichsteiner Literaturtage. Das Ausflugsziel aller Darmstädter aber ist die *Burgruine Frankenstein* aus dem 13. Jahrhundert. Von hier hat man einen herrlichen Blick in die Rheinebene und das Ried.

Wie keine andere Fundstelle naturhistorischer Objekte ist der ehemalige Ölschiefer-Tagebau der *Grube Messel*, 10 km nordöstlich von Darmstadt, in die öffentliche Diskussion getreten. Gefunden werden in Messel Insekten, Fische, Frösche, Salamander, Krokodile, Vögel, Pflanzenreste und anderes aus dem mittleren Eozän, einer Zeit, die rund 50 Millionen Jahre zurückliegt. Mülldeponie oder Forschungsstätte? Cola-Dosen rein in den See des stillgelegten Bergwerkes oder weitere Urpferdchen raus? Bedenkt man es recht, dürfte das keine Frage sein. Die Grabungen des Senckenberg-Instituts sind so eindeutig erfolgreich, daß man vor Ort an ein 'Messel-Museum' denken könnte, um all die Fossilien zu zeigen und Erdgeschichte zu verdeutlichen.

Ried und Bergstraße

>Dreieichenhain – Philippseich – Wolfsgarten – Mörfelden – Mönchbruch–
Groß Gerau – Trebur – Gernsheim – Hofheim – Bürstadt – Lampertheim – Viernheim – Lorsch – Lindenfels – Winterkasten – Pfungstadt – Frankenstein – Seeheim – Jugenheim – Bickenbach – Alsbach – Zwingenberg – Auerbach – Bensheim – Schönberg – Reichenbach – Heppenheim

Die Rheinebene westlich der Bergstraße ist altes Kulturland. Ausgrabungen im Gelände der Burg und Stadt DREIEICHENHAIN ergaben ein Haus aus dem 9. Jahrhundert, einen größeren Hof aus dem 10. und 11. Jahrhundert. Die Herren von Hagen, die schon bei der Beschreibung von Kloster Arnsburg, Münzenberg und dem Deutschherrenufer in Sachsenhausen erwähnt wurden (später nannten sie sich nach ihrer Burg Münzenberg), sie bauten in der zweiten Hälfte des 11. Jahrhunderts eine wasserumgebene *Turmburg* an gleicher Stelle. Es ist die besterhaltene frühe Turmburganlage Hessens. Vom quadratischen Wohnturm dieser Anlage steht noch die fünfgeschossige Westwand in der nordöstlichen Ecke der Burg (um 1170). Diese *Burg*, mit schwerem Bergfried, rechteckigem Palas und Kapelle, ist vor die Turmburg gebaut worden. Diese mehrfach veränderte Anlage verfiel im 16. Jahrhundert. 1713–16 wurde die Burgkapelle zur heutigen *Kirche* aufgebaut. Neben Kanzel und Altar aus der Bauzeit besitzt sie eine Orgel von 1791 aus der Werkstatt Stumm in Sulzbach. Die *Stadtbefestigung* ist teilweise erhalten. Die Hauptstraße ist von *Fachwerkhäusern* des 16. bis 18. Jahrhunderts geschmückt.

SÜDHESSEN: PHILIPPSEICH BIS HOFHEIM

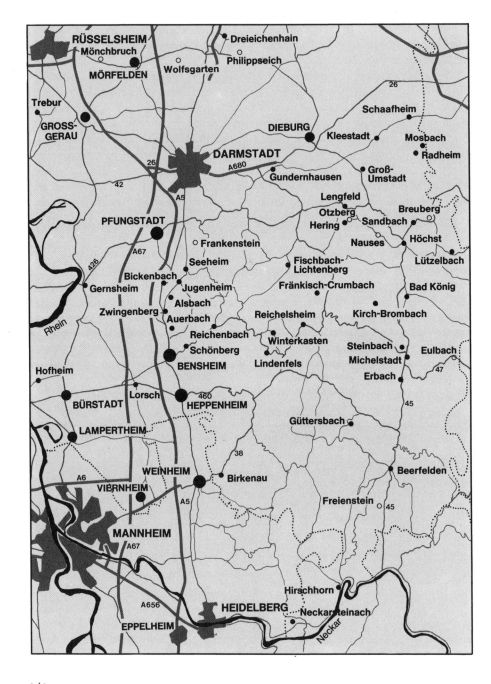

Südwestlich von Dreieichenhain liegt das *Lustschloß* PHILIPPSEICH. Graf Johann Philipp von Ysenburg-Offenbach († 1718) ließ es erbauen. Westlich, in Richtung Groß Gerau, mitten in Wald- und Parkgelände, liegt *Schloß* WOLFSGARTEN, das 1721–24 nach Plänen von Louis Remy de la Fosse als Jagdschloß erbaut wurde. Im weitläufigen Park befinden sich Kleinbauten des Jugendstils, darunter das 1902 von Josef Maria Olbrich erbaute *Prinzessinnenhaus*. So trifft man alte Bekannte, die Baumeister am Darmstädter Schloß und an der Mathildenhöhe.

MÖRFELDEN mit der einfachen *Kirche* von 1730, das *Jagdschloß* MÖNCHBRUCH, 1729 von Helfrich Müller errichtet, führen nach GROSS-GERAU mit den Resten der *Wasserburg Dornberg* und dem *Rathaus* von 1578–79. Der *Ziehbrunnen* auf dem Marktplatz von 1595, die *Fachwerkbauten* des 18. und 19. Jahrhunderts, die spätgotische *Kirche* bilden eine schöne Einheit. Von hier öffnet sich das Ried.

Das 'Ried' bildet den nordöstlichen Teil der Oberrheinischen Tiefebene zwischen Main und badischer Grenze.

TREBUR! Nur die exponierte Lage der *Pfarrkirche* läßt ihre geschichtliche Bedeutung vermuten. Hier lag seit karolingischer Zeit die Kaiserpfalz 'Palatium Regium Treburiae'. Hier tagten vom 9. bis 12. Jahrhundert Reichsversammlungen und Synoden. 1248 kam Trebur an Katzenelnbogen, 1479 an Hessen. Nur die Wände der sonst in gefälligem Barock veränderten Kirche stammen aus karolingischer Zeit.

Groß-Gerau, Erfelden, Gernsheim: fruchtbares Land mit schwarzer Erde, Ölpumpen, flache Hügel. Mörfelden, Bickenbach, Viernheim: Kiefern, Spargel. Über dem Rhein Oppenheim und Worms. Gernsheim, Hofheim, Bürstadt, Lampertheim, Viernheim, dann Lorsch.

GERNSHEIM, südlich von Biebesheim, in der Nähe des Altrheins, des Vogelparadieses Kühkopf, war einst römisches Kastell. Gernsheim besitzt eine hübsche *Pfarrkirche*, die 1750 durch Kaspar Valerius nach Plänen von Thomann erbaut wurde. Mit dem schlanken Westturm erinnert sie an Balthasar Neumanns Kunst. Leider wurde sie im 19. Jahrhundert und im Zweiten Weltkrieg stark zerstört. Das *Rathaus* am Markt wurde neu aufgebaut, so daß der Moller-Bau den Platz wieder bestimmt. Südöstlich von Gernsheim liegt die Wallfahrtskapelle *Maria Einsiedel*, ein neugotischer Bau mit altem Chor (1495) und einer Pietà (um 1400) auf dem Hauptaltar. Auf dem nördlichen Seitenaltar steht eine Madonna (um 1480). Beide Arbeiten sind vorzüglich.

Wenn in Gernsheim Balthasar Neumann nur als sanfte Assoziation auftauchte, so darf HOFHEIM sich rühmen, eine *Pfarrkirche* von seiner Hand zu besitzen. Franz Georg von Schönborn, Fürstbischof von Worms und Erzbischof von Trier, ließ sie 1747–50 errichten. Eine lebendig gegliederte Westfront wölbt sich vor, umschließt und trägt den Turm und stützt ihn links und rechts mit hochgezogenen Voluten. Am Portal das von Löwen gehaltene Schönbornsche Wappen. Auch das Innere besitzt eine qualitätvolle Anlage.

Die barocke Zwiebelhaube von BÜRSTADT (1756) ist schon von ferne zu sehen. Leider ist der barocke *Kirchenbau* nicht ganz erhalten. Die einschiffige Barockkirche ist heute Querhaus einer modernen Anlage von 1926. Dennoch, und dadurch, blieb die tonnenförmige Decke mit den ornamentalen Stukkaturen erhalten. Von der Ausstattung blieb wenig. Den Hochaltar überfängt ein neuromanisches Ziborium aus dem Mainzer Dom. Das *Rathaus* von Bürstadt, von 1730, mit dem Festsaal, dessen Decke mit feinem Bandelwerk stuckiert wurde, ist ein schmuckloser zweigeschossiger Bau mit Dachreiter und Erkervorbau an der Längsseite.

Von hier gelangt man direkt nach Lorsch, aber Lorsch bedeutet schon Bergstraße. Zuvor kann man der Vollständigkeit halber noch nach LAMPERTHEIM fahren. 832 wird der Ort erstmals erwähnt, erhielt aber erst 1951 Stadtrecht. Die *Pfarrkirche* von 1770–71, das *Rathaus* mit eingemauertem spätromanischen Tympanon und die Kastanien auf dem Platz gruppieren sich zu einem hübschen Flecken mit *Fachwerkhäusern* und dem *Rentamt* des 18. Jahrhunderts. An der Straße nach Hüttenfeld liegt das *Neuschloß*, das Kurfürst Friedrich I. von der Pfalz als Jagdschloß 1468 anlegen ließ. 1504 neugestaltet, wurde der schlichte Bau nach einem Brand 1821 wieder errichtet.

In einem Zipfel zwischen Mannheim und dem badischen Weinheim liegt VIERNHEIM. 777 wird der Ort erstmals erwähnt. *Tabakscheunen* und *Fachwerkbauten* sind seine Charakteristika. Die barocke *Marienkirche*, an der Mannheimer Straße, und die neugotische *Apostelkirche* in der Stadtmitte ergänzen das Bild.

Nach LORSCH! Die *Torhalle* des Klosters, das zu den mächtigsten des frühen Mittelalters zählte, gehört zu den bedeutendsten Bauwerken der karolingischen Renaissance. Der zweigeschossige Rechteckbau stammt aus dem Jahrzehnt zwischen 774 und 784 (Farbt. 43; Abb. 127). Cancor und Williswind stifteten 764 das Benediktinerkloster Lorsch. Lorsch unterstand dem Erzbischof Rutgang von Metz, dessen Bruder Gundelang als erster Abt 772 das Kloster Karl dem Großen zu eigen gab. Lorsch wurde dadurch Reichsabtei. Im 12. Jahrhundert begann der Niedergang. 1555 hob Kurfürst Ott-Heinrich von der Pfalz das Kloster auf. Die kostbare Bibliothek kam durch Schenkung Tillys nach Rom. Heute stehen nur noch Torhalle oder Michaelskapelle und ein Teil der Klosterkirche.

Die Torhalle des Klosters stand im Vorhof, im Atrium. Sie wurde vermutlich als Triumphtor für Karl den Großen errichtet. Karl war 774 zur Weihe der neuen Klosterkirche in Lorsch. Die Anlage zeigt heute noch die alte Wandverkleidung. Sie wird im Erdgeschoß durch Halbsäulen mit Kompositkapitellen gegliedert, im Obergeschoß übernehmen die Pilaster die Gliederung. Auf den Pilastern ruhen kleine Dreiecksgiebel. Die Rundbogen der Durchgangsöffnung ruhen auf Pfeilern, die Halbsäulen tragen einen flachen, horizontalen Gebälkstreifen. Säule und Gebälk, das ist antik, das ist das Bezugssystem von Stütze und Last. Aber wir haben in Lorsch auch *in statu nascendi* die mittelalterliche Auffassung, daß Säulen Rundbögen tra-

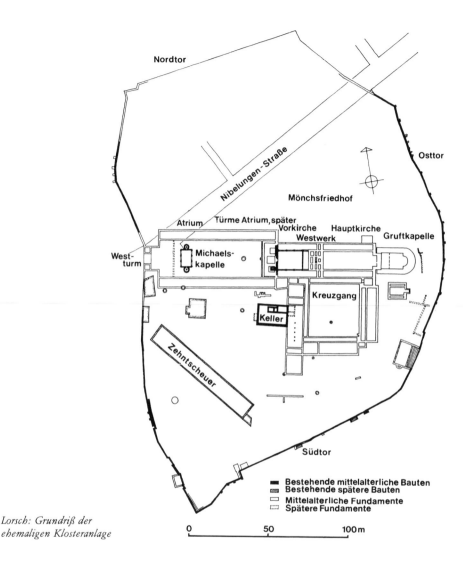

Lorsch: Grundriß der ehemaligen Klosteranlage

gen können. Das Entscheidende ist nämlich nicht die Säule, besser Halbsäule, und das Gebälk, sondern die Arkatur: die gleichhohen Bögen des Tores bilden den entscheidenden Eindruck. Darüber kommt dann nicht das Gebälk, sondern dazwischen ist ein Streifen Wand. Das Gesims ist nur noch ein flaches ornamentiertes Band, auf dem die Basen der kannelierten Pilaster stehen. Diese Verselbständigung des Bandes weist auf die Genese zum reinen Ornamentband. Die erwähnten Pilaster liegen flach auf der unruhigen, farbigen Wand, dazwischen, ohne Tiefe, drei Fenster, darüber Giebel ohne Struktur.

Die Torhalle ist ein dreiteiliges Triumphtor, der Ursprung antik. Sie wird umgedeutet, indem, entgegen antiken Anlagen, der mittlere Bogen nicht betont wird. Die Säulenstellung mit Gebälk, die Pfeiler mit Rundbogen, die kannelierten Pilaster, die Form der Basen und Kapitelle sind antikes Formgut. Der Gedanke der Wandverkleidung, der textilhaft bunten Fläche, ist byzantinisch, die Dreiecksgiebel des Obergeschosses entstammen der nordischen Tradition.

Wie die Klosteranlage ausgesehen hat, ist nicht mehr zu erkennen, wenn auch Grabungen die Gesamtanlage erschließen konnten. Kein karolingisches Kloster ist erhalten. Wir kennen nur Grundrisse, wie den aus der Klosterbibliothek von St. Gallen. Der äußere Umriß der Klosterkirche ist durch Ligustersträucher angedeutet. Hier lag auch die an den Chor anschließende Gruftkirche (876). Hier ruhten die Gebeine Kaiser Ludwigs des Deutschen, seines Sohnes und Enkels. Von hier hat man einen schönen Blick zur *Klostermauer*, nach rechts zum *ehemaligen Kreuzgang* und zur 80 m langen *Zehntscheuer* des 15. Jahrhunderts, die gerade restauriert wird, und zurück zur heutigen *Vorkirche*, die hinter der Torhalle liegt. Der heute in der Vorkirche stehende Sarkophag mit ionischen Pilastern ist vermutlich der Steinsarg Ludwigs. Die große Klosterkirche bestand um 1200 aus einer dreischiffigen basilikalen Vorkirche mit doppeltürmiger Westfront und aus der Hauptkirche. Die beiden Türme wurden 1358 durch Blitzschlag vernichtet. Von der Vorkirche steht nach der Zerstörung der gesamten Anlage 1621 nur noch das Mittelschiff. Die Hauptkirche war eine dreischiffige Basilika ohne Querschiff und mit rechteckigem flachem Chor.

Von der schönen und ruhevollen Anlage sieht man die 'Bergstraße', der wir uns nun nähern. Zuvor noch einen Blick auf das Lorscher *Rathaus* von 1715 mit massivem Untergeschoß und zwei Fachwerkgeschossen, das an das ältere Heppenheimer Rathaus (Farbt. 45) erinnert.

Das Blühen in Deutschland beginnt an der Bergstraße meist schon im März. An den Lößhängen gedeiht ein vorzüglicher Wein. Die besten Reben wachsen bei Heppenheim, Bensheim, Auerbach und Zwingenberg. Die Winzer haben sich zu Winzergenossenschaften zusammengeschlossen und gelernt, durch geschickte Wahl besonders geeigneter Reben und sorgfältige Pflege den Bergsträßer Wein zu veredeln. Alljährlich findet in Heppenheim ein großer *Weinmarkt* statt, bei dem Weinkenner die besten Weine auswählen. Im Winzerkeller kann jedermann in kleinen Gläsern die verschiedenen Sorten probieren und sich den Wein aussuchen, der ihm schmeckt. Bensheim feiert Anfang September seit Jahren ein *Winzerfest*, das acht Tage dauert. Ein prunkvoller Festzug lockt zahllose Menschen herbei, die sich im Winzerdorf und auf den Festplätzen vergnügen. Die auf dem Heppenheimer Weinmarkt gewählte Winzerkönigin fährt dann in einem Blumenwagen durch die Stadt und begrüßt im Winzerdorf die Ehrengäste. Im *Rebmuttergarten* vor den Toren Heppenheims werden Weinreben veredelt. Wenn ein Winzer einen Weinberg neu anlegt, so kann er hier die für seinen Boden am besten geeigneten Reben kaufen. Jährlich werden etwa eine halbe Million Stecklinge versandt.

Von Lorsch ausgehend und bei Heppenheim an der Bergstraße in den Odenwald eintretend, zieht die 'Siegfriedstraße' (B 460) durch schöne und stille Landschaften des Odenwaldes über Kirschhausen und Walderlenbach in das Weschnitztal nach Fürth und Weschnitz mitten durch Bergwälder, die der sagenhafte Wildbann der Nibelungen in Worms war. In ihrem Ostabschnitt führt die Siegfriedstraße in die höchsten Lagen des Odenwaldes, am Krähberg vorbei, über Schöllenbach nach Kailbach im Ittertal.

Von Worms über Lorsch führt die 'Nibelungenstraße' (B 47) nach Bensheim an der Bergstraße, folgt dem Lautertal, nach Kohnbach, Lindenfels, Michelstadt und Eulbach. Herrlich ist es, an einem sonnigen Tag von Bensheim-Auerbach hinauf zum Altarberg zu steigen. Der Erdboden ist hier gelb, feinkörnig und staubig. Es ist Löß. Vom Altarberg bietet sich ein weiter Rundblick. Von den Höhen grüßen uns aus zartgrünen Wäldern zur Rechten der Melibokus und die Zinnen des *Auerbacher Schlosses*. Die Berge zur Linken sind mit Aussichtstürmen und Burgruinen geschmückt. Vor uns liegt die breite Oberrheinische Tiefebene. Aus Auwäldern blinkt an einzelnen Stellen das Silberband des Rheines, und am Horizont kann man deutlich vor den Bergen des Pfälzer Berglandes die Türme des Wormser Doms erkennen. In dem nahen Tal, das sich auf unserer Wanderung bald auftut, baute der Landgraf von Hessen vor zweihundert Jahren ein Schlößchen, das *Fürstenlager*. In dem gepflegten *Park* stehen noch viele alte Bäume aus dieser Zeit. Sie wurden aus fernen Ländern dorthin verpflanzt und gediehen in dem milden Klima. Das Prunkstück darunter ist ein 64 m hoher Mammutbaum.

In dem nahen Hochstädter Tal liegt ein *Bergwerk*. Hier wird in unterirdischen Höhlen Marmor gebrochen.

Wandert man auf der Höhe weiter, so gelangt man nach etwa dreiviertel Stunden auf den Felsberg mit dem *Felsenmeer*. In vielen Jahrtausenden hat das Wasser hier riesige Felsblöcke freigespült und Anlaß zu der Sage von den beiden kämpfenden Riesen auf dem Felsenmeer gegeben. Vor 1700 Jahren haben die Römer am Felsenmeer die Granitsteine behauen, große Säulen hergestellt und sie bis nach Trier und Italien verfrachtet. An vielen Felsstücken sind noch heute die Werkspuren der Steinmetze zu sehen. Am meisten bestaunt aber wird die Riesensäule. Sie ist so schwer, daß man sie auch mit einem großen Kran nicht wegbringen könnte. Als die Germanen das Land zurückeroberten, ließen die Römer alles im Stich. Nun liegen die behauenen Felsstücke noch heute so da wie zu Zeiten der Römer.

Vom Felsenmeer steigt man in das Lautertal hinunter, durchquert Reichenbach und gelangt zu dem Hochmoor bei Schannebach. Bald gibt uns der Bergwald einen freien Blick hinüber nach dem Städtchen LINDENFELS (Farbt. 42). Von den Zinnen der *Burgruinen* hat man einen herrlichen Rundblick über den gesamten Odenwald. Alljährlich kommen viele Gäste nach Lindenfels und erleben dort erholsame Urlaubstage. Im nahen WINTERKASTEN finden Lungenkranke in der Eleonoren-Heilstätte am Fuße des Kaiserturms Genesung. Wenn wir nach Osten weiterwandern, gelangen wir in das Gersprenztal und steigen dann auf der anderen Seite wieder in die Höhe. Wir haben den *Granit-Odenwald* verlassen und befinden uns nun im *Sandstein-Odenwald*. Das Land ist hier weniger fruchtbar und deshalb in der Hauptsache nur mit Wald bedeckt. Von hier erreicht man das Mümlingtal, Michelstadt mit seinem schönen alten Rathaus und gelangt bald nach Erbach. Ein Elfenbeinschnitzer gestattet uns, ihm bei seinem kunstvollen Handwerk zuzuschauen und die aus Elfenbein geschnitzten Elefanten, Hirsche, Rehe und vielerlei Blumen zu bewundern. In dem Erbacher Schloß haben die Grafen von Erbach eine selten schöne Sammlung wertvoller Kunstgegenstände und Waffen zusammengetragen. In der Beschreibung der Strecke Dieburg – Beerfelden werden diese Stationen aber noch genauere Erwähnung finden.

Die eigentliche 'Bergstraße' führt von Darmstadt nach Heidelberg. Die B 3 folgt den Westhängen des Odenwaldes. Hinter Heppenheim verläßt die *Strata Montana*, die römische Heerstraße, Hessen. Sie müßte genau genommen 'Talstraße' heißen, denn sie läuft am Fuß der Hügelkette entlang. Trajan hatte 100 n. Chr. Straßenbauer ausgeschickt, diesen Nord-Süd-Weg zu trassieren.

In Eberstadt, einem Stadtbezirk von Darmstadt, teilt sich der Weg in die 'Alte Bergstraße' und die 'Neue Bergstraße' über Bickenbach. In Zwingenberg treffen sich beide Wege.

Westlich liegt PFUNGSTADT. Mitten durch den Ort fließt die Modau. Teilweise über dem Dorfbach ist das zweigeschossige *Rathaus* von 1614 gebaut. Hoher Volutengiebel und ein eigener Treppenbau gliedern den Baukörper. Die vom Markt ausgehende *Borngasse* zeigt mehrere gute Hofanlagen fränkischer Form. Teilweise stammen diese Höfe aus dem 17. Jahrhundert. Ein strenger Bau von 1746–52, nach Entwürfen des Pfarrers Konrad Lichtenberg, ist die *Kirche* nahe dem Dorfbach.

Von hier gelangt man zur BURG FRANKENSTEIN, wie erwähnt, Ausflugsziel der Darmstädter. Damit beginnt die Reihe bedeutender Burgruinen an der Bergstraße, das Entzücken der Romantiker des 19. Jahrhunderts. Der Blick auf die Rheinebene, das Land um Darmstadt und den vorderen Odenwald ist ein wirkliches Geschenk für den, der zu Fuß den steilen Aufstieg angeht. Die Burg wurde in der Mitte des 13. Jahrhunderts durch Konrad Reiz von Breuberg angelegt. Seine Nachkommen, die Herren von Frankenstein, hatten die Burg und das kleinen Territorium um die Burg bis 1661–62 inne. Sie tauschten das Gebiet mit Hessen-Darmstadt gegen Ockstadt bei Friedberg. Die Burg wird heute bestimmt durch die Restaurierungen des 19. Jahrhunderts (1835 und 1893). Nur der innseitige dreigeschossige quadratische *Turm* (1527) und die Ruine eines spätgotischen *Wohnhauses* (1527) sind noch alt.

In SEEHEIM erwartet den Besucher eines der schönsten *Rathäuser* der Bergstraße. Es ist ein Fachwerkgiebelbau mit reichen Fensterumrahmungen und Brüstungsgefachen mit ornamentalem Schmuck. 1599 wurde der Bau geschaffen. Ein kleiner Uhrturm schließt ihn ab. Vor dem Rathaus befindet sich ein *Laufbrunnen*. *Fachwerkhäuser*, die *Pfarrkirche* mit dem frühgotischen Chorturm und einem einschiffigen Langhaus von 1609 am Friedhof, das ehemalige Großherzogliche Hoflager am Hang sind kleine Sehenswürdigkeiten.

Bedeutender ist die *Pfarrkirche* von JUGENHEIM (1575). Oberhalb lag das 1230 gegründete Kloster Heiligenberg. In der parkartigen Waldlandschaft befindet sich das *Mausoleum* des Prinzen Alexander von Hessen († 1888), des Begründers der Familie Battenberg-Mountbatten. Ihr Stammsitz ist *Schloß Heiligenberg* oberhalb des ehemaligen Klosters. Die hübsche Anlage stammt aus dem 19. Jahrhundert (1811, 1867, 1875). Heute ist hier das Institut für Lehrerbildung des Landes Hessen. Zwischen Jugenheim und Seeheim lag die Burg Tannenberg, deren Grundmauern 1848–49 ergraben wurden. Ursprünglich war sie Sitz der Münzenberger.

Die *Pfarrkirche* von BICKENBACH (17. Jh.), das *Jagdschloß* des Landgrafen Ernst Ludwig von Hessen (1720–21) am westlichen Dorfende, das Bergsträßer Dorf ALSBACH mit der *Pfarrkirche* von 1610 und den schönen *Höfen* sind ebenso sehenswert, wie das Alsbacher *Schloß*, das gegen 1250 von den Herren von Bickenbach errichtet wurde. Wichtiger war die nahe Wasserburg Zwingenberg, die 1308 von Kaiser Albrecht zerstört wurde und völlig verschwunden ist.

ZWINGENBERG hat hübsche *Fachwerkhäuser*. Es gehört neben Heppenheim zu den verträumtesten, malerischsten Orten der Bergstraße (Farbt. 41). Der Melibokus, 515 m hoch, bewacht den Ort. Auf mächtigen Stützmauern erhebt sich über dem Ort die *Bergkirche*. Zwingenberg wird 1012 zuerst genannt. Vom regelmäßig quadratischen Marktplatz führen Treppen und Gassen zur Kirche steil aufwärts. Die Kirche wurde 1258 von Graf Diether III. von Katzenelnbogen erbaut. Sie ist einschiffig mit rechteckigem, einbezogenem Chor. Um 1400 wurde ein östliches niedriges Querschiff angebaut. Die heutigen Seitenschiffe stammen von 1706. Östlich der Kirche stand die Oberburg, heute *Jugendherberge*. Zwischen Burg und Kirche liegt der älteste Ortskern mit den Resten der Stadtbefestigung. Markt-, Ober- und Untergasse entstanden gegen Mitte des 13. Jahrhunderts. Die Obergasse entspricht der mittelalterlichen Führung der Bergstraße. An der Untergasse liegt das *Schlößchen*, ein Steinbau aus dem frühen 16. Jahrhundert. Rechtwinklig dazu der quadratische Treppenturm mit einem Barockportal von 1779.

Die Amtskellerei (1561–62) außerhalb der Stadtmauern in der Oberthorgasse, der Löwenplatz mit seiner ansehnlichen Häusergruppe, der Aussichtsturm auf dem Melibokus und natürlich das heute zu Bensheim eingemeindete SCHLOSS AUERBACH, gehören zu den nächsten und näheren Besuchsstationen. Nach dem steilen Aufstieg und der ebenso steilen Auffahrt steht man vor einer mächtigen, wehrtechnisch interessanten Burgruine (Abb. 146). Weit blickt man von hier in das Ried. Die *Burg* wur-

SÜDHESSEN: AUERBACH BIS HEPPENHEIM

de von der Abtei Lorsch zum Schutze ihrer reichen umliegenden Güter erbaut, im 13. Jahrhundert von Kurmainz an die Grafen von Katzenelnbogen verlehnt und von diesen im 14. Jahrhundert ausgebaut. Um die Kernburg ziehen sich ein größerer und ein engerer Zwinger mit Ringmauern und Wehrgang. Gegen den nordöstlichen Berggrat wurde die Anlage durch einen tiefen Halsgraben und eine Schildmauer geschützt. An der Südseite ist die Ruine des Palas mit Keller und drei Geschossen zu sehen. Der Grundriß der Anlage zeigt ein regelmäßiges Dreieck, dessen nordöstliche Schmalfront bastionsartige Verstärkungen aufweist. In den beiden anderen Ecken des Dreiecks stehen Rundtürme, von denen der südliche Turm neben dem Eingang ein frühes Beispiel des Butterfaßturmes ist, wie man ihn in Idstein, Bad Homburg oder Friedberg wiederfindet.

Zum Ortsteil des Luftkurortes Bensheim-Auerbach gehört auch der *Staatspark Fürstenlager* östlich von Auerbach. In den Landschaftspark, der viele exotische Bäume aufweist, ist eine idyllische *Kuranlage* des Hessen-Darmstädtischen Hofes eingebettet. 1739 wurden heilsame Quellen zum erstenmal gefaßt. 1766–70 ließ der Landgraf eine Gebäudefolge von Ph. Jakob Mann errichten, die um 1800 durch Jakob Martin Schuhknecht vervollständigt wurde. Ein *Efeutempel, Herrenbau, Damenbau, Prinzenbau,* das *Weißzeughaus,* das *Wachhaus* mit dem Uhrentürmchen u. a. bilden eine ländlich intime Anlage.

BENSHEIM, das seit dem 8. Jahrhundert Lorscher, seit 1232 Mainzer Besitz war, wurde im 13. Jahrhundert befestigt. Um den Markt gruppiert sich die ältere Stadt. Hoch über dem Markt in der Südostecke der Altstadt steht die klassizistische *Pfarrkirche*. Georg Moller erbaute sie 1826. Im ehemaligen Lorscher Klosterhof, an der Südostecke des Marktplatzes 14, befindet sich das *Bergsträßer Heimatmuseum.* Das *Kapuzinerkloster,* 1628 gegründet, mehrere *Brunnen* des 19. und 20. Jahrhunderts, das *Hochzeitshaus* von 1757, die 1733 erbaute *Brücke* über den Lauterbach mit den zwei Bögen und den Plastiken der Nepomuk (1740) und Franz Xaver (1744) beleben das Stadtbild ebenso wie die vielen *Adelshöfe* oder der städtische *Kurpark* mit dem neuzeitlich erweiterten *Gartenhaus* von Georg Moller.

Ein Höhepunkt der ›Bacchus-Feste‹ ist das *Bensheimer Winzerfest.* Vor den Haustüren der 'Feierabendwinzer' werden die Sträuße aufgesteckt. Im Festzug marschiert die 'Fraa vun Bensem' mit. Die listige Frau von Bensheim führte 1643 feindliche Belagerer durch einen unterirdischen Gang auf Bensheims wehrhafte Seite. Da wurde es natürlich nichts mit der Eroberung. Seit dem gilt das Sprichwort in Südhessen bis hin nach Frankfurt: »Hinnerum wie die Fraa vun Bensem«, wenn jemand auf Umwegen ein Ziel ansteuert.

Das Dorf SCHÖNBERG im Lauterbachtal mit der *Kirche* von Ignaz Opfermann (1832) und dem *Schloß* der Grafen zu Erbach (1616) mit schönem Schloßgarten, REICHENBACH mit der *Pfarrkirche* von 1747–48 und der Felsberg mit dem Felsenmeer sind reizvolle Etappen auf dem Weg nach Heppenheim.

HEPPENHEIM ist der südlichste Ort an der hessischen Bergstraße. Der *Marktplatz* ist wie bei den meisten der beschriebenen Ortschaften Dreh- und Angelpunkt der Spaziergänge. Das *Rathaus* (Farbt. 45) besitzt eine Renaissancehalle (1551), gegenüber die *Apotheke* (1700), in der der nachmals berühmte Chemiker Justus von Liebig (Abb. 140) erste Experimente anstellte. Vom Marktplatz mit dem schönen *Brunnen* von 1792, der von einer schönen Statue der ›Immaculata‹ gekrönt ist, gehen sternförmig die Straßen ab. Ein Weg, die Kirchgasse, führt zum *Dom* der Bergstraße mit seiner mächtigen Vierungskuppel (1900–04). Der Dom ist ein historisierender Bau mit spätromanischen und gotischen Bauformen. Der Kernbau stammt aus dem 13. Jahrhundert.

Heppenheim wurde 773 von Karl dem Großen dem Kloster Lorsch geschenkt. 1065 erbaute die Abtei zur Sicherung ihres Besitzes die 2 km nordöstlich liegende *Starkenburg,* eine vielbesuchte romantische Ruine mit *Jugendherberge*. Vermutlich unter Abt Diemo von Lorsch (1126–39) wurde die Heppenheimer *Stadtbefestigung* errichtet, deren Wehranlagen bis 1823 erhalten waren. Im Hof des Gebäudes Marktstraße 6 ist das Buckelquadermauerwerk des *Mönchshofes* aus der zweiten Hälfte des 12. Jahrhunderts erhalten. Es war der Bergfried des in romanischer Zeit burgartig ausgebauten Lorscher Hofes. Die Fundamente dieses Hofes liegen heute unter dem *Stadtschloß* (jetzt Schloßschule), einem einfachen Bau des frühen 18. Jahrhunderts mit einem Sandsteinportal.

In der Amtsgasse liegt der *Kurfürstlich-Mainzische Amtshof.* An der Südseite das hohe, zweigeschossige Hauptgebäude mit dem Winzerkeller. Im Kern ist das Gebäude 13. Jahrhundert. Der achtseitige Treppenturm ist von 1380. Ein vorspringender Turmbau trägt im Obergeschoß eine Kapelle von 1369. An der Westseite befindet sich das Kelterhaus von 1710 mit Fachwerkobergeschoß. In den Innenräumen des Hauptbaues findet man im Kurfürstensaal Fresken, die denen aus dem späten 14. Jahrhundert in der Lorscher Torhalle verwandt sind. Seit dem 17. Jahrhundert residierte der Burggraf der Starkenburg im Amtshof zu Heppenheim. Im romantischen Innenhof findet alljährlich der Weinmarkt statt, und vom 1. bis 31. August beherbergt er die Heppenheimer Festspiele. Über die 60 Stufen der Wendeltreppe im Turm erreicht man das *Volkskundemuseum*. Die *Burg,* die seit dem 13. Jahrhundert im Besitz des Mainzer Erzstiftes war, wurde von Mainz auch mit Vögten bestellt. Von den Vögten wurde das Amt Starkenburg verwaltet, ein großes Territorium, das dem ehemaligen Lorscher Besitz im Odenwald und an der Bergstraße entsprach. Die Burg widerstand selbst den französischen Belagerungen (1688–89 und 1693) und wurde erst im 18. Jahrhundert Ruine. Von ihrer Höhe läuft der Blick über die Rheinebene, die Bergstraße und in den Odenwald.

Heppenheim: Kupferstich von Matthäus Merian aus der Topographia Hassiae, 1655 ▷

SÜDHESSEN

SÜDHESSEN: DIEBURG BIS GROSS-UMSTADT

Im Odenwald

Dieburg – Gundernhausen – Groß-Umstadt – Kleestadt – Schaafheim – Mosbach – Radheim – Lengfeld – Hering – Nauses – Breuberg – Lützelbach – Sandbach – Höchst – Bad König – Kirch-Brombach – Steinbach – Michelstadt – Erbach – Eulbach – Güttersbach – Beerfelden – Freienstein – Otzberg – Fischbachtal-Lichtenberg – Fränkisch-Crumbach – Reichelsheim – Birkenau – Hirschhorn – Neckarsteinach

Manche meinen, er sei nach dem Gott Odin benannt. Odin, das war der Gott des Windes, an den unsere Vorfahren glaubten. Als die Germanen Christen wurden und der Glaube an die heidnischen Götter erlosch, trat an die Stelle Odins der wilde Jäger, der im Odenwald auch der 'Rodensteiner', von manchen der 'Schnellerts' genannt wird.

Der Odenwald ist eines der großzügig dahinschwingenden Mittelgebirge Hessens, mit weiten Tälern, ohne dramatische Gebirgsspitzen, aber von einem milden Zauber und Frieden, die selten geworden sind. Die Romantiker haben ihn entdeckt, und von Darmstadt aus führen heute noch Wanderwege auf diesen alten Entdeckungspfaden. Der Odenwald ist inzwischen erschlossen, aber nicht überlaufen.

Eingefaßt wird er vom Main im Norden und Nordosten, vom Rhein im Westen und vom Neckar im Süden. Von den vielen Straßen werden wir im wesentlichen auf vieren reisen. Einmal auf der 'Bergstraße' im Westen, der B 3, und auf der B 45 im Osten von Dieburg in Richtung Eberbach; von West nach Ost dann auf den zwei Querverbindungen, der 'Nibelungenstraße' (B 47) von Bensheim in Richtung Amorbach, und der 'Siegfriedstraße' von Heppenheim in Richtung Amorbach.

Von dem uralten Verkehrsknotenpunkt Dieburg führen viele Straßen in nordöstlicher Richtung nach Babenhausen, das fast völlig von der alten Stadtmauer umgeben ist (s. S. 330). Auch nach Hanau, Frankfurt, Wiesbaden und Darmstadt gelangt man von Dieburg aus schnell.

DIEBURG ging aus einem Etappenort des Limes im Mainbogen hervor. Im *Kreismuseum* ist diese römische Vergangenheit an einem Mithras-Kultbild zu bewundern. Die *Wallfahrtskirche St. Maria* im bereits in karolingischer Zeit erwähnten Vorort Altenstadt, ist immer wieder umgebaut und bereichert worden. Sie enthält ein Gnadenbild um 1420, eine ›Pietà‹ aus Leder mit Kreideüberzug. Das Gnadenbild steht im Hochaltar an der Westwand des Querschiffes. 1749 wurde der Altar von Johann Peter Jäger aus Mainz geschaffen. Weitere barocke Altäre von 1715 und 1733 tragen zur reichen Ausstattung ebenso bei wie die Kanzel des 18. Jahrhunderts. Im gotischen Chor steht ein Renaissancealtar, 1604 als Grabaltar von der Familie Ulner gestiftet. Ein Alabasterrelief im Mittelfeld stellt die ›Anbetung der Hirten‹ dar. Ein spätgotisches Holzkruzifix, verschiedene Rokokofiguren und die Orgel von 1759 sind ebenso bemerkenswert, wie die Steinmadonna des späten 14. Jahrhunderts über dem Südeingang. Werfen wir noch einen Blick auf das Äußere. Seltsamerweise ist die Kirche gewestet. Sie besitzt eine T-Form, die sich baugeschichtlich erklärt. An den Langhauswänden erkennt man noch Arkaden der 1216 zerstörten Basilika des 12. Jahrhunderts, an die im 14. Jahrhundert, wohl gleichzeitig mit der Vermauerung der Arkaden, Chor und Westturm angeschlossen wurden. Das Gelände einer 1232 gebauten benachbarten Marienkapelle wurde nach deren Abriß 1697–1715 in ein langes westliches Querschifff einbezogen.

Gegenüber der Wallfahrtskirche an der Alten Straße stehen die einfachen Gebäude des *Kapuzinerklosters* (1692–1732), an der Ecke zur Spitalgasse das 1336 gegründete *Hospital* mit klassizistischen Umbauten (1816) eines Baues von 1578. Die *neugotische Pfarrkirche* sollte man wegen einer weiteren hervorragenden ›Pietà‹ von 1400 besuchen. In der Marktstraße, die auf die Westfassade der Pfarrkirche stößt, steht das klassizistische *Rathaus*. Von hier führt eine Parkallee zum *Fechenbachschen Schloß*, dem heutigen, eingangs erwähnten *Kreismuseum*. Die *Burg* (heute Landratsamt), 1294–1803 kurmainzisch, die *Kurmainzer Mühle* (1712, 1585 bezeichnet), der *Park des Schloß Stockau* (1685–1699) sind weitere Sehenswürdigkeiten.

GUNDERNHAUSEN mit seiner *evangelischen Kirche* von 1747, ein einschiffiger Saalbau, und dem nahen *Rathaus* (16. Jh.) lohnt die Fahrt dorthin.

Nun nach GROSS-UMSTADT, wo Weine wachsen ('Steingerück'), die denen des Frankenlandes verwandt sind. Besonders sehenswert sind der *Marktplatz* mit dem Renaissance-Rathaus und den schloßgleichen Bauten der jeweiligen Stadtvögte. Auf dem Platz steht ein *Brunnen* von 1714. Neben dem Rathaus, an der Nordseite des Platzes, die *Pfarrkirche* mit ihrem Westturm, dessen quadratischer Unterbau aus dem 13. Jahrhundert, dessen schlanker giebliger und spitzhelmiger Achteckoberbau gegen 1480/90 geschaffen wurde, gleichzeitig oder etwas vor dem schlanken Chor (1490–94). Die Ausstattung zeigt eine Kanzel aus dem 17. Jahrhundert, Chorgestühl (Anfang 16. Jh.), Reste von Wandmalereien im Langhaus (um 1500), im südlichen Seitenschiff ein Epitaph des Ritters Wolff von Bettendor († 1555), eine schöne Orgel von 1699, die Adam Philipp Schleich aus Bamberg schuf. Die Kirche ist sicherlich malerisch, das *Rathaus* großzügiger. Es ist ein zweigeschossiger rechteckiger Steinbau von 1596–1625, der reich mit Giebeln, Beschlagwerk, Voluten, Obelisken und Rollwerkspitzen geschmückt ist. Hans Marian aus Darmstadt schuf diesen besonders schönen Rathausbau Südhessens. In der Curtigasse ist das *Wamboldt-Schloß* sehenswert mit seinem 1600–02 entstandenen Nordflügel. Aus gleicher Zeit der Fachwerkbau des *Jägerhauses* (Curtigasse 5). Gegenüber stand das *Curti-Schloß*, um 1500, benannt nach dem Oberamtmann Kurz, der 1590 zu Curtius geadelt wurde; 1963 wurde es abgerissen. Das *Pfälzer Schloß* von 1500, die reformierte Kollektur (18. Jh.), der *Rodensteiner Hof* (16. Jh.), das *Darmstädter Schloß* mit Bauteilen aus dem 15. Jahrhundert und barocken Umbauten von 1747 reichern das Bild ebenso an wie die vielen Wohnbauten des 16., 17. und 18. Jahrhunderts.

SÜDHESSEN: KLEESTADT BIS SANDBACH

Von Groß Umstadt lohnt der Weg nach Kleestadt, Schaafheim, nach Mosbach, Radheim, Lengfeld, Otzberg und Hering und selbstverständlich zur Burg Breuberg. Die *Pfarrkirche* in KLEESTADT stammt im wesentlichen aus dem 15. Jahrhundert. Das südliche Seitenschiff wurde 1560, das nördliche 1861 angebaut. Aus der Zeit des Baubeginns stammt die Ausmalung im Chor. Die *Pfarrkirche* von SCHAAFHEIM liegt malerisch hoch über der Siedlung. 1839–41 wurde sie von Georg Moller und Georg Lerch erbaut, sie wacht über die *Gottesackerkapelle* von 1570 am südlichen Hang und über die Siedlung mit den vielen fränkischen *Fachwerkhäusern*. Das *Rathaus* ist von 1684, wesentlich älter als das Kleestädter von 1803.

An der Straße nach Mosbach liegt die *Schaafheimer Warte*, ein Rundturm von 1492. In MOSBACH bestand seit dem 13. Jahrhundert eine Johanniterkommende. Die *Komturei* von 1781 ist heute Schule. Die *Kirche* der Johanniter ist jetzt durch einen Neubau von 1906 zum Querschiff abgewertet, blieb aber dadurch vor weiterem Verfall verschont. Die Kirche stammt aus der Mitte des 13. Jahrhunderts. Der Westturm und der rechteckige, gewölbte Chorraum blieben erhalten. Das *Rathaus* von Mosbach datiert 1580–85.

Wieder eine Kirche als sehenswertes Objekt in RADHEIM. Die *Dorfkirche* von 1577 zeigt im Innern eine reiche Rokokoausstattung (gegen 1760). Neben Heusenstamm und Hofheim besitzt der im übrigen sehr schlichte Bau damit die beste Leistung des Rokoko in Hessen. Die spätgotischen Holzfiguren um 1520 stammen möglicherweise aus der Werkstatt des Meisters der ›Mosbacher Kreuzigung‹, dessen Werk man in Mosbach an der Nordwand des Chores in einer Kopie sehen konnte (Original im Landesmuseum Darmstadt). Eine *Pestsäule* von 1625 steht in der Ortsmitte von Radheim.

Südlich von Groß Umstadt liegt LENGFELD. Die *Simultankirche* (1772–80) mit dem Glockenturm und seinen spätromanischen Resten, den *Fachwerkhäusern* und dem *Rathaus* von 1717 bilden ein schönes Ensemble. Südlich ragt der markante Bergkegel des 'Otzberg' mit der Burgruine. Die *Burg* wurde um 1200 von der Reichsabtei Fulda erbaut, 1390 an die Pfalz verkauft, im 19. Jahrhundert zum Teil abgebrochen. Bergfried und Ringmauer gehen auf die Gründungszeit zurück. Im 16. Jahrhundert wurden Wall, Graben und Bastionen angelegt, 1511 und 1543 der gotische Torbau neu gestaltet. Dahinter ist das große Treibrad des *Brunnenhauses* zu sehen, das 1788 eingerichtet wurde, rechts davon das *Kommandantenhaus*, heute Gaststätte. Südlich des Bergfrieds im 'Bandhaus' die *Jugendherberge*. Von der Burg hat man einen herrlichen Blick bis zu Taunus und Spessart.

Vor der Burg liegt die Bergsiedlung HERING, eine der kleinsten Städte Hessens, mit nur 600 Einwohnern, die im 15. Jahrhundert Stadtrecht erhielt. In Hering liegt der *Burgmannenhof* der Gans von Otzberg, der zu Beginn des 16. Jahrhunderts gebaut wurde. Bevor man zum Breuberg fährt, lohnt sich ein Abstecher zum SCHLOSS NAUSES, ins Nebental der Mümling. Hier stehen Reste einer pfalzgräflichen *Wasserburg*, die vom 15. bis 18. Jahrhundert an die Gans von Otzberg verlehnt war.

Die BURG BREUBERG, die seit dem 12. Jahrhundert die Aufgabe hatte, das Mümlingtal zu sperren, wurde von 1480–1515 zur Feste ausgebaut. Sie ist eine der besterhaltenen und mächtigsten Wehranlagen Deutschlands. Wie der Otzberg wurde auch sie, allerdings schon Mitte des 12. Jahrhunderts, von der Reichsabtei Fulda gegründet. Um 1200 übernahmen die Herren von Lützelbach (von da an 'Herren von Breuberg') die Vogtei. Sie starben 1323 aus. Der Vergleich zur Burg Merenberg und dem Merenberger Geschlecht drängt sich auf (vgl. S. 216). Es folgten verschiedene Besitzer. Heute ist sie Landeseigentum, als *Jugenherberge* und *Jugendheim* genutzt. Reste der *Ringmauer*, der quadratische *Bergfried* mit Buckelquadern und das *Säulenportal* am Torbau gehören zur ältesten Anlage. Die meisten anderen Bauten entstanden unter den Grafen Wilhelm (1440–1482) und Michael II. von Wertheim (1482–1531).

Rund um die Burg kann man den im 17. Jahrhundert hoch aufgeschütteten Wall mit tiefem, ausgemauertem Graben folgen. *Wilhelmsturm* (um 1480), *Vorderer Turm* (1505), *Roter Turm* (1507) und, isoliert im Graben stehend, *Michaelsturm* (1504) heißen die vier mächtigen Geschütztürme. In die Burg gelangt man durch einen *Torturm* (1499) mit *Wohnbau* (1558). An diesem Torbau, über der Steinbrücke, sieht man einen steinernen Spott-Kopf, den sagenumwobenen 'Breilecker'.

Vor allem der *Johann-Casimir-Bau* (1606–13), mit einer Steingalerie geschmückt, besitzt reiche Ausgestaltung. Im zweiten Obergeschoß, im 'Rittersaal', befindet sich eine Stuckdecke. Die klassische Mythologie, dazu die Wappenfolge der Ahnen des Grafen Johann Casimir, Rankenwerk und Figurenfries an den Wänden, mit antiken Gottheiten, wurden zwischen 1610 und 1624 vermutlich von Eberhard Fischer aus Babenhausen geschaffen (man vergleiche die Decke des Einhart-Hauses in Seligenstadt). Obwohl sie sicherlich eine der bedeutendsten Leistungen im süddeutschen Raum darstellt, bleibt die Arbeit ohne befreiende Leichtigkeit, sie schwelgt in plastischer Fülle und wirkt bedrängend. Der *Altbau* (1560), der *Treppenturm* (15. Jh.), der *Neubau*, die bereits 1357 genannte *Kapelle*, der *'Herrschaftliche Bau'* mit Festsaal von 1553, das *Erbachsche Herrenhaus* von 1568, die *Rentschreiberei* (15. Jh.), die *Burgküche* (15. – 16. Jh.) und die *Münze* (16. Jh. und 1709) bilden ein fast funktionsfähiges Burgenensemble. Neustadt, zu Füßen der Burg, war der Flecken der Handwerker und Burgmannen mit Fachwerkhäusern aus dem 16. und 17. Jahrhundert. Talabwärts steht die *Wolfenmühle* von 1624, weiter unterhalb die *Rosenbacher Mühle,* nicht weit davon das *Lützelbacher Schlößchen,* östlich des Dorfes LÜTZELBACH. Es ist ein bekanntes Kastell aus dem 2. Jahrhundert n. Chr., dessen *Umwallung* noch erhalten ist.

Über SANDBACH, mit der *Pfarrkirche* von 1787, nach Höchst, Bad König, Kirch-Brombach, Steinbach, Michelstadt führt der Weg weiter nach Süden.

In HÖCHST stifteten die Herren von Breuberg ein Augustinerinnenkloster, das 1332 eine Propstei und 1506 zu einem Benediktinerinnenkloster wurde. 1556 aufgelöst, wurde es *evangelische Pfarrkirche*. Der Klosterbezirk wird als Jugend- und Rüstzeitenheim der Evangelischen Kirche in Hessen-Nassau genützt. Der gedrungene Westturm der Kirche, aus der Gründerzeit, trägt einen gotischen Spitzhelm. Im Innern versuchte man das Langhaus (1567–68) in einen Predigtraum umzuwandeln. Grabsteine im spätgotischen Vorraum des Turmes, eine Taufschale von 1611 aus Stein, eine reiche Orgel von 1708 gehören zur Ausstattung. Die Ortschaft zeigt an der Hauptstraße eine Reihe von *Fachwerkhäusern* des 16. bis 18. Jahrhunderts.

Das Mümlingtal aufwärts folgt BAD KÖNIG mit dem Schloß der Grafen Erbach und der Pfarrkirche. Ein neues *Kurmittel- und Badehaus* vervollständigt die Kureinrichtungen des Stahlbades. Seit dem späten 19. Jahrhundert ist Bad König Kurort. Das *Schloß*, früher eine Mainzer Burg, wurde im 18. Jahrhundert verändert und 1954 restauriert. Von dem Ursprungsbau (1559) ist nur die Torduchfahrt erkennbar. Der Schloßhof ist zugleich Kirchvorplatz, von dem eine zweiläufige Treppe mit Brunnen zum Schloßgarten führt. Kirche und Schloß bilden eine verträumte anschauliche Baugruppe. Der kräftige Westturm der *Kirche* von 1479 ist wehrhaft. Der anschließende Saalbau mit dem dreiseitigen Schloß entstand gegen 1750.

KIRCH-BROMBACH liegt in einem Seitental der Mümling. Die *Pfarrkirche*, die ehemals St. Alban geweiht war, besitzt einen Westturm von 1497 mit barocker Haube. Das Langhaus stammt von 1714–15. Im Chor ein Netzgewölbe, das auf den Schlußsteinen St. Alban und die vier Evangelistensymbole zeigt. Fresken, die 1962 freigelegt wurden, datieren in verschiedenen Zeiten. Schönster Schmuck der Kirche ist das dreiflügelige Altarwerk mit Mittelschrein. Dort, in Holz geschnitzt, St. Alban und zwei Heilige. Die Flügel zeigen die Geschichte des Hl. Alban: rechts den bekehrenden und lehrenden Alban, links sein Martyrium. Auf den Rückwänden sind die Heiligen Antonius und Hieronymus dargestellt. Der Altar wird dem Meister des Babenhauser Altares zugeschrieben. Aus dem Altarwerk spricht der Einfluß der in Seligenstadt konzentrierten Kunstschule um Grünewald (erste Hälfte 16. Jh.).

Nun kommen wir nach Michelstadt, zunächst zum Ortsteil STEINBACH. Steinbach besitzt zwei außerordentliche Baudenkmäler: einmal die eindrucksvollen Reste der

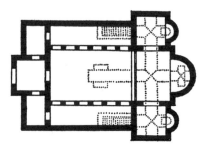

Steinbach: Grundriß der ehemaligen Klosterkirche

Einhartsbasilika (821–827) mit der baugeschichtlich bedeutenden Krypta. Dann das *Schloß Fürstenau* der Erbacher Grafen, das aus einer Wasserburg zu einem Renaissance-Schloß wuchs. Großartig der 12 m hohe, 14,60 m weit gespannte Schmuckbogen. Die Mainzer Wasserburg war seit 1355 Eigentum der Schenken zu Erbach, seit dem 18. Jahrhundert Schloß der Grafen zu Erbach-Fürstenau. Ein herrlicher Flecken Erde, dieses Schloß, die Mümling-Brücke, daneben ein reizvoller *Gartenpavillon* (1756) mit gedrehten Säulen. Ein wenig an den Rand gedrängt durch die Brücke, aber so recht zum Entdecken. Auf dem anderen Ufer stehen die *Mühle* aus dem späten 16. Jahrhundert und Gebäude des 16. und 19. Jahrhunderts, die von hier zum Schloßhof leiten. Ein *Altes Schloß*, mit der Bogengalerie von 1588 (Farbt. 44) und drei Flügeln, im 16. Jahrhundert ausgebaut, und ein *Neues Schloß* (1810–11, Architekt Gerhard Wahl) liegen sich gegenüber. Am rechten unteren Ansatz des großen Bogens ist ein Rest des ursprünglichen Burgportals von 1300 mit Bemalung (1550) sichtbar. Die Anlage ist bewohnt und besitzt altausgestattete Zimmer und Gemächer.

Von hier geht man durch Wiesen zur nahen *Basilika*. Karl der Große und seine Zeit hinterließen in Hessen deutliche Spuren. Einhart, vielseitiger Mitarbeiter und Biograph des Kaisers, errichtete in Steinbach bei Michelstadt eine Basilika, die heute, fast 1150 Jahre später, gut erhalten, restauriert und in Teilen rekonstruiert ist. Sie zählt zu den ältesten Kirchenbauten in Deutschland. Hier ruhten für kurze Zeit die Gebeine der im Jahre 304 in Rom enthaupteten Märtyrer Marzellinus und Petrus, die im Jahre 827 über die Alpen in den Odenwald überführt worden waren. Sie wurden im nahen Seligenstadt, wo Einhart unter Förderung Ludwigs des Frommen und Ludwigs des Deutschen ebenfalls eine Basilika errichtet hatte, endgültig zur letzten Ruhe gebettet.

Nach Abbruch der Seitenschiffe wurden die Mittelschiffarkaden vermauert, so daß der Raum im Moment einschiffig ist. Die Querschifflügel waren immer 'abgeschnürt', d. h. ein Bogen, nicht viel größer als die Arkadenbogen im Langhaus, öffnete die Trennwand. Eine Vierung wird nicht gebildet, das Mittelschiff läuft ohne Unterbrechung durch bis zum Apsisansatz. Die Querflügel sind völlig selbständige Räume mit eigenen kleinen Apsiden und haben keine Beziehung zum Schiff. Die südliche Seitenschiffswand ist neuerdings vor dem alten Bau neu aufgestellt. Die Seitenschiffe waren sehr schmal, während das Mittelschiff breit wirkt. Die Arkaden sind besonders steil und schlank hochgezogen. Ihre Bogen ruhen auf Pfeilern, die aus Backstein gemauert sind, während der übrige Bau aus Bruchsteinmauerwerk besteht. Ein Querschiff ist ausgebildet, macht sich aber in der Erscheinung des Raumes kaum bemerkbar.

Wie Steinbach, so waren alle karolingischen Basiliken flachgedeckt oder mit offenenem Dachstuhl abgeschlossen (auch Seligenstadt und die Säulenbasilika St. Justinus in Höchst). Nur die Krypten und die Zentralbauten waren mit Gewölben überdeckt.

SÜDHESSEN: MICHELSTADT BIS ERBACH

1073 richtete der Lorscher Abt Udalrich in Steinbach eine Propstei ein. 1232 wurde sie in ein Frauenkloster umgewandelt. Im Jahr 1542 wurde das Kloster aufgehoben und zum *Hospital.* Schon 1160 wurde die Westfront stark verändert. Die strenge und klangvolle Proportion des Ursprungsbaues ist immer noch erkennbar. Die dünnen Flachziegel der Pfeiler verweisen auf Seligenstadt. Die Gangkrypta ist unverändert. Sie verläuft in Kreuzform von der Mitte des Mittelschiffs bis zur Ostapsis und unter den Nebenchören. Die Kryptengänge sind an den Enden wiederum kreuzförmig erweitert. In den östlichen Nischen waren Altäre aufgestellt, der Zugang erfolgte durch die Seitenschiffe. Am westlichen Ende unter dem Mittelschiff sollten Einhart und Imma begraben werden, im Osten die Märtyrerreliquien.

Einhart erhielt 815 von Ludwig dem Frommen die Mark Michelstadt. Ursprünglich war MICHELSTADT wichtigster Reichsbesitz an der Kreuzung der alten Straßen Worms – Würzburg und Höchst – Eberbach. Seit 840 war es durch Einharts Vermächtnis Lorscher Besitz. Seit dem 12. Jahrhundert war es Vogtei und später Allodialbesitz der Herren und Grafen zu Erbach. 1806 fiel es an Hessen. Sein schönster Schmuck ist der reizende *Marktplatz* mit dem prachtvollen *Rathaus* – ein Bilderbuchblick (Farbt. 46). Das 1484 errichtete Fachwerkrathaus ist eines der ältesten in Deutschland, im Erdgeschoß mit offener Halle und hölzernen Ständern, im Obergeschoß mit schlanken Dachreitern und zwei Erkertürmen. Gegenüber steht der *Marktbrunnen* von 1575 mit den Attributen der Justitia (18 Jh.). Aus dem Jahr 1755 stammt der behäbige Barockbau des ehemaligen Gasthauses *'Zum Löwen'*. Hinter dem Rathaus ragt die spätgotische *Stadtkirche* mit bedeutenden Grabmälern. Einhart hatte hier bereits eine Holzkirche errichtet. Der heutige Bau datiert: Chor 1461, Langhaus 1475, Westgiebel 1490–97, Glockenturm 1507–1537, Netzgewölbe im Chor 1543, Eberhardkapelle im südlichen Seitenschiff 1542, Erbachsche Familiengruft am nördlichen Chor 1678. Die Grabmäler der Familie Erbach reichen von der Gotik bis zum Barock. An der Südwand ist das Grabmal Georgs III. († 1605) hervorzuheben. Michael Kern schuf es mit krausen und gedrängten Ornamenten in manieristischer Weise. Von Kern ist auch das Grabmal des Friedrich Magnus († 1618). Die Baugruppe der *Kellerei,* die den *Diebsturm* (um 1400) der alten Wehrmauer einschließt, ist besonders malerisch. In der Mauergasse steht die 1791 errichtete *Synagoge*. In einem Fachwerkbau der Braunstraße ist das *Odenwaldmuseum* untergebracht. Nur wenige Kilometer aufwärts im Mümlingtal liegt die Kreisstadt Erbach.

Von Darmstadt nach Süden, an der Bergstraße entlang, findet die Fahrt durch Hessen ihren Abschluß. Die Bergstraße, über Seeheim, Zwingenberg, Bensheim nach Heppenheim kann man wohl auch auf der Autobahn in Richtung Heidelberg abfahren. Dieses Teilstück Hessens sollte man aber an sonnigen Herbsttagen erwandern; von Bensheim nach Lorsch über Bürstadt nach Worms, das, obwohl nicht mehr hessisch, den Besuch lohnt, sind es Tagesetappen. Schöner noch zum Wandern ist die Strecke von Bensheim nach Osten durch den Odenwald über Lindenfels nach Michelstadt, zur Basilika Einharts, nach Erbach. Dann muß man schon wieder aufpassen, daß man nicht ins Bayerische gelangt. ERBACH ist eine typische kleine Residenzstadt, herrlich gelegen und mit Operettenzauber.

Das jetzige *Schloß,* einstige Residenz der Grafschaft Erbach, wurde 1736 erbaut. Eine Tiefburg, die 1622 zerstört wurde, ging diesem Bau voraus. Der älteste Bautrakt ist der um 1200 vom Schenken Gerhard I. errichtete wehrhafte Schloßturm, der das Wächteramt über das heitere Gemäuer inne zu haben scheint. Schloß und Sammlungen sind im Besitz der gräflichen Familie zu Erbach-Erbach. Die Sammlungen – sie sind zu besichtigen – wurden vom letzten Souverän der reichsunmittelbaren Grafschaft Erbach, Franz I. (1754–1823) zusammengetragen. Durch einen Torbau (1571) gelangt man in den Schloßhof. Im Hintergrund sieht man den Kammerbau der gräflichen Verwaltung. Nach links gelangt man über eine breite Freitreppe in das Schloß. Ohne es zu wollen, denkt man an den ›Wildschütz‹, der vielen Hirschgeweihe und Waffen wegen, der 'Heiterkeit und Fröhlichkeit' wegen. Die Waffen sind alt, die Geweihe aufregend abnorm; man gelangt nach geweihgeschmücktem Vestibül und Gewehrkammer in eine Hirschgalerie. Außer einer reichen Decke aus dem 17. Jahrhundert, aus dem Kloster Rot a. d. Rot stammend und 1863 hier eingebaut, schöne Siedel- und Pfeilerschränke, in Augsburger und Kölner Arbeit. Das lenkt dann doch von den armen Viechern ab, denen schon Siegfried und Hagen vom nahen Worms, des Weibergezänks überdrüssig, nachjagten.

Plötzlich zwei Säle mit feiner klassizistischer Proportion und einer bemerkenswerten Sammlung der klassischen Antike. Augustus, Tiberius, Claudius, Caesar, Titus und Scipio, Alexanders Büste und eine Herme aus dem 5. Jahrhundert v. Chr., rot- und schwarzfigurige Vasen versetzen in eine andere Welt.

Im Rittersaal dann wieder Deutsches, Neugotisches, viele spätmittelalterliche Rüstungen und Waffen.

Die Herren von Erbach waren ursprünglich als Vögte der Abtei Lorsch Reichskirchenministerialen, stiegen als königliche und pfälzische Schenken zu größerer Selbständigkeit mit eigener Herrschaft auf und erwarben 1532 den Grafentitel. 1748 teilten sie sich in drei Linien Erbach-Erbach, Erbach-Fürstenau und Erbach-Schönberg.

Der große Marktplatz vor dem Schloß ist umstellt vom *Rathaus,* (1545 und 1754) neben dem *Städtelbogen* (1594) mit dem *Prangerpfeiler,* der *ehemaligen Schloßmühle* (Markt 8), die 1723 zum Marstall umgebaut wurde, weiteren gräflichen Bauten und Bürgerhäusern. Das *Marktdenkmal* von 1874 zeigt den Grafen Franz I. zu Erbach in römischer Toga. Der marktseitige Flügel des Schlosses lagert breit dahin. 1736 wurde er nach vereinfachten Plänen von Friedrich Joachim Stengel begonnen. Die Außengliederung wurde 1902 hinzugefügt. Im Innern befindet sich der 1803 neugotisch gewölbte *Rittersaal.* Durch den *Archivbau* (1571–93) mit Tordurchfahrt betritt und verläßt man den Schloßhof, der an der Nord- und Westseite vom *alten Bau* von 1550 und der *Kanzlei* von 1540 begrenzt wird. Bei Bauten wurden gegen Ende des 19. Jahrhunderts überarbeitet und erneuert.

SÜDHESSEN: ERBACH BIS BIRKENAU

Der herrschaftliche Bau der *Stadtkirche* (gegen 1750) wurde auch als Schloßkirche genutzt. Auch dieser Bau ist von dem nassauischen Hofbaudirektor Friedrich Joachim Stengel beeinflußt. Ein Blick auf die *Orangerie* von 1722 im Lustgarten jenseits der Mümling empfiehlt sich ebenso, wie die Beschäftigung mit der Elfenbeinschnitzerei. Graf Franz I. führte sie 1783 ein. Das 1966 eröffnete städtische *Elfenbeinmuseum* in der Otto-Glenz-Straße 1 vereinigt viele Schätze dieses Handwerkszweiges und gibt Aufschluß über die Herstellung der Meisterwerke.

Von Erbach sollte man einen Abstecher nach EULBACH machen, wo Graf Franz I. 1770 ein *Jagdschloß* erbauen ließ, das 1802 um ein zweites Obergeschoß erhöht wurde. Herausragend ist der *englische Garten* von Ludwig von Sckell mit verschiedenen historischen Requisiten. Neben Obelisken und künstlichen Burgruinen grasen friedliche Wisente. In Eulbach wurde 1802 der 'Eulbacher Markt' gegründet, der als bekanntestes Odenwaldfest seit 1824 in Erbach gefeiert wird.

GÜTTERSBACH mit der *Pfarrkirche* von 1480 und dem nahen *Marbachtal*, wo der 773 bereits erwähnte 'Liutbrunnen' sprudelt, an dem Siegfried von Hagen erschlagen wurde, sind Stationen auf dem Weg nach Beerfelden. Davor liegt der Krähberg, auf dem Carl Egnihard zu Erbach-Fürstenau 1778 ein einsam gelegenes *Jagdschloß* erbauen ließ.

BEERFELDEN ist wie eine Fassung um einen heiligen Quell. Die *Quelle der Mümling* ist die Hauptsehenswürdigkeit. In einer originellen klassizistischen Fassung von 1810 strömt aus zwölf Röhren an sieben Steinsäulen, die von Vasen bekrönt sind, das künftige Flüßchen, dem wir gefolgt sind. 1810 ist auch das Jahr, in dem Beerfelden abbrannte. In der 1813–16 durch Gerhard Wahl erbauten *Pfarrkirche* blieben eine Gründungstafel von 1500 und ein Glasgemälde von 1510 erhalten. Die schauerlich originelle zweite Sehenswürdigkeit ist der *Galgen*. Einer der wenigen, die sich in Deutschland erhalten haben. Drei Säulen auf einer Anhöhe bildeten das 1597 errichtete Hochgericht, das noch 1806 zum letztenmal als Hinrichtungsstätte diente.

Zwischen Beerfelden und Neckarsteinach liegt der Katzenbuckel, die höchste Erhebung des Odenwaldes mit (626 m) und die Hohe Warte (549 m). Südlich der 'Stadt am Berge' die *Burgruine* FREIENSTEIN am Hang des Weckberges. Sie wurde in der zweiten Hälfte des 13. Jahrhunderts als Grenz- und Paßsperre gebaut und ist seit 1810 Ruine.

Ein letzter abschließender Weg durch Hessen soll noch beschrieben werden. Er führt von Mühltal durch den Odenwald nach Neckarsteinach.

Von der Burgruine Frankenstein bei Mühltal-Nieder-Beerbach, Gründung des Konrad Reiz von Breuberg gegen 1250, fährt man zur BURG OTZBERG bei Hering. Weithin sichtbar ist die Burg, Bekrönung eines frei vor dem Odenwald aufragenden Bergkegels aus Basalt. Der Bergfried ist der älteste Teil, er stammt aus dem 13. Jahrhundert. Die Burg, schon im 8. Jahrhundert genannt, wurde 1504 vom Landgrafen von Hessen erobert. Das sogenannte *Brandhaus,* ein zweigeschossiger Bau mit Satteldach, zeigt noch eine Inschrift mit pfälzischem Wappen von 1413. Die anderen um den Hof geordneten Gebäude stammen aus dem 16. Jahrhundert. Der *Ziehbrunnen* wurde gegen 1800 angelegt.

In FISCHBACHTAL-LICHTENBERG liegen Schloß und Städtchen Lichtenberg eng aneinander, umrahmt von den bewaldeten Bergen des Odenwaldes. Das *Schloß* ist der älteste Renaissancebau Südhessens. Ein Jahrzehnte leer stehender Teil des Schlosses ist vom Land Hessen ausgebaut worden und wird nun als *Museum* genutzt. Schloß, Schloßkonzerte, die herrliche Umgebung, das Museum und hierin eine Sommergalerie, die weiten und stillen Wanderwege, die nahe Heuneburg, eine Fliehburg aus dem letzten vorchristlichen Jahrhundert, und anderes locken Tausende von Besuchern in diesen romantischen Winkel. Der Vorgängerbau des Schlosses, das in seiner Ornamentik an Groß-Umstadt, Fürstenau und Friedberg erinnert, war die Burg der Herren von Katzenelnbogen (gegen 1230). 1479 lösten die Landgrafen von Hessen die aussterbenden Herren von Katzenelnbogen als Besitzer ab. Der Darmstädter Baumeister Kesselhut errichtete 1570–81 den dreiflügeligen Komplex um einen rechteckigen Hof. Vermutlich stammen auch Vorburg und Stallungen von ihm. Vor 1550 entstand bereits das Bollwerk westlich des Schlosses, ein freistehender Batterieturm auf der Hügelspitze über den wenigen Häusern des Ortes.

In manchen Gegenden sind es die Kirchen, die sich häufen, jetzt sind es die Burgen, so in FRÄNKISCH-CRUMBACH die *Burgruine Rodenstein,* deren Bauherren in der Mitte des 13. Jahrhunderts die Herren von Rodenstein waren. Nach dem Aussterben der Adelsfamilie (1671) verfiel die Burg. Zwischen den hohen Waldbäumen verraten nur der Mühlturm, der östliche Eingangsturm und die Schildmauer die einstige Wehrkraft. Einige Rodensteiner sind auf den Grabmälern in der *Pfarrkirche* zu sehen. Die im Kern romanische Kirche am Ostausgang des Dorfes erhielt 1487 einen Chorneubau, den Hans Eseler mit schönem Rippengewölbe und reichen Maßwerkfenstern plante. Hans Eseler erbaute auch den Turm. Mit dem Gemmingischen Schloß bildet die Pfarrkirche eine liebenswerte Baugruppe.

Auch in REICHELSHEIM gilt unsere Aufmerksamkeit der hoch über dem Marktflecken gelegenen *Burg* der Erbacher Grafen. Die Ruine der Kernburg und die um 1370 errichtete Vorburg mit der verfallenen Burgkapelle des 15. Jahrhunderts setzen sich malerisch gegen das erhaltene stattliche *Amtshaus* des 18. Jahrhunderts ab. Die Überreste der Kernburg stammen aus dem 16. Jahrhundert. Im Burghof steht ein 1567 datierter *Ziehbrunnen*. Den Aufsatz ziert ein Doppelwappen von Erbach und Pfalz.

Unsere Fahrt geht entschieden dem Ende zu. Sie zielt nach BIRKENAU, das ohne Burg ist, aber dafür ein Schloß, zwei Kirchen und ein Rathaus von 1552 zu bieten hat. Das zwischen 1763 und 1773 erbaute *Schloß* der Freiherren Wambolt von Umstadt ist ein zweigeschossiger Bau mit dreiachsigem Mittelrisalit. Der barocke Garten wurde 1789 von Ludwig von Sckell zu einem englischen Park umgestaltet. Die beiden Saalkirchen wurden als katholische und evangelische *Pfarrkirche* von Moller und seinem Schüler Franz Heger gegen 1820 errichtet, wobei der Mollerbau Anregungen von den protestantischen Predigtkirchen des 16. und 17. Jahrhunderts aufnimmt und auf antikisierenden Säulen dreiseitige Emporen zeigt.

Hirschhorn und Neckarsteinach breiten noch einmal alle Schönheit Hessens aus. HIRSCHHORN ist die 'Grenzstadt' Hessens am Neckar (Farbt. 47). Der weite Weg durch Hessen findet hier sein Ende. Fritz Usinger schrieb über die Abgrenzung gegen ein anderes Land:

»Der malerische Berghang mit seinen alten Bauten im dichten Grün der Bäume und Büsche hat also jenes Besondere an sich, den Abschluß eines Landes zu bilden. Sicherlich mag es manchen Menschen seltsam anmuten, bei so relativ kleinen Ländern wie Hessen oder Baden-Württemberg überhaupt an eine Grenze zwischen beiden zu denken, und das in einer Zeit, in der man bestrebt ist, sogar Grenzpfähle und Schlagbäume der Nationalstaaten zu überwinden. Dieser Einwand ist richtig; denn zumindest rein landschaftlich gesehen, ändert sich jenseits dieser unsichtbaren Barriere so gut wie gar nichts. Aber für den darin Geborenen wird hier dennoch spürbar, daß mit diesem Fluß und jenseits dieses Flusses eine neue geistig-seelische Atmosphäre beginnt. Neckarland – das ist nicht mehr Hessenland; mit ihm tut sich das geistige Reich der Hölderlin und Schiller, Schelling und Hegel auf, die aus ganz anderen Voraussetzungen erwuchsen und zu ganz anderen Ergebnissen gelangten als die Genien Hessens.«

Hirschhorn ist nicht der südlichste Punkt Hessens. Der liegt einige Kilometer weiter südwestlich bei Neckarsteinach. Wenn man auf dem steil abfallenden Burgberg, mit der am Flußufer sich eng anschmiegenden Stadt, südlich über den Neckar schaut, sieht man einen kleinen 'hessischen Brückenkopf' am südlichen Neckarufer; Kapelle und Friedhof ERSHEIM, Reste eines nicht mehr vorhandenen Dorfes gleichen Namens unmittelbar gegenüber von Hirschhorn.

Die *Burg* der Herren von Hirschhorn liegt auf einem Berggrat zwischen Neckar und dem in ihn einmündenden Finkenbach. Der Ursprungsbau geht in die Zeit um 1200 zurück. Viele Veränderungen der Spätgotik und Renaissance schufen ein romantisches Gesamt mit den mächtigen Mauern, Wegen, Torbauten mit Fachwerk und dem schönen Renaissancebau der Burg, der 1583–1586 errichtet wurde und heute als Hotel genutzt wird. Von der dem Bau vorgelagerten Terrasse hat man einen herrlichen Blick über den Fluß.

Die Herren von Hirschhorn starben 1632 aus. Ihr Besitz fiel an Kurmainz und gelangte 1802 an Hessen-Darmstadt. Ein schmaler Weg führt an der alten Wehrmauer entlang abwärts zum Neckar. Hier liegt an einer Hangterrasse das 1406 gegründete *Karmeliterkloster*. Es birgt eine Fülle von Kostbarkeiten, von denen die Ausmalungen des Refektoriums herausragen. Zwischen 1509 und 1528 wurden sie vermutlich von Jörg Ratgeb ausgeführt, der ja auch den Kreuzgang des Karmeliterklosters in Frankfurt am Main ausgemalt hat.

NECKARSTEINACH liegt gedrängt im großen Flußbogen, im Winkel zwischen Neckar und einmündender Steinach. Das *Rathaus* von 1835–37 in der Nachfolge Mollers, die *Chorturmkirche* von 1481–1483 mit alten Ausmalungen und die *Fachwerkhäuser* in der Hirschgasse 1 (1587) und der Burggasse 28 (1541–42), die *Stadtmauer* und die darauf gebaute *Rindenscheuer* aus der Mitte des 18. Jahrhunderts erhöhen den Eindruck, den die vier Burgen dem Besucher hinterlassen. Es sind die Burgen der Herren von Steinach, deren Stammsitz die Ruine *Hinterburg* war. Ihr Bergfried reicht in das späte 12. Jahrhundert zurück und zeigt noch die charakteristischen Buckelquader. Die kantig gewölbten Steine sehen aus, als wollten sie uns noch heute die Stirn bieten. Besonders eindrucksvoll haben wir sie auf der Münzenburg kennengelernt (s. S. 201). Aus der ersten Hälfte des 13. Jahrhunderts stammt die Kernburg. Den Innenhof der Anlage betritt man durch ein doppelt profiliertes Portal. Der Palas zeigt spitzbogige Lanzettfenster. Westlich der Hinterburg liegt die Ruine *Schadeck*. Trotz ihrer starken Schildmauer mit den zwei Rundtürmen und dem tiefen Halsgraben nennt man sie liebevoll das 'Schwalbennest', wohl darum, weil sie wie ein Schwalbennest am Berg klebt. Die Burg wurde in der zweiten Hälfte des 14. Jahrhunderts erbaut. Die östlich der Hinterburg gelegene *Mittelburg* wurde in der ersten Hälfte des 13. Jahrhunderts gegründet. Um 1550 wurde sie zu einem Renaissanceschloß ausgebaut. Heute erinnert nur noch ein Erker an die reichgegliederten mehrgeschossigen Hofarkaden. Das Aussehen der Mittelburg wird bestimmt von Veränderungen, die um 1820 in den Bau eingriffen. Wo eine Mittelburg steht und eine Hinterburg, da muß es auch eine *Vorderburg* geben. Sie liegt am weitesten ostwärts und ist durch Schenkelmauern mit dem Städtchen verbunden. Nur wenige Reste eines gotischen Baues haben sich erhalten. Die erhaltenen Baulichkeiten entstammen im wesentlichen dem 16. Jahrhundert.

Die vier Burgen wurden durch geschickte Politik bis zum 16. Jahrhundert in eine Hand gebracht. Die Herren Landschad von Steinach (1653 ausgestorben) erwarben sie durch planmäßiges Taktieren. Blikker Landschad entstammte diesem Geschlecht. Der um 1200 lebende Minnesänger ist aus der Manessischen Liederhandschrift bekannt.

Wie Blikker Landschad die Minne besang, die niedere und die hohe, so müßte man Hessen besingen können, seine reiche Vergangenheit, seine Gegenwart, seine 'Märchenwälder', seine Burgen an Lahn und Rhein und in anderen Gegenden. Was soll aber ein Gesang oder gar ein 'Schlußgesang' bei so viel verlockender Vielfalt, die zu entdecken ist?

Glossar

Abtei *a)* Selbständiges Kloster, das von einem Abt oder einer Äbtissin (Klostervorsteher/in in den älteren katholischen Orden) geleitet wird *b)* Haus mit Kapelle und Nebengebäuden des Abtes/der Äbtissin in einer Klosteranlage

Annex Anbau

Antependium Verkleidung des Altarunterbaus aus Stoff, Holz oder Metall

Apsis Halbrunder, später auch mehreckiger, meistens mit einer Halbkuppel überwölbter Raumteil, ursprünglich für den Altar, den Sitz des Bischofs bzw. der Priester bestimmt. Durch die Ausdehnung der Choranlage schon im frühen Mittelalter und die veränderte architektonische Funktion der Apsis in der Gotik ging ihre anfängliche Bestimmung verloren

Arabeske Ornament aus Blatt- und Rankenwerk. Die vegetabile Grundform ist mit Figuren und Gegenständen erweitert. Die Arabeske war besonders in der Renaissance beliebt

Archivolte Bogenlauf über einem romanischen oder gotischen Portal

Arkade Auf Säulen oder Pfeilern ruhender Mauerbogen (in fortlaufender Reihe)

Barock Stilrichtung des 17. Jahrhunderts bis Mitte des 18. Jahrhunderts

Basilika Amtssitz des Archon basileus, des obersten Richters im alten Athen, drei- oder fünfschiffige Gerichts- und Handelshalle der Römer. In frühchristlicher und romanischer Zeit eine Kirchenform mit Mittel- und Querschiff sowie zwei oder vier niedrigeren Seitenschiffen, über deren Dachstühlen das Mittelschiff seine eigenen Fenster hat

Bergfried Hauptturm einer Burganlage und letzte Zuflucht der Burgbewohner bei feindlicher Belagerung

Biedermeier Der Name ist entstanden aus ›Biedermann und Brummelmaier‹ – Bezeichnung für zwei deutsche Philistertypen, von Victor Scheffel 1848 für die ›Fliegenden Blätter‹ ersonnen. Gebräuchlich für bestimmte Erscheinungen in der Kunst zwischen 1815 bis 1848, vor allem in der Möbelkunst. Diese Zeit wird in Deutschland auch als ›Vormärz‹ bezeichnet

Blende Einem Baukörper eingefügte oder vorgesetzte, rein dekorative Scheinarchitektur (Blendarkade, Blendbogen, Blendfenster)

Chor Ostteil einer Kirche, ursprünglich für den Chorgesang der Mönche bestimmt, in der Regel bestehend aus einem quadratischen Raumteil in Verlängerung des Mittelschiffs (Chorquadrat) und der nach Osten zurückgeschobenen Apsis

Dachreiter Glockentürmchen, das dem Dachfirst aufsitzt, vor allem von den Zisterziensern und den Bettelorden statt hoher und kostspieliger Türme bevorzugt

Dienste Viertel-, Halb- oder Dreiviertelsäulchen vor einem Pfeiler oder einer Wand mit der Aufgabe, die Gurte und Rippen eines gotischen Kreuzrippengewölbes zu tragen

Dormitorium Gemeinsamer (im Mittelalter offener) Schlafraum für Mönche in Stiften und Abteien sowie in modernen Laienkongregationen; sie waren auch in Nonnenklöstern mit Benediktiner- bzw. Augustinerregel üblich

Empire (französisch) Bezeichnet in den Künsten den klassizistischen Stil der Zeit Kaiser Napoleons I. (1804–1815)

Epitaph Gedächtnismal mit Inschrift und bildlicher Darstellung, meist über einem Grab

Evangeliar Buch mit den vier vollständigen Evangelientexten; im Mittelalter oft mit reicher Buchmalerei ausgestattet

Fasanerie Bauteil an Schloßanlagen (häufig selbständige Anlage), der seinen Namen nach den dort für die Jagd gezüchteten Edelfasanen erhielt

Fassung Bemalung von plastischen Bildwerken aus Holz oder Stein

Fiale Schlankes gotisches Türmchen als Bekrönung eines Strebepfeilers oder Baldachins

Fischblase Leitornament der späten Gotik, das sich nicht mehr an die strengen geometrischen Formen des hochgotischen Maßwerks hält, sondern der Blase eines Fisches ähnlich ist

Fresko Malerei auf noch feuchtem Wand- oder Deckenputz, die mit dem Putz trocknet und abbindet; daher besonders widerstandsfähig

Fries Meist waagrechter Streifen mit ornamentalen oder figürlichen Darstellungen als Schmuck, Gliederung oder Abschluß einer Wand

Gewände Die eine Fenster- oder Türöffnung seitlich begrenzende schräge Einschnittfläche im Mauerwerk

Gotik Mittelalterlicher Stil, in Frankreich gegen 1150 entstanden. Mit dem Bau der Elisabethkirche in Marburg gegen 1235 übernommen und selbständig weiterentwickelt (s. Hallenkirchen). Von dem Künstler und Kunstschriftsteller Vasari (1511–1574) erstmals, allerdings abwertend, verwendet

Gurt Rund- oder Spitzbogen zur gurtartigen Abgrenzung der Joche an einem Kreuzgewölbe oder zur Verstärkung eines Tonnengewölbes. Die Gurtbogen betonen die Jocheinteilung des Schiffs

Hallenkirche Kirchenform mit annähernd gleich hohen Schiffen (im Gegensatz zur Basilika)

Joch Die jeweils durch vier Stützen bezeichnete Raumeinheit über rechteckigem oder quadratischem Grundriß in mehrschiffigen Räumen, die durch Pfeiler oder Säulen gegliedert sind

Kämpfer Die vorspringende Platte auf Pfeilern oder Säulen, auf der Bögen oder Gewölbe aufliegen

Kapitell Der Kopf einer Säule oder eines Pfeilers, Bindeglied zwischen Stützen und tragenden Elementen (Bogen oder Querbalken) eines Bauwerks, teils in schlichten Formen, teils reich ornamentiert

Kartusche Ornamental gerahmter Teil einer Flächendekoration, wobei nicht die umrahmte Fläche, sondern das Rahmengebilde selbst das entscheidende Merkmal ist

Kreuzgang Ein Geviert von meist überwölbten Gängen, das in der Regel an die Südseite von Kloster- und Stiftskirchen anschließt, einen Hof umgibt und seinen Namen von Kreuzprozessionen hat, die darin stattfanden

GLOSSAR

Krypta Unterirdischer Raum unter dem Chor insbesondere von romanischen Kirchen, meist mit Grabkammern oder auch zur Aufbewahrung von Reliquien

Laterne Mit Fenstern versehener Aufsatz über einer Gewölbeöffnung

Laube Der meist gewölbte Bogengang im Erdgeschoß eines Hauses, dem Bau teils vorgelagert, in den meisten Fällen jedoch voll integriert

Lettner Halbhohe, in der Spätgotik vielfach durchbrochene und reich gezierte, im Barock mehr und mehr aufgegebene Wand in Stifts-, Kathedral- und Klosterkirchen, die den für den Gottesdienst des Klerus bestimmten Altarraum von der übrigen Kirche trennte; auf der Lettnerwand eine über Treppen zugängliche Bühne zur Verlesung des Evangeliums

Lisene Ein nur wenig aus einer Wand hervortretender, senkrechter, glatter Mauerstreifen ohne Basis und Kapitell als gliederndes architektonisches Element

Maßwerk Geometrisch konstruiertes, schmückendes Bauelement, ›gemessen‹ mit dem Zirkel und verwendet ausschließlich an gotischen Bauwerken

Netzgewölbe Gewölbe, dessen Rippen netzartig die aus einem Halbkreis oder Spitzbogen entwickelte Wölbschale überdecken

Pfeiler Sich nicht verjüngende Stütze über meist rechteckigem Grundriß

Pilaster Einer Wand vorgelegter, mehr oder weniger aus ihr heraustretender Pfeiler mit Basis und Kapitell

Predella (auch Staffel) Der Untersatz eines gotischen Altarschreins

Putto Italienische, im Ursprung auf die Antike zurückgehende Erscheinungsform von Engelkindern, die zu Verkörperungen unbeschwerter Lebenslust wurden und stets nackt, feist und in drolliger Pose dargestellt sind

Querhaus, Querschiff Rechtwinklig zum Langhaus stehender Kirchenraum zwischen Chor und Schiff

Renaissance (französisch = Wiedergeburt – aus dem Geist der Antike) Stilepoche in Deutschland von etwa 1510 bis 1620; in Italien, dem Ausgangsland der Renaissance zwischen 1415 und 1520, dann Manierismus bis 1600

Rippe Der gekrümmte, gemauerte Stab, der den Gratlinien eines Kreuzgewölbes oder der Fläche eines Tonnengewölbes anliegt, manchmal mit statischer Funktion, meistens aber nur dekoratives Element der Gliederung

Risalit (italienisch ›risalire‹ = vorspringen) Bezeichnet einen Gebäudeteil, der in voller Höhe aus der Fassadenflucht hervortritt, und zwar unter Beachtung der Symmetrie. Man unterscheidet Mittel-, Seiten- und Eckrisalite

Rocaille Eine nach dem französischen Wort für Muschel benannte Ornamentform, die zu einem Leitornament des späten Barock wurde

Romanik Mittelalterliche Kunst von 1000 bis 1250; gegliedert nach Herrscherhäusern in ottonisch, salisch und staufisch

Romantik Geistige Bewegung (1790 bis 1830) mit verklärender Wiederbelebung der großen mittelalterlichen Vergangenheit

Rustika Mauerwerk aus Steinblöcken (Buckelquadern), die in der Ansichtsfläche nur mit einem groben Randschlag bearbeitet sind

Saalkirche Einschiffige Kirche

Sakramentshaus Ursprünglich nur eine Nische in der Chorwand, in der die geweihte Hostie aufbewahrt wurde, dann ein verziertes Gehäuse, schließlich eine selbständige Kleinarchitektur

Säule Stütze über kreisförmigen Grundriß

Sprengwerk, Gesprenge Die Bekrönung eines gotischen Altarschreins

Stichkappengewölbe Eine Stichkappe ergibt sich aus dem Einschnitt eines kleinen, tonnenförmigen, quer zur Hauptachse stehenden Gewölbes in das Hauptgewölbe, insbesondere dort, wo in tonnengewölbten Räumen nicht auf hohe Fenster verzichtet werden kann. Die Verbindung von vier solcher Kappenstücke miteinander ergibt ein Kreuzgewölbe

Stützenwechsel Regelmäßiger Wechsel von Pfeilern und Säulen in Innenräumen romanischer Kirchen, aber auch von Pfeilern mit und ohne Vorlage

Tambour Runder und mehreckiger Unterbau einer Kuppel mit mehr oder weniger dicht gereihten Fenstern

Tonnengewölbe Eine Grundform für Wölbungen, die man sich – stark vereinfacht – als eine über den Raum gelegte halbierte Tonne vorstellen kann. Der Querschnitt kann ein Halbkreis, Kreissegment oder auch ein Spitzbogen sein

Triumphbogen Der den Chor vom Kirchenschiff trennende Mauerbogen

Tympanon Türfeld zwischen Türsturz und oberem Bogen eines Portals, ein bevorzugter Platz für die Anbringung plastischen Schmucks

Vesperbild, Pietà Darstellung der Muttergottes mit dem Leichnam Christi auf dem Schoß

Vierung Raum, in dem sich Langhaus und Querschiff kreuzen und durchdringen

Volute Bandartiges Schmuckglied, das sich an den Enden spiralartig aufrollt

Vorlage Senkrechtes, einer Mauer oder einem Pfeiler vorgelegtes Architekturelement

Wandpfeilerschema Kennzeichnend für einen kirchlichen Raumtyp der Renaissance und des Barock mit kräftigen Pfeilern, die den Außenwänden vorgelegt sind. Zwischen den Pfeilern ergeben sich Nischen oder – bei entsprechender Tiefe – größere Kapellenräume, die häufig von Emporen überdeckt werden. Eine vorarlbergische Sonderform des ausgehenden 17. Jahrhunderts kombiniert das Wandpfeilerschema mit Querschiffen und Hallenchören

Weicher Stil Eine relativ kurze Episode spätgotischer Malerei und Plastik, etwa von 1380 bis 1430; reicher, fließender Faltenwurf in der Bekleidung von Figuren, fraulich zarter Gefühlsausdruck, möglichst nirgendwo harte Ecken und Kanten

Westwerk Einer Basilika im Westen vorgelegter, selbständiger Bauteil mit unterschiedlicher Höhe von Mittelstück und Seitenteilen; über einer Eingangshalle mit Seitenräumen lag in der Regel ein Altarraum, früher als Taufkapelle oder für Laiengottesdienste genutzt; ein Zusammenhang mit der germanischen Königshalle wird vermutet

Wimperg Giebelartige Bekrönung von Fenstern und Portalen in der Gotik

Zentralbau Bauwerk, dessen Teile sämtlich auf einen Mittelpunkt bezogen sind; Grundriß kreisförmig, vieleckig, meist achteckig oder auch elliptisch, der Unterbau häufig durch Anbauten erweitert

Bildnachweis

Museum Dahlem, Abt. Volkskunde, Berlin: Fig. S. 384, 386, 388, 389
Schloßmuseum Darmstadt: Fig. S. 317
Dehio-Gall: Handbuch der deutschen Kunstdenkmäler, Hessen: Fig. S. 70, 78, 111 165, 168, 169, 182, 203, 219, 229, 251, 253, 266, 271, 287, 333, 356
Freies Deutsches Hochstift, Frankfurt/M.: Abb. 133
Siegfried Hagen, Köln: Abb. 143
Hessisches Staatsbad, Bad Nauheim: Abb. 68
Michael Jeiter, Aachen: Farbt. 3, 9, 11, 14-19, 26, 29, 30, 38 und Umschlagvorder- und -rückseite; Abb. 1-16, 18-41, 43-56, 58-62, 64, 65, 69, 70, 72, 73, 77-100, 103-122, 146
Photo Jung, Bad Nauheim: Abb. 66
Joachim Kinkelin, Worms: Farbt. 1 (C. L. Schmitt), 2, 8, 32, 34 (F. Mader), 6, 7 (T. Schneiders), 10, 25, 40, 42 (Fr. Bormann), 12, 27, 41, 46 (P. Klaes), 31 (M. Mehlig), 37 (Müller-Brunke), 47 (K. Hackenberg)
Hans-Joachim Klein, Friedberg: Farbt. 4, 13, 20-24, 28, 35, 36, 39, 43-45; Abb. 42, 63, 67, 71, 74, 75, 101, 102, 123, 125-127
Lutz Kleinhans, Frankfurt/M.: Farbt. 33
Hans Köpf: Baukunst in fünf Jahrtausenden, Stuttgart 1954: Fig. S. 326, 327
Bildarchiv Foto Marburg: Abb. 17, 76
Oberhessisches Museum, Gießen: Farbtafeln auf der Umschlagklappe vorn; Abb. 57, 128; Fig. S. 8, 15, 16, 21, 22, 23, 26, 27, 71, 166, 176/77, 263, 268, 270 oben, 323, 329, 343
Photo Ullstein: Abb. 124 (W. Schröder), 144 (Röhnert)
Erika Wachsmann, Bad Homburg v. d. H.: Abb. 145

Für die Genehmigung zum Abdruck der Kupferstiche Merians auf den Seiten 2/3, 167, 180, 206/07, 228, 250, 254/55, 261, 270 unten, 278/79, 295, 336 und 350/51 danken wir dem Bärenreiter-Verlag, Kassel

Stadtpläne und Routenpläne auf den Seiten 30, 56, 59, 63, 69, 75, 79, 104, 155, 164, 172, 179, 210, 213, 222, 230, 249, 260, 269, 277, 283, 314/15, 324, 335, 336, 340, 349: Heinz-Josef Schmitz, Köln

Praktische Hinweise

Auskünfte

Auskünfte über alle Fragen, die bei der Planung von Ferien in Hessen entstehen können, erteilen:
- *Hessische Landeszentrale für Fremdenverkehr*, 6200 Wiesbaden, Abraham-Lincoln-Straße 38–42, ℘ (0 61 21) 77 41
- *Fremdenverkehrsverband Hessen e.V.*, 6200 Wiesbaden, Abraham-Lincoln-Straße 38–42, ℘ (0 61 21) 74 42 19
- *Hessischer Fremdenverkehrsverband,* 3500 Kassel, Motzstraße 4, ℘ (05 61) 1 82 73
- *Verwaltung der Staatlichen Schlösser und Gärten,* 6380 Bad Homburg v.d.H. (Schloß), ℘ (0 61 72) 2 60 51/92
- sowie die *Verkehrsämter* der Städte und die *Kurverwaltungen* der Heilbäder.

Mit dem Auto durch Hessen

Hauptadern sind die *Autobahnen:*

A 9/3 (München – Nürnberg – Würzburg) – Frankfurt
A 9/3/7 (München – Nürnberg – Würzburg) – Kassel – (Hannover – Hamburg)
A 8 (München – Stuttgart – Karlsruhe) und
A 5 (Basel – Karlsruhe) – Frankfurt
A 3 Frankfurt – Limburg – (Köln)
A 5/48/7 Frankfurt – Gießen – Bad Hersfeld – Kassel
A 5/45 Frankfurt – Gießen – (Ruhrgebiet)
A 44 Kassel – (Ruhrgebiet)

Dieses Gerüst wird ergänzt durch gutausgebaute *Bundesstraßen,* von denen folgende wichtig sind:

B 3 Durch die Hessische Senke verlaufend, verbindet sie die Städte Darmstadt, Frankfurt, Gießen, Marburg und Kassel.
B 40/B 27 Dieser Straßenzug durchzieht die Täler der Kinzig, Fulda und Werra und verbindet Frankfurt über Fulda und Bad Hersfeld mit Göttingen. Die B 42 ist die vielbefahrene rechtsrheinische Uferstraße. Die
B 252 durchzieht von Marburg über Frankenberg und Korbach das Ederbergland.

PRAKTISCHE HINWEISE: REISEN/NATURPARKS/SPEISEN

B 275 / B 254 Dieser Straßenzug zieht von der Wetterau über den Vogelsberg und durch die Schwalm nach Kassel. Die
B 45 zieht als Odenwald-Magistrale vom Neckar zum Main, den sie bei Hanau erreicht. Die
B 49 ist die Lahntalstraße von Limburg nach Gießen, die sich nach Alsfeld fortsetzt.
Im übrigen ist das Straßennetz Hessens dicht und bietet einen engmaschigen, selbst die abgelegensten Orte einbeziehenden Busverkehr.

Reisen mit der Bahn

Alle (Schienen-)Wege führen nach *Frankfurt*, das einer der wichtigsten Bahnknotenpunkte der Bundesrepublik ist. Eine Ausnahme bildet die Strecke von Hamburg nach Süddeutschland, die über *Bebra* und *Fulda* durch Osthessen führt.

Die wichtigste innerhessische Bahnstrecke verbindet *Frankfurt*, über *Gießen* und *Marburg*, mit *Kassel*. Im übrigen sind alle Landesteile durch Bahnlinien erschlossen.

Im Ballungsgebiet Rhein-Main besteht ein engmaschiges Nahverkehrsnetz aus der Stadtbahn von Frankfurt (U-Bahn) und der S-Bahn der Deutschen Bundesbahn. S-Bahnen verbinden *Bad Homburg v. d. H., Kronberg, Königstein, Bad Soden/Ts., Niedernhausen* und den *Flughafen Rhein-Main* sowie *Wiesbaden, Darmstadt, Hanau* und *Friedberg* mit der *Frankfurter Innenstadt*.

Wo in abgelegenen Landesteilen aus Gründen der Rationalisierung Bahnlinien wegen zu geringen Verkehrsaufkommens stillgelegt werden mußten, ist Ersatz durch Bahnbusse geschaffen.

Etwas verwirrend für den Bahnreisenden mag der F.V.V. sein. F.V.V. ist der Frankfurter Verkehrs- und Tarifverbund. Innerhalb seiner Grenzen löst der Reisende seine Karte an Automaten. Wer von außerhalb in das Gebiet des F.V.V. einfährt, kann an dem jeweiligen Schalter lösen.

Beispiel: von Bad Nauheim nach Frankfurt geht man zu dem freundlichen Schalterbeamten, von Friedberg nach Frankfurt kleingeldbewappnet zum Automaten. Der Verkehrslinienplan des F.V.V. ist in jedem zugehörigen Bahnhof angebracht. In diesem Netz verkehren die S-Bahnen (das sind die zuschlagfreien Züge der Deutschen Bundesbahn), die Bahnbusse und alle U-Bahnen, Straßenbahnen und Busse der Stadtwerke Frankfurt am Main. Alle diese Verkehrsmittel können Sie mit *einem* F.V.V.-Fahrausweis benutzen. Im F.V.V. gibt es *Fahrscheine* für einzelne Fahrten, *Tageskarten* für beliebig viele Fahrten innerhalb von 24 Stunden und *Zeitkarten*. Wenn Sie oft fahren, fahren Sie mit Zeitkarten am besten. Unterlagen bekommen Sie an den Fahrkartenausgaben der Deutschen Bundesbahn und an den betriebseigenen Verkaufsstellen der Stadtwerke Frankfurt am Main:

- An der Bockenheimer Warte
- Heidestraße 137
- An der Haltestelle Heddernheim
- Am Bahnhof Höchst

- Hauptwache B-Ebene
- Konstablerwache B-Ebene
- Lokalbahnhof

Neun Naturparks

Hessen besitzt neun Naturparks. Sie machen 27,1 Prozent der Landesfläche aus (571 079 Hektar). Durch Park- und Rastplätze, Schutzhütten und Herbergen sind sie erschlossen. Die Aufzählung der Größe nach:

- Naturpark Bergstraße-Odenwald — 122 100 Hektar
- Naturpark Hochtaunus — 119 800 Hektar
- Naturpark Hessischer Spessart — 73 650 Hektar
- Naturpark Rhein-Taunus — 68 200 Hektar
- Naturpark Habichtswald — 47 428 Hektar
- Naturpark Meißner-Kaufunger Wald — 45 058 Hektar
- Naturpark Hoher Vogelsberg — 38 447 Hektar
- Naturpark Hessische Rhön — 38 400 Hektar
- Naturpark Diemelsee — 20 996 Hektar

Der Naturpark Bergstraße-Odenwald greift nach Bayern und Baden-Württemberg über, der Naturpark Hessischer Spessart setzt sich wie der Naturpark Hessische Rhön in Bayern fort, und der Naturpark Diemelsee greift nach Nordrhein-Westfalen über.

In diesen Waldgebieten, die die ganze Herrlichkeit Hessischer Landschaft ausbreiten, jagten einst die Nibelungen, die Kaiser, Landgrafen und Bischöfe, die kleinen und großen Herren. Obwohl ihre Burgen und Schlösser reich mit Trophäen gefüllt sind, blieben noch starke Bestände an Rot-, Reh- und Schwarzwild. Das Blühen und Grünen steht in beglückendem Gegensatz zu stark zersiedelten Ballungsgebieten.

»Rippche, Grie Soß und Appelwoi«

Hessische Speisen muten nur zunächst an, als seien sie aus der Babarenküche. Wer die erste Scheu vor dem Gesottenen und Gebratenen verloren hat, ißt gerne von der deftigen Hausmannskost. Typisch, daß viele Bezeichnungen irreführende Ursprungsnamen tragen. Die 'Frankfurter Würstchen' aus Schinkenfleisch kommen aus dem benachbarten Neu-Isenburg und das 'Kasseler', ein gepökeltes Schweinerippchen, benennt man nach dem Metzger Cassel aus Berlin. Bedenkt man noch, daß der 'Limburger Käse' nicht aus Limburg an der Lahn, sondern aus der belgischen Provinz Limburg kommt, dann traut man den Hessen kaum noch eigene Gerichte zu.

Aber schon Frau Rath Goethe fertigte ihrem Wolfgang einen herzhaft gesunden Beitrag original hessischer Art zur deutschen Küche: die 'Grie Soß' (grüne Soße). Da es wohl das originellste und ursprünglichste Gericht auf hessischen Speisezetteln ist, sei verraten, daß man diese Soße aus mindestens zehn feingewiegten Kräutern richtet: Schnittlauch, Petersilie, Sauerampfer, Schalotten, Kerbel, Kresse, Pimpinelle, Boretsch, Dill, Estragon, Bohnenkraut, Lauch; dazu eine Mischung aus passiertem Eidotter, Essig, Öl, Salz und Pfeffer. Man ißt dazu gekochtes Ochsenfleisch, hartgekochte Eier und Pellkartoffeln.

Kein fürstliches Mahl, aber gesund und ehrlich, wie auch der kurhessische 'Reibekuchen', oder die 'Schmand-Heringe' aus dem Knüllgebirge. Als 'Schmand' wird in Hessen die Saure Sahne bezeichnet. Man nimmt 'Schmand' auch für die 'Schmand-Soße', eine Speck- und Zwiebelsoße, die man zu Kartoffelklößen, sogenannten 'Diebchen', reicht.

Herzhafter ist da schon der Oberhessische 'Preßkopf', die 'Warm Flaaschworscht', die zurecht so beliebte Schlachtplatte mit Kraut, Blut- und Leberwurst, Rippchen u. a., das Bauernfrühstück aus Spiegelei, Schinken und Kartoffeln und die 'Metzelsuppe', die ein wenig nach Hausschlachtung riechen muß.

Der 'Handkäs mit Musik' ist eher eine Ausrede für heftiges Trinken und stammt eigentlich aus Mainz, wobei die 'Musik' aus Zwiebel, Essig und Öl besteht, den Verursachern manch geselliger Nebengeräusche. Zu all dem trinkt man natürlich 'Appelwoi' (Apfelwein), einen vergarten Apfelmost. Man findet auch als Ungeübter bald Geschmack an ihm. Die Wirkung ist verheerend. Wenn man in froher Runde den blaubemalten Steinkrug kreisen läßt, den 'Bembel', dann ist es schon recht hessisch. Den 'Süßen' oder den 'Rauscher' sollten die trinken, die den Alkohol meiden müssen. Eindringlich soll aber vor einem Übermaß an Rauscher gewarnt werden. Würzige Biere werden überall in Hessen gebraut und sind ein Trost für all die, die den Apfelsaft als Saft, Most oder Wein nicht schätzen. Natürlich bleibt der hessische Wein der erlesenste und kostbarste, den die Welt kennt.

Zum 'Schnabulieren' wollen wir in der Aufzählung nicht vergessen die Frankfurter 'Brenten' und 'Bethmänncher' aus Marzipan und Mandeln, die Wiesbadener 'Ananastörtchen' und den Friedrichsdorfer 'Zwieback'.

Vom Wein

Hessen verfügt über zwei Weingebiete, die durch 'Weinstraßen' erschlossen sind. Das erste, die 'Bergstraße', ist mehr für Individualisten, die besonders die süffigen 'Bergsträßer' Weißweine schätzen.

In Superlativen dagegen schwärmen Weinkenner vom 'Rheingau'. Die Weißweinkreszenzen vom Rheinuferstreifen zwischen Hochheim und Lorch gelten nicht nur als die besten Deutschlands, sondern der Welt; die Trockenbeerenauslesen gar haben Königsrang.

Berühmte Lagen an der Rheingauer Riesling-Route sind von Ost nach West: Rauenthaler Baiken, Rauenthaler Gehrn, Rauenthaler Wieshell, Rauenthaler Wülfen, Kiedricher Gräfenberg, Kiedricher Sandgrub, Erbacher Markobrunn, Erbacher Rheinhell, Steinberger vom Kloster Eberbach, Hattenheimer Mannberg, Hattenheimer Nußbrunnen, Hattenheimer Wisselbrunn, Oestricher Lenchen, Winkeler Hasensprung, Schloß Vollrads, Schloß Johannisberger Weißlack, Geisenheimer Rothenberg, Rüdesheimer Bronnen, Rüdesheimer Schloßberg, Rüdesheimer Zollhaus. Und als Abschluß Assmannshäuser Höllenberg von Deutschlands teuerstem Rotweinberg.

Wie sehr aber auch der Bergsträßer Wein mundet, belegt eine Urkunde nach dem Dreißigjährigen Krieg. Danach forderten die Franzosen Reparationen in Form von Bergsträßer Wein; ein guter Leumund!

Weinlokale mit Tiefblick und Trubel

Berühmte Weinlokale sind der 'Grüne Baum' in *Schierstein*, 'Engel' und 'Krone' in *Kiedrich*, die 'Traube' in *Erbach*, die 'Klosterschenke' von *Eberbach*, das Hotel 'Ress' in *Hattenheim*, der 'Schwan' in *Oestrich*, *Schloß Johannisberg* mit seinem herrlichen Tiefblick, der 'Anker' und für solche, die Trubel und Lärm lieben, die 'Drosselgasse' in *Rüdesheim* und die 'Krone' in *Assmannshausen*.

Die Geschmacksbeschreibungen in den großformatigen, mehrere Seiten starken Weinkarten sind poetisch: »Zart, fein duftig und fruchtig, von mädchenhafter Grazie«. Neben den erlesenen Weinlokalen gibt es in den knapp zwei Dutzend Weinorten unzählige *Dorfschenken* und *Straußwirtschaften*. Nicht vergessen werden dürfen die *Sektkellereien*, die sich im Rheingau aneinanderreihen.

Auch an der Bergstraße gibt es herrliche Weinlokale, aber den Auerbacher Rott, den Eckweg, den Kirchberg, den Zentgericht u. a. trinken die Bergsträßer ebenso gerne selbst, und diese Lagen gibt es nur in kleinen Mengen.

Vom Baden am Taunus und anderswo

Wo Kurorchester den Wiegeschritt bestimmen und der Kurdirektor regiert, da liegt zunächst der Schatten der Verschleißkrankheiten. Die zahlreichen Bäder Hessens sorgen jedoch dafür, daß die großen und kleinen Manager schnell wieder gesund und leistungsfähig werden und auch gelegentlich wieder nach Hessen zurückkehren. Es gibt kein Leiden, gegen das es nicht auch einen Brunnen gäbe.

Als größtes und ältestes deutsches Heilbad ist *Wiesbaden* zu nennen, das heute Regierungssitz des Landes Hessen ist. In 'Aquae Mattiacorum' heilten schon die

Von den warmen bähden in Hessen.

Vom Baden in Hessen schreibt schon Wilhelm Dilich in seiner eingangs erwähnten ›Chronica‹, S. 23, von 1605

VN ist es am tag daß solche heilsame wasser/ bronnen/ vnd warme bähde besondere gaben Gottes sein/ die denn menschlichen cörpern in viel weg zu hülff komen/ nützlich vnd dienlich sein. Vnd mögen die jenige lande/ so darmit von Gott begabet/ solcher genaden sich wol danckbarlich rühmen. In Hessen findet man derselben zwey vornehme/ alß bey Wißbaden/ in der Graffschafft Nassaw/ vñ Embß in der Graffschafft Dietz/ zustendig denen Landgraffen zu Hessen/ vnd dan dem hauß Nassaw. Solcher warmen wasser gedencket auch Plinius/ vnnd nennet sie Mattiacos fontes.

Es wollen aber die gelehrte Naturkunder/ daß solche/ vnd dergleichen wasser/ ihre wärme vnnd hitz nicht von Kalckstein/ bech/ oder schweffel/ sondern eigentlich vom feur/ so sich innerlich im erdreich verhaltet/ bekommen vnd haben sollen: Den geruch/ vnd kreffte aber von taupf/ talckstein/ schweffel/ alaun/ bergwachs/ saltz/ eisen/ tupffer/ rieß/ von bley/ schwefelichen gengen vnd dergleichen/ durch welche sie ihren lauff haben.   C ij   Von

Römer Rheuma, Gicht und Magenleiden. Reste römischer Badeanlagen wurden gefunden. Heute ist das Kurhaus mit seinem gepflegtem Park Mittelpunkt internationalen Badelebens.

Nicht weit von Wiesbaden, zwischen die Hügel des Taunus gebettet, liegen die Heilbäder *Schwalbach* und *Schlangenbad*. Auch deren Quellen sind gegen eine Vielzahl von Krankheiten wirksam. Beides sind ruhige, lieblich zurückgezogene Orte. *Bad Homburg* ist wieder eher in die erste Reihe internationaler Badeorte einzuordnen. Magen-, Darm- und Lebergeschädigte besuchen die Heilquellen. Aber nicht nur deswegen erfreut sich Bad Homburg besonderer Beliebtheit. Wie ein Magnet wirkt die Spielbank. Dostojewski, der hier die Spielsucht in seiner ganzen Tragik kennengelernt hatte, setzte ihr in seinem ›Spieler‹ ein literarisches Denkmal. Sicherlich sitzen auch Dostojewski-Leser vor den grünen Tischen, doch hat Lektüre noch niemand gehindert, seine eigenen Erfahrungen zu machen. Wem's auf die Leber schlägt, der hat nicht weit zur Genesung.

Bad Nauheim hat, wie Wiesbaden und Bad Homburg, eine große Vergangenheit. Spielbank und Regierungssitz waren freilich stärkere Trümpfe. Bad Nauheim konnte nach dem Zweiten Weltkrieg nicht an seine große Vergangenheit anknüpfen. Dennoch besitzt es einen Zauber, der von keiner hessischen Badestadt erreicht wird. Es ist die feine Abstimmung zwischen Stadtanlage, Badeanlage, Park und Landschaft. Bad Nauheim ist ein Kunstwerk. Jede willkürliche Veränderung ist ein nicht wiedergutzumachender Schaden. Seine warmen, kohlesäurehaltigen Salzquellen sind in aller Welt bekannt. Das von Herzkranken bevorzugte Bad zwischen Taunus und Wetterau ist ein Dorado der Managerkranken.

Man nennt Hessen 'Das Land der springenden Wasser'. In jeder Sekunde springen Tausende Liter Mineral- und Salzwasser aus tiefen Erdspalten. Unermeßlichen Segen spenden die Heilquellen und bringen Heilung von verschiedenen Krankheiten.

In einer herrlichen Landschaft liegt *Bad Wildungen*. Aus acht Quellen sprudelt Heilwasser, das bei Nieren- und Blasenleiden, bei Gicht, Rheumatismus und Zuckerkrankheit Linderung und Genesung bringt.

Heilbäder
- Bad Hersfeld
- Bad Homburg
- Bad Karlshafen an der Weser
- Bad König/Odenwald
- Bad Nauheim
- Bad Orb
- Bad Salzhausen
- Bad Salzschlirf
- Schlangenbad
- Bad Schwalbach
- Bad Soden am Taunus
- Bad Soden-Salmünster
- Bad Sooden-Allendorf
- Bad Vilbel
- Wiesbaden
- Bad Wildungen
- Bad Wildungen-Reinhardshausen

Heilklimatische Kurorte
- Königstein im Taunus
- Lindenfels/Odenwald
- Kassel-Wilhelmshöhe
- Willingen/Hochsauerland

Kneipp-Heilbäder
- Camberg/Taunus
- Bad Endbach
- Kassel-Wilhelmshöhe

Kneipp-Kurorte
- Gersfeld/Rhön
- Gladenbach
- Grasellenbach/Odenwald
- Willingen/Hochsauerland

Wiesbaden hat 27 Quellen. Der Kochbrunnen ist 66 Grad heiß! – Rheuma, Gicht, Magen- und Darmkrankheiten.
Bad Homburg: 8 Quellen. – Krankheiten der Verdauungsorgane.
Bad Soden: 25 Quellen. – Davon 9 Heilquellen gegen Katarrh, Blutarmut.
Bad Schwalbach: 8 Quellen gegen Blutarmut und Herzleiden.
Bad Nauheim: 11 Kochsalzquellen. – Herzleiden.
Bad Vilbel: 47 Mineralwasserquellen. Jährlich werden ca. 50 Millionen Flaschen abgefüllt.
Selters: Mineralwasser.

PRAKTISCHE HINWEISE: MUSEEN

Bis in die kleinsten Dörfer hinein gelangt heute 'Selterswasser', das von den Kindern auch 'Bitzelwasser' oder 'Krabbelwasser' genannt wird. Zumeist kommt das Wasser darin gar nicht aus Selters. Nach den Kohlensäurequellen in Niederselters werden alle Sprudelwasser heute 'Selterswasser' genannt. Es strömt aus den Bruchspalten der Niederungen und hat auf seinem langen Weg mancherlei Mineralien gelöst und Kohlensäure aufgenommen. Deshalb schmeckt das Selterswasser auch so unterschiedlich gut und erfrischend.

Die wichtigsten hessischen Museen

Museen bieten Anschauung vielfältiger historischer, soziologischer und handwerklicher Prozesse. Hessen besitzt 300 Museen und verwandte Einrichtungen. Unsere Aufzählung erfaßt, in alphabetischer Folge, die 50 wichtigsten Sammlungen. Viele weitere wichtige Heimatmuseen sind im laufenden Text des Buches erwähnt.

Eine ausführliche Zusammenstellung und Beschreibung der hessischen Sammlungen finden Sie in: ›Museen in Hessen‹, 3. Aufl. 1987, 652 S., herausgegeben vom Hessischen Museumsverband. Der Hessische Museumsverband hat seinen Sitz in 3500 Kassel, Kölnische Straße 44–46.

Wo der Eintritt in die Museen frei ist, haben wir keinen besonderen Hinweis gegeben. Mit einem * wurden die Sammlungen gekennzeichnet, die weit überregional bedeutsam sind.

Schloßmuseum
3548 **Arolsen**
Stiftung des Fürstlichen Hauses Waldeck
und Pyrmont, Schloß
✆ (05691) 3044
1. Mai–30. Sept. tägl. 9–11.15,
14–16.15 Uhr
Erw. DM 3,– ; Kinder bis 14 J. DM 1,– ,
ab 14 J. DM 2,– ; Gruppen ab 20 Pers.
DM 2,50

Städtisches Museum
6430 **Bad Hersfeld**
Im Stift 6a
✆ (06621) 201-267
Di-So 10–12, 15–17 Uhr

Saalburgmuseum
6380 **Bad Homburg 1**
Saalburg-Kastell
✆ (06175) 3148
Tägl. 8–17 Uhr
Erw. DM 2,– ; Schüler DM 1,– ;
Gruppen ab 10 Pers. DM 1,50

Schloßmuseum
6380 **Bad Homburg**
Schloß
✆ (06172) 26091/92
Führungen: März–Okt. Di-So
10–16 Uhr
Nov.–Febr. Di-So 10–15 Uhr
Erw. DM 2,– ; Kinder u. Gruppen
DM 1,–

Schloßmuseum
6333 **Braunfels**
Schloß
✆ (0 64 42) 50 02
Tägl. 8–17 Uhr
a) Große Schloßführung Erw. DM 4,– ;
Kinder in Begleitung von Erw.
DM 1,50; Gruppen DM 3,–
b) Kleine Schloßführung Erw. DM 2,50;
Schüler DM 1,50
c) Fürstliches Familienmuseum
Erw. DM 2,– (ohne Führer)

Fürstlich-Ysenburg- und Büdingensches
Schloßmuseum
6470 **Büdingen**
Schloß
✆ (0 60 42) 66 22
März–Okt. tägl. Führungen 14, 15, 16
Uhr sowie für Gruppen nach Vereinb.
Erw. DM 3,– ; Kinder DM 1,50;
Ermäßigung für Gruppen ab 25 Pers.

Schloßmuseum
3527 **Calden**
Schloß Wilhelmsthal
✆ (0 56 74) 68 98
März–Okt. Di–So Führungen 10–16
Uhr; Nov.–Febr. Di–So Führungen
10–15 Uhr
Erw. DM 2,– ; Schüler DM 1,– ;
Gruppen DM 1,–

Großherzogliche Porzellan-Sammlung
6100 **Darmstadt**
Prinz-Georg-Palais
Im Schloßgarten 7
✆ (0 61 51) 29 12 16
Mo–Do 10–13, 14–17 Uhr;
Sa u. So 10–13 Uhr

Hessisches Landesmuseum*
6100 **Darmstadt**
Friedensplatz 1
✆ (0 61 51) 12 54 34
Di–So 10–17 Uhr; Mi auch 19–21 Uhr
Graphische Sammlung
Mi 10–13, 14–17, 19–21 Uhr;
Fr. 10–13, 14–17 Uhr

Schloßmuseum
6100 **Darmstadt**
Schloß (Glockenbau)
✆ (0 61 51) 2 40 35
Mo–Do 10–13, 14–17 Uhr;
Sa u. So 10–13 Uhr
Erw. DM 2,50; Gruppen ab 15 Pers.,
Schüler, Stud. DM 1,– ; Schulklassen
DM 0,50

Schloß Fasanerie
6405 **Eichenzell 1 bei Fulda**
Schloß
✆ (06 61) 4 19 13
April–Okt. Di–So 10–17 Uhr
Erw. DM 4,– , in Gruppen DM 3,– ;
Kinder unter 15 J. DM 2,– , ab 15 J.,
Stud. DM 3,– ; in Gruppen DM 2,– ;
Schulklassen DM 1,50

Deutsches Elfenbeinmuseum Erbach
6120 **Erbach**
Festhalle
✆ (0 60 62) 30 18, 64 39
Tägl. 10–12.30, 14–17 Uhr
Erw. DM 4,– ; Schüler DM 2,– ; Gruppen ab 20 Pers. DM 3,–

Schloß Erbach
6120 **Erbach**
✆ (0 60 62) 34 23, 37 00
1. März–8. Nov. tägl. 8.30–12,

PRAKTISCHE HINWEISE: MUSEEN

13.30–17 Uhr
Nov.–Febr. nach Vereinb.
Erw. DM 5,–; Kinder DM 2,–;
Behind., Militär u. Stud. (Ausweis) DM 3,–; Gruppen von 20–50 Pers. DM 4,–, 50–80 Pers. DM 3,50, über 80 Pers. DM 3,–; Schulklassen (6–14 J.) DM 1,70, (14–18 J.) DM 2,50

Kreisheimatmuseum
3558 **Frankenberg**
Bahnhofstraße 10
⌀ (0 64 51) 5 20, 5 21 30
Di, Do, Sa, So 10–12 Uhr
1. April–30. Sept. zusätzl.
Mi 10–12 Uhr
Erw. DM 1,–; Schüler (Jugendl.) DM 0,50; Gruppen (Schulen usw.) DM 0,30

Bundespostmuseum
6000 **Frankfurt**
Stephanstraße 3
⌀ (0 69) 60 60-0
Di–Do 10–16 Uhr

Deutsches Architekturmuseum*
6000 **Frankfurt**
Schaumainkai 43
⌀ (0 69) 2 12 88 44, 2 12 84 71
Di–So 10–17 Uhr, Mi 10–20 Uhr

Deutsches Filmmuseum
6000 **Frankfurt**
Schaumainkai 41
⌀ (0 69) 2 12 88 30
Di–So 11–18.30 Uhr

Freies Deutsches Hochstift
Frankfurter Goethe-Museum (Goethe-Haus)*
6000 **Frankfurt**

Großer Hirschgraben 23–25
⌀ (0 69) 28 28 24, 29 18 84
April–Sept. Mo–Sa 9–18 Uhr;
So 10–13 Uhr
Okt.–März Mo–Sa 9–16 Uhr;
So 10–13 Uhr
Erw. DM 3,–; Gruppen ab 11 Personen DM 2,–; Schüler DM 1,50, in Gruppen DM 0,50; Stud. DM 2,–, in Gruppen DM 1,50

Historisches Museum*
6000 **Frankfurt**
Saalgasse 19
⌀ (0 69) 55 99
Di–So 10–17 Uhr; Mi 10–20 Uhr
Graphische Sammlung und Münzkabinett
Di–Fr 10–13 Uhr

Jüdisches Museum
6000 **Frankfurt**
Untermainkai 14–15
⌀ (0 69) 2 12 50 50
Di–So 10–17 Uhr; Mi 10–20 Uhr

Museum für Kunsthandwerk*
6000 **Frankfurt**
Schaumainkai 17
⌀ (0 69) 2 12 40 37
Di–So 10–17 Uhr; Mi 10–20 Uhr

Naturmuseum und Forschungsinstitut Senckenberg*
6000 **Frankfurt**
Senckenberg-Anlage 25
⌀ (0 69) 7 54 21
Tägl. 9–17 Uhr; Mi 9–20 Uhr;
Sa u. So 9–18 Uhr
Erw. DM 3,–; Kinder DM 1,50; Kinder in Gruppen und Schulklassen DM 1,–

Städelsches Kunstinstitut*
6000 **Frankfurt**
Schaumainkai 63
✆ (0 69) 6 17 0 92
Di–So 10–17 Uhr; Mi 10–20 Uhr
Erw. DM 3,– ; Ermäßigungsberechtigte
DM 1,50; Gruppen DM 2,– ; Schulklassen frei; So u. Feiert. frei

Städtische Galerie Liebighaus*
6000 **Frankfurt**
Schaumainkai 71
✆ (0 69) 2 12 86 17
Di–So 10–17 Uhr; Mi 10–20 Uhr

Struwwelpeter-Museum
6000 **Frankfurt**
Hochstraße 45–47
✆ (0 69) 28 13 33
Di–So 11–17 Uhr; Mi 11–20 Uhr

Museum für Völkerkunde
6000 **Frankfurt**
Schaumainkai 29
✆ (0 69) 2 12 53 91, 2 12 57 55
Di–So 10–17 Uhr; Mi 10–20 Uhr

Museum für Vor- und Frühgeschichte
6000 **Frankfurt**
Karmelitergasse
✆ (0 69) 29 30 61
Di–So 10–17 Uhr; Mi 10–20 Uhr

Museum für Höchster Geschichte
mit Firmenmuseum der Höchst AG
6230 **Frankfurt-Höchst**
Höchster Schloßplatz 16
✆ (0 69) 30 32 49
Tägl. 10 – 16 Uhr; Führungen nach
Vereinbarung

Dom-Museum
6400 **Fulda**
Dom
Eingang Bonifatiuskrypta
✆ (06 61) 8 71
1. April–31. Okt. Mo–Fr 10–17.30 Uhr;
Sa 10–14 Uhr; So 12.30–17.30 Uhr
1. Nov.–31. März Mo–Fr 9.30–12,
13.30–16 Uhr; Sa 9.30–14 Uhr;
So. 12.30–16 Uhr
Erw. DM 2,– ; Schüler, Stud. DM 1,– ;
Gruppen DM 1,50

Stadtschloß
– Historische Räume –
6400 **Fulda**
✆ (06 61) 10 23 33
Mo–Do 10–12.30, 14.30–17 Uhr;
Fr. 14.30–17 Uhr; Sa u. So. 10–12.30,
14.30–16.30 Uhr
Erw. DM 2,– ; Jugendl. DM 1,– ;
Gruppen 50% Ermäßigung

Vonderau-Museum
6400 **Fulda**
Universitätsstraße
✆ (06 61) 10 23 34
Voraussichtl. Wiedereröffnung 1990

Deutsches Feuerwehrmuseum
6400 **Fulda-Neuenberg**
Sankt-Laurentius-Straße
✆ (06 61) 7 50 17
Di, Mi, Fr–So 10–17 Uhr;
Do 14–21 Uhr
Erw. DM 3,– ; Jugendl. DM 2,– ;
Gruppen über 10 Pers. DM 2,–

Liebig-Museum
6300 **Gießen**
Liebigstraße 12

PRAKTISCHE HINWEISE: MUSEEN

✆ (06 41) 7 63 92
Di–So 10–16 Uhr
Erw. DM 2,– ; Schüler, Stud. DM 1,– ;
Gruppen über 10 Pers. DM 1, –

Oberhessisches Museum und
Gail'sche Sammlungen
6300 **Gießen**
Abteilung Gemäldegalerie und Kunsthandwerk
Altes Schloß, Brandplatz 2
✆ (06 41) 3 06 24 77
Di–So 10–16 Uhr
Abteilung Stadtgeschichte und Volkskunde
Burgmannenhaus
Georg-Schlosser-Straße 2
✆ (06 41) 3 06 24 83
Di–So 10–16 Uhr
Abteilung Vor- und Frühgeschichte, Archäologie, Völkerkunde
Kirchplatz 6
✆ (06 41) 3 06 24 83
Di–So 10–16 Uhr

Historisches Museum, Schloß Philippsruhe
6450 **Hanau 1**
Philippsruher Allee 45
✆ (0 6181) 29 55 10
Di–So 10–17 Uhr

Brüder-Grimm-Museum
3500 **Kassel**
Schöne Aussicht 2
✆ (05 61) 7 87 40 59
Di–Fr 10–17 Uhr
Verwaltung und Archiv
Brüder-Grimm-Platz 4 A
Mo–Fr 10–16 Uhr

Deutsches Tapetenmuseum
3500 **Kassel**
Brüder-Grimm-Platz 5
✆ (05 61) 7 75712
Di–Fr 10–17 Uhr; Sa, So u. Feiert.
10–13 Uhr

Löwenburg-Museum
3500 **Kassel**
Park Wilhelmshöhe
✆ (05 61) 3 30 86
März–Okt. Di–So 10–16 Uhr
Nov.–Febr. Di–So 10–15 Uhr
Erw. DM 2,– ; Schüler DM 1,– ;
Gruppen DM 1,–

Naturkundemuseum
3500 **Kassel**
Steinweg 2
✆ (05 61) 7 87 40 14, 7 87 40 52
Di–Fr 10–16.30 Uhr;
Sa u. So 10–13 Uhr

Schloßmuseum
3500 **Kassel**
Schloß Wilhelmshöhe, Weißensteinflügel
✆ (05 61) 3 30 86
März–Okt. Di–So 10–16 Uhr
Nov.–Febr. Di–So 10–15 Uhr
Erw. DM 2,– ; Schüler DM 1,– ;
Gruppen DM 1,–

Staatliche Kunstsammlungen*
3500 **Kassel**
Gemäldegalerie Alte Meister, Antikenabteilung, Kupferstichkabinett, Kunstbibliothek
Schloß Wilhelmshöhe
✆ (05 61) 3 60 11
Di–So 10–17 Uhr

*Neue Galerie, Staatliche und
Städtische Kunstsammlungen*
Schöne Aussicht 1
✆ (05 61) 1 52 66
Di–So 10–17 Uhr
*Vorgeschichte, Kunsthandwerk,
Astronomisch-Physikalisches Kabinett,
Volkskunde*
Landesmuseum, Brüder-Grimm-Platz 5
✆ (05 61) 78 00 36
Di–So 10–17 Uhr

Stadtmuseum
3500 **Kassel**
Ständeplatz 16
✆ (05 61) 7 87 40 78
Di–Fr 10–17 Uhr; Sa u. So 10–13 Uhr

Domschatz
und Diözesanmuseum
6250 **Limburg**
Domstraße 12
✆ (0 64 31) 29 52 33
15. März–15. Nov. Di–Sa 9.30–12.30
Uhr, 14–17 Uhr; So u. Feiert.
11–17 Uhr
16. Nov.–14. März nach Vereinb.
Erw. DM 2,–; Jugendl. DM 1,–

Kunstsammlungen der Stadt Limburg
6250 **Limburg**
Am Fischmarkt 21
✆ (0 64 31) 20 32 29
Di–So 10–12, 14–16 Uhr

Marburger Universitätsmuseum für
Kunst und Kulturgeschichte
3550 **Marburg**
✆ (0 64 21) 28 23 55
Abteilung für Bildende Kunst
Biegenstraße 11

April–Sept. Mi–Mo 10–13, 15–17 Uhr
Okt.–März Mi–Mo 11–13, 15–17 Uhr
Abteilung für Kulturgeschichte
Wilhelmsbau des Landgrafenschlosses
Di–So 10–13, 15–17 Uhr

Freilichtmuseum Hessenpark*
6392 **Neu-Anspach/Ts.** 1
✆ (0 60 81) 90 81
März–Volkstrauertag Di–So 9–18 Uhr
(Einlaß bis 17 Uhr)
4. Adventswochenende–Ende Winter-
ferien Di–So 10–17 Uhr
(Einlaß bis 16 Uhr)
übrige Zeit geschlossen
Erw. DM 4,–; Kinder 6–14 J., Schüler,
Stud., Behind. DM 2,–; Gruppen ab
10 Pers. DM 3,–

Deutsches Ledermuseum mit
Deutschem Schuhmuseum*
6050 **Offenbach**
Frankfurter Straße 86
✆ (0 69) 81 30 21
Tägl. 10–17 Uhr
Erw. DM 3,50; Gruppen DM 2,–;
Jugendl. DM 1,50; Gruppen DM 1,–;
Familienkarte DM 7,–

Klingspor-Museum (Museum für moderne Buch- und Schriftkunst)*
6050 **Offenbach**
Herrenstraße 80
✆ (0 69) 80 65 29 54
Mo–Fr 10–17 Uhr; Sa u. So 10–13,
14–17 Uhr

Rheingauer Museum für
Geschichte des Weins e.V.
6220 **Rüdesheim am Rhein**
Rheinstraße 2

PRAKTISCHE HINWEISE: MUSEEN

✆ (0 67 22) 23 48
Mitte März–Anf. Nov. tägl. 9–12.30
(Einlaß bis 12 Uhr), 13.30–17 Uhr
(Einlaß bis 16.30 Uhr)
Pfingsten–Ende Sept. bis 18 Uhr
(Einlaß bis 17.30 Uhr)
Erw. DM 2,50; Jugendl. bis 18 J. DM
1,50; Stud., Behind., Rentner, Gruppen ab 10 Pers. DM 2,– ; Kinder bis
14 J., Schulen DM 0,50

Museum der Stadt Rüsselsheim
6090 **Rüsselsheim**
Hauptmann-Scheuermann-Weg 4
✆ (0 61 42) 4 26 20
Di–Fr 9–12.30, 14.30–17 Uhr; Sa u. So
10–13, 14–17 Uhr

Heimat- und Bergbaumuseum
6290 **Weilburg**
Schloßplatz 1
✆ (0 64 71) 3 14 59
1. April–30 Okt. tägl. 10–12, 14–17 Uhr
1. Nov.–31. März Mo–Fr 10–12, 14–17
Uhr
Erw. DM 2,– ; Kinder, Stud., Behind.
DM 1,50; Gruppen ab 10 Pers. DM 1,–

Schloßmuseum
6290 **Weilburg**
Schloß
✆ (0 64 71) 22 36
März–Okt. Di–So 10–16 Uhr
Nov.–Febr. Di–So 10–15 Uhr
Erw. DM 2,– ; Schüler DM 1,– ;
Gruppen DM 1,–

Sammlung europäischer Wohnkultur
des 15.–18. Jahrhunderts*

6330 **Wetzlar/Lahn**
Kornblumengasse 1
✆ (0 64 41) 40 53 66
Di–So 10–13, 14–17 Uhr

Stadtmuseum, Industriemuseum,
Lottehaus und Jerusalemzimmer
6330 **Wetzlar/Lahn**

*Stadtmuseum, Industriemuseum,
Lottehaus*
Lottestraße 8–10
✆ (0 64 41) 40 52 69
Di–So 10–13, 14–17 Uhr

Jerusalemzimmer
Schillerplatz 5
Di–So 14–17 Uhr

Reichskammergerichtsmuseum
6330 **Wetzlar/Lahn**
Hofstadt 19
✆ (0 64 41) 40 51
Di–So 10–13, 14–17 Uhr

Frauen-Museum
6200 **Wiesbaden**
Nerostraße 16
✆ (0 61 21) 52 84 00
Di, Mi, Do, So 15–18 Uhr
Erw. DM 2,50

Museum Wiesbaden*
– Kunstsammlungen –
– Naturwissenschaftliche Sammlung –
– Sammlung Nassauischer Altertümer –
6200 **Wiesbaden**
Friedrich-Ebert-Allee 2
✆ (0 61 21) 36 86 21 70
Di–So 10–16 Uhr; Di auch 17–21 Uhr

Häuser und Tore

Im weiten alten Bauernland Nordhessens, aber auch in der Wetterau oder im Goldenen Grund überwiegt das *Haufendorf*. In den Waldgebirgen führten einige Täler zur Anlage von *Straßendörfern*; außerdem gibt es *Weiler* und *Einzelgehöfte*.

Die hessischen *Bauernhöfe* bestehen meist aus einem zweistöckigen, der Straße zugewandten Wohnhaus, das mit Scheune und Stall einen viereckigen, durch ein Tor zugänglichen Hof umgibt. In den Dörfern und den zahlreichen Kleinstädten haben sich noch viele *Fachwerkbauten* erhalten.

Im Wetteraukreis, im Gießener Becken und in anderen Gebieten gibt es, neben Münzenberg, noch eine Menge Ortschaften mit *Hoftoren*. Oppershofen, Rockenberg, Fauerbach, Cleeberg u. a. sind nur wenige Beispiele von Orten, in denen man das handwerkliche Geschick und die Kunstfertigkeit der Zimmerleute bewundern kann. Deutlich prägen alle Tore den Charakter der Ortschaften.

Während im Vogelsberg das *Einhaus* dominierte, fand in der Wetterau der *fränkische Hof* große Verbreitung. Bei den schlichten Vogelsberghäusern war es wichtig, daß der Giebel der Windrichtung zugewandt war. Beim fränkischen Hof, der ja durch das hohe Tor ein geschlossenes Viereck bildet, war es unbedeutend, 'aus welcher Richtung der Wind blies'. Die Tore markieren indirekt so auch einen wirtschaftlichen Unterschied zwischen den ärmeren Vogelsberggebieten und der reichen Wetterau.

Die Abfolge der Wohn- und Arbeitsstätten ist bei den beiden Hoftypen gleich.

Bei den fränkischen Höfen nahm das *Hoftor* eine ganze Front ein. Es mußte ein starkes, dem Wind trotzendes Bauwerk sein. »Das Hoftor ist bei diesen Wirtschaftsanlagen neben dem Wohngebäude angelegt, so daß letzteres den Hof seitlich begrenzt. Diese hölzernen Hoftore sind Zimmermannsarbeiten; sie haben ein breites Tor zur Einfahrt und daneben ein kleines für Fußgänger.«

»Mit dem Aufkommen des 'Rähmbaues', der Ende des 15. und Anfang des 16. Jahrhunderts im fränkischen Bereich den mittelalterlichen 'Ständerbau' nach und nach ablöste und bei dem die Fachwerkgeschosse einzeln aufeinandergestockt sind, waren zur Sicherung der Fachwerkwände gegen seitliches Verschieben lange Verstrebungen notwendig. Beim mittelalterlichen Fachwerkbau hatte man die winkelgerechte Standfestigkeit des Fachwerkes durch Anordnung von kurzen Streben (Kopf- oder Fußbänder) an den Eckpfosten gesichert. Sie verbanden die senkrechten Hölzer mit den waagerechten in Form von 'Überblattungen', was an den Ecken der Giebelhäuser starre Dreiecksverbindungen ergab. Langes Strebenwerk war nicht notwendig, zumal der Querverband des Hauses i. d. Regel noch durch einen auf die ganze Hausbreite durchlaufenden Brustriegel verstärkt wurde. In der Übergangszeit zum Rähmbau (um 1470) wurden die Zwischenpfosten durch Fußriegel einzeln verstrebt, zunächst ebenfalls überblattet, und zwar

PRAKTISCHE HINWEISE: HÄUSER UND TORE

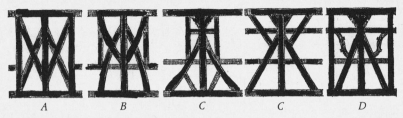

A B C C D

Der ›Wilde Mann‹ in seinen verschiedenen Formen
A Vorstufe um 1520 B Alsfeld, Rathaus, 1514 C Hessisch-fränkische Formen des 17./18. Jh.
D Rheinisch-fränkisch

in gerader oder halbkreisförmiger Form, wobei sich friesartige Brüstungsfelder ergaben.

Ganz anders war die Entwicklung im aufkommenden Rähmbau, bei dem jedes einzelne Geschoß in sich standfest sein mußte. Da hierbei die bisherige Holzverbindung der Verblattung durch 'Verzapfungen' abgelöst wurde, waren die Fachwerke nicht mehr starr, sondern elastischer; sie konnten sich leichter verschieben. Um dies zu verhindern, mußten lange Streben angeordnet werden. Aus der konstruktiven Notwendigkeit entwickelte sich eine neue Form. An zwei Stellen der Fachwerkwände waren diese Verstrebungen besonders wichtig, an den Hausecken und da, wo eine innere Querwand in die äußere Fachwerkwand einbindet. Hier haben sich die neuen Verstrebungsformen im einzelnen herausgebildet; sie sind für das fränkische Fachwerk – insbesondere für das hessisch-fränkische – äußerst charakteristisch und kommen in zahlreichen Varianten vor. Die auffälligste Form ist die Fachwerkfigur des 'Mannes' oder 'Wilden Mannes'. Die Bezeichnung 'Wilder Mann' für eine Verstrebungsform ist keineswegs ursprünglich. Dieser Begriff ist aus der Heraldik übernommen worden, wo man wilde Männer in der Gestalt von Wappenhaltern 'als Sinnbild der Kraft' darstellte. In der Renaissance, als bei den Fachwerkbauten Schnitzwerk allgemein wurde, hat man solche wilden Männer plastisch an den Eckpfosten dargestellt« (Ernst-Otto Hofmann).

Trotz vieler Brandkatastrophen ergeben sich immer noch einige geschlossene Bilder von mittelalterlichen hessischen Dorfanlagen mit fränkischem Hoftypus.

Die vor allem für Hugenotten errichteten Städte und Stadtteile waren planmäßig angelegt, und auch den hessischen Bewohnern ihrer Residenzen machten die Barockfürsten Bauvorschriften. Die Geradlinigkeit der so entstandenen Straßenfronten wirkt gegen die reizvolle Verwinkelung und Krümmung althessischer Gassen steif und langweilig.

Den Abschluß der historischen Bebauung bilden die Ende des vorigen Jahrhunderts errichteten Villenkolonien, wie sie sich zum Beispiel an den Taunushängen Wiesbadens hinanziehen.

Die Hoftore

Das Grundgerüst besteht aus drei Ständern, über die sich ein stärkerer Querbalken legt. Häufig trägt er ein kleines Längsdach. Zwischen den beiden enger zusammengestellten Ständern liegt die Fußgängerpforte, die durch einen Querbalken auf normale Türhöhe gebracht worden ist. Über diesem liegt das Pfortengefach. Zwischen den beiden in größerem Abstand stehenden Ständern, befindet sich die Wagendurchfahrt. Zur Verstärkung des Querbalkens ist bei den *Münzenberger* Hoftoren meist ein Unterzug eingefügt. 'Verwandte' der Münzenberger Tore mit doppelten Pforten findet man auch in *Kirch-Göns*; eins davon steht in der Hauptstraße 30.

Es belegt, daß der Typ des Fränkischen Hoftores sich bis ins 19. Jahrhundert hält. Bei späteren Toren nimmt die handwerkliche Qualität stark ab. »Die Ständer und Balken sind auf den Vorderflächen von der Zimmermannsaxt an den Rändern mehr oder weniger reich verziert; auch finden sich hie und da noch Farbspuren. Diese Verzierungen verrathen das Alter der Thore; die schönsten sind die ältesten, und es läßt sich an ihnen der sinkende Geschmack der Volkskunst bis zur Stunde verfolgen. Die aus der Gegenwart stammenden Thore zeigen keine Verzierungen mehr.«

Die geschnitzten Äste mit den Wurzeln stellten den Lebensbaum dar. Aus den Wurzeln soll das Leben sprießen, und wie die Blätter der Äste sollen sich die Einwohner des Hofes vermehren und mit ihnen das Glück. Von den Tieren, die vereinzelt in den Pförtenbögen eingeschnitzt sind, ist der Hirsch das beliebteste Motiv. Zudem findet man Monde in den Torbögen, Rauten und Quadrate in den Ecken der Ständer und Querbalken eingeschnitzt. Wie erwähnt sind die meisten Zierstücke in grellen Farben bemalt und treten vor dem dunklen Hintergrund des übrigen Tores hervor. Kreisfiguren schmücken oft den Torpfosten. Blätter und Fächerrosetten sind der typische Schmuck der Tore des 18. und 19. Jahrhunderts. Gebräuchlich und oft zu sehen ist auch die Halbrosette. Weiterhin gehören Sonnen zum Motivbestand der Schnitzereien. Die Schnitzereien zeigen, daß die bäuerliche Kunst naiver und länger als die höfische und großstädtische Kunst an eigenen Vorstellungen und Bildungen festgehalten hat. Beispiele belegen allerdings, daß auch das allgemeine Epochengepräge aus Spätbarock und Klassizismus in die Volkskunst eingezogen ist, barocke Korbbogenfenster oder die klassizistische Leier im Pfortengefach.

Man kann festhalten, daß der Schmuck, wie auch die Tore selbst, kaum Epochenprägungen unterworfen sind.

Früher war der Hoftorbau eine hohe Kunst. Die Zimmerleute waren geachtet und geehrt. Einige von ihnen erfreuten sich eines so guten Rufes, daß sie in mehreren Dörfern ihre mächtigen Tore erstellten. Sie gaben ihre Kunst von Generation zu Generation weiter. Heute werden vereinzelt noch Tore nachgebaut. Sie sind aus billigem Holz perfekt zusammengenagelt. Wenn man diese Hoftore sieht, vermutet man richtig, daß sich die Kunst des Torbaus kaum erneuern läßt. Jeder Abbruch ist Verlust eines Unwiederbringlichen.

Die Schwälmer und ihre Tracht

Wenn Schwälmer und Schwälmerin sich in ihrer Tracht zeigen, dann vermittelt dieser Anblick nur einen sehr schwachen Eindruck von der Schönheit und Pracht, die die Schwälmer Trachten in ihrer Blütezeit auszeichneten. Besonders die Festtracht war überaus prächtig und so hochgezüchtet, daß eine Steigerung kaum mehr denkbar war. Gold und Seide waren das Material, das für die formenreichen Stickereien verwendet wurde.

Während andere örtlich begrenzte Kulturen sich schon frühzeitig der 'Mode' der Bekleidungsindustrie beugten, war die Schwälmer Tracht beständig. Die Schwalm als natürliche Landschaft; ein Flußtal, im Norden und Süden durch Talengen weitgehend abgeriegelt, hatte ein starkes Zusammengehörigkeitsgefühl ihrer Bewohner aufzuweisen. Dieses Wissen um die engere Gemeinschaft des Schwalmtals besteht auch heute noch. In den letzten Jahrzehnten aber, vor allem nach dem letzten Weltkrieg, hat die Tracht starke Einbuße erlitten. Die Jugend zog die luftige und helle Stadtkleidung vielfach den doch immerhin recht steifen und im Sommer ungemütlichen Röcken der Tracht vor. Die Alten blieben der gewohnten Kleidung treu. Mitunter gelingt es ihnen auch, die jüngeren Leute zu einer Trachtenhochzeit zu bewegen. Dann flammt die alte Pracht noch einmal auf. Die Bretter und Bänder, die Schnallenschuhe und das blaugestärkte Leinentüchlein kommen noch einmal zu kurzen Ehren.

Unendlich vielfältig war die Tracht. Die höfische Kleidung des 18. Jahrhunderts hatte ihr manche Bereicherung gegeben. Die 'Bretter', der in stundenlanger Arbeit aus vielen Metern reich bestickten Bandes mit Hunderten von Stecknadeln zusammengeheftete Kopfschmuck der Braut und der Brautjungfern, erinnern noch an die Tracht der Damen an den fürstlichen Höfen. Auch die Verwendung von Gold- und Silberfäden, bunten Glasperlen und glänzender Stickseide dürfte auf diese Zeit zurückführen. Die Farben zeigten zugleich den Stand der Trägerin an: rot trugen die Mädchen, grün die jungverheirateten Frauen. Mit wachsendem Alter der Trägerin wechselte die Kleidung zu immer dunkleren Farben: violett und blau, schließlich schwarz wurde die Tracht, deren hervorstechendstes Merkmal das winzige Käppchen war, unter dem der zusammengedrehte Zopf, der 'Schnatz' sich barg. Aber schon beim ersten Trauerfall in der Familie legte die Schwälmerin das Schwarz an, um es nie mehr gegen freundlichere Farben zu vertauschen. War das Festkleid strahlend und bunt, so um so düsterer das Trauergewand. Über den schwarzen Kopfputz wurde das dunkelblau gestreifte Leinen-

Schwälmer Brautpaar in Festtracht

tuch gehängt. War der Verstorbene ein enger Verwandter, dann wurde gar das 'Trauermäntelchen' übergeworfen, ein schwarzer schwerer Umhang, der den Kopf und fast das ganze Gesicht vor der Welt verbarg. Ein spitzes dunkelblaues Häubchen, mit weißem Band zusammengehalten, trug man zur Feier des Abendmahls. Weißleinen hingegen war das Kopftuch, das, spitz aufgesteckt, bei der Ernte getragen wurde. Dicke weiße Leinengamaschen, die gegen die stacheligen Strohhalme schützten, trug man ebenfalls bei der Ernte.

Schlichter war die Tracht des Mannes. Sie erinnerte in mancher Einzelheit an die Uniform napoleonischer Offiziere. Vor allem die reich bestickten Schulterklappen und die blanken Knöpfe, die vielfach aus reinem Silber getrieben waren und erheblichen Wert besaßen. Der lange schwarze oder dunkelblaue Kittel mit der Messingschließe am Hals wurde später vom leuchtend blauen Hessenkittel abgelöst, als die Färbemethoden sich änderten und ausländische Farbstoffe Verwendung fanden. Auch die Kopfbedeckung wandelte sich mehrfach. Der feierliche Zweispitz wich dem gelbgrauen flachen Hut, der von einer Spezialfirma in Kassel hergestellt wurde. Kostbar waren die Otterfellmützen, die die Burschen im Brautzug trugen. Eine breite, goldgestickte Borte zog sich auf der linken Seite bis in den Aufschlag hinein; die Mütze war – je nach dem Stand des Trägers – rot oder grün. Aus ähnlichem Material wie der Kopfputz der Braut war auch die 'Lust', die der Bräutigam am Zweimaster trug, dazu eine große Schleife am linken Aufschlag des schweren Tuchrockes.

Eine Unmenge weiterer Einzelheiten wäre zu berichten: die weißen selbstgestrickten Handschuhe und Strümpfe der Braut, die blauen oder weißen Knöpfgamaschen der Männer, die reich bestickten, lang herunterbaumelnden Strumpfbänder, die ziselierten Schnallen der Schuhe. Die Vielfalt der Tracht lebt nicht mehr, nur spärliche Reste erhielten sich noch und werden vermutlich mit der älteren Generation sterben.

August Straub zählt in seiner Beschreibung des Berglands von Niederhessen auf, was eine 'mittlere' Bauerntochter in die Ehe mitzubringen hatte: 38 Hemden, 75 Röcke (sie waren kniefrei und wurden zu mehreren übereinander getragen), 24 Mieder, 15 Jacken, 18 Kappen, 25 Schürzen, 40 Paar Strümpfe, 10 Paar Handschuhe, 16 Paar Strumpfbänder, 37 Hals- und Kopftücher, 72 seidene und samtene Bänder.

Die Schwälmer Tracht war nach Geschlecht, Stand, Lebensalter und Gelegenheit unterschiedlich. So trugen Mädchen auf dem zum Knoten oder zum senkrecht stehenden Zopfstummel aufgedrehten Haar ein kleines, durch breite Seitenbänder gehaltenes krönchenartiges Käppchen, die 'Betzel', in roter Farbe, während das Käppchen jungverheirateter Frauen grün und das alter Frauen schwarz war. Bei den Männern war der 'Kleiderluxus' weniger groß: sie trugen sich friderizianisch – mit Dreispitz.

Früher noch als die Trachten wanderten die Reste der bäuerlichen Handwerksbetriebe – der Mühlen und Schmiede, der Töpfereien und Schreinereien – in die Museen. Es sind die Heimatfeste, die den alten Glanz noch einmal ausbreiten und uns in unserer 'Konfektionsuniform' erfreuen. Beim 'Eulbacher Wiesenmarkt' in *Erbach*, beim 'Lindenfelser Burgfest', beim 'Bergsträßer Winzerfest' in *Bensheim*, oder an den Hessentagen, die alljährlich in einer anderen hessischen Stadt durchgeführt werden: 'Deutschland', sieh' dann 'deine Hessen'!

In *Melsungen* und *Felsberg* zeigt man die verschwundene nordhessische Spitzbetzeltracht. Die *Marburger* Trachten sind in evangelischen und katholischen Dörfern verschieden, wobei die katholische Tracht barockere Buntheit und Lebensfreude dokumentiert. Die Farben der Tracht zeigen Alter und Stand an. Bei den katholischen Mädchen ist das Haar zu Zöpfen geflochten und wie ein

Spinnrad

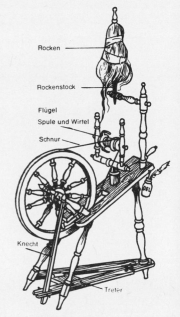

Kranz um den Kopf gelegt. Die evangelischen Dörfer kannten keine leuchtenden Farben in ihrer Tracht. Die Hinterländer Tracht im *oberen Lahntal* war dunkel und schlicht wie die in der *Rhön*.

Eine Besonderheit der *Schlitzer* Tracht waren die 'Firwes', Strumpfschuhe mit unternähten Sohlen. Reich, wie das Land am Rande der Wetterau, war die *Hüttenberger* Tracht bei Gießen. In *Gießen* selbst und natürlich in den Dörfern sieht man ältere Frauen mit weit abstehenden Rockgebilden die Strumpfhosen der Enkelin einkaufen. Früher trugen die Frauen auf einem niedrigen Haarknoten auf der Mitte des Kopfes ein rundes Tragekissen. Den schweren Marktkorb trug sie aufrecht und sicher schreitend, elegant wie arabische Wasserträgerinnen. Heute lernen Mannequins so den 'sicheren Schritt' weniger beschwert mit Büchern auf dem Kopf.

Die Tracht der 'Wäller', der *Westerwälder*, ist verschwunden, aber im

Schwälmerin mit Kappe und Kappenschnüren

Odenwald gibt es noch Tracht. Hauptmerkmal sind die hirschledernen weißlichen Kniehosen gewesen, dazu weiße oder blaue Strümpfe. Über einem schneeweißen Hemd trug die Odenwälderin ein einfaches, an Sonntagen ein buntbesticktes Festtagsmieder. Faltenrock, Schultertuch und Schürze gehörten außerdem zur Kleidung.

Ausgewählte Literatur

Alltag in Hessen. Hrsg. Joachim Naumann / Helmut Burmeister. Gießen (W. Schmitz) 1978. Reihe: ›Hess. Blätter für Volks- und Kulturforschung‹
Altsteinzeitliche Fundplätze in Hessen. Hrsg. Lutz Fiedler. Wiesbaden (Landesamt für Denkmalpflege Hessen) 1977. Reihe: ›Führer zur hessischen Vor- und Frühgeschichte‹
Baatz, Dietwulf: *Der römische Limes. Archäologische Ausflüge zwischen Rhein und Donau.* Berlin (Gebr. Mann) 2. Aufl. 1975
Back, Fr.: *Ein Jahrtausend künstlerische Kultur am Mittelrhein.* Darmstadt 1932
Backes-Feldkeller: *Kunstwanderungen in Hessen.* Stuttgart (Belser) 2. Aufl. 1979
Biehn, Heinz: *Der Taunus.* Essen o. J.
Binding, G.: *Die Kaiserpfalz Gelnhausen.* Amtl. Führer, München 1962
Binding, G.: *Der Wohnbau des Klosters Konradsdorf.* In: ›Hessische Heimat‹, Heft 1, 12. Jahrgang. Marburg 1962
Binding, G.: *Burg Münzenberg in der Wetterau.* Amtl. Führer. München 1962
Binding, G.: *Burg Münzenberg. Eine staufische Burganlage.* Bonn 1963
Brauer, Adalbert: *Burgen und Schlösser in Hessen.* Frankfurt / Main 1959
Büchner, Georg: *Der Hessische Landbote.* Hrsg. Hans M. Enzensberger. 2. Aufl. 1977
Dehio-Gall: *Handbuch der deutschen Kunstdenkmäler, Hessen.* Bearb. von Magnus Backes. München (Deutscher Kunstverlag) 1982
Deibel, Hans: *Volkstrachten des Schlitzer Landes.* Hrsg. Gerhard Heilfurth / Bernhard Martin. Gießen (Elwert) 1967. Reihe: ›Beiträge zur Volkskunde Hessens‹
Demandt, K. E.: *Geschichte des Landes Hessen.* Kassel-Basel 1959
Deutsche Heimatmuseen. Frankfurt / Main (Krüger) 1984
Die deutschen Burgen und Schlösser. Frankfurt / Main (Krüger) 1987
Dilich, Wilhelm: *Hessiche Chronica 1605.* Nachdruck: Hrsg. von Wilhelm Niemeyer. Kassel (Bärenreiter) 1961
Ebert, Sigrid: *Die Marburger Frauentracht.* Hrsg. Gerhard Heilfurth / Bernhard Martin. Marburg (Elwert) 2. Aufl. 1967. Reihe: ›Beiträge zur Volkskunde Hessens‹
Fachwerkkirchen in Hessen. Hrsg. Förderkreis Alte Kirchen. (Langewiesche-Königstein) 2. Aufl. 1978
Fischel, E. L.: *Mittelrheinische Plastik des 14. Jahrhunderts.* München 1923
Fischer, F. W.: *Die spätgotische Kirchenbaukunst am Mittelrhein, 1410–1520.* Heidelberg 1962
Führer zur Vor- und Frühgeschichte. Band 21: *Hochtaunus, Bad Homburg, Husingen, Königstein, Hofheim.* Mainz (von Zabern) 1972
Der Gleiberg. Hrsg. vom Gleiberger Verein. Gießen 1929
Glöckner, K.: *Gießen 1248–1948, Festschrift zur 700-Jahrfeier der Stadt Gießen.* Gießen 1948
Häring, Friedhelm: *Universitätsstadt Gießen.* Gießen (Edition Gießen) 1989
Hahn, H.: *Die frühe Kirchenbaukunst der Zisterzienser.* Berlin 1957
Handbuch der historischen Stätten Deutschlands, Band 4: *Hessen.* Hrsg. von W. Sante. Stuttgart 1960
Hegemann, Hans W.: *Burgen und Schlösser in Hessen.* Mit Fotos von Wolfgang A. Nagel. Hanau (H. Peters) 1979
Hessische Blätter für Volks- und Kulturforschung: Schlösser in Hessen 1. Gießen 1975 / 76

Hessische Sagen. Hrsg. Ulf Diederichs/Christa Hinze. Köln (Diederichs) 3. Aufl. 1979
Kiesow, G.: *Gotik in Hessen.* Stuttgart (Theis) 1984
Kiesow, G.: *Romanik in Hessen.* Stuttgart (Theis) 1984
Knodt, Manfred: *Ernst Ludwig Großherzog von Hessen Darmstadt. Sein Leben und seine Zeit.* Darmstadt (Schlapp) 1978
Knodt, Manfred: *Die Regenten von Hessen-Darmstadt.* Darmstadt (Schlapp) 2. Aufl. 1977 (über alle Linien des Hauses Hessen)
Niebergall, Ernst E.: *Der Datterich.* (Roether) Neuaufl. 1975
Ottmar Kerber: *Gießen und die Wetterau.* Berlin 1964
Lehmann, E.: *Der frühe deutsche Kirchenbau.* Berlin 1949
Meyer-Barkhausen: *Die karolingische Klosterkirche zu Fulda in ihren Beziehungen zu Rom.* Marburg 1960
Museen in Hessen. Hrsg. vom Hessischen Museumsverband e.V. Kassel 3. Aufl. 1987
Philippi, Hans: *Das Haus Hessen, ein europäisches Fürstengeschlecht.* Kassel (Thiele und Schwarz) 1983
Reclams Kunstführer: Deutschland, Band IV. Stuttgart 1978
Schramm, P. E. und Mütherisch, Fl.: *Denkmale der deutschen Könige und Kaiser.* München 1962
Straub, August: *Nordhessen zwischen Rothaar und Rhön.* Nürnberg 1970
Schuchardt, C.: *Vorgeschichte von Deutschland.* München 1934
Vaubel, H. O.: *Hessenbuch.* Kassel-Basel 1955
Walbe, H.: *Das hessisch-fränkische Fachwerk.* Gießen 1954

Autor und Verlag bemühen sich darum, die Praktischen Reiseinformationen aktuell zu halten, können aber keine Gewähr für die Richtigkeit jeder einzelnen Angabe übernehmen – Anschriften wie Telefonnummern, Öffnungszeiten etc. ändern sich oft kurzfristig. Wir bitten um Ihr Verständnis und werden entsprechende Hinweise gerne aufgreifen.
DuMont Buchverlag, Postfach 10 04 68, Mittelstraße 12–14, 5000 Köln 1.

Raum für Ihre Reisenotizen

Ortsregister

Aachen 60
- Marienschrein 170
Aar 282
Adorf 76f.
Ahlheim-Heinebach 154
Allendorf-Battenfeld s. Battenfeld
Allendorf-Nordeck 205
Alsbach 347
Alsfeld 10, 13, 155, **160**
- Rathaus 99, 160 (Abb. 78)
Altenberg b. Wetzlar 214 (Abb. 38, 39)
- Altar 214
Altenburg, ehem. Römerkastell 182
Altenburg/Schwalm 72
Altenburg/Vogelsberg 225
Altfell 221
Altheim 331
Altwiedermus 256
Amöneburg 10, 71, **173**
- Kloster 14
Angersbach 231
Arborn 214
Arnsburg, Kloster 12, 181, **182**f., 202, 262, 287, 339 (Farbt. 20; Abb. 59–61; Fig. S. 182)
Arnstein, Schloß 103
Arolsen 24, **75**, 376
- Schloß 75 (Abb. 11)
Aschaffenburg 18
Asel 101
Assenheim 267 (Fig. S. 268)
Assmannshausen 292, 373 (Farbt. 37)
Aue 108
Auerbach, Schloß 345, **347**f. (Abb. 146)
Augustenau, Schloß 109
Ausbach 162

Babenhausen 330f.
Baddorf 101
Baden-Baden 270
Badenburg 204 (Abb. 57)
Bad Brückenau 230, 250
Bad Endbach 375
Bad Hersfeld 10, 60, **111**f., 162, 375, 376
- ehemalige Abteikirche 12, 111f. (Abb. 25; Fig. S. 111)

Bad Homburg 270ff., 374, 375, 376, 377 (Abb. 105; Fig. S. 270, 271)
Bad Kissingen 230
Bad König 356, 375
Bad Nauheim 11, 264f., 336, 374, 375 (Abb. 67, 68)
- Sprudelhof 264 (Abb. 66)
Bad Orb 252, 375 (Abb. 85)
Bad Salzhausen 249, 375
Bad Salzschlirf 230, 375
Bad Schwalbach 282, 374, 375
Bad Soden-Salmünster **251**f. (Abb. 86, 87)
Bad Soden/Taunus 274, 375
Bad Sooden-Allendorf 72, **105**f., 375 (Abb. 7)
- Haus Bürger 106 (Farbt. 11)
Bad Vilbel **267**f., 375
Bad Wildungen **67**f., 102, 375 (Abb. 16)
- Altar des Konrad von Soest 67 (Abb. 17)
Bad Wildungen-Reinhardshausen 375
Battenberg **80**f.
Battenfeld 80, 97
Beberbeck 32, 52
Bebra-Blankenheim 153
Beerfelden 360
Beilstein **210**f.
Bensheim **348**, 388
Bergen-Enkheim 320
›Bergstraße‹ 10, 344ff., 352 (Farbt. 41)
Berich 101
Berlepsch-Ellerode 103
Berlin 23, 24
Berndorf 77
Berneburg 110
Bettenhausen 59
Bickenbach 346, 347
Biedenkopf 165
Bingen, Binger Loch 291, 292, 293
Birkenau **361**f.
Birstein 249
Bischoffen-Niederweidbach **211**f.
Blankenau 231
Blumenstein, Schloßruine 110
Bobenhausen 224
Bosserode (Wildeck) 110

393

ORTSREGISTER

Boyneburg 110
Braach 154
Bracht 221
Bramburg 31
Bramwald 54
Braunfels 210, **214f.**, 377 (Abb. 40)
Breidenbach, Burg 165
Breitenau 29, 60, **72**
Bremen 10, 107
Breuberg, Burg **355**
Breuna 64
Bringshausen 101
Bromskirchen 97
Buchenau 161
Büdingen 181, **256 ff.**, 377 (Farbt. 28; Abb. 90, 91) (s. a. Umschlagvorderseite)
Büraberg 14, 71
Burghaun 225
Bursfelde 54
Bürstadt 342
Büßfeld 174
Butzbach 10, 13, **261f.** (Abb. 62, 63; Fig. S. 261)
– Rathaus 262

Calden 377
Caldern 166
Camberg/Taunus **275**, 375
Carlsdorf 31, 52, 53
Christberg 163
Clairvaux 286
Cleeberg 383
Cölbe 163
Corvey 60
Craß, Burg 285
Creuzburg 10

Dagobertshausen 74
Dalherda 231
Darmstadt 9, 19, 24, 26, 27, 165, **334 ff.**, 377 (Abb. 125; Fig. S. 336)
– Landesmuseum 68, 258, 337
– Ludwigssäule 334, 338 (Abb. 122)
– Mathildenhöhe 11, 13, 334, 338 (Farbt. 40; Abb. 124, 126)
– Schloß 336 f. (Abb. 123)
– Stadtplan 335
Dautphe 165
Deisel 50
Desenburg 31
Deutsche Ferienstraße 223
Deutsche Märchenstraße 30, **32**
Dexbach 165
Dieburg 331, **352 f.**
Diemel, Diemelsee 10, 14, 28, 31, 50, 74, 76
Dietkirchen 218 (Abb. 48, 49, 51)
Dill 79, 208, 211

Dillenburg 20, 211, **212** (Abb. 33, 34)
Dörnberg 50, **58**, 64
Dreieichenhain 339
Dreihausen 205
Düsseldorf 159

Eberbach/Rheingau **287f.**, 373
– Kloster 12, 182, 217, 287 f. (Farbt. 35; Abb. 114; Fig. S. 287)
Eder, Edertalsperre 10, 14, 29, 70, 72, 74, 75, 79, 98, 100, 101, 102 (Farbt. 8; Abb. 15)
Efze 72
Ehrenfels, Burgruine 291 (Abb. 121)
Eichenberg 103
Eichenzell 228, 229, 377
– Schloß Fasanerie 228 (Farbt. 27)
Eichhof 153
Eisenach 10, 108
Eisenbach 232 (Farbt. 21)
Eiterfeld 161
Elbtal 217
Ellingerode 154
Elm 250
Elmarshausen 64, **65**
Eltville 285 (Abb. 112, 113)
Ems 72
Eppstein 273
Erbach/Odenwald **359 f.**, 378, 388
Erbach/Rheingau **285**, 373
Erbsdorfergrund 205
Erfurt 10, 19, 288
Ermschwerd, Schloß 103
Erpe 62
Ersheim 362
Escheberg, Schloßgut 64
Eschwege 106 f.
– Neustädter Kirche 107 (Abb. 5)
Esse 30
Eulbach 360

Falkenstein 273
Fauerbach 383
Felsberg 72, **388**
Felsenmeer 345
Finkenbach 362
Fischbachtal-Lichtenberg 361
Flechtdorf 77
Florenz 203
Flörsheim 331
Frankenberg/Eder **98 ff.**, 378 (Abb. 20)
– Rathaus 13, 99 f. (Abb. 19)
Frankenstein, Burg **339**, 346, 360
Frankfurt 9, 10, 11, 13, 17, 18, 20, 21, 23, 24, 208, 264, **294 ff.**, 328, 378 f. (s. a. vordere Umschlagklappe; Fig. S. 295)
– Dom 12, 313 (Abb. 103; Fig. S. 316)
– Flughafen 10

- Goethehaus 296, 317 (Abb. 102)
- Hauptwache 319 (Farbt. 32)
- Museen 21, 214, 296, 313, 320f.
- Paulskirche 19, 296, 317 (Abb. 101)
- Römer 296 (Farbt. 33)
- Sachsenhausen 313, 319, 339
- Stadtplan 314/15

Fränkisch-Crumbach 361
Fraurombach 225
Freienstein, Burgruine 360
- Frickhofen 204

Friedberg 12, 13, 17, 26, 98, 181, 208, 223, **265ff.** (Fig. S. 265)
- Burg 257, 265f. (Farbt. 23; Abb. 71)
- Friedberger Altar 68
- Judenbad 267
- Stadtkirche 267 (Abb. 70; Fig. S. 266)

Friedewald 110, 161 (Abb. 24)
Friedrichsdorf 31
Friedrichsfeld 31
Friedrichstal 31
Friedrichstein 68
Frischborn 232

Fritzlar 14, 23, 52, 60, **69ff.,** 72 (Farbt. 6, 8)
- Dom 70f., 156 (Fig. S. 70)
- Hochzeitshaus 69 (Farbt. 7)

Fronhausen 205
Fürstenau s. Steinbach
Fürsteneck, Burg 161

Fulda 10, 11, 14, 17, 18, 20, 112, 161, 225, **227ff.,** 329, 379
- Dom 227ff. (Abb. 81; Fig. S. 229)
- Orangerie 228 (Abb. 80)
- St. Michael 12

Fulda (Fluß) 10, 14, 54, 55, 72, 74, 153, 227ff.

Gambach 261
Garvensburg 71
Geisenheim 290 (Abb. 117)
Geismar 14
Gelnhausen 10, 13, 17, 19, 21, 181, 203, 208, **252ff.,** 272, 330 (Abb. 94; Fig. S. 254/55)
- Kaiserpfalz 12, 252f., 257, 262 (Farbt. 29; Fig. S. 253)
- Marienkirche 252 (Farbt. 30; Abb. 95, 96; s. a. Umschlagrückseite)

Germerode 30, 62 (Abb. 9)
Gernsheim 341
Gersfeld/Rhön 229, 375
Gewissenruh 31
Gieselwerder 30
Gießen 11, 17, 24, 26, 165, **175ff.,** 380, 389 (Abb. 55; Fig. S. 176, 177; s. a. Umschlagklappe vorn)
- Altes Schloß, Oberhessisches Museum 14, 175, 178
- Burgmanneshaus 175, 178

- Liebig-Museum 178
- Zeughaus 175, 177 (Abb. 53)

Gladenbach 205, 375
Gleiberg, Burg 178, 217 (Abb. 54)
Gnadenthal 275
Goddelau 26
Godesberg 49
Goldhausen 75
Goßfelden 166
Gottestal b. Lüttich 287
Gottsbüren 30, **31,** 32
Gottstreu 31
Grasellenbach 375
Grebenstein 53f.
Grebenau 225
Greifenstein 31, 210 (Abb. 35)
Griedel 204
Großen-Buseck 181
Großen-Linden 181 (Abb. 58)
Großenlüder 229
Groß-Gerau 334, 341
Großropperhausen 155, 156
Groß-Umstadt 353
Grünberg 10, **174**
Gundernhausen 353
Güttersbach 360
Guxhagen 72

Habichtswald 10, **50,** 55, 57, 64, 71
Hadamar 214, **217f.** (Farbt. 17; Abb. 41)
Hagenau 252, 253
Haiger 212
Haina 12, 21, **100,** 156, 182
- Kirche 100 (Abb. 21)

Hallgarten 289
Hameln 54
Hanau 10, 11, 18, 19, 24, 32, 256, **325ff.,** 380 (Abb. 98; Fig. S. 327)
- Altstädter Rathaus 325 (Abb. 97)
- Wallonische und Niederländische Kirche 325f. (Fig. S. 326)
- Neustädter Rathaus 325 (Abb. 99)
- Schloß Philippsruh 327 (Abb. 100)

Hannoversch Münden 28, 54, 108
Harle 72
Harleshausen 59
Hattenheim 285, 289, 373
Hattstein 273
Hatzfeld 79f.
Haune 225
Hauneck, Burg 161
Heidelberg 159
Heiligenrode 59
Helmarshausen 30, **32f.,** 49
Helsa 60
Helsen 76

395

ORTSREGISTER

Heppenheim 13, **349 ff.** (Fig. S. 350/51)
- Rathaus 349 (Farbt. 45)
Herborn 211
- Rathaus 211 (Farbt. 14)
Herbstein 224, 231
Hering 354
Heringen 110
Heringhausen 77
Herleshausen 109
Hermannstein 209 f. (Abb. 50)
Herzberg, Burg 160 (Abb. 31)
Herzhausen 101
Hessisch Lichtenau 60, 110
Heuneburg 361
Heusenstamm 323 f., 354
Hilders 229
Hildesheim 77
Hirschhausen 215
Hirschhorn/Neckar 11, **362** (Farbt. 47)
Hirzenhain 224 (Abb. 88)
Hochheim 331
Höchst (Frankfurt) 11, **332 f.**
- Bolangaropalast 332 (Abb. 104)
- St. Justinus 12, 332 (Fig. S. 333)
Höchst/Odenwald 335 f.
Hofheim 341, 354
Hofgeismar 31, **51 ff.**
- Altar 52
- Rathaus 51
Hohenroda-Mansbach 161 f.
- Ev. Pfarrkirche 161 (Abb. 23)
Hohenstein, Burg 282
Holzappel 214
Holzburg 160
Homberg/Efze 10, 17, **154 f.** (Abb. 18)
- Stadtkirche St. Maria 154
Homberg/Ohm 174
Honau 223
Hönebach (Wildeck) 110
Horloff 221
Hünfeld 225
Hungen 201, 215 (Abb. 73)

Idstein/Taunus 266, **274 f.** (Abb. 106)
- Unionskirche 274
Ilbenstadt 262, 267
- Basilika 12, 253 (Farbt. 24; Abb. 72)
Ilbeshausen 221, 224
Immenhausen 54
Ippinghausen 65
Istha 20, 64
Itter 76

Jerusalem 50
Jesberg, Burg 155

Johannisberg, Schloß 290
Jugenheim 347

Kaichen 267 (Abb. 84)
Kahl 330
Karlshafen 11, **28 f.**, 75, 375 (Farbt. 1)
- Hugenottenmuseum 29
Kalsmunt 209, 252
Kassel 9, 10, 11, 13, 17, 18, 19, 21, **55 ff.**, 175, 380 ff., 386 (Farbt. 5)
- ›Herkules‹ 55 f., 338
- Brüder Grimm-Museum 58
- Löwenburg 57 (Farbt. 4)
- Schloßmuseum 57
- Stadtplan 56
- Wilhelmshöhe 18, 50, 55, **56 ff.**, 375 (Farbt. 2, 4)
- Wilhelmsthal (Calden) **57**, 382
Katzenelnbogen 18
Kaufungen 60, 109
Kaufunger Wald 11, 28, 60
Kellerwald 10, 66 f., 74
Kelze 52
Kiedrich 12, **285 f.**, 373 (Abb. 115, 116)
Kinzig 10, 14, 24, 249 ff.
Kirch-Brombach 356
Kirchditmold 58
Kirch-Göns 385
Kirchhain-Stausebach 100, **173** (Abb. 32)
Kirchlotheim 101
Kirberg 275
Kirdorf 80
Kirtorf 160
Kleestadt 354
Kleinalmerode 153
Klein-Eichen 174
Kleinsassen 229 (Farbt. 25)
Klopp, Burg 291
Knüllgebirge 10, 11, **156**, 226
Köln 49
- St. Maria im Kapitol 168
- Wallraf-Richartz-Museum 66
Königstein/Taunus 272, **273**, 375
Konradsdorf 258 (Abb. 89)
Korbach 75, **77 f.**
- St. Kilian 12, 77 f. (Abb. 14; Fig. S. 78)
- Rathaus 13, 77
Körle 72
Kranichstein, Schloß 338
Kransberg 263
Kronberg 272 f.
Kruckenburg 31, 49
Küchen 61
Künzell 229

Laasphe 163
Lahn 10, 14, 29, 79, 163 ff., 208, 209, 216, 217

Lahr 217
Laisa 80
Lampertheim 342
Langenselbold 256
Langenstein 173
Laubach 184, 259
Lauterbach 232 (Abb. 74)
Leine 103
Leipzig 10, 159
Lengfeld 354
Lich 183 f. (Farbt. 13)
Lichtenberg, Festung 17
Liebenau 53
Limburg/Lahn 10, 218 ff., 381
- Dernbacher Beweinung 220 (Abb. 45)
- Dom 11, 12, 209, 218 f., 263 (Farbt. 18; Abb. 46, 47; Fig. S. 219)
Limes 10, 14, 268 f., 352 (Fig. S. 270)
Lincoln 281
Lindenfels 345 f., 375 (Farbt. 42)
Lippoldsberg 29 f., 31, 52, 60, 77 (Abb. 3, 4)
Liutbrunnen 360
Lohra 205
Lollar 205
Lorch 292
- Hochaltar 292
Loreley 293
Lorsch 13, 183, 329, 342 ff.
- Kloster (Torhalle) 11, 342, 344, 349 (Farbt. 43; Abb. 127; Fig. S. 343)
- Rathaus 344
Lüder 221
Lüderbach 108
Ludwigstein, Burg 105
Lützelbach 355

Magreglio 26
Main 10, 14, 24, 29, 259, 322 ff.
Mainz 10, 17, 18, 65, 66, 70, 72, 164, 173, 175, 180, 256, 330, 332, 349
- St. Alban 290
Malsburg 65
Mansbach s. Hohenroda
Marbach b. Marburg 166
Marburg 10, 12, 15, 17, 24, 100, 167 ff., 175, 223, 381, 388
- Elisabethkirche 11, 98, 168 f., 267 (Abb. 26–29; Fig. S. 168, 169)
- Schloß 171 (Abb. 30)
Mardorf 173
Maria Einsiedel 341
Marienhagen 101
Markershausen 109
Mauresmünster 253
Mäuseturm 291
Meinhard-Grebendorf 106

Meißner, Hoher Meißner 10, 28, **61 f.**
Mellnau, Burg 164
Melsungen 72 f., 388
- Rathaus 13, 73
Mengeringhausen 76
Merenberg 216, 355 (Abb. 42)
Messel 339
Michelbach 166
Michelstadt/Odenwald 13, 346, **358**
- Rathaus 358 (Farbt. 46)
Milseburg 226
Mittelheim/Rheingau 289 (Farbt. 39)
Mitterode 109
Mönchbruch 341
Mörfelden 341
Mosbach 229, 354
Mühlhausen bei Korbach 77
Mümling 13, 346, 354, 355 ff.
Münchhausen 163
Münster/Wetterau 263
Münzenberg 181, 201 ff., 262, 272, 339, 385
- Burg 12, 201 ff., 252, 253 (Abb. 64, 65; Fig. S. 2/3 u. 203)

Nahe 291
Nassau 19, 58, 211, 215, 274
Naturparks 76, 223, 250, 269 f., **371**
Nauheim/Krs. Groß-Gerau 334
Naumburg 65
Nauses, Schloß 354
Neckar 10, 11, 352, 362 f.
Neckarsteinach 363
Nenderoth 214
Nesselröden 109 (Abb. 8)
Netra 108
Netze/Waldeck 66
- Altar 66, 68 (Abb. 12, 13)
Neu-Anspach 269 f., 381
Neuenberg 229
Neuenheerse 60
Neu-Isenburg 331
Neustadt/Schwalm 159 f.
- Junker-Hansen-Turm 159 (Farbt. 12)
›Nibelungenstraße‹ 10, 345, 352
Nidda 249
Nidda (Fluß) 10, 221, 259, 267
Nidder 221, 258
Niederbrechen 275
Niederelsungen 64
Nieder-Roden 331
Niederwalddenkmal 55, 291, 338
Nieder-Weisel 262 (Abb. 69)
Niederwerbe 101
Niederzwehren 59
Nordeck, Schloß 180, 205
Nordhausen 59

397

ORTSREGISTER

Nollig, Burgruine 292
Norwich 281
Nürnberg 10

Obernhausen 230
Oberhaun 161
Oberkaufungen 60, 70 (Abb. 1, 2)
Obermörlen 263
Oberramstadt 21
Oberreifenberg 273
Oberrieden 105
Oberrosphe 164
Oberstoppel 161
Obersuhl (Wildeck) 110
Oberursel 272
Oberzwehren 59
Ockstadt 346
Odensachsen 161
Odenwald 11, 345, 352ff., 389
Oestrich/Rheingau 289, 373 (Abb. 118)
Offenbach 23, 322f., 381
Ohm 14, 174
Oppershofen 204, 383
Ortenberg 258, 272
- Ortenberger Altar 68, 258
Osnabrück 66
Otterberg/Pfalz 287
Otzberg, Burg 354, 360f.

Paderborn 32, 49, 50, 76
Paris, Louvre 289
Petersberg 228
Pfungstadt 346
Philippseich 341
Philippsthal 108, 162
Plesse 108

Radheim 354
Rasdorf 225 (Abb. 75)
Raßdorf (Wildeck) 110
Rauenthal 284
Rauischholzhausen 173
Raunheim 331
Rauschenberg 100, 173
- Altar 68, 173
Reichelsheim 361
Reichenbach bei Bensheim 348
Reichenbach bei Hessisch Lichtenau 61
Reinhardswald 10, 11, 28, 29ff., 54
Renchen (Baden) 21
Rhein 10, 11, 14, 29, 284ff.
Rheingau 284ff., 331
Rheinhessen 19
Rhoden 76
Rhön 11, 14, 226, 228ff. (Farbt. 25)
Richelsdorf (Wildeck) 110

Ried 339ff.
Rimberg 156
Rockenberg 204, 383
Rodbach 229
Rodheim 223
Rodholz 229
Röllshausen 156
Rom 20
- Alt-St. Peter 228, 329
- Pantheon 338
- S. Costanza 227
Rommershausen 158
Romrod 224f.
Ronneburg 256 (Abb. 92)
Ronshausen 153
Rosheim 253
Rothenditmold 59
Rothenkirchen 225
Rothestein, Schloß 106
Rothaargebirge 11, 74, 79, 163
Rotenburg/Fulda 153f.
Rüdesheim 291, 373, 381f. (Farbt. 38)
Rüdigheim 256
Rumpenheim 324
Runkel/Lahn 220 (Farbt. 19)
Ruppertsburg 201
Ruppertenrod 174
Rüsselsheim 11, 382
Ruttershausen 205

Sababurg 30, 32, 52
Sachsenhausen 101
Saalburg 268f., 271
Salz 221
Salzböden 205
Salzwedel 314
Sandbach 355
Schaafheim 354
Schadeck, Ruine 363
Scharfenstein, Burgruine 285
Schartenberg, Burg 65
Schenklengsfeld 162
Schierstein 373
Schiffenberg 175, 180f., 216 (Abb. 56)
Schlangenbad 282, 374, 375
Schlettstadt 253
Schlierbach 251
Schlitz 226, 389 (Abb. 79)
Schlitz (Fluß) 221
Schloßborn 275
Schlüchtern 10, 19, 250 (Abb. 82; Fig. S. 250)
Schmalkalden 19, 108
Schmalnau 229
Schmitten 273
Schmittlotheim 101
Schönau 287

398

Schönberg 348
Schönburg, Schloß 53
Schöneberg 52
Schönstadt 171
Schotten 12, 223
- Altar 68, 223 (Abb. 76)
Schwalheim 264
Schwalm 11, 154 ff., 386 ff.
Schwalm (Fluß) 10, 14, 72, 158, 221
Schwarzenborn 156
Schwarzenfels 250
Schwebda 108
Schweinsberg 173 f.
Seeheim 346 f.
Seemenbach 221
Seligenstadt 20, 203, **328 ff.**, 332
- Einhartsbasilika 12, 329 f., 355, 357 (Farbt. 31; Fig. S. 329)
- Pfalz 330 (Abb. 93)
Sellnrod 174
Selters 258, 375
Sieg 79
›Siegfriedstraße‹ 345, 352
Sindlingen 333
Soest, Petrikirche 52
Solms-Oberbiel 214
Sontra 61, 110
Spangenberg 10, **73 f.**
- Rathaus 13, 74 (Abb. 10; Fig. S. 73)
Spessart 11, 250, 354
Spieskappel 155 f.
Stadthosbach 61, 110
Starkenburg, Ruine 349
Staufenberg, Burg 180 (Fig. S. 180)
Steckelberg, Burg 20, 250
Steinach 363
Steinau/Kinzig 251 (Farbt. 26; Abb. 83)
Steinbach (Michelstadt) **356 ff.**
- Einhartsbasilika 12, 329, 332, 356 f. (Fig. S. 356)
- Schloß Fürstenau 357, 361 (Farbt. 44)
Steinfurth (Bad Nauheim) 259 f. (Farbt. 22)
Steinheim 328
Sterzhausen 166
St. Gallen 344
St. Goarshausen 19
Stockhausen 231
St. Petersburg 338
St. Vendelin/Saar 262
Stumpertenrod (Feldatal) 224 (Abb. 77)
Sulzbach 339

Tann 231
Tannenberg, Burg 347
Tannenberg/Ostpr. 170
Taunus 11, 14, 268 ff., 354
Taunusstein 282

Thüringen 15, 107, 217
Trebur 341
Treisbach 164
Trendelburg 30, 31, **50**
Trifels 252
Treysa (Schwalmstadt) **158** (Abb. 22)
Trier 18, 218, 345
- Liebfrauenkirche 168
Twiste 77
Twiste (Fluß) 75

Ufenau im Zürichsee 20
Ulrichstein 224
Ungedanken 71 f.
Unterhaun 161
Usa 259, 263, 264
Usingen 268
Usseln 76

Vacha 10, 108
Vaake 54
Veckerhagen 54
Versailles 75
Vetzberg, Burg 180
Viernheim 342
Villmar 220
Vogelsberg 10, 11, 14, 174, 184, 221 ff.
Vöhl 67, 101
Volkmarsen 62 f.
Vollmerz-Ramholz 250
Vollrads 290 (Abb. 120)

Wabern 72
Wächtersbach 252
Wagenfurth 72
Wahlen 160
Waldaffa 281
Waldau 59
Waldbrunn 217
Waldeck (Land) 19
Waldeck 74, **101 f.**
- Waldecker Flügelaltar 102
Walk 159
Walluf 284
Walsdorf 275
Wanfried 107, 108
Wartenberg-Angersbach 231
Wehrda 166
Wehrshausen 166
Weidelsburg 66
Weilbach, Burg 332
Weilburg/Lahn 215 f., 382 (Abb. 43)
- Schloß 13, 215 (Farbt. 16; Abb. 44)
- Windhof, Schloß 57, 75, 216
Weimar 21, 27, 159
Weinbach-Freienfels 220

399

ORTSREGISTER

›Weinstraße‹ 10
Weißenfels 10
Weiterode 153
Wendershausen 105
Werleshausen 105
Werra 10, 11, 54, 74, 103 ff.
Weser 10, 11, 28, 29, 30, 31, 54
Westerwald 11, 14, 213 ff.
Wetter 164 f. (Fig. S. 165)
Wetter (Fluß) 221
Wetterau 10, 14, 175, 256, 259 ff.
Wettschaft 163
Wetzlar/Lahn 11, 13, 17, 18, **208 ff.**, 382 (Abb. 36)
– Dom 208 f. (Farbt. 15; Abb. 37)
Wichmannshausen 109
Wiesbaden 9, 223, **276 ff.**, 373, 375, 382 (Farbt. 34; Abb. 110; Fig. S. 278/79)
– Kurhaus 280 (Abb. 107)
– Staatstheater 281 (Abb. 108)
– Stadtplan 277
– Stadtschloß 276, 280 (Abb. 109)
Wiesbaden-Biebrich 274, **281** (Abb. 111)
Wildeck 110
Willershausen/Werra 108 f. (Abb. 6)
Willingen 76, 375
Willingshausen/Schwalm **158 f.**
– Malerkolonie 159

– Schloß 158 (Farbt. 10)
Wimpfen 203
Windhausen, Schloß 59
Winkel/Rheingau **289 f.** (Farbt. 36; Abb. 119)
Winterkasten 346
Wissmar 180 (Abb. 52)
Wisper 283
Wittgensteiner Land 79, 97, 163, 208
Witzenhausen 103 f.
Wohra 100
Wolfhagen 65
Wolfsanger 59
Wolfsgarten, Schloß 341
Wollmar 61
Wollrabenstein 275
Wommen 109
Worms 267, 345, 359
– Dom 70, 345
Wülmersen 50
Wüstensachsen 229

Ziegenberg 263 (Fig. S. 263)
Ziegenhain (Schwalmstadt) 10, **156 f.**, 175 (Farbt. 9)
Zierenberg 64
Züschen 71
Zwergen 50
Zwingenberg/Bergstraße 347 (Farbt. 41)

Personenregister

Adalbert, Erzbischof von Mainz 286
Alban, Hl. 356
Albrecht, Kaiser 347
Alemannen 14
Allendorf, Adam von 288
Anna von Mecklenburg 74, 175
Anthoni, Kupferschmied 57
Appiani, Guiseppe 275
Arnold, Abt 153
Arend, Baumeister 61
Arnim, Achim von 23, 24, 289
Arnim, Bettina von 23, 24, 289 (Abb. 137)
Asmus, Meister 251
Aue, Herren von 108
Auwera, Johann Wolfgang van der 324

Backoffen, Hans 273, 286, 288, 289, 316, 331, 332
Baldewein, Eberdt 171, 174, 176
Balser, Meister 158
Bantzer, Karl 159
Bardo, Hl. 204
Barella, G. A. 285
Barlach, Ernst 170
Battenberg-Mountbatten, Familie 347
Battenberg, Ludwig Prinz von 80
Beatus, Abt 223
Beauclair, Gotthard de 323
Becker, J. A. 294
Becker, Ludwig 272
Beckmann, Max 27, 294
Behrens, Peter 338
Behring, Emil von 166
Beilstein, Herren von 210
Belle-Roche, Architekt 76
Bellersheim, Guda von 183
Bellersheim, Johann von 183, 204
Benois 271
Benrath, Henry (Albert H. Rausch) 26 f., 178, 261, 267 (Abb. 143)
Berlepsch, Arnold von 103
Berlichingen, Götz von 282
Berlichingen, Johann Gottfried von 282
Bertelmann, Heinrich 51

Bettendor, Wolff von 353
Bickenbach, Herren von 347
Bischofshausen, Herren von 106
Bismarck, Otto von 296
Blanc, Brüder 270
Blücher, Gebhard Leberecht, Fürst 24
Bock, Alfred 178
Bode, Arnold 55
Bodenhausen, Familie von 103
Bodenstedt, Friedrich von 64
Bolanden, Herren von 273
Bolongaro, Jacob Philipp 332
Bonifatius, Hl. 14, 69, 71, 107, 162, 227, 228
Boos, Karl 281
Börne, Ludwig 24, 319 (Abb. 138)
Boyneburg, Herren von 109
Brand, Emanuel 68
Brant, Heinrich 64
Breidenbach, Herren von 165
Brentano, Bettina s. Arnim
Brentano, Clemens 23, 24 (Abb. 135)
Breuberg, Herren von 257, 355
Broglie, Marschall 111
Brühl, Johann Michael 57
Brützel, Josias Wolrad 68
Buchen, Herren von 325
Büchner, Georg 24 ff., 178, 204, 336 (Abb. 141; Fig. S. 25)
Buderus 224
Büdingen, Herren von 256, 257, 258
Brützel, Josias Wolrad 68
Buchen, Herren von 325
Büchner, Georg 24 ff., 178, 204, 336 (Abb. 141; Fig. S. 25)
Buderus 224
Büdingen, Herren von 256, 257, 258
Buff, Charlotte 208
Buttlar, Constantin von, Fürstabt 225, 228, 290
Büttner, Konrad 322

Cancor 342
Cancrin, F. L. von 266
Capellan, Herren von 108

PERSONENREGISTER

Carben, Irmel von 290
Cäsar 14
Cassel, Johann von 99
Castelli, Carlo Ludovico 68/69, 76
Chagall, Marc 318
Chatten 14, 105, 276
Christina, Landgräfin 17
Chulalongkorn, König 271
Clement, Familie 155
Conradi, Friedrich 29
Cornberg, Familie 110
Cotte, Robert de 319
Cranichberg, Craniche von 263
Cuvilliés d. A., François R. de 57

Dalberg, Adolf von 225
Dalberg, Fürstprimas 18
Dalberg, Wolfgang von 332
Darimund 334
Dehn-Rotfelser, H. von 58
Dehrn, Freiherren von 285
Diede, Philipp von 110
Diede, Wilhelm Christoph von 263
Diemo, Abt 349
Diez, Graf Eberhard von 275
Diez, Hans 318
Dienzenhofer, Johann 225, 228
Dilich, Wilhelm 20 (Fig. S. 374)
Domitian 14
Döring, W. 166
Dörnberg, Familie 160
Dörnberg, Hans von 159
Dornfelden, Herren von 325
Dostojewski, Fjodor Michailowitsch 374
Dreieich, Reichsvogt von 322
Drusus 276
Dunlop, J. B. 325
Dürer, Albrecht 251

Ebel zum Hirsch, Johannes 177
Ebersberg, Herren von 229
Edschmid, Kasimir 27 (Fig. S. 27)
Edward, Georg 178
Eggert 294
Egmont, Graf 20
Eigil, Abt 227
Einhart 328 ff., 332, 355, 357, 358
Eisenbach, Herren von 232
Elisabeth, Hl. 12, 16, 166, 168 ff., 214
Elisabeth, Herzogin 281
Elsheimer, Adam 20 (Abb. 129)
Eltz, Caspar von 286
Eltz, Familie 285
Emde-Bellin, Familie 103
Emicho, Graf 217
Emmerich Josef, Erzbischof 332

Enderle, Johann Baptist 331
Engelhard, Daniel 58
Engelbert I., Erzbischof 49
Engert, E. M. 26
Eppelsheimer, H. W. 320
Eppstein, Grafen von 202, 224, 271 f., 324, 328
Erbach, Carl-Egnihard zu 360
Erbach, Grafen zu 348, 356 ff., 361
Erbach, Franz I. zu 359, 360
Erbach, Friedrich Magnus zu 358
Erbach, Georg III. zu 358
Erbach, Gerhard I. zu 359
Erk, Ludwig 208
Erlenbach, Diether von 328
Erpho von Padberg, Graf 77
Eseler, Hans 361
Esau, Georg Friedrich 78
Ettlingen, H. J. von 110, 157, 159, 161, 171, 174
Everstein, Grafen von 62

Falkenberg, Margarethe von 53
Falkenstein, Herren von 183, 202
Falkenstein, Anna von 184
Falkenstein, Johann von 183
Falkenstein, Kuno von 184, 275
Falkenstein, Philipp von 261
Falkenstein, Werner von 268
Felmer, Architekt 178
Felsberg, Grafen von 72
Fischer, Eberhard 355
Franken 14, 55, 80, 98
Frankenstein, Herren von 346
Franz I., Kaiser 324
Franz II., Kaiser 296
Friedrich I. Barbarossa, Kaiser 110, 208, 252, 256, 265, 295
Friedrich II., Kaiser 168, 318, 330
Friedrich II. d. Große 24
Friedrich Wilhelm IV., König 18
Friedrich d. Weise, Kurfürst von Sachsen 17
Friedrich I., Kurfürst der Pfalz 342
Friesen 14
Fronhausen, Craft Vogt zu 205
Füßlein, Balthasar 155

Gagern, Heinrich von 18
Galla Placidia, Kaiserin 26
Galland 29
Gallasini, Andrea 68, 69, 75, 216, 228, 229, 252, 290
Gangulf, Hl. 226 f.
Gans von Otzberg, Familie 354
Garven, Wilhelm von 71
Geibel, Emanuel 64
George, Stefan 19, 27, 178, 292
Germanen 14, 226, 345, 352
Gerthener, Madern 12, 285, 286, 317, 318

Gertrud, Magistra 214
Geyso, Herren von 162
Ghezzi, Giovanni 59, 105, 110
Giesenberg, E. 294
Gillet, Nicolas 326
Gilsa, Familie von 156
Gilsa, Adolf von 106
Giso, Graf 16
Gleiberg, Grafen von 175, 178
Gleiberg, Clementia von 181, 216
Gleiberg, Heribert von 178
Gneisenau, August Graf Neidhardt von 24
Goethe, Johann Wolfgang 21, 23, 159, 208, 261, 262, 263, 267, 272, 289, 319, 323, 335, 336, 372 (Abb. 133; Fig. S. 317)
Goethe, Katharina Elisabeth 21, 316, 372
Goetz, Carl Florian 33
Gortz, R. 280
Grimm, Jacob 23, 24, 32, 52, 58, 61, 251, 289, 325 (Fig. S. 22)
Grimm, Ludwig Emil 22, 23, 24, 159
Grimm, Wilhelm 23, 24, 32, 52, 58, 61, 251, 289, 325 (Fig. S. 23)
Grimmelshausen, J. J. Chr. v. 21, 252 (Fig. S. 21)
Gropius, Walter 338
Grün, Jacob und Wilhelm 58
Grünewald, Math. 20, 329, 356
Guerniero, Giovanni 56
Gundelang 342
Günderode, Karoline von 290
Gundolf, Friedrich 27
Guntram von Marburg 173
Gutenberg, Johannes 285

Haesler, Otto 59
Hagen, Herren von 339
Hagen und Arnsburg, Konrad von 182
Hagen und Arnsburg, Kuno I. von 202
Hagenmüller, Nikolaus 171
Hahn, Otto 24
Hals, Frans 57
Hanau, Philipp III. von 326
Hanau, Philipp Ludwig, Graf von 325, 326
Hanau, Philipp Reinhard, Graf von 327
Hanau, Ulrich von 251
Hanau-Lichtenberg, Reinhard von 264
Hans von Düren 267
Harnisch, Arnold 274
Hartstein, Kunigunde von 328
Hattstein, Herren von 274
Hatzfeld, Herren von 80
Hatzfeld, Adolf von 80
Hatzfeld, Georg Anton von 80
Hatzfeld, Gräfin Sophie von 80
Haubach, Theodor 27
Haucke, Julie Gräfin von 80

Haun, Herren von 161, 225
Heer, Jost 274
Hegel, G. W. F. 362
Heger, Franz 362
Heinemann, Johann Andreas 209
Heinrich I., Kaiser 69/70, 171
Heinrich II., Kaiser 60, 109, 178
Heinrich III., Kaiser 112
Heinrich der Löwe 49
Heinrich Raspe, Landgraf von Thüringen 67
Heinrich II., Bischof von Paderborn 49
Heinrich von Eschwege 107
Helene von der Pfalz 326
Helmer, Architekt 178
Henneberg, Jörg von 328
Herber, Andreas 64
Herder, Johann Gottfried 336
Hermann, Christian Ludwig 256
Hermannsburg, Herren von 232
Hermunduren 105
Hess, Joh. Chr. 319
Hessen
– Alexander, Prinz von 80, 347
– Heinrich I., Landgraf 16, 55, 64, 175
– Heinrich II., Landgraf 110, 175
Hessen-Butzbach, Philipp von 261, 262
Hessen-Darmstadt
– Ernst Ludwig, Landgraf 347
– Ernst Ludwig, Großherzog 17, 19, 334, 336, 338 (Abb. 142)
– Ludwig, Großherzog 336, 338 (Abb. 139)
– Ludwig d. Friedsame, Landgraf 105
– Ludwig IV., Landgraf 176
– Ludwig V., Landgraf 17, 178
Hessen-Homburg
– Friedrich II. 271
Hessen-Kassel
– Friedrich I., Landgraf 31, 57, 58, 209, 324
– Friedrich II., Landgraf 57, 72
– Hermann, Landgraf 210
– Karl, Landgraf 17, 28, 30, 31, 32, 54, 55, 56, 58, 72, 162
– Konrad, Landgraf 170
– Maximilian 155
– Moritz, Landgraf 17, 57, 106, 177
– Wilhelm d. Weise, Landgraf 153
– Wilhelm I., Landgraf 58
– Wilhelm II., Landgraf 170
– Wilhelm IV., Landgraf 73, 106
– Wilhelm VII., Landgraf 21
– Wilhelm IX., Landgraf 53, 57, 327
– Philipp d. Großmütige, Landgraf 9, 16f., 32, 49, 58, 157, 175, 176, 262 (Abb. 128; Fig. S. 16)
– Philipp, Landgraf 162
Hessen-Rotenburg 153
Hesserode, Heinrich von 154

403

PERSONENREGISTER

Hessler, Melchior 319
Hirschhorn, Herren von 362
Hildebrand, Adolf von 24
Hindemith, Paul 24 (Abb. 144)
Hindenburg, Paul von Beneckendorf und 170
Hink, Clemens 324
Hitler, Adolf 19
Hoetger, Bernhard 338
Hoffmann, Heinrich 319
Hoffmann, Philipp 281, 291
Hofmann, Ernst-Otto 384
Hohenlohe-Brauneck, Herren von 256
Holbein, Hans d. Ä. 318
Holbein, Hans d. J. 337
Hölderlin, Friedrich 267, 272
Holzhausen, Familie 318
Hoorn, Graf 20
Hottenrott 294
Hrabanus Maurus 20, 225
Huber, Karl 264
Hugenotten 10, 28, 51, 52, 55, 325, 384
Humboldt, Wilhelm von 23
Hunnen 60
Hutten, Frowin von 323
Hutten, Ulrich von 20, 250 (Fig. S. 251)
Hynsberg, Wigand von 288

Imma 330
Immenroedt, Michael Angelo 274
Itter, Herren von 101

Jacobi, Louis 271
Jagemann, Christoffel 173
Jäger, Johann Peter 273, 352
Jawlensky, Alexej 281
Jérôme Bonaparte 18, 57
Jerusalem 208
Jobst, H. 264
Johann, Kurfürst v. Sachsen 17
Johann Casimir, Graf 355
Josef, Emmerich 332
Joseph II., König 324
Joser 266
Jost, Wilhelm 265
Juncker, Johann Jakob 273

Kappenberg, Gottfried und Otto 267 (Abb. 72)
Karl der Große 15, 20, 294, 322, 328, 329, 342, 349, 357
Karl IV., Kaiser 223
Karl V., Kaiser 17, 175
Karoline, Landgräfin 335
Katzenelnbogen, Grafen von 282/283, 288, 334, 335, 337, 341, 361
Katzenelnbogen, Diether III. von 347
Kauffult, Johannes 153

Kaulbach, Wilhelm von 76
Kelten 14, 226, 264
Kepler 261
Kern, Michael 358
Kesselhut, Baumeister 361
Kippenhahn, Rudolf 68
Kirn, Bernhard 182, 267
Kirschmeyer, F. 319
Kitz, Johann Matthias 76, 78
Kleist, Heinrich von 271
Klemkes, W. F. 264
Knaus, Ludwig 159
Koch, Georg 232
Koch, Rudolf 323
Koch, Veit 232
Konrad III., König 181
Konrad Kurzbold, Gaugraf 220
Konrad von Soest 67, 68, 173 (Abb. 17)
Konstanze, Kaiserin 26
Krau, Marcus Christoph 67/68, 69
Kroaten 53
Kugler, Franz 64
Kunigunde, Kaiserin 60, 178
Kurz (Curtius) 353

Landschad von Steinach, Herren 363
Landschad, Blikker 363
Langwert von Simmern, Herren 285
La Roche, Sophie 23
Lassalle 80
Lavater, Johann Kaspar 272
Le Corbusier 338
Leitz 11
Lemmers-Danforth, Dr. v. 208
Lenné, P. J. 272
Leo, Heinrich 228
Leonhard, Conrad 258
Lerch, Georg 354
Leyden, Jan van 212
Lichtenberg, Georg Christoph 21 (Abb. 132)
Lichtenberg, Konrad 346
Liebhard, Andreas 266, 319
Liebig, Justus von 24, 167, 178, 349 (Abb. 140)
Liebknecht, Wilhelm 178
Linsingen, Geschlecht von 155
Longfellow, Henry W. 290
Lorch, Johann Hilchen von 292
Löw von und zu Steinfurth, Freiherren 259
Lubentius, Hl. 218 (Abb. 49)
Lucae, Richard 294
Lüder, Heinz von 156
Ludwig der Deutsche 344, 357
Ludwig der Fromme 357, 358
Ludwig II., König von Bayern 336
Ludwig I., Landgraf von Thüringen 15
Ludwig IV., Landgraf von Thüringen 105

404

Luise, Königin 24
Lullus, Hl. 111, 112
Luther, Martin 17, 20, 267, 274
Lutz, Martin 184
Lützelbach, Herren von 355
Luxemburg, Friedrich I. von 178

Mack, Heinz 294
Malsburg, Ernst Otto von 64
Malsburg, Hermann von 65
Malsburg, Karl von 64
Mann, Ph. Jakob 348
Margarethe v. d. Saale 17, 74
Maria Amalie, Landgräfin 72
Marian, Hans 353
Matthei, Friedrich 108
Matthei, Johann Friedrich 61
Matthias, Erzbischof 175
Maximilian, Kaiser 20
Maximilian II., Kaiser 296
Mayer-Barkhausen 111
Megener, Erzbischof 181
Megoz, Klaus 319
Meidner, Ludwig 27
Meinward, Bischof von Paderborn 50
Meissner, Daniel 268
Meister der ›Mosbacher Kreuzigung‹ 354
Meister des Babenhauser Altars 356
Melanchthon 175
Memling, Hans 20, 329
Mendelssohn, Arnold 24
Merck, Johann Heinrich 23 (Abb. 131)
Merenbach, Herren von 216, 355
Merenberc, Hartradus 216
Metternich-Winneburg, Fürsten 290
Mierendorff, Carlo 27
Mies van der Rohe, Ludwig 338
Moller, Georg 165, 249, 272, 280, 290, 291, 336, 338, 348, 354, 362, 363
Mombert, Alfred 27
Monnot, Pierre Etienne 58
Müller, Helfrich 160, 341
Münch, O. 111
Münster, Sebastian 9
Münzenberg, Herren von 183, 202, 267
Münzenberg, Kuno von 182, 273
Münzenberger, Stadtpfarrer 316
Muth, Hans 224

Nahl, Johann August 57
Napoleon I. 16, 18, 57, 157, 175
Nassau, Grafen von 211, 274, 278
Nassau, Adolf von 266
Nassau, Adolf II. von, Erzbischof 288
Nassau, Friedrich August, Fürst von 279
Nassau, Gerlach von, Erzbischof 288

Nassau, Johann von 212, 274
Nassau, Otto von 211
Nassau, Walram von 211
Nassau, Herzog Wilhelm von 279
Nassau-Beilstein, Herren von 211
Nassau-Idstein, Grafen von 274
Nassau-Idstein, Georg August 274
Nassau-Hadamar, Grafen von 217
Nassau-Hadamar, Johann Ludwig von 217, 218
Nassau-Usingen, Herren von 279
Nassau-Weilburg, Grafen von 215
Nassau-Weilburg, Johann Ernst 215
Naumburg, Grafen von 65
Neumann, Balthasar 323, 341
Niebel, Johann 262
Niebergall, Ernst Elias 26
Nikolaus II., Zar 338
Nordeck zu Rabenau, Herren von 180
Nordeck zu Rabenau, Ludwig von 181
Northeim, Grafen von 110

Oestreicher, Jörg 319
Olbrich, Josef Maria 338, 341
Opel 11
Opfermann, Ignaz 348
Ortenberg, Herren von 258
Otgar, Erzbischof von Mainz 332
Ott-Heinrich von der Pfalz, Kurfürst 342
Otto I., Kaiser 106, 178
Otto III., Kaiser 26, 106

Paeren, Jan von 210
Palladio, Andrea 320
Pape (Papen), Heinrich 64, 67
Papin, Denis 54
Paul, Johann Adam 204
Pellar, Hanns 338
Philipp II., König von Spanien 20
Pierson 52
Pose, Friedrich Wilhelm 280
Pose, Ludwig 280
Pozzi, Carlo Maria 216

Ratgar, Abt 227
Ratgeb, Jörg 317, 363
Rau von Holzhausen, Familie 173
Rauch, Christian Daniel 24, 75
Rausch, Albert H. s. Benrath
Reckroth, Georg von 109
Reichenbach, Herren von 61
Reichenbach, Gottfried von 157
Reifenberg, Anna von 328
Reifenberg, Walter von 273
Reinermann, Friedrich Christian 4
Reinhard, Graf 31
Reis, Philipp 252

PERSONENREGISTER

Reiz von Breuberg, Konrad 346, 360
Rembrandt, Harmensz van Rijn 57
Remy de la Fosse, Louis 319, 337, 338, 341
Reutern, Gerhart von 159
Riedesel, Freiherren 232
Riedesel, Friedrich Georg 232
Riemenschneider, Tilman 331
Rinck, Reichart 158
Ritgen, Hugo von 176, 180, 184, 232
Rodenstein, Herren von 361
Roentgen, D. 57
Roger von Helmarshausen 49
Rolshausen, Friedrich von 180
Römer 9, 14, 264, 269, 276, 282, 345
Röntgen, Wilhelm 167
Roos, Melchior 216
Rossini, Alessandro 154
Rothschild, Familie 296
Rothweil, Julius Ludwig 68, 75, 216, 327
Rubens, Jan 212
Rubens, Peter Paul 57, 212
Rudolf II., Kaiser 178
Rugger II., Graf von Bilstein 62
Rutgang, Erzbischof von Metz 342
Ruthard, Erzbischof von Mainz 29
Ry, Paul du 29, 31, 53, 54, 58
Ry, Simon Louis du 52, 53, 57, 58, 59, 72, 153

Sachsen 14, 55, 80, 98
Salni de Monfort, Nicolaus A. 323
Salome von Gießen, Gräfin 175
Sandrart, Johann von 274
Savigny, Friedrich Carl von 24, 166, 289 (Abb. 136)
Schalles, Jakob 110
Scharnhorst, Gerhard Johann David von 24
Scheffler, Christian Thomas 324
Schelling, Friedrich Wilhelm 362
Schenck zu Schweinsberg, Freiherren 173, 174, 205, 210
Schenck zu Schweinsberg, Johann 181
Schiebelhuth, Hans 27
Schiller, Friedrich 362
Schilling, Jost 77
Schleich, Adam Philipp 353
Schleiermacher, Friedrich Ernst Daniel 23
Schlieffen, Martin Ernst Graf von 59
Schlitz, Grafen von 226
Schlitz, Hermann von 231
Schlottmann, Johannes 156
Schlüter, Andreas 271
Schmid, Siegfried 267
Schmidt, Konrad 80
Schönborn, Grafen 323
Schönborn, Anselm Franz von 323
Schönborn, Philipp Erwin von, Erzbischof von Mainz 290

Schönborn, Franz Georg von, Fürstbischof 341
Schönemann, Lili 323
Schopenhauer, Arthur 319
Schuhknecht, Jakob Martin 348
Schultheis, Heinrich 259
Schütz, Christian Georg 290
Schwalbach, Familie von 286
Schwalenberg, Grafen von 66, 101
Schwanthaler, Ludwig 338
Schwechten 272
Schwerin, Grafen von 180
Schwertzell, Herren von 158, 159
Schwertzell, Charlotte von 159
Schwind, Moritz von 64
Sckell, Ludwig von 281, 360, 362
Siegfried, II. von Eppenstein, Erzbischof von Mainz 52, 70
Sieck, Rudolf 4
Siesmayer, Heinrich 264
Soldan, Philipp 99, 100, 158
Solms-Braunfels, Herren von 201
Solms-Braunfels, Fürst Ferdinand 214
Solms-Burgsolms, Graf Johann von 210
Solms-Laubach, Grafen zu 184
Solms-Lich, Fürsten 183
Solms, Johannes von 183
Solms, Graf Reinhard zu 175
Sophie, Äbtissin 106
Sophie von Brabant 16
Sophie, Landgräfin 166
Spangenberg, Meister 108
Splittdorf, Johann Ludwig 53, 209
Stain, Eberhard von 288
Stein, Frhr. vom und zum 19
Steinach, Herren von 363
Steinle, Eduard von 316
Stengel, Friedrich Joachim 359, 360
Stockheim, Friedrich von 290
Stolberg, Herren von 202
Straub, August 388
Stumm 339
Sturmius, Hl. 227
Süßmuth, Richard 54
Sutton, John 286

Tacitus 265
Tann, Herren von der 231
Tann, Ludwig von der 231
Tellgmann, Ferdinand 107
Theophanu, Kaiserin 26, 106
Thielmann, Wilhelm 159
Thomann 341
Thorwart, Friedrich 76
Thüringen, Landgrafen von 16, 67, 174
Thüringer 14
Thurn und Taxis, Fürst 29

Tilly 342
Tischbein, Joh. Heinr. d. Ä. 21, 57 (Abb. 130)
Tischbein, Joh. Heinr. Wilhelm 21 (Abb. 134)
Tischbein, Johann Valentin 69
Todenwarth, Oberst von 98
Tolstoi, Alexej N. 274
Trajan 346
Trarbach, Johann von 326
Treffurt, Hermann von 98
Trefurt, Herren von 73
Treusch von Buttlar, Familie 109
Trimberg, Herren von 257
Tuczek, A. 253
Türken 67
Tuvel, Klaus 221
Tyle von Frankenberg 98, 99, 171, 210

Udalrich, Abt von Lorsch 358
Ulner, Familie 352
Ursinus, Oskar 229
Usingen-Nassau, Fürsten 268
Usinger, Fritz 26f., 178, 259, 362 (Abb. 145)

Valerius, Kaspar 341
Van Dyck, Anton 57, 313
Vernukken, Wilhelm 58, 153
Victoria, Königin 331
Viehmann, Dorothea 52
Volck, Martin 217
Volkmann, Hans von 159
Vollrad, Herren von 290

Wahl, Gerhard 357, 360
Waldeck, Adolf Graf von 101
Waldeck, Anton Ulrich Fürst von 68
Waldeck, Georg von 76
Waldeck, Georg Friedrich von 76, 78
Waldeck, Karl Fürst von 67
Waldeck, Josias II. von 67, 68

Wallenstein, Adalbert von 59, 220
Wamboldt von Umstadt, Freiherren 361
Weinbrenner, K. 280
Welsch, Maximilian von 319, 330
Wendelin, Hl. 262
Werner, Norbert 275
Wertheim, Graf Michael II. von 355
Wertheim, Graf Wilhelm 355
Weyden, Rogier van der 232
Wieland, Christoph Martin 23, 289, 336
Wilhelm Moritz, Graf 214
Wiess, Johann 332
Wigbert, Hl. 111, 112
Wildungen, Friedrich von 158
Wilhelm II., Kaiser 268, 271
Wilhelm von Oranien 20, 211
Wilhelm, Bischof von Paderborn 49
Willemer, Marianne 319
Williswind 342
Winkel, Herren von, gen. Greifenclau 289, 290
Winkelmann, Johannes 177
Wino von Helmarshausen, Abt 50
Wolfskehl, Karl 26, 178 (Fig. S. 26)
Wöhler, Friedrich 24
Wörrishöfer, Johann Philipp 266, 267
Würth, Joseph 27

York, Herzog 24
Ysenburg, Grafen von 219, 220, 249, 252, 256, 257
Ysenburg, Johann von 257
Ysenburg-Offenbach, Johann Philipp von 341

Zaiz, Johann Christian 277, 280, 282
Zamels, Burkhard 266, 330
Zengerle, Heinrich Jacob 280, 282
Ziegenhain, Grafen von 61, 173, 180
Ziegenhain, Ludwig II. von 159
Zuckmayer, Carl 19, 23

DuMont Kunst-Reiseführer

»Kunst- und kulturgeschichtlich Interessierten sind die DuMont Kunst-Reiseführer unentbehrliche Reisebegleiter geworden. Denn sie vermitteln, Text und Bild meist trefflich kombiniert, fundierte Einführungen in Geschichte und Kultur der jeweiligen Länder oder Städte, und sie erweisen sich gleichzeitig als praktische Führer.« *Süddeutsche Zeitung*

Alle Titel in dieser Reihe:

- Ägypten und Sinai
- Entdeckungsreisen in Ägypten 1815–1819
- Algerien
- Arabien
- Entdeckungsreisen in Südarabien
- Belgien
- Die Ardennen
- Bhutan
- Brasilien
- Bulgarien
- Bundesrepublik Deutschland
- Das Allgäu
- Das Bergische Land
- Bodensee und Oberschwaben
- Bonn
- Bremen, Bremerhaven und das nördliche Niedersachsen
- Düsseldorf
- Die Eifel
- Franken
- Hannover und das südliche Niedersachsen
- Hessen
- Hunsrück und Naheland
- Köln
- Kölns romanische Kirchen
- Die Mosel
- München
- Münster und das Münsterland
- Zwischen Neckar und Donau
- Oberbayern
- Oberpfalz, Bayerischer Wald, Niederbayern
- Ostfriesland
- Die Pfalz
- Der Rhein von Mainz bis Köln
- Das Ruhrgebiet
- Sauerland
- Schleswig-Holstein
- Der Schwarzwald und das Oberrheinland
- Sylt, Helgoland, Amrum, Föhr

- Der Westerwald
- Östliches Westfalen
- Württemberg-Hohenzollern
- Volksrepublik China
- DDR
- Dänemark
- Frankreich
- Auvergne und Zentralmassiv
- Die Bretagne
- Burgund
- Côte d'Azur
- Das Elsaß
- Frankreich für Pferdefreunde
- Frankreichs gotische Kathedralen
- Korsika
- Languedoc – Roussillon
- Das Tal der Loire
- Lothringen
- Die Normandie
- Paris und die Ile de France
- Führer Musée d'Orsay, Paris
- Périgord und Atlantikküste
- Das Poitou
- Die Provence
- Drei Jahrtausende Provence
- Licht der Provence
- Savoyen
- Südwest-Frankreich
- Griechenland
- Hellas
- Athen
- Die griechischen Inseln
- Alte Kirchen und Klöster Griechenlands
- Tempel und Stätten der Götter Griechenlands
- Korfu
- Kreta
- Rhodos
- Großbritannien
- Englische Kathedralen
- Die Kanalinseln und die Insel Wight
- London

- Schottland
- Süd-England
- Wales
- Guatemala
- Holland
- Indien
- Ladakh und Zanskar
- Indonesien
- Bali
- Irland
- Island
- Israel
- Das Heilige Land
- Italien
- Apulien
- Elba
- Das etruskische Italien
- Florenz
- Gardasee, Verona, Trentino
- Lombardei und Oberitalienische Seen
- Die Marken
- Ober-Italien
- Die italienische Riviera
- Von Pavia nach Rom
- Rom – Ein Reisebegleiter
- Rom in 1000 Bildern
- Das antike Rom
- Sardinien
- Südtirol
- Toscana
- Umbrien
- Venedig
- Die Villen im Veneto
- Japan
- Nippon
- Der Jemen
- Jordanien
- Jugoslawien
- Karibische Inseln
- Kenya
- Luxemburg
- Malaysia und Singapur
- Malta und Gozo
- Marokko
- Mexiko
- Unbekanntes Mexiko
- Namibia und Botswana (Winter '88)
- Nepal

- Österreich
- Burgenland
- Kärnten und Steiermark
- Salzburg, Salzkammergut, Oberösterreich
- Tirol
- Vorarlberg und Liechtenstein
- Wien und Umgebung
- Pakistan
- Papua-Neuguinea
- Polen (Winter '88)
- Portugal
- Madeira
- Rumänien
- Die Sahara
- Sahel: Senegal, Mauretanien, Mali, Niger
- Die Schweiz
- Tessin
- Das Wallis
- Skandinavien
- Sowjetunion
- Georgien und Armenien
- Kunst in Rußland
- Moskau und Leningrad
- Sowjetischer Orient
- Spanien
- Die Kanarischen Inseln
- Katalonien
- Mallorca – Menorca
- Nordwestspanien
- Spaniens Südosten – Die Levante
- Südspanien für Pferdefreunde
- Sudan
- Südamerika
- Südkorea
- Syrien
- Thailand und Burma
- Tunesien
- USA – Der Südwesten
- Zypern

Alle Bände mit vielen, zum Teil farbigen Abbildungen; dazu Zeichnungen, Karten, Grundrisse, praktische Reisehinweise.